Máfia Export

Francesco Forgione

Máfia Export

Como a 'Ndrangheta, a Cosa Nostra e a Camorra colonizaram o mundo

Tradução
Karina Jannini

2ª edição

Rio de Janeiro | 2025

Copyright © 2009 Baldini Castoldi Dalai *editore* S.p.A.

Título original: *Mafia Export*

Capa: Sergio Campante
Foto de capa: Maria Toutoudaki/GETTY Images

Os mapas do deslocamento das famílias mafiosas foram realizados com a colaboração do dr. Andrea Caridi (diretor da Polizia di Stato [Polícia Federal]) e do tenente-coronel Giovanni Cucurachi, da Guardia di Finanza [Polícia Fazendária].

Os mapas das rotas da droga foram extraídos do Relatório anual de 2008, realizado pela Direção Central para Serviços Antidroga da Polizia di Stato.

Editoração: DFL

Texto revisado segundo o novo
Acordo Ortográfico da Língua Portuguesa

2025
Impresso no Brasil
Printed in Brazil

Cip-Brasil. Catalogação na fonte
Sindicato Nacional dos Editores de Livros, RJ

F799m	Forgione, Francesco, 1960-
	Máfia export: como a 'Ndrangheta, a Costa Nostra e a Camorra colonizaram o mundo/Francesco Forgione; tradução Karina Jannini. - 2ª ed. - Rio de Janeiro: Bertrand Brasil, 2025.
	364p. : 23 cm
	Tradução de: Mafia export
	ISBN 978-85-286-1507-4
	1. Mafia – Itália. 2. Crime organizado – Itália. I. Título.
11-2169	CDD – 364.106945
	CDU – 343.341(45)

Todos os direitos reservados pela:
EDITORA BERTRAND BRASIL LTDA.
Rua Argentina, 171 – 2º andar – São Cristóvão
20921-380 – Rio de Janeiro – RJ
Tel.: (21) 2585-2070

Não é permitida a reprodução total ou parcial desta obra, por quaisquer meios, sem a prévia autorização por escrito da Editora.

Atendimento e venda direta ao leitor:
sac@record.com.br

*Para minha mãe
e Pino, que já não está entre nós*

... Venho de uma cidade onde a riqueza é o único objetivo tanto dos ricos quanto dos pobres e onde, por essa razão, os delitos se escondem atrás de cada esquina e os mistérios são regra de vida. Dá para ser feliz num lugar desses?

de *Via Crudes*, de Loriano Machiavelli

SUMÁRIO

Nota do autor 11

1. San Luca e o mundo 13
    Massa ao forno em Amsterdã 13
    Um faturamento da Financeira 19
    O mundo é uma Aldeia 25
    A outra face da globalização 34

2. América do Sul 42
    Um siciliano em Caracas 42
    Um calabrês na Colômbia 56
    O barco afunda 64
    Cosa Nostra em risco 70
    Pais, filhos e compadres 79
    Velhos políticos e novos senadores 83
    Cem anos de história 98

3. Velho Continente 102
    A terra dos touros 102
        San Cipriano — Rio de Janeiro via Espanha e Portugal.... 106
        Cidadãos livres 119
        Grand Hotel Valdemoro 124
        Os espanhóis de Scampia 131

Unificação alemã 134
    Kalabrien 139
    Guten Appetit 146
    Pior que um filme 152
Mercado comum 161
Uísque e coca 167
Schengen 175
Auxílios humanitários 180

4. Era uma vez na América 186
Uma ponte entre dois mundos 186
    Retorno à América 192
    Massa siciliana 198
México e nuvens 203
Lago Ontário 215
    Siderno Group 220

5. Boinas e cangurus 229
Pistolas e respeito 229
Homens solitários 238
A embaixadora 242

6. Anticorpos 250
Dimensão global 250
Zonas cinzentas 254

Difusão das máfias italianas no mundo 265
Lista dos foragidos presos no exterior 323
Agradecimentos 345
Índice onomástico 348
Índice toponímico 358

NOTA DO AUTOR

As histórias e os mapas reconstituídos neste livro referem-se a documentos, atos processuais e materiais de investigação relativos à 'ndrangheta, à camorra e à Cosa Nostra. Nas últimas décadas, a Sacra Corona Unita também conquistou um papel importante no panorama criminal italiano, com ramificações estrangeiras próprias. Do mesmo modo, surgiram novas organizações territoriais, como a dos "Basilischi", na Basilicata.

Limitei-me a reconstituir o estabelecimento das três "principais" máfias no exterior, devido ao caráter histórico dessas presenças fora da Itália e aos níveis de penetração que conseguem exprimir hoje em escala global.

Os mapas geocriminais foram reconstituídos com um trabalho de análise e estudo dos materiais disponíveis e utilizáveis, considerando-se a obrigação de sigilo de alguns inquéritos, na data de publicação deste livro. Embora sejam os primeiros mapas "globais" já publicados no panorama editorial italiano, não pretendem absolutamente ser exaustivos.

As páginas que seguem são ricas em nomes. Para todos aqueles que foram chamados em causa, exceto os que no texto foram explicitamente indicados como condenados de maneira definitiva, é evidente que vale a presunção de inocência, bem que, como se sabe, serve para a proteção das garantias individuais e é constitucionalmente assegurado.

Os nomes são os que todo mundo pode ler nos autos das forças da ordem e da magistratura, e aqui são referidos simplesmente para denominar determinados acontecimentos ou para reconstituir um quadro coeso e de crônica, e não, por certo, porque devem ser preconceituosamente considerados culpados pelos crimes de que foram acusados.

Como sempre, a verdade judiciária cabe aos tribunais, que dirão se os acusados devem ser considerados inocentes ou culpados.

1. SAN LUCA E O MUNDO

Massa ao forno em Amsterdã

Novembro de 2008. Há muitas horas já está escuro. Desde que amanheceu, o sol quase não se levantou: o outono no Aspromonte é assim, nunca se faz dia. São nove da noite, e nas ruas de San Luca não se vê vivalma. Três jovens mulheres e duas crianças pequenas saem de casa, entram no carro, deixam a cidade e começam a se perder entre as curvas que do Aspromonte descem para o mar Jônio. É o início de uma longa viagem. Voltam a atravessar as montanhas na rodovia expressa Jônio-Tirreno e chegam à estação de Rosarno. Aguardam o *Intercitty Notte 894* das 22h30, trem que partiu de Reggio Calabria e se dirige a Roma Termini.

Às 7h15 da manhã seguinte estão em Roma. As três mulheres e as crianças se misturam à multidão caótica de turistas e trabalhadores pendulares que, todas as manhãs, nesse horário, povoam a estação. Olham as vitrines das lojas, dão café da manhã para as crianças, depois saem para a esplanada. Em vez de táxis, entram diretamente em contato com dois carros de aluguel, daqueles clandestinos, e pedem para ser levadas até a estação Tiburtina. Enquanto olham as capas das revistas em frente a uma banca, um homem caminha em sua direção. Acabou de descer de um Volkswagen Passat com placa alemã. Uma das três mulheres se afasta do grupo, vai a seu encontro e troca apenas poucas palavras com ele. O homem entra no carro e vai embora; as mulheres e as crianças se dirigem a pé à Piazza Bologna.

Desta vez, entram em um táxi regular. Como estão em cinco, pegaram um Fiat Multipla. Ao taxista, as mulheres fazem um pedido genérico e um pouco "estranho": pedem para ser acompanhadas a um lugar amplo, se possível cheio de gente. O taxista as leva para a Piazza Re di Roma. O espaço existe, e o bairro é bem popular. O grupo desce. Dá uma volta ao redor da praça, só o tempo de olhar algumas lojas. Param outro táxi e voltam para as proximidades da estação Tiburtina.

A esperar as mulheres e as crianças está o Passat com a placa alemã, que parou na frente da estação algumas horas antes, mas o motorista é outro. Cumprimentam-se apenas com um aceno de cabeça, colocam as bagagens no porta-malas, entram todos no carro e partem. Dirigem-se a Florença e, quando cruzam a saída para Lucca, viram bruscamente. Agora vão a Gênova e de lá prosseguem para Turim. Na altura de Alessandria, desviam por Valle d'Aosta e, atravessando o túnel do Gran San Bernardo, entram na Suíça.

O Passat viaja por estradas secundárias entre desfiladeiros e montanhas já cobertas de neve. Atravessa a fronteira francesa e começa uma espécie de *tour de France* sem lógica alguma. O percurso é esquizofrênico, aparentemente sem meta. Até chegar à fronteira belga. Também nesse país, o carro com o motorista, as mulheres e as crianças faz rotas estranhas, mas a direção já está clara. Atravessam a fronteira com a Holanda, chegam a Amsterdã e param diante de uma pequena casa de dois andares.

O bairro é residencial, não rico, mas distante e diferente das periferias industriais onde há décadas vivem as famílias de emigrados da Calábria, da Sicília e da Puglia, que partiram da Itália no final dos anos 1950. A região, muito tranquila durante o dia, à noite fica repleta de jovens e adolescentes que vêm da cidade inteira para se encontrar, a poucos metros da casa, em um dos bares mais frequentados e badalados de Amsterdã.

O homem, as três mulheres e as crianças descem do carro, olham ao redor, entram na casa e nela permanecem fechados por mais de uma semana. Não sabem que, desde que deixaram San Luca, dia e noite, no trem e ao longo das estradas nos diversos países europeus, os homens da Squadra Mobile* da sede da polícia de Reggio Calabria não os perderam de vista um só instante. E nem mesmo por um segundo deixarão de observar a pequena casa até alguém, por escolha ou necessidade, passar por sua porta.

Após uma semana de vida retirada, o primeiro a deixar a casa é o homem que falou com uma das três mulheres na frente da estação Tiburtina, em Roma. Seu rasto havia sido perdido porque sua função fora apenas levar o Passat a Roma, um carro "limpo" para poder atravessar, com outro motorista, as diversas fronteiras europeias. É Francesco Madeo, natural da Puglia e há muitos anos residente em Düsseldorf, na Alemanha. Traz consigo uma bolsa grande, pesada e incômoda. Os policiais calabreses põem-se em seu encalço e estão certos de que, seguindo-o, serão levados a um dos protagonistas daquela que, na história da Alemanha e na da 'ndrangheta, tornou-se o massacre do dia da Assunção, a matança em que, na noite de 15 de agosto de 2007, em Duisburg, foram assassinados seis rapazes entre 18 e 39 anos.

Madeo chega ao metrô, mistura-se à multidão e sobe no primeiro trem. Poucas paradas depois, desce. A esperá-lo na saída da estação está um homem baixo e robusto, olhos e pele escuros, um dos tantos rostos dos imigrados italianos, turcos, gregos e tunisianos que há tempos plantaram raízes entre a Holanda e a Bélgica. Os policiais italianos e seus colegas holandeses já não têm dúvidas: têm à frente um dos padrinhos do conflito que, de 1991 a 2007, já ceifou 16 mortos entre as duas principais famílias da 'ndrangheta de San Luca. O homem é Giuseppe Nirta, mas todos o chamam de

---

* Divisão que atua como polícia judiciária. (N. T.)

Charlie. Tem 35 anos e é um dos boss mais importantes do clã Nirta-Strangio, desde sempre contrário e em guerra com o dos Pelle-Vottari-Romeo. Nirta não estudou, parou no quinto ano da escola primária, mas fala perfeitamente espanhol, usa internet e se comunica regularmente com a Calábria e a América Latina usando o Skype. Há mais de dez anos sua profissão é a de narcotraficante, uma atividade que o fez conquistar uma boa fama em nível internacional. Não é encontrado desde 1999 e faz parte da black list especial do Ministério do Interior, na qual aparecem os nomes dos 100 foragidos mais perigosos. Desde 15 de agosto de 2007, junto com Giovanni Strangio, estava entre os homens mais procurados da Itália.

A surpresa chega quando os policiais calabreses, depois de algemarem o boss, abrem a bolsa grande que seu mensageiro acabara de lhe entregar e, em vez de armas ou pacotes de drogas, encontram uma forma de massa ao forno com queijo provola e almôndegas, o prato calabrês dos dias de festa, diversas linguiças defumadas, uma peça de queijo pecorino e um computador. Os investigadores calabreses sorriem entre si, achando graça e olhando a reação espantada e surpresa de seus colegas holandeses. De resto, se três mulheres deixaram San Luca para ficar perto de seus maridos e facilitar sua condição de foragidos, não dá para imaginar que também não tenham levado a comida e os sabores de sua terra.

Angela, Teresa e Aurelia Strangio são três irmãs. Aurelia é mulher de Giuseppe Nirta, e Teresa, de Francesco Romeo, igualmente foragido desde 1999. Com Angela, são irmãs de Giovanni Strangio, o procurado número um do massacre de Duisburg.

Apenas a 'ndrangheta se nutre dessas uniões familiares e consanguíneas, transformando-as em uniões criminosas, adesivo social, vínculo de *omertà*.* Esse é o traço de uma identidade única no panorama mundial do crime, de uma relação com a tradição que

---

* Cumplicidade tácita entre os mafiosos. (N. T.)

a torna impermeável a toda degeneração ou contaminação cultural e indica uma dimensão arcaica, capaz de repropor obsessivamente ritos, formas de violência e sensação de pertencimento, mesmo a milhares de quilômetros de seu território de origem. Mas essa é apenas uma faceta; a outra é sua modernidade, sua capacidade de penetração e enraizamento em mundos geográficos, econômicos e sociais diferentes, além de sua extraordinária dimensão global do ponto de vista econômico e financeiro: o salame e o computador, o pastor e o banqueiro, o controle do território e a projeção internacional, San Luca e o Mundo.

Passam apenas poucos meses e, no dia 12 de março de 2009, em Diemen, um pequeno centro às portas de Amsterdã, é preso Giovanni Strangio, o verdadeiro protagonista do massacre alemão, aquele que, se os policiais holandeses não tivessem tido pressa em deter a bolsa grande com "salames e computador" à saída do metrô, como sugeriam os investigadores italianos, já teria sido preso em novembro do ano anterior.

Strangio tem pouco mais de 30 anos, mas já demonstra ares e comportamento de boss, um boss moço. Quando os policiais entram no segundo andar de um típico sobrado holandês da periferia, ele não opõe resistência. Na casa, junto com sua mulher Maria e seu filhinho de três anos, está Francesco Romeo, de 42 anos, marido de sua irmã, que também está no fim de uma fuga que durou nove anos e meio.

Romeo é considerado um traficante de drogas de seis dígitos, capaz de organizar tráficos e movimentar negócios por milhões. Ao darem a busca na residência, os policiais encontram um milhão de euros em notas de 50 e 100. Provavelmente, o lucro da venda de um lote de drogas ou a cifra pronta para uma nova aquisição.

Pouco tempo antes, em uma entrevista dada pelo foragido ao semanário *Panorama*, Giovanni Strangio afirmara: "Na realidade, a guerra de San Luca não existe, e sei que na minha cidade existe pobreza, desemprego, desconfiança, mas também amor, paixão e vontade de trabalhar."[1]

A angústia em razão da pobreza de seus concidadãos e da condição social de sua cidade não deviam lhe provocar uma dor particular nem afetá-lo diretamente e de perto, dada a quantidade de dinheiro líquido que tinha em casa.

A notícia da prisão tem uma discreta relevância nacional e uma forte amplificação tanto nos jornais e na mídia alemães quanto naqueles calabreses. No fundo, trata-se sempre do autor e diretor de um massacre que teve uma repercussão em nível mundial, fazendo com que se descobrisse fora da Calábria e da Itália a existência da 'ndrangheta.

No momento da captura, não se sabe para onde irá Strangio, se a magistratura holandesa acolherá o pedido de extradição das autoridades alemãs, em cujo território foi consumada a matança, ou se será transferido para a Itália, como pedem os magistrados de Reggio Calabria, que levaram adiante o inquérito e coordenaram os investigadores até sua prisão.

As interrogações e a atenção pública duram apenas dois ou três dias; em seguida, como em todas as histórias da 'ndrangheta, resta apenas o silêncio. Um mês depois, nem será notícia, fora da Calábria, a decisão de transferir o jovem boss e matador para a Itália. Novamente e como sempre, cai o pano.

Todavia, as perguntas permanecem para além do caso de Strangio, da guerra entre clãs e dos aspectos judiciários e investigativos do inquérito.

* * *

---

[1] Domenico Calabrò. "Così parla un superlatitante". *Panorama*, 14 de agosto de 2008.

O que fazem em Amsterdã três boss calabreses, que partiram do interior profundo do Aspromonte, daquela San Luca considerada desde sempre a *mamma* da 'ndrangheta e seu berço e, com seu santuário entre as montanhas de Polsi, o lugar sagrado de sua religiosidade, depositário de seus mais obscuros e inquietantes mistérios e de suas mais importantes decisões?

Seria a capital holandesa apenas um dos tantos lugares "acolhedores," para os boss mafiosos foragidos — muitos, em uma Europa vulnerável e que ainda não foi capaz de adquirir instrumentos comuns de combate às organizações mafiosas — ou seria também um polo de relações, negócios e tráficos entre as grandes holdings criminosas mundiais? Seria apenas uma cidade de trânsito entre um dos maiores portos do mundo, como o de Roterdã e a Alemanha de Duisburg, ou teria se tornado um cruzamento obrigatório das principais rotas da cocaína que chega à Europa?

Mais do que isso, seria Amsterdã apenas a capital-símbolo do antiproibicionismo e, por conseguinte, "permissiva" também em relação às atividades ligadas ao tráfico de entorpecentes ou, antes, teria se tornado, a despeito de si mesma, uma zona franca para os *capimafia* procurados, suas sociedades financeiras e suas atividades de lavagem de dinheiro?

Mudando de Estado e de cidade, abarcando da Europa à Austrália, do Canadá à Colômbia, do México aos Estados Unidos, da África do Sul à Romênia, e contando outras histórias com outros protagonistas, poderíamos fazer as mesmas perguntas.

Um faturamento da Financeira

Ao folhearmos diariamente as crônicas judiciárias dos jornais, lemos notícias de operações antimáfia ou antidroga que envolvem vários países e continentes. Em geral, excetuando-se os casos clamorosos, trata-se de artigos breves, poucas linhas, que trazem flashes de agência e não suscitam nenhuma reação na opinião pública italiana, mais preocupada com os grandes títulos de primeira página sobre o assalto realizado pelos migrantes clandestinos e o aumento dos estupros ou o último relato macabro da província, a ser seguido como uma telenovela e reproposto obsessivamente, com debates e reconstituições judiciárias, nas diversas salas de visita das redes públicas e privadas de televisão.

No entanto, as máfias italianas — 'ndrangheta, Cosa Nostra e camorra —, por meio de seu sistema de empresas, da coparticipação acionária em sociedades e instituições de crédito e de uma extraordinária capacidade de movimentação financeira de uma extremidade a outra do mundo, conquistaram um lugar como protagonistas na globalização e não apenas em sua dimensão criminal.

Tornaram-se sujeitos dinâmicos dos processos de internacionalização econômico-financeira e contribuem com a força de pequenos Estados para a formação daquele PIB mundial que também se alimenta da chamada economia bandida, que nas últimas décadas se impôs em todos os cantos do mundo.²

Segundo as análises de diversos institutos de pesquisa, como o EURISPES,* e estudos econômicos como o último relatório anual do SOS-Impresa, que constitui a estrutura antirracket** da CONFESERCENTI,*** 'ndrangheta, camorra e máfia siciliana registram um faturamento anual que oscila entre 120 e 180 bilhões de euros.

---

2 Loretta Napoleoni. *Economia bandida*. 2ª ed. Rio de Janeiro, Difel, 2011.
* Istituto Europeo di Studi Politici Economici e Sociali [Instituto Europeu de Estudos Políticos, Econômicos e Sociais]. (N. T.)
** *Racket*: organização ilegal que, mediante violência e extorsão, impõe a própria proteção em determinados setores da atividade comercial, exigindo compensações financeiras e exercendo o controle das próprias atividades. (N. T.)
*** Confederazione degli Esercenti attività commerciali e turistiche [Confederação das empresas de comércio e turismo na Itália]. (N. T.)

Praticamente o valor de uma manobra financeira semelhante àquela que anualmente o parlamento aprova em vista do estabelecimento do balanço estatal.

Apenas uma cota, igual a 40-50% dessa grande massa de riqueza, é reinvestida para gerar novamente as atividades criminosas tradicionais (contrabando, aquisição de drogas e armas, pagamento dos "salários" dos filiados, assistência aos presos e às suas famílias). O restante, de mil formas e mil modos, entra na economia "legal".[3]

O verdadeiro problema é individuar um limite nítido entre economia legal e economia ilegal. Porém, diante de uma riqueza criminal que corresponde a 5-7% do Produto Interno Bruto nacional e de efeitos que incidem nos níveis de emprego e no mercado de trabalho, representando um dos maiores amortizadores sociais justamente nas regiões mais pobres da Itália e mais atingidas pelo fenômeno do desemprego, esse limite não pode existir de fato.

Quanto a esse aspecto, os dados são fornecidos pelos analistas da DIA (Direzione Investigativa Antimafia),* segundo os quais, na "indústria mafiosa", entre setores legais, ilegais e informais, empregam-se 27% dos habitantes ativos da Calábria, 12% daqueles da Campânia e 10% daqueles da Sicília. Praticamente quase 10% da população ativa nas principais regiões do Mezzogiorno.

Em resumo, mesmo considerando o caráter aproximativo dos dados elaborados e fornecidos pelo EURISPES e pela CONFESERCENTI, com um faturamento médio de cerca de 130 bilhões e um lucro situável entre 70 e 80 bilhões de euros, as máfias italianas representam uma das principais holdings econômico-financeiras criminosas do planeta.

---

[3] Donato Masciandaro e Alessandro Pansa. *La farina del diavolo*. Milão, Baldini & Castoldi, 2000.
* Direção de Investigação Antimáfia. (N. T.)

Isso sem considerar o impacto social e econômico do *racket* e do *pizzo*.* Os números são fornecidos pelo SOS-Impresa no relatório apresentado em Roma, no final de 2008: 250 milhões de euros por dia, 10 milhões por hora, 160.000 euros por minuto são transferidos cotidianamente das caixas dos comerciantes e dos empresários àquelas das organizações criminosas.

Reunindo esses dados, pode-se afirmar que as máfias italianas registram potencialmente um volume de negócios superior à soma do PIB de bem três países que há pouco tempo se tornaram Estados-membros da União Europeia: Eslovênia (30 bilhões), Estônia (25 bilhões) e Croácia (34 bilhões). Com um lucro anual que se aproxima dos 97 bilhões do PIB de um país que teve um crescimento rápido como a Romênia.

As coisas não são melhores em nível mundial. Ao contrário. As estimativas, realizadas sempre por aproximação pelas principais agências de estudos internacionais, denunciam um percentual de PIB mundial, produzido pelas diversas organizações criminosas ativas em escala global, oscilando entre 3 e 5 %. São estimativas que dizem respeito às projeções dos potenciais volumes de negócios de todas as atividades ilícitas, do tráfico de drogas ao de armas, da venda de mercadorias falsificadas ao tráfico de seres humanos, da prostituição ao tráfico de órgãos.

Trata-se de uma quantidade de riqueza superior ao faturamento total do comércio mundial de ferro e aço. Embora aproximativos, esses números também indicam uma tendência e, provavelmente, devem ser considerados errôneos. A causa principal, como no que se refere às dimensões nacionais, é representada pela dificuldade cada vez maior de individuar uma linha de demarcação nítida entre economia legal, economia informal, economia ilegal e atividades criminosas.

---

* Dinheiro exigido de comerciantes em troca de proteção. (N. T.)

De resto, mesmo os dados oficiais fornecidos pelas diversas agências das Nações Unidas, referentes à quantidade de entorpecentes produzida e introduzida no mercado mundial, com a relativa soma obtida com o tráfico de drogas e introduzida no circuito da lavagem de dinheiro e na economia legal, estão bem aquém da dimensão real. Entre as razões dessa subestimação está certamente o limite constituído pela elaboração de dados exclusivamente com base nas toneladas de entorpecentes apreendidos anualmente. Por exemplo, segundo as Nações Unidas, cujos dados são mencionados no relatório da Direção Central dos Serviços Antidroga, de 2008, apenas na Colômbia, no Peru e na Bolívia, os terrenos cultivados com folha de coca equivalem a 181.600 hectares, para uma produção de cocaína pouco inferior a 1.000 toneladas anuais. Enquanto as apreensões de cocaína montariam, ainda no mesmo ano e em todo o planeta, a 706 toneladas.[4]

Mesmo tendo-se em mente a diferença quantitativa entre a coca em folha e a cocaína já trabalhada e refinada, os dados não parecem correspondentes; portanto, devem ser lidos e interpretados criticamente, em primeiro lugar sabendo-se que a quantidade de droga apreendida representa mais ou menos 10-15% daquela introduzida no mercado.

Segundo os dados oficiais, em 2008, somente na Itália foram apreendidas 4 toneladas de cocaína, mas a essas devem ser acrescentadas outras 10 toneladas apreendidas no exterior, porém destinadas a esse país. Com base nesses números, e considerando-se a relação de 10-15% entre a cocaína apreendida e aquela introduzida no mercado, em 2008, na Itália, teria sido comercializada uma quantidade de cocaína que oscilaria entre 100 e 150 toneladas.

Obviamente, estamos falando de cocaína pura. Quando misturada para ser introduzida no mercado do tráfico, é necessário multiplicar a quantidade por quatro vezes, quatro vezes e meia.

---

[4] Direção Central dos Serviços Antidroga — Ministério do Interior. Relatório de 2008.

Para ficarmos na Itália, essas 100-150 toneladas tornam-se 400-450. Nem toda essa cocaína para no mercado nacional. Uma parte, importada das organizações mafiosas italianas, transita rumo a outros países. Mas, de todo modo, a Itália continua sendo um ponto-chave, seja pelo papel de suas organizações criminosas, empenhadas no narcotráfico, seja pelos dados sobre o consumo, que a veem nos primeiríssimos lugares da classificação europeia e mundial.

Se quisermos traduzir os dados relativos à quantidade em termos de "economia" e assumir os parâmetros já adquiridos por especialistas e investigadores, podemos avaliar a soma da riqueza produzida pelo "ciclo da coca" em um ano.

Dos produtores colombianos ou bolivianos, um quilo de coca custa em média entre 1.200 e 1.500 euros. Quando vendida no atacado, o preço da mesma quantidade salta para 40.000 euros. Aplicando esse cálculo aos dados fornecidos pela ONU para o ano de 2008, as 994 toneladas produzidas na América do Sul devem ser multiplicadas por 4,5, ou seja, a passagem da cocaína pura àquela misturada, e assim obtemos uma quantidade de 4.473 toneladas introduzidas no mercado mundial. Se ainda considerarmos que, no varejo, a cocaína é vendida por uma média de 70 euros o grama, no final, o lucro será de cerca de 313 bilhões e 110 milhões de euros. Se levarmos em conta as diversas passagens do produtor ao atacadista no tráfico por minuto e acrescentarmos alguns custos fixos de intermediação, podemos estimar que, em um ano, o mercado apenas da cocaína produz um volume de negócios igual a 354 bilhões e 661 milhões de euros ou a 465 bilhões e 989 milhões de dólares americanos.[5]

Não existe no mundo mercadoria nem ciclo produtivo capaz de criar tamanha mais-valia e um lucro dessas proporções, pronto a dispersar-se e a entrar em circulação na economia, no mercado e nos circuitos financeiros legais.

---

[5] Vincenzo Spagnolo. *Cocaina S.P.A.* Cosenza, Pellegrini, 2009.

O mundo é uma Aldeia

A globalização dos capitais e das atividades criminosas se reflete na globalização dos deslocamentos e das residências de grandes e pequenos boss. Foi assim também no passado, mas hoje é a regra.

Por isso, quando se prende um boss em Caracas ou Toronto, em Málaga ou Nice, na Romênia ou em Bogotá, em Amsterdã ou na Escócia, não quer dizer que esse boss escolheu uma dessas cidades como meta mais ou menos exótica e acolhedora para passar as férias ou para fugir da justiça do próprio país. A verdade é que, já há anos, esses lugares se tornaram praças centrais do mercado do crime gerido pelas máfias italianas. São o sinal inequívoco de uma colonização silenciosa e decenal, que não poupou nenhum canto do planeta.

Mas essa afirmação, mesmo evitando simplificações e generalizações, também corre o risco de ser redutiva e de alimentar a hipocrisia com que se cobrem a política e os governos para não levar adiante, com coerência, a luta contra as máfias.

É a hipocrisia, quando não a cumplicidade, de quem não quer ver as máfias apenas porque elas não se mostram, como nas imagens de velhos cartões-postais em preto e branco, de "boina e fuzil", ou não se manifestam no cotidiano com o rosto brutal da violência sanguinária. Um problema que diz respeito não apenas à Itália, fruto de corrupção, convivência consciente ou de subestimação culpada e incompreensão do fenômeno.

É o que aconteceu na Alemanha. Havia anos se sabia que setores comerciais inteiros, como empresas de catering e de importação e exportação de alimentos, em uma cidade importante como Duisburg e em dezenas de outros centros e *Länder*,* eram controlados pelas famílias mafiosas de San Luca.

---

* Estados da federação. (N. T.)

Em 2000, a eficientíssima BKA, polícia criminal alemã, ficou preocupada e escreveu um relatório detalhado e minucioso, com os nomes, sobrenomes e endereços de todos os cidadãos de San Luca residentes na Alemanha. Toda atividade lícita e ilícita era citada e analisada. Até o nome do dossiê não deixava dúvidas sobre as intenções e o alarme que se queria lançar tanto às autoridades alemãs quanto àquelas italianas: *Análise sobre San Luca* e, sob o título, uma foto da cidade calabresa, empoleirada nos cumes do Aspromonte.

No entanto, foi necessário um massacre para fazer com que a Alemanha descobrisse a presença da 'ndrangheta e começasse timidamente a falar na imprensa e no debate público a respeito de sua penetração na economia, no comércio e no mundo produtivo.

Não obstante esse evento e suas repercussões mundiais, na Alemanha e em grande parte do mundo político e institucional as pessoas ainda fingem que não entenderam e continuam a não ver a vizinhança não apenas quilométrica, mas, sobretudo, de interesses econômicos entre Duisburg e uma cidade como Frankfurt, com uma das bolsas e um dos mercados financeiros mais importantes do mundo.

É verdade que em Duisburg os calabreses de San Luca chegaram com as malas de papelão dos emigrantes, quando da Bolsa de Frankfurt não sabiam o nome nem a função. Mas também é verdade que esses emigrantes e, como eles, a 'ndrangheta, cresceram e mudaram, em sintonia e em paralelo com a evolução da economia e da sociedade: as malas, não mais de papelão, começaram a fazer viagens regulares entre a Calábria, a Alemanha e o restante da Europa. Já não transportavam apenas laranjas, óleo, salames e queijos calabreses feitos em casa, mas viajavam carregadas de drogas e dinheiro, transformando muitos desses emigrantes em empresários, proprietários de hotéis, gerentes de restaurantes e pizzarias, executivos de sociedades de importação-exportação, boss do narcotráfico.

Todavia, é realmente incrível que, após o massacre no dia da Assunção, ainda se tente atribuir tudo a fatos "normais", embora espantosos, de criminalidade.

Mafia. Von Paten, pizzerien und falschen priestern* é o título de um livro que passou a ser vendido nas livrarias alemãs no inverno de 2008. A autora é Petra Reski, jornalista do semanário *Die Zeit* que há 20 anos vive na Itália, segue os casos judiciários e as histórias de máfia e corrupção deste país e os conta a seus leitores na Alemanha.[6]

Após Duisburg, decidiu escrever tudo que sabia das máfias na Itália e, sobretudo, da 'ndrangheta na Alemanha. Buscou a confirmação para suas investigações nos autos da polícia alemã, cruzou-as com aquelas realizadas pela polícia e por magistrados italianos. Mas na Alemanha não foi suficiente, ou melhor, não teve nenhum valor.

Poucos dias depois da publicação, o livro foi submetido à censura, com uma dupla sentença dos tribunais de Munique e Duisburg. À liberdade de imprensa e ao direito de informação, os juízes alemães preferiram a tutela da imagem de alguns expoentes das famílias calabresas de San Luca, que, segundo as autoridades italianas e a própria BKA alemã, são efetivos das *cosche*,** mas considerados com ficha limpa pela justiça e pelos tribunais de seu novo país.

Pouco adianta explicar que, na Alemanha, essas pessoas só têm ficha limpa porque no código penal alemão não existe o crime de associação para a delinquência de tipo mafioso, crime vigente desde 1982 na Itália com a conhecida sigla "art. 416 bis", e apenas

---

* *Máfia. Padrinhos, pizzarias e falsos padres*. Tradução de André Delmonte. Rio de Janeiro, Tinta Negra, 2011. (N. T.)
[6] O livro foi traduzido na Itália com o título *Santa mafia. Da Palermo a Duisburg: sangue, affari, politica e devozione*. Modena, Nuovi Mondi Edizioni, 2009.
** Plural de *cosca*: palavra de origem siciliana para designar o núcleo ou agrupamento mafioso. (N. T.)

por essa razão não podem ser perseguidos fora do território italiano, a menos que cometam outros crimes.

No dia da apresentação de seu livro em Erfurt, na Turíngia, Petra Reski foi interrompida em público justamente por alguns calabreses que assumiram a defesa de Spartaco Pitanti e Antonio Pelle. Para a imprensa, a interrupção soou como uma ameaça. Pelle é proprietário de um hotel, tem ficha limpa, mas também estreitos vínculos de parentesco com expoentes da família Pelle-Vottari-Romeo, envolvida no massacre do dia da Assunção e na guerra entre clãs que há 30 anos ensanguenta San Luca.

O ocorrido suscitou um movimento de solidariedade em prol da jornalista por parte da opinião pública de meia Europa, mas não deslocou em um único milímetro as convicções e a decisão dos juízes dos dois tribunais alemães. É a lógica do avestruz: passado o clamor dos eventos, aqueles que, por função social ou institucional, teriam o dever de manter a cabeça bem erguida e buscar as máfias mesmo onde elas não são vistas, acabam por enfiá-la na areia.

É o que aconteceu também em Roma, na primavera de 2009, quando os magistrados submeteram a sequestro o Cafè de Paris, histórico ponto de encontro situado entre o brilho dos hotéis e restaurantes da via Veneto. A notícia ganhou a primeira página de todos os jornais na Itália e no exterior, mas a Roma que conta, aquela que governa a cidade há anos e que deveria ter evitado que tudo isso acontecesse, fingiu que não sabia nem entendia o que estava se passando e continua a se passar em seu calcanhar de aquiles e em seus salões.

Após um longo trabalho de investigação e a reconstituição de centenas de transações e movimentações financeiras em contas correntes distribuídas entre os bancos de meia Europa, da Itália a San Marino, da Suíça à Romênia, descobriu-se que o estabelecimento-símbolo da "dolce vita", imortalizado em filmes que fizeram a história do cinema, há alguns anos mudou de propriedade. Quem passou a administrá-lo eram homens da 'ndrangheta, e os novos empresários eram os boss da família Alvaro, de Cosoleto, uma cidadezinha de 941 habitantes, perdida entre as montanhas do Aspromonte e a Planície de Gioia Tauro.

Após o período de sequestros dos anos 1970 e 1980, a população se dividiu — e ainda hoje se divide — entre a criação de gado, a agricultura e o tráfico internacional de entorpecentes.

Somente quem não quer entender pode pensar que o problema esteja apenas entre as montanhas do Aspromonte, e não em Roma, onde, quando as *cosche* precisam, imediatamente estão disponíveis dezenas de tabeliães, consultores financeiros, advogados, corretores de imóveis e os homens das finanças e dos bancos, prontos a reinvestir as riquezas dos criadores de gado-traficantes e a transformar seu dinheiro em boa economia, limpa e produtiva. Pelo menos até alguém revelar o jogo e romper a engrenagem.[7]

Milão não fica atrás, e não é necessário recorrer à história dos anos 1970 e 1980, quando os chefes sicilianos da Cosa Nostra bancavam os mocinhos e os bandidos no mundo das finanças e do empresariado arrivista, para lá levavam o dinheiro a ser lavado nos bancos ou o investiam nas grandes especulações da construção civil da época. Era a "Milano da bere",* mas, em parte, se embriagava com o dinheiro dos mafiosos, se alimentava de corrupção política e de suborno e se inebriava com a cocaína que os boss calabreses começavam a fazer chegar em grande quantidade.[8]

---

[7] Tribunal de Reggio Calabria, seção de medidas de prevenção. Mandado de 21 de julho de 2009 no processo de prevenção contra Alvaro Vincenzo di Cosoleto.
* Expressão extraída de uma campanha publicitária dos anos 1980, relativa a um aperitivo, e que, além de mostrar a vida noturna da capital da Lombardia, fazia alusão ao arrivismo de classes sociais emergentes. (N. T.)
[8] Comissão Parlamentar de Inquérito sobre o fenômeno mafioso, XI Legislatura, *Relazione sugli insediamenti e le infiltrazioni di tipo mafioso in aree non tradizionali* [Relatório sobre os estabelecimentos e as infiltrações de tipo mafioso em áreas não tradicionais], relator sen. Carlo Smuraglia, aprovada em 13 de janeiro de 1994.

Assim, ao longo dos anos, a pretensa "capital moral" da Itália também se transformou no principal mercado para o consumo da droga, nos primeiros lugares na Europa e no mundo por consumo de cocaína.[9]

Como se tudo isso já não fosse uma realidade, há quem precise esperar a publicação das escutas telefônicas, contidas em um mandado de prisão de alguns boss calabreses da 'ndrangheta, para descobrir, apenas na primavera de 2009, que as organizações mafiosas já estão se organizando para controlar e administrar os contratos e os milhões de euros que chegam em avalanche para a realização da Expo de 2015.

Até o mandado dos magistrados e as primeiras prisões, os administradores municipais e regionais, guiados pelo prefeito de Milão e pelo presidente da Região da Lombardia, fingiam não saber o que há anos era do conhecimento de todos. Não chegaram sequer a expressar um comentário, tampouco lançaram um grito de alarme em 20 de fevereiro de 2008, quando todos os jornais publicaram o mapa dos boss que há anos vivem e têm negócios no norte da Itália, administram o maior mercado hortifrutícola da região setentrional, dirigem temerárias operações financeiras com a complacência de bancos italianos e suíços,[10] e seus filhos, quase todos aculturados e formados, são bem recebidos nos salões burgueses de

---

[9] Segundo os dados fornecidos pelo relatório de 2008 da Direção Central de Serviços Antidroga, "a Lombardia encontra-se no primeiro lugar, em absoluto, quanto ao número de operações antidroga, denúncias e quantidade de entorpecentes apreendidos". Em 2008, na região foram realizadas 4.222 operações antidroga, que levaram à apreensão de 1.604,31kg de cocaína, 488,40kg de heroína, 9.786,99kg de haxixe, 275,75kg de maconha, 17.562kg de drogas sintéticas, 1.664 pés de *cannabis* e 124,06kg de outras drogas. Apenas na cidade de Milão (portanto, sem considerar as apreensões efetuadas no aeroporto de Malpensa, que pertence a outra província), foram apreendidos 834,93kg de cocaína, 4.033kg de haxixe e 348,60kg de heroína.

[10] Mandado de custódia cautelar em cárcere, emitido pelo juiz para as investigações preliminares do Tribunal de Milão, no âmbito do processo penal

sua cidade. No entanto, esses nomes e esses mapas não eram fruto de uma investigação jornalística pouco documentada, mas estavam contidos no primeiro relatório sobre a 'ndrangheta, aprovado por unanimidade pela Comissão Parlamentar Antimáfia.[11] Somente no verão de 2009, e após inúmeras polêmicas suscitadas na imprensa pelas contínuas prisões de expoentes da criminalidade organizada, residentes em Milão e na Lombardia, a Região estabeleceu um observatório das infiltrações mafiosas em vista da Expo de 2015. Seu diretor seria o general Mori, que atualmente se encontra sob processo em Palermo por ter favorecido, na qualidade de ex-chefe do ROS (Raggruppamento operativo speciale dei Carabinieri),* a fuga de Bernardo Provenzano, capo da Cosa Nostra, e no centro da polêmica por não ter dado ordem de busca ao esconderijo de Totò

---

n? 50287/04, em 8/11/2007, contra expoentes e colaboradores da "Cosca Ferrazzo", de Mesoraca (KR), no âmbito da investigação nomeada "Dirty Money". A investigação verificará que em Zurique, na Suíça, são formadas, por conta do clã, duas sociedades financeiras, a WSF AG e a PP FINANZ AG, que deviam ocupar-se de recolher os capitais de investidores suíços e internacionais para intervir no mercado Forex e realizar transações sobre divisas. Na realidade, essas financeiras se tornaram o lugar onde depositar e fazer transitar enormes somas provenientes das atividades ilícitas da *cosca*. A partir do início do ano 2000, iniciou-se a programada espoliação das próprias sociedades, com o desvio dos capitais, tanto daqueles de proveniência ilícita quanto daqueles confiados pelos investidores, para contas offshore e sociedades na disponibilidade dos administradores, todos ligados direta ou indiretamente à 'ndrangheta.

O objetivo da operação era reempregar os capitais lavados em investimentos imobiliários de prestígio na Sardenha e na Espanha, sempre controlados pela *cosca* dirigente do projeto. Esses investimentos, que, desse modo, permitiriam que somas consideráveis voltassem para a Itália e fossem lavadas em atividades formalmente lícitas, foram interrompidos apenas pelas investigações. Cf. Francesco Forgione. *'Ndrangheta*. Milão, Baldini Castoldi Dalai, 2008, pp. 246-247.

[11] Comissão Parlamentar de Inquérito sobre o fenômeno da criminalidade organizada, mafiosa ou similar, XV Legislatura, *Relazione sulla 'Ndrangheta* [Relatório sobre a'Ndrangheta], relator dep. Forgione, aprovada em 19 de fevereiro de 2008.
* Grupo de operações especiais dos carabinieri. (N. T.)

Riina — ordem essa protelada por 14 dias após sua prisão. Além disso, segundo várias testemunhas, teria feito parte da negociação entre a máfia e alguns setores do Estado, posterior aos massacres de 1992 e 1993.

O mundo é uma aldeia. O mesmo comportamento minimalista, que chega à remoção, é registrado na Espanha. No entanto, nas cidadezinhas turísticas da Costa do Sol ou nas ilhas do Mediterrâneo e nas Canárias, os mafiosos já os conhecem, os acolheram e vivem em grupos nesses lugares.

Os muitos italianos presentes há anos na Espanha, sobretudo calabreses e napolitanos, investiram e continuam a investir no turismo e em empresas de catering, na importação-exportação de gêneros alimentícios e pescados, e até mesmo na construção naval. De resto, muitas vezes a cocaína viaja de navio, e poder dispor de uma frota de produção própria quando necessário representa uma bela vantagem.

Como ponto de chegada na Europa de todas as rotas da droga proveniente tanto da África magrebina e saariana quanto da América do Sul, a Espanha se tornou o país europeu mais "fácil" e aberto seja para a lavagem de dinheiro, seja para se tornar o esconderijo dos boss procurados.[12]

Italianos da Calábria, da Sicília e da Campânia vivem bem na Espanha. Este é um país mediterrâneo em que se sentem em casa e, como em casa, sentem-se e ficam tranquilos e seguros em Madri e Barcelona, em Málaga e Marbella ou em Palma de Maiorca. Não é por acaso que, nos últimos dez anos, mais de um terço dos 190 foragidos presos no exterior, entre os boss procurados de todas as organizações criminosas italianas, tenham sido encontrados justamente nesse país ibérico.[13]

---

[12] Direção Nacional Antimáfia, Relatório de 2008.
[13] Com base na lista dos foragidos presos no exterior por solicitação da autoridade judiciária italiana, fornecida pela Interpol do Ministério do Interior, de 1º de janeiro de 2000 a julho de 2009, das 149 detenções referentes a filiados da

Se quisermos continuar no velho continente, mudando apenas de latitude, basta deslocarmo-nos para a Romênia.

Após os anos de isolamento da ditadura comunista, agora os aeroportos e os portos do Mar Negro tornaram-se lugares "abertos" até demais, verdadeiras zonas francas para o tráfico e as atividades mafiosas que se projetam na direção do Oriente. Por ali passam tanto a chamada "rota do Mar Negro", que traz para a Europa a heroína vinda da Turquia e o ópio do Paquistão,[14] do Afeganistão e do Azerbaijão, quanto algumas rotas do tráfico de seres humanos, provenientes do Leste e do Oriente Médio.

Mas a Romênia não é apenas um território de trânsito.

Os magistrados de Palermo que fizeram o levantamento do tesouro acumulado de Vito Ciancimino, ex-prefeito da cidade, homem de honra* de Corleone e testa de ferro de confiança do boss Bernardo Provenzano, descobriram que foram transferidos para os filhos destes grandes cotas de ações nas sociedades que administram a limpeza urbana e o despejo do lixo de Bucareste, capital romena. De resto, Bucareste se encontra na "rota" que leva ao Cazaquistão e, de lá, a Moscou, a "rota" do gás, repleta de sociedades e empresas constituídas entre a Suíça e Palermo pelo político a serviço dos corleonenses para administrar um dos maiores negócios do novo século.[15]

Deixando a capital romena e adentrando o país, nas províncias rurais podem ser encontradas manadas de búfalas que, desde

---

'ndrangheta, da camorra e da Cosa Nostra, 44 foram realizadas na Espanha. O percentual mais elevado diz respeito à camorra; de um total de 74 detenções efetuadas no mundo inteiro, 34 ocorreram na Espanha.

[14] Direção Central de Serviços Antidroga, Ministério do Interior. Relatório de 2008.

* Em italiano, *uomo d'onore*, no sentido de pessoa filiada à máfia mediante o juramento de defender a honra comum e de respeitar a *omertà*. (N. T.)

[15] Leo Sisti. *L'Isola del tesoro*. Milão, Biblioteca Universale Rizzoli, 2007.

meados dos anos 1990, já não eram "ordenhadas" por pastores húngaros, e sim por homens próximos ao clã de Casal di Principe. Assim, graças às investigações dos magistrados napolitanos e às declarações de alguns colaboradores da justiça,[16] agora sabemos que o clã dos casalenses, dirigido por Francesco Schiavone, vulgo *Sandokan*, e Francesco Bidognetti, vulgo *Cicciotto 'e mezzanotte*, havia investido em fazendas e criações, e que parte do leite utilizado para produzir as famosas mozarelas de búfala de Caserta vinha da Romênia. Obviamente, todas introduzidas no mercado italiano com a devida certificação de qualidade e selo DOP, Denominação de Origem Protegida.[17]

A outra face da globalização

Os exemplos poderiam continuar às dezenas, de um extremo a outro do mundo.

Estamos diante de um comportamento comum que, ao mesmo tempo, é de remoção e de convivência, quando não de cobertura e cumplicidade. É o comportamento de uma Europa que custa a aceitar que as máfias e as outras organizações criminosas, incluídas as novas e mais recentes, provenientes dos países do Leste, representam o calcanhar de aquiles de sua modernidade, e os boss que, muitas vezes sem serem importunados, passam por suas capitais, seus portos, seus bancos e seus aeroportos já não são apenas pistoleiros e criminosos fugindo da justiça que os persegue, mas empresários e executivos, às vezes até ignorantes e analfabetos, da nova economia global.

---

[16] Tribunal de Nápoles, Tribunal do Júri de Apelação, Primeira Seção, sentença de 19 de junho de 2008, relativa ao processo "Spartacus".
[17] Rosaria Capacchione. *L'oro della camorra*. Milão, Biblioteca Universale Rizzoli, 2008.

Em vez disso, prevalece um comportamento negacionista ou minimalista que se difunde, absolve a si mesmo e é útil para fingir que não se sabe que, quando o dinheiro das máfias chega a territórios diferentes e distantes daqueles de tradicional presença mafiosa, chegam também os mafiosos, suas lógicas criminais e de morte, suas chantagens, sua violência e seu poder de condicionamento sobre a sociedade.

Seria possível dizer ainda mais quanto aos casos de cumplicidade e corrupção das autoridades políticas e estatais de países que não são pequenos. Tome-se, por exemplo, a África do Sul, que mudou o próprio sistema político, iniciou uma profunda renovação social com o fim do apartheid, mas continua assegurando — exatamente como o regime anterior — liberdade de ação e impunidade a um dos homens-chave do sistema de lavagem internacional de dinheiro da Cosa Nostra.

É o siciliano Vito Roberto Palazzolo, nascido em Terrasini, uma bonita cidadezinha litorânea próxima de Palermo. Na Itália, foi condenado por tráfico internacional de entorpecentes e associação mafiosa, tendo nas costas vários pedidos de prisão e de extradição. No entanto, para a autoridade judiciária sul-africana, para os políticos e governantes que ele normalmente frequenta, bem como para os chefes da polícia que asseguram sua liberdade e o protegem em seus movimentos, ele continua sendo o senhor Robert Von Palace Kolbatschenko, estimado empresário, proprietário de minas de extração de diamante e, obviamente, legítimo financiador das campanhas eleitorais do partido no poder.[18] Mas também há políticos, diplomatas e empresários italianos na África do Sul que não desdenham de sua hospitalidade nem de suas visitas.

Esse exemplo é igualmente paradigmático não tanto em relação às latitudes a que chega e se instala a presença mafiosa italiana no

---

[18] Tribunal de Palermo, sentença contra Vito Roberto Palazzolo, 5/7/2006. Ver também: Elio Veltri e Antonio Laudati. *Mafia Pulita*. Milão, Longanesi, 2009.

exterior quanto em relação à questão enorme que a essa altura se coloca: um problema global de transparência e qualidade da economia, de corrupção da política e das finanças, de eficácia e credibilidade da justiça e das instituições em nível nacional e supranacional.

Estamos muito além da internacionalização das organizações e das atividades criminosas.

Quem não percebe ou subestima esse elemento que, finalmente, começa a alarmar até os bastiões mais entusiastas das espécies "magníficas e progressivas" da globalização não pode compreender por que, na preparação do G8 em L'Aquila, em abril de 2009, se realizou em Londres uma reunião de cúpula de ministros do Tesouro e da Economia dos países do grupo ampliado, o G20, para discutir como combater a economia bandida, os paraísos fiscais, a grave poluição econômica dos capitais e das finanças ilícitas e seu peso nas grandes escolhas especulativas dos últimos anos.

Certamente não teria ocorrido se a crise mundial não tivesse desnudado o império de papel construído sobre as grandes especulações financeiras e sobre o primado de uma economia paralela fora de toda regra de transparência e controle.

De resto, quando se fala de "paraísos fiscais", a referência é não apenas às ilhas perdidas do Caribe ou do Oceano Pacífico; há também um país chamado Suíça, no coração da Europa, que, sozinho, nos cofres de seus bancos, estima-se que guarde um terço de toda a riqueza das famílias mais abastadas do planeta: 11 trilhões de dólares, quase quatro vezes o PIB da Alemanha.

Há anos a Suíça resiste a todas as pressões, embora, quatro meses após a reunião de cúpula em Londres, pela primeira vez a UBS (União dos Bancos Suíços) se tenha visto obrigada a conceder aos Estados Unidos uma lista com cerca de 10.000 nomes dentre os 52.000 mais ricos contribuintes americanos com depósitos nos bancos helvéticos. É o primeiro resultado da Administração de

Barack Obama, que, na luta contra a evasão fiscal, indicou um dos fundamentos da nova política econômica americana.[19]

No entanto, terminado o encontro do G8, apesar dos esforços, mais uma vez a montanha pariu um rato: uma real e completa lista negra dos paraísos fiscais, como havia sido anunciada ao final da reunião de cúpula e com grande ênfase por toda a imprensa mundial, ainda está longe de ser feita. Ao contrário, para muitos, resta a convicção de que a história está destinada a repetir-se. Não por acaso, naqueles dias a imprensa americana republicou uma antiga primeira página do *New York Times* com um título em letras maiúsculas: *O Congresso sanciona o fim dos paraísos fiscais*.[20] O ano de impressão do jornal era 1962, e o presidente dos Estados Unidos era o democrata John Kennedy. Daquela época até as reuniões de cúpula de Londres e L'Aquila passaram-se 47 anos.

Evidentemente, os esqueletos no armário dos diversos países e dos governos de meio mundo são inúmeros e incômodos, se considerarmos que, em 2009 e em plena crise que pôs de joelhos toda a

---

[19] Federico Rampini. "Segreto bancario, la Svizzera si arrende". *La Repubblica*, 13 de agosto de 2009. O mesmo comportamento não terá a Itália, que, ao contrário, em 2 de outubro de 2009, após um duro conflito parlamentar, aprovou uma lei sobre o retorno dos capitais ilicitamente exportados para o exterior (o chamado "escudo fiscal") mediante pagamento de uma multa de 5%. Porém, diferentemente dos outros países que adotaram medidas semelhantes, a lei italiana prevê a garantia do anonimato e o cancelamento de todo efeito penal, oferecendo, de fato, a total impunidade perante a lei para quem exportou enormes riquezas, ou por evadir impostos, ou por lavar sua origem ilícita, ou ainda por falsificar balanços societários e empresariais. Para se ter uma ideia da dimensão econômica implicada, basta citar que, segundo a Agenzia delle Entrate [Receita Federal], os patrimônios mantidos pelos italianos no exterior montariam a quase 300 bilhões de euros. Se a cifra parece exorbitante, vale lembrar então que a OCDE [Organização para a Cooperação e o Desenvolvimento Econômico] estimou em quase 7 trilhões de dólares a circulação de dinheiro que orbita nos paraísos fiscais, dos quais cerca de um trilhão e 600 bilhões são provento de atividades criminosas.
[20] Ibidem.

economia mundial, ainda não se conseguiu redigir uma lista dessas ilhas, que são protetorados e microestados, desde sempre tidos como terras sem regras nem leis e zonas francas a serviço das máfias, da economia corrupta, dos narcofinancistas, das mentes econômicas dos terroristas e das atividades financeiras ocultas de ditadores e chefes de governo ilegítimos.

Com a reunião mundial de cúpula sobre a criminalidade, realizada em 2000, em Palermo, a ONU deu indicações precisas sobre os instrumentos jurídicos, penais e investigativos para combater as máfias, a corrupção e os crimes transnacionais. Todavia, ainda estamos longe de atingir esse objetivo. Foram dados alguns passos adiante na coordenação das investigações e conquistaram-se alguns instrumentos de combate, como o mandado de captura europeu; contudo, também na Europa, estamos bem distantes da homogeneização das legislações, seja no que se refere ao crime de associação mafiosa, seja quanto à ofensiva aos patrimônios e às riquezas criminosas.

Esse é o verdadeiro limite do atual estado da luta contra as organizações criminosas.

No entanto, quando se prende o representante de uma família mafiosa em Palermo ou de uma *'ndrina** em Gioia Tauro ou Reggio Calabria, de um clã camorrista em Nápoles, e a rede de empresas, sociedades e atividades financeiras ligadas à *cosca* é reconstituída e descoberta entre Roma, Milão, Berlim, Costa do Sol, Brasil ou Austrália, o problema deixa de se referir ao combate de crimes transnacionais, à internacionalização das atividades criminosas e às atividades econômicas a elas vinculadas. Estão em discussão a natureza e a qualidade da economia, o peso que os capitais do

---

* No vocabulário da 'ndrangheta, família mafiosa que controla um território, uma cidade ou um bairro. (N. T.)

crime e o dinheiro obtido com o tráfico de drogas tiveram e têm nos processos de financiarização* e privatização de setores estratégicos, levados adiante nas últimas décadas de políticas liberais, a relação entre política, empresas, bancos e mundo financeiro em cada país e em escala global.

Como foi possível que setores inteiros da economia e das finanças se tornassem tão permeáveis aos capitais mafiosos? Por que, nesses anos de retrocesso da política e das instituições nacionais e supranacionais em relação àquelas que, hipocritamente, foram definidas como as tendências "espontâneas" do mercado, as máfias se reforçaram e se transformaram em sujeitos empresariais e verdadeiras holdings econômico-financeiras, a ponto de incidirem nas escolhas dos governos, no sistema de crédito, nas regras dos mercados? A quem e a quantos é útil esse estado de coisas?

No processo de lavagem e de movimentação dos capitais ilícitos, o papel dos bancos é crucial. Segue-se mais um exemplo.

Em 1991, o parlamento italiano aprovou a lei que institui o registro das contas-correntes bancárias.[21] Há anos, estudiosos, economistas e magistrados como Giovanni Falcone insistiram na exigência de tornar transparente o sistema bancário também por meio da rastreabilidade da movimentação de capitais. A lei finalmente pode representar um instrumento fundamental para combater as máfias e atingir seus "tesoureiros".

Mas apenas em 2008, a 17 anos de distância do voto do parlamento e após a sucessão de diversos governos — de centro, de direita, os chamados técnicos, e de esquerda —, foram aprovados

---

* Termo de uso recente, tanto na língua italiana (*finanziarizzazione*) quanto na portuguesa, para indicar a influência e a dinâmica das atividades financeiras no sistema econômico. (N. T.)

[21] Inicialmente, o registro dos relatórios de conta e depósito foi previsto pelo art. 20, alínea 4, da lei n? 413/1991. Foi instituído com o D. M. [Decreto Ministerial] n? 269, de 4 de agosto de 2000, e entrou em vigor com a lei financeira de 2008.

os regulamentos aplicáveis, permitindo que se pussesse em prática uma lei que, em muitos aspectos, se tornou antiquada e foi pensada antes que o surgimento da internet mudasse também as técnicas de movimentação dos capitais, via rede e em tempo real, de um extremo a outro do mundo.

Não é difícil compreender que, por 17 anos, foram muitos e bem diferentes entre si os indivíduos interessados em bloquear a aplicação e o efeito dessa lei: alguns diretores de bancos, sempre pouco propensos à transparência na própria casa, financistas ocultos, tabeliães especialistas em operações encobertas, especuladores imobiliários, expoentes da burguesia interessada na lavagem de capitais mafiosos, simples empresários propensos a evadir o fisco e lobbies político-parlamentares, que assumiram a representação desses indivíduos e de seus interesses e receberam apoio eleitoral.

Esse exemplo também volta a propor a centralidade do tema da economia e das especulações financeiras. Portanto, perdurando a crise mundial, é imprescindível perguntar-se qual poder entrega às organizações criminosas a grande liquidez financeira de que gozam e que, em parte, já estão introduzindo e investindo nos setores em crise da economia e das finanças.[22]

Resta, por fim, a pergunta mais dramática: diante dessa força econômica difundida e dessa capacidade financeira, quantas necessidades, quantos interesses e quantas classes sociais vivem, se alimentam ou enriquecem graças à presença e às atividades das máfias?

Dessas e de tantas perguntas, bem como do cenário inquietante que desenham, nasceu a ideia deste livro, que pretende contribuir para superar uma lacuna frequente de informação e conhecimento: a de reconstituir e documentar, com o máximo de rigor possível — por meio da análise de sentenças, inquéritos, relatórios parlamen-

---

[22] Direção Nacional Antimáfia, Relatório do primeiro semestre de 2009.

tares e de investigação —, a presença, a difusão e o enraizamento das principais máfias italianas no mundo.

É o que faremos narrando histórias quase desconhecidas e que dão uma ideia vívida e real de um fenômeno que já se tornou estrutural. E o faremos com o auxílio de mapas detalhados do deslocamento das famílias das várias máfias pelos quatro continentes e de mapas das rotas das drogas.

Uma espécie de atlas geocriminal do único produto Made in Italy que não conhece crises, mas que nas crises econômicas e sociais e em todas as grandes passagens de época do velho e do novo século teve a capacidade de se renovar, de criar e de afirmar novas marcas, de conquistar novos territórios e novos mercados.

Assim foi com os sicilianos da Cosa Nostra americana na grande crise de 1929 e nos anos do proibicionismo; assim foi com o desembarque dos Aliados na Sicília, em 1943, e nos anos obscuros do atlanticismo e da Guerra Fria; assim foi após a queda do Muro de Berlim e a abertura dos novos mercados — e não apenas daqueles do crime — do Leste europeu.

Assim é hoje, na economia da crise e no mundo da era da globalização.

2. AMÉRICA DO SUL

Um siciliano em Caracas

Em uma quente e abafada manhã do primeiro dia de julho de 2009, no aeroporto internacional Simón Bolívar, em Caracas, respira-se a atmosfera de inquietação e máximo alerta das grandes ocasiões. Polícia e atiradores selecionados, posicionados em todos os cantos, carros blindados e armados de metralhadoras nas pistas, jornalistas indo de um lado para outro e pedindo informações. Os passageiros em trânsito e aqueles que acabaram de chegar de meio mundo a uma das metas turísticas mais frequentadas do continente tentam entender o que está acontecendo.

    Não estão previstas a chegada nem a partida de um dos tantos chefes de Estado ou de governo latino-americanos que visitam a capital venezuelana com frequência regular, solicitados que são pelo hiperativismo de seu presidente Hugo Chávez. E ninguém consegue entender as razões da presença do Ministro do Interior do governo "bolivariano", circundado pelos capacetes de couro da segurança e dos serviços secretos.

    Somente quando um cortejo de carros dos representantes e de jipes blindados entra na pista até a escada de um avião italiano é que o ministro, cercado por dezenas de jornalistas e cinegrafistas, improvisa uma entrevista coletiva. Fica-se, então, sabendo que o homem acompanhado com todas as "honras" até a partida do voo

Caracas-Roma Fiumicino é considerado um dos boss mafiosos mais importantes entre aqueles presos nos últimos anos na Venezuela.

É Salvatore Miceli, mafioso de Salemi, grande centro do vale do rio Belice, na província de Trapani, que ficou famoso por ter sido o local de nascimento dos cobradores mafiosos Nino e Ignazio Salvo, protagonistas por, pelo menos, duas décadas da política siciliana e dois dos principais artífices dos vínculos entre a Cosa Nostra e a DC* de Salvo Lima e Giulio Andreotti.[1]

Miceli é procurado pela polícia italiana desde 2000, e seu nome está inserido na lista dos 30 foragidos mais perigosos, redigida pelo Ministério do Interior. Há anos vivia tranquilo entre a Colômbia e a Venezuela.

Provavelmente, o Ministro do Interior venezuelano encenou a cerimônia de entrega do boss aos carabinieri e aos policiais da Interpol com pompa e circunstância, justamente para livrar seu governo da inércia dos órgãos judiciários e de investigação de seu país, que somente nos dias anteriores à captura contribuíram para a busca do foragido.

São os carabinieri de Trapani a interceptar um telefonema que os coloca na pista certa. Ainda que não estejam sozinhos. A voz de Miceli é constantemente ouvida, também em Catanzaro, pelos mili-

---

* Democrazia Cristiana [Democracia Cristã]. (N. T.)
[1] Tribunal do júri do Tribunal de Palermo. Sentença de 1º grau ao Processo contra o senador Giulio Andreotti, 23 de outubro de 1999. Giulio Andreotti, senador vitalício e sete vezes presidente do Conselho, foi processado em Palermo por ter participado indiretamente de uma associação mafiosa. Em 23 de outubro de 1999, o tribunal o absolve por falta de provas. A sentença de apelação, emitida em 2 de maio de 2003, afirma, por sua vez, que o senador "cometera o crime de participar da associação para delinquência [Cosa Nostra, Nota do Redator] até a primavera de 1980". Portanto, o crime prescreveu em decorrência dos prazos. Foi absolvido quanto aos fatos posteriores a essa data.

tares do GOA (Grupo Operativo Antidroga della Guardia di Finanza),* que continuam a desenvolver as linhas de investigação da operação Igres, de 2003, sobre um tráfico internacional de cocaína administrado pela 'ndrangheta e pela Cosa Nostra.

Estamos no dia 12 de abril de 2009, e Miceli está fazendo 73 anos. Segundo um roteiro já conhecido, o boss receberá os parabéns, pelo menos, dos parentes e amigos mais chegados.

Não seria a primeira vez para um mafioso foragido. Ao contrário, em várias ocasiões, a vontade de festejar o aniversário ou passar em família datas e festas religiosas demonstrou-se um verdadeiro calcanhar de aquiles para muitos procurados, e não são poucos os "homens de honra" presos em suas casas, sentados à mesa com amigos e parentes, justamente em circunstâncias semelhantes.

Mas a Venezuela fica longe da Itália. Para dar os parabéns, não é possível utilizar os arcaicos, mas bastante seguros *pizzini*,** com os quais Bernardo Provenzano, capo da Cosa Nostra, se comunicava quando estava foragido.

Ao interceptarem um dos telefones sob controle da rede de seus "compadres" e colaboradores de Trapani, os investigadores, após a troca de cumprimentos, ouvem que um homem e uma mulher de Trapani e de Marsala estão partindo para a Venezuela. Não se pode perder a ocasião. Pode-se apostar que ambos estão indo encontrar Miceli.

Após poucos dias, dois carabinieri encontram-se no mesmo voo intercontinental do casal siciliano. Ao desembarcarem na Venezuela, depois de 72 horas de perseguições pelas vielas e ruas de Caracas, chegam ao boss.

Salvatore Miceli não é um procurado qualquer. Para viver como foragido, não escolheu um lugar seguro e difícil de ser encontrado

---

* Grupo de Operações Antidroga da Polícia Fazendária. (N. T.)
** Bilhetinhos. (N. T.)

na imensa periferia de Caracas, um dos tantos *barrios* povoados por centenas de milhares de pessoas sob o controle da delinquência e dos traficantes de drogas, nos quais a polícia tem medo de entrar até mesmo à luz do dia.

O casal que partira da Sicília o encontra nas proximidades do hotel Cumberland, um dos cinco estrelas mais famosos da capital venezuelana, no coração da zona rica e burguesa da cidade, frequentado por empresários, diplomatas, executivos do ramo petrolífero e homens de negócios do mundo inteiro. É ali, em uma das suítes imperiais do hotel, que o *italiano* escolheu sua residência.

De resto, na Venezuela, Salvatore Miceli se comporta como um respeitado empresário que trata de grandes negócios, sabe várias línguas e fala espanhol sem nenhuma inflexão siciliana. Também o experimenta com os agentes italianos e os policiais de Caracas, aos quais, exibindo um falso passaporte venezuelano, responde em perfeito espanhol, tentando convencê-los de terem se enganado de pessoa.

A encenação dura poucos minutos. Depois, conforme sugere a dignidade de um verdadeiro boss, quando entende que tem diante de si dois carabinieri italianos, pronuncia uma das frases mais recorrentes nessas circunstâncias: "Sim, sou eu quem vocês estão procurando".[2]

Miceli é um velho conhecido e uma figura visada pelos investigadores e pela justiça italiana já desde meados dos anos 1970. Di Peri, chefe da Squadra Mobile de Trapani, escreveu seu nome em um relatório sobre as ligações entre os grupos da direita subversiva Ordine Nuovo e Avanguardia Nazionale, e as famílias mafiosas da província siciliana. Um relatório que, nos anos 1990, também foi retomado por uma relação da Comissão Parlamentar Antimáfia sobre a presença de Gladio na Sicília, estrutura paramilitar e clan-

---
[2] Andrea Cottone. "In gabbia la gallina dalle uova d'oro". *S*, n? 19, julho de 2009.

destina da Aliança Atlântica, que tinha uma base e disponibilidade de um aeroporto secreto e ilegal justamente na província de Trapani, em San Vito Lo Capo.³

Em 1983, o futuro boss transpõe pela primeira vez a soleira do Ucciardone, o velho cárcere de Palermo, e sua atividade no tráfico internacional de drogas começa a emergir publicamente: junto com outras 22 pessoas, é encontrado em posse de 17 quilos de heroína pura, a ser enviada da Sicília para o Canadá e os Estados Unidos. E justamente dos Estados Unidos, naquele período, chega a primeira condenação a seis anos de reclusão por tráfico de entorpecentes.⁴

Acaba sendo preso novamente em 1990, após as declarações de Giacoma Filippello, companheira de Natale L'Ala, ex-*capomafia* de Campobello di Mazara, que decide colaborar com a justiça como reação ao homicídio de seu marido por parte dos novos boss emergentes do território de Trapani, aliados dos vencedores corleonenses de Riina e Provenzano. Seu nome está entre os mais significativos no mapa dos homens de honra que Filippello entrega à polícia.

Desta vez, quem assina o pedido de prisão de Salvatore Miceli é o procurador da República de Marsala, Paolo Borsellino.

De novo em liberdade, Miceli volta a ser preso em 1994 e, em seguida, é libertado, à espera da confirmação de outra condenação em primeiro grau, novamente a seis anos de reclusão, desta vez emitida por um tribunal italiano.

A sentença definitiva chega em 2000, mas, como era amplamente previsível, o homem de honra de Salemi já havia criado asas.

---

3 Sen. Massimo Brutti, Relatório sobre a presença de Gladio na Sicília. Arquivo da Comissão Parlamentar Antimáfia.

4 Salvatore Miceli foi preso em Villa San Giovanni (RC), junto com outros personagens da Cosa Nostra e da 'ndrangheta, entre os quais o narcotraficante Roberto Pannunzi. Segundo os membros da comissão de inquérito, a carga de heroína deveria ser reconduzida à família mafiosa de Mazara del Vallo e enviada ao mercado norte-americano.

Assim, enquanto a justiça italiana se atolava em minúcias processuais e atrasos, Salvatore Miceli teve todo o tempo para fazer novos negócios e, sobretudo, aumentar sua importância e sua fama no círculo do tráfico internacional de drogas, tornando-se homem de confiança e fiador das atividades internacionais de um boss do calibre de Mariano Agate, capo da importante circunscrição mafiosa de Mazara del Vallo. Será preciso esperar mais nove anos e o verão de 2009 para reencontrá-lo e algemá-lo no centro de Caracas.

No verão de 2000, à espera da sentença de segundo grau, ainda é um cidadão livre e, antes de deixar a Itália para ir à Espanha e depois à América do Sul, é interceptado em um encontro dentro do condomínio residencial Conturrana, em San Vito Lo Capo, na extrema ponta ocidental da Sicília. Com ele está Pino Lipari, um agrimensor da ANAS* que, nos últimos anos, se tornou conselheiro e braço direito do capo da "cúpula" Bernardo Provenzano,[5] "que o empregara diretamente na administração do imenso patrimônio dos corleonenses até nomeá-lo, ao longo do tempo, único e incontestado administrador desses capitais".[6]

---

* Azienda Nazionale Autonoma delle Strade [Empresa Nacional Autônoma de Estradas]. (N. T.)

[5] Bernardo Provenzano nasceu em 31 de janeiro de 1933, em Corleone. Expoente de primeiro plano da *cosca* dos corleonenses, junto com Luciano Liggio e Salvatore Riina. Foragido desde 1963, foi preso em 11 de abril de 2006 em uma propriedade rural em Montagna dei Cavalli, nas proximidades de Corleone. Após a captura de Salvatore Riina, ocorrida em 15 de janeiro de 1993, Provenzano tornara-se o chefe inconteste da Cosa Nostra, dirigindo-a rumo a uma estratégia de "submersão", ou seja, evitando o embate direto com o Estado, reduzindo os conflitos internos e os homicídios para não alarmar a opinião pública. A prioridade era abrir uma nova temporada nas relações com o mundo das empresas e da política.

[6] Tribunal de Palermo, Mandado de custódia cautelar em cárcere, emitido em 23 de janeiro de 2002 por Gioacchino Scaduto, juiz para as investigações preliminares, contra Pino Lipari, Tommaso Cannella e outros.

Na reunião de cúpula, fala-se de um tráfico de drogas de 3.000kg, uma quantidade enorme de cocaína que requer vários milhões de euros, uma soma enorme até para as *cosche* da Cosa Nostra. É preciso um sócio financeiro. É por isso que do negócio participa uma das famílias mais importantes e poderosas em nível internacional, entre aquelas da 'ndrangheta: as *'ndrine* dos Marando-Trimboli-Barbaro, de Platì. Miceli conhece um dos narcotraficantes mais famosos a serviço da 'ndrangheta e sabe muito bem que os calabreses, já há anos, tornaram-se os traficantes de entorpecentes mais sólidos do ponto de vista financeiro e, portanto, gozam da máxima confiança e consideração tanto entre os cartéis colombianos quanto no setor internacional do crime.

Miceli explica que os colombianos deveriam levar a droga por mar até o norte da costa espanhola, para depois entregá-la aos sócios italianos em uma embarcação que deveria ser colocada à disposição pelos irmãos Marsalone, homens de honra da família de Santa Maria del Gesù,[7] em Palermo, uma das circunscrições mafiosas de maior prestígio de toda a Cosa Nostra. Como compensação pela realização do negócio, ele receberia 300kg de cocaína pura para si e seus colegas de Trapani.

As referências palermitanas para a organização do transporte da droga para a Sicília e depois para a Calábria eram outros dois influentes homens de honra, Pietro Lo Iacono e Francesco Fascella, igualmente da família de Santa Maria del Gesù. Porém, a certa altura, segundo a reconstituição dos investigadores e dos magistrados, também entra em jogo outro expoente de prestígio do poder mafioso palermitano, Giuseppe Guttadauro.[8] A atividade de Miceli já é

---

[7] Histórica família mafiosa da cidade de Palermo. Capo inconteste nos anos 1970 era Stefano Bontade, assassinado pelos corleonenses de Riina e Provenzano na primavera de 1981.

[8] Giuseppe Guttadauro. Homem de honra da família de Roccella, pertencente à circunscrição mafiosa de Brancaccio. Preso em novembro de 2002, quando era o "regente" da mesma circunscrição; atualmente está detido.

conhecida, e Guttadauro quer fazer com que sua família e aquelas de Brancaccio entrem nos novos negócios com a América do Sul, também em copropriedade com as famílias de Trapani.

Historicamente, a circunscrição mafiosa que se estende do bairro Brancaccio, em Palermo, até Bagheria teve um peso considerável e dos mais incisivos no equilíbrio e nas decisões da Cosa Nostra. É a circunscrição dos irmãos Giuseppe e Filippo Graviano, mandantes do homicídio do pároco do bairro, padre Pino Puglisi, e protagonistas dos massacres de 1993, que exportaram a tragédia do terror de Riina e Bagarella para fora da Sicília, com os atentados em Roma, Florença e Milão.[9]

O boss que "rege" a circunscrição desde a prisão dos dois líderes não é um dos tantos *viddani** saídos da província para conquistar a cidade *manu militari*.

Giuseppe Guttadauro é assistente de chefe de equipe médica no Ospedale Civico de Palermo, tem paixão e obsessão pela política e pelos negócios, e, embora esteja em prisão domiciliar, sua sala tornou-se um lugar de encontros e decisões estratégicas. É frequentada por empresários e pistoleiros, cobradores do *pizzo* e médicos, alguns homens infiéis das forças da ordem e candidatos aspirantes às eleições municipais e regionais.

Domenico Miceli já é de casa. Assessor no serviço de saúde pública do município de Palermo e filiado à UDC (Unione di

---

[9] Em 1993, a Cosa Nostra decide elevar o nível do conflito, na louca esperança de obrigar o Estado a discutir uma negociação que previa benefícios e ajustes de processos para a organização. Na noite de 26 para 27 de maio, explode um carro-bomba na via dei Georgofili, em Florença. Morrem cinco pessoas, e a Galleria degli Uffizi sofre graves danos. Na noite de 27 para 28 de julho, um carro-bomba explode na via Palestro, em Milão. No desastre são contados mais cinco mortos. A mesma noite também cabe a Roma. Um carro-bomba explode próximo à praça San Giovanni in Laterano, ferindo 22 pessoas.

* Termo siciliano para o italiano *villani*, ou seja, camponeses. (N. T.)

Centro), pelos serviços prestados ao boss, em 16 de outubro de 2008, é condenado em apelação a seis anos e seis meses de reclusão por ter participado indiretamente de uma associação de tipo mafioso. As conversas tidas na sala são constantemente ouvidas pelos carabinieri de Palermo, pelo menos até um informante clandestino comunicar ao *capomafia* que ele estava sendo interceptado.

Nas malhas de sua rede de "amizades" aninha-se mais de um "espião", entre médicos e empresários do serviço de saúde, entre as forças da ordem, no tribunal de Palermo e nos palácios da política. Graças ao trabalho dos carabinieri, são desvendados o sistema e a vastidão da rede de proteção construída por Guttadauro, que chega até Salvatore Cuffaro, governador da Sicília. Em fevereiro de 2008, ao final do processo originado com o inquérito levado adiante pela Procuradoria de Palermo, Cuffaro é condenado em primeiro grau a cinco anos de reclusão por crime de favorecimento agravado, bem como à cassação perpétua das funções públicas, sendo obrigado a demitir-se do cargo de presidente.*[10]

Além dos vínculos com a política siciliana, Guttadauro também entrelaça seus interesses e negócios com as principais circunscrições mafiosas da província de Trapani, onde, desde época dos massacres de 1992 e 1993, surgiu acima de todos a figura de Matteo Messina Denaro.[11]

---

* Entende-se aqui presidente ou governador da Região da Sicília. (N. T.)

[10] O Tribunal de Palermo condenou Salvatore Cuffaro à pena de cinco anos de reclusão e à cassação perpétua das funções públicas por favorecimento agravado, previsto pelo art. 378, alínea 2. Considerou-se que ele tenha favorecido os interesses de indivíduos mafiosos, mas não os da organização Cosa Nostra, como haviam requerido os promoteres públicos da Procuradoria da República de Palermo. Poucos meses depois da sentença de condenação, Cuffaro se candidatou ao Parlamento e se elegeu senador da República.

[11] Matteo Messina Denaro, nascido em Castelvetrano (TP) em 26 de julho de 1962. Filho do histórico *capomafia* Francesco Messina Denaro (falecido), foi condenado à prisão perpétua pelos massacres de Florença e Milão, em 1993. Está foragido desde então.

O irmão do boss-médico de Brancaccio, Filippo Guttadauro, casou-se com a irmã de Messina Denaro. Como sempre ocorre no relacionamento entre as *cosche* mafiosas, o vínculo familiar consolidou as relações, os negócios em comum e a confiança entre os chefes. O que não é pouco na fase de transição rumo a novos equilíbrios dentro da Cosa Nostra após a temporada de massacres e a prisão de Totò Riina, Leoluca Bagarella[12] e boss mais próximos a eles.

Assim, a atividade de Salvatore Miceli em nível internacional e os lotes de droga que pedem para ele negociar também por conta das famílias palermitanas encontram outro fiador excepcional: Matteo Messina Denaro.

Já uma vez, no passado, o *primula rossa** de Trapani havia sido "fiador" de Miceli, salvando-o de uma morte que os códigos de honra e as dinâmicas de poder internas à Cosa Nostra tornavam inevitável.

Acontecera anos antes, justamente na época dos massacres.

Giovanni Brusca[13] é *capomafia* de San Giuseppe Iato e afilhado — assim o chama o "chefe dos chefes" — de Totò Riina. Nele

---

[12] Leoluca Bagarella nasceu em Palermo, em 3 de fevereiro de 1942. Passou a fazer parte dos corleonenses após a morte do irmão Calogero, fidelíssimo de Luciano Liggio e morto em 1969 pelo boss Michele Cavataio. Tornou-se cunhado de Riina quando, em 1974, este se casou com sua irmã, Antonietta Bagarella. Depois de ter pagado várias penas de detenção, após a prisão de Riina em 1993 tornou-se o vice de Provenzano. Preso pela última vez em 1995, está na cadeia desde então, acusado de muitos homicídios e de ter sido um dos arquitetos ocultos dos massacres de 1993.

* Pessoa procurada pela polícia e que, com grande habilidade, sempre consegue escapar. (N. T.)

[13] Giovanni Brusca (nascido em 20 de maio de 1957) é filho de Bernardo, "patriarca" de San Giuseppe Iato. Desde jovem segue a carreira criminosa do pai e suja a própria ficha com dezenas de homicídios. Pistoleiro extremamente fiel a Salvatore Riina, esteve entre os protagonistas mais impiedosos da temporada de sangue inaugurada pela Cosa Nostra com o homicídio do deputado Salvo Lima, da Democracia Cristã, e concluída com os massacres de Milão, Florença e Roma, em 1993. Após a prisão de Riina e Bagarella, foi quem assumiu o comando da ala militar dos corleonenses. Preso em 20 de maio de 1996, pouco depois tornou-se colaborador da justiça.

Riina confia cegamente, conferindo-lhe as missões mais delicadas. Será ele, em 23 de maio de 1992, a apertar o controle remoto que fará explodir o trotil do massacre de Capaci.[14]

Justamente nesse período, quando sua autoridade na Cosa Nostra é daquelas que não podem ser questionadas, Giovanni Brusca encarrega Salvatore Miceli de adquirir um lote de drogas.

"Me mandava 500 milhões para fazer um tráfico...", conta Miceli a Pino Lipari.[15] Mas o negócio fracassa, e Brusca vê ir para o brejo meio milhão de liras que havia antecipado.

Como é seu direito, segundo as regras vigentes dentro da Cosa Nostra, Brusca pede aos chefes das famílias mafiosas da província de Trapani a autorização para poder matar com as próprias mãos Salvatore Miceli, o afilhado delas que tinha infringido a lei não escrita dos homens de honra.

Também Vincenzo Sinacori, que, quando ocorreram os fatos, comandava a família mafiosa de Mazara del Vallo e, posteriormente,

---

[14] Em 23 de maio de 1992, na rodovia Palermo-Punta Raisi, na direção de Palermo, uma carga de trotil provocou o massacre no qual morreram os magistrados Giovanni Falcone e Francesca Morvillo, sua esposa, bem como Vito Schifani, Rocco Di Cillo e Antonio Montinaro, três agentes de escolta da Polizia di Stato. Os killer da Cosa Nostra tinham colocado 500kg de trotil debaixo da rodovia. Em setembro de 2002, foram condenados, com sentença definitiva, 19 acusados. Em 2008, a I Seção Penal da Corte de Cassação reconheceu a responsabilidade de toda a "cúpula" e condenou outros 12 boss mafiosos.

Menos de dois meses depois, em 19 de julho de 1992, na via D'Amelio, em Palermo, explodiu-se um Fiat 126, munido de mais de 100kg de trotil. No massacre foram mortos o juiz Paolo Borsellino e Agostino Catalano, Emanuela Loi, Vincenzo Li Muli, Walter Cosina e Claudio Traina, agentes de escolta da Polizia di Stato. Após vários processos, pelo massacre foram condenados à prisão perpétua alguns dos executores materiais e os componentes da "comissão" provincial da Cosa Nostra. Permanecem em aberto as linhas de investigação sobre os mandantes externos à Cosa Nostra.

[15] Tribunal de Reggio Calabria. Gabinete do juiz para as investigações preliminares. Sentença do juiz da audiência preliminar no processo contra Agate Epifanio e outros, emitida em 28 de julho de 2003.

tornou-se colaborador da justiça, conta que em 1995 Brusca lhe comunica a intenção de matar Miceli porque estava convencido de ter sido roubado em 500 milhões de antigas liras, que deviam servir para a aquisição de um lote de drogas, negociado entre 1993 e 1994.

Segundo o relato de Sinacori, após contatos, reuniões e mediações entre os diversos chefes de circunscrição, o killer dos corleonenses, sob as pressões e a garantia de Matteo Messina Denaro, viu-se obrigado a fazer das tripas coração e aceitar a historinha contada por Miceli como desculpa: a droga teria sido devorada pelos porcos no chiqueiro onde havia sido escondida, nos campos de Salemi.

Esses porcos nunca saberão que comeram meio milhão de liras de Giovanni Brusca, conhecido na Cosa Nostra pela alcunha *'u verru*, que em dialeto siciliano significa "porco".

Tais fatos indicam que a condição mafiosa de Miceli é daquelas que não são postas em discussão. É o que também confirma a liberdade com a qual Pino Lipari discute com ele sobre a linha e o futuro da Cosa Nostra após os anos da gestão terrorista de Totò Riina. O "conselheiro" de Bernardo Provenzano conta a Miceli sobre um encontro da cúpula mafiosa, na presença do próprio capo *corleonense*, com Salvatore Lo Piccolo,[16] Benedetto Spera[17] e Antonino Giuffrè.[18]

A síntese do encontro, feita por Lipari e gravada ao vivo pelos carabinieri, é inequívoca: "Nem tudo pode ser protegido, nem tudo

---

[16] Salvatore Lo Piccolo, chefe da circunscrição mafiosa do bairro palermitano de San Lorenzo e componente da Comissão provincial da Cosa Nostra. Atualmente encontra-se preso.
[17] Benedetto Spera, *capomafia* de Belmonte Mezzagno (PA) e componente da Comissão provincial da Cosa Nostra. Atualmente encontra-se preso.
[18] Antonino Giuffrè, chefe da circunscrição mafiosa de Caccamo (PA) e componente da Comissão provincial da Cosa Nostra. Atualmente é colaborador da justiça.

pode ser avalizado, nem tudo do que foi feito pode ser compartilhado. Porque do passado há coisas certas e erradas; é preciso ter um pouco de paciência... nem tudo podemos dizer que foi feito corretamente ou de maneira errada. Muita coisa suja foi feita..."

O comentário de Miceli está em sintonia com a argumentação de Lipari: "Vamos colocar as coisas no seu devido lugar... O que acontece se não recebo da prisão indicações para fazer isso?... Porque significa que devo ir contra eles... contra Totuccio... Claro! Riina. Claro! Contra Bagarella! Claro!"[19]

Decodificando a linguagem do "dito e do não dito", das meias palavras e dos meios silêncios, típicos dos chefes mafiosos, os magistrados da DDA* de Palermo assim traduzem e sintetizam o conteúdo do colóquio: "Embora velados, emergem uma crítica às consequências negativas das escolhas terroristas do passado e um apoio à progressiva ascensão, no seio das alianças mafiosas, da componente ligada a Provenzano, que pretende conviver com o Estado, escolha considerada mais útil à sobrevivência e ao reforço da organização mafiosa, condição essencial para a expansão e a prosperidade".[20]

O encontro entre Lipari e Miceli, no condomínio residencial de San Vito Lo Capo, além de consolidar a confiança entre ambos, serve para o homem de honra de Salemi, que age a mando direto de Mariano Agate, *capomafia* de Mazara del Vallo, receber carta branca e a cobertura das máximas autoridades da Cosa Nostra para realizar um dos maiores tráficos de drogas jamais postos em prática nos últimos anos e criar uma espécie de joint venture com a

---

[19] Tribunal de Palermo, Procuradoria da República, Direção Distrital Antimáfia. Mandado de prisão provisória, emitido em 26 de maio de 2003 no âmbito da operação "Igres".
* Direzione Distrettuale Antimafia [Direção Distrital Antimáfia]. (N. T.)
[20] Ibidem.

'ndrangheta calabresa na negociação com os narcotraficantes colombianos.

No passado, por várias vezes as diversas organizações criminosas administraram negócios sem comum, desde o contrabando de cigarros até o tráfico de heroína e armas. Nesse caso, os investigadores e os magistrados de Palermo colhem alguns elementos novos: "Assumindo as características de um modelo de empresa de sucesso e seguindo as mesmas lógicas de especialização, crescimento e expansão nos mercados internacionais, as organizações criminosas complexas como a Cosa Nostra e a 'ndrangheta demonstraram possuir estruturas flexíveis e aptidão para a transformação, capacidade de adaptar-se às exigências do mercado, tendência a maximizar as oportunidades e a minimizar os riscos mediante a comum programação e planificação das atividades ilícitas".[21]

Da investigação desenvolvida em amplo raio de ação e em escala internacional pelo GOA de Catanzaro, emergirá, porém, a gestão falimentar na atividade do narcotráfico, causada por erros grosseiros de organização por parte de Miceli e de sua estrutura de referência, pela crise financeira. Também virão à tona a crise financeira e a incapacidade de saldar a aquisição dos lotes de droga por parte da Cosa Nostra, bem como, sobretudo, sua perda de credibilidade aos olhos dos cartéis internacionais de cocaína.

Lendo as diversas apurações dos investigadores de Palermo, Trapani e Catanzaro, parece até que chegou definitivamente ao fim a época da "Pizza Connection",[22] quando, nos laboratórios sicilianos,

---

[21] Ibidem.
[22] A investigação "Pizza Connection" se concentrou no enorme tráfico de heroína entre a Sicília e os Estados Unidos. Em 1984, inúmeras prisões atingiram os mafiosos sicilianos, que agiam por conta da Cosa Nostra nos Estados Unidos. Entre os presos estavam boss do calibre de Gaetano Badalamenti, que presidira a "cúpula" até ser afastado pelos corleonenses Salvatore Catalano, Giuseppe Gangi, Filippo Casamento e Gaetano Mazzara. Entre os acusadores públicos também estava o futuro prefeito de Nova York, Rudolph Giuliani.

os "químicos" da Cosa Nostra refinavam centenas e mais centenas de quilos de heroína e, com um percurso ao contrário, partindo da Sicília para os Estados Unidos, infestavam os mercados americanos e aqueles de meio mundo.

Obviamente, na história das máfias, e naquela da Cosa Nostra em particular, nada é dado como previsto nem é definitivo. Aliás, como veremos em outras partes deste livro, certo é que, nos anos vindouros, um dos principais objetivos dos novos boss sicilianos será o de recuperar e relançar seu papel internacional.

Um calabrês na Colômbia

Na realidade, são os calabreses os verdadeiros protagonistas, diretores e fiadores internacionais da operação. Os homens da 'ndrangheta dispõem de quantidades infinitas de dinheiro e há anos têm uma vida estável na Colômbia, no Equador, na Bolívia e na Venezuela. Tratam de igual para igual com os narcotraficantes, ultimamente firmaram estreitas alianças com os novos cartéis mexicanos e são os únicos que podem comprar toneladas de droga apenas "com a palavra". Palavra "de honra", obviamente.

A essa altura, são os calabreses que abastecem ao atacado as praças italianas e aquelas de meia Europa.

Como foi possível que, desde a "Pizza Connection" do início da década de 1980, o cenário internacional da hegemonia mafiosa tenha mudado tanto ao longo de um decênio ou pouco mais? Na realidade, enquanto os sicilianos, ofuscados pela loucura dos corleonenses, desafiavam o Estado, projetavam e realizavam massacres, matavam magistrados, policiais e expoentes políticos, atraindo a atenção do mundo inteiro e forçando as instituições a uma reação repressiva decidida, os calabreses permaneciam submersos, faziam negócios e, como protagonistas, entravam silenciosamente no novo mundo da globalização, aquele do crime com seu aspecto econômico-financeiro.

Nas últimas três décadas, as *'ndrine* pipocaram por toda parte, em todo canto do mundo estratégico para seus tráficos, falaram várias línguas, ocuparam vários mercados, criaram uma nova dimensão criminosa, na qual agem chefes capazes de viver na realidade mais arcaica do Aspromonte junto com brokers ativos na rede mundial do narcotráfico e das finanças sujas e criminosas.[23]

Um deles é Roberto Pannunzi. Tal como Salvatore Miceli, é um velho conhecido da polícia e da justiça italiana. Em 1983, envolveu-se em ocorrências ligadas a um tráfico de heroína entre a Calábria, a Sicília e o Canadá.

O Canadá, meta da emigração da Calábria desde o início do século XX, após o segundo conflito mundial tornou-se uma espécie de *eldorado* para os homens da 'ndrangheta. Como na Calábria, em regiões inteiras eles assumem aos poucos o controle do território. No mesmo período, de meados dos anos 1950 até o final dos anos 1970, chegam ao país e nele se estabelecem também algumas históricas famílias da máfia siciliana, como a dos Cuntrera-Caruana, de Siculiana, na província de Agrigento.

É natural que justamente no Canadá se consolidem relações e vínculos entre os homens das duas organizações e que, nos anos 1970 e 1980, circule pelo país a droga que chega da Itália e tem como meta os Estados Unidos, destinada às famílias da Cosa Nostra americana.

Tendo chegado ao Canadá quando jovem, Roberto Pannunzi, filho de pai romano e mãe calabresa, cresce a pão e 'ndrangheta.

---

[23] Comissão Parlamentar de Inquérito sobre o fenômeno da criminalidade organizada, mafiosa ou similar, XV Legislatura, *Relazione annuale sulla 'ndrangheta* [Relatório anual sobre a 'ndrangheta], relator dep. Forgione, aprovada em 19 de fevereiro de 2008.

Os emigrados calabreses se tornaram uma potência econômica, administram restaurantes e sociedades de importação-exportação, têm boas ligações com a política e difundiram as *'ndrine* em todo o país, sob o comando e o mito de *don* Antonio Macrì, patriarca mafioso que partiu de Siderno, na província de Reggio Calabria. Pannunzi torna-se um dos *ragazzi* preferidos do velho *capomafia*, segue seu exemplo, aprende seus códigos e modos de comportamento.

Nos anos 1970, conhece em Toronto Salvatore Miceli, que também chegara ao Canadá vindo da Sicília. Ambos se frequentam assiduamente, tornam-se amigos e depois "compadres", quando Miceli pede ao amigo calabrês que batize seu primogênito, Mario. O vínculo entre ambos se reforça, torna-se quase um vínculo de "sangue", e seus caminhos e suas vidas estarão destinados a cruzar-se várias vezes ao longo dos anos.

Juntos são presos em 1983, naquela mesma operação que em Villa San Giovanni havia bloqueado a remessa de 17 quilos de heroína da Sicília para além-mar. E juntos os encontraremos no consórcio entre as *'ndrine* calabresas e as *cosche* sicilianas, desvendado com a operação "Igres".

Roberto Pannunzi é calabrês apenas de origem. Nasceu e passou a infância em Roma, mas foi no Canadá que encontrou, de modo indissolúvel, a própria identidade e os vínculos com a própria terra. Ao retornar à Itália, casa-se com Adriana Diano, pertencente a uma das mais importantes e ricas famílias de Siderno, que com Locri forma o principal centro, na costa jônica, da província de Reggio Calabria.

No país dos grandes lagos, há décadas os boss de Siderno tornaram-se os donos e chefes indiscutíveis dentre todas as organizações criminosas presentes: controlam o tráfico de drogas, criaram e compraram atividades comerciais, além de estarem bem radicados nas atividades portuárias. Já nos anos 1980, um relatório da polícia canadense definia como "Siderno Group" a estrutura da 'ndrangheta hegemônica e ramificada em todo o Canadá. Graças à fidelidade e ao respeito demonstrados, Pannunzi passa a ser estimado pelo grupo e, com a carta de apresentação que este lhe confere, tão logo volta a Roma coloca-se à disposição das *'ndrine* da costa jônica, que, após a temporada de sequestros, já se projetam no tráfico internacional de drogas.

Estamos em 1990 e, no âmbito de uma operação policial que diz respeito a um tráfico de entorpecentes com a Turquia, seu nome aparece entre os de Giovanni Bruzzaniti, Paolo Sergi, Michele Barbaro e Giuseppe Romeo, todos expoentes de prestígio das *'ndrine* de Platì e no mesmo patamar daqueles da cúpula dos traficantes turcos de heroína na época: Kostu Ismet, Karapinas Vedat, Gunes Alì e Sak Cetin.

Segundo um boletim da polícia, de 1990, "há tempos são conhecidas suas ligações com a Cosa Nostra e com a Cosa Nostra americana... e suas relações com os traficantes turcos, para os quais atuaria como fiador em um conflito surgido com os calabreses, devido a um lote de droga subtraído de uma carreta na fronteira ítalo-iugoslava". Concluindo, para os investigadores "é sempre de Pannunzi que é preciso partir para compreender a atual situação do tráfico de entorpecentes gerido pela 'ndrangheta, que nele empenha a quase totalidade de recursos econômicos provenientes dos sequestros".[24]

Roberto Pannunzi é um dos primeiros a intuir, já no final dos anos 1980, que, no mercado da droga, a heroína representa o passado. O futuro é a cocaína.

É o que também confirma o relato de Saverio Morabito, um dos boss da 'ndrangheta mais temidos na Milão dos anos 1980 e que se tornou colaborador da justiça.

---

[24] Ministério do Interior. Direção Central — Polícia Criminal. Serviço Central Antidroga. Nota informativa de 29 de setembro de 1990.

Em um colóquio investigativo de 21 de maio de 1990, ele conta que Roberto Pannunzi, junto com o grupo mafioso dos Sergi, o fez comprar uma casa de campo em Cascina di Valsecca, em Valle Imagna, aos pés dos Alpes bergamascos. Em pouco tempo, o ponto de encontro se torna uma refinaria particular, na qual alguns químicos vindos de Marselha, que no passado trabalharam para os sicilianos, transformavam centenas de quilos de morfina-base em heroína branca, uma droga de altíssima qualidade e muito rara, com mercados limitados e de nichos. Na realidade, Pannunzi a utilizava como mercadoria de troca com os narcotraficantes colombianos, que, ainda segundo Morabito, em 1989 ofereciam 25kg de cocaína pura por 1kg da heroína bergamasca.

Assim, entre uma viagem à Grécia, outra a Istambul, outra a Milão e outra à Calábria, para onde vai quase semanalmente, começa a voar de Roma para a Venezuela e, sobretudo, para Amsterdã e Madri, que se tornaram sedes estáveis de "representação" dos "cartéis" colombianos do narcotráfico.

O romano é um verdadeiro manager da cocaína e prepara para a profissão também seu filho, Alessandro, que seguirá seu exemplo e sofrerá as consequências, partilhando com o pai tanto a experiência da vida de foragido quanto a do cárcere.

Do mesmo modo, a filha Simona, assim que completa a maioridade, passa a fazer parte do quadro da "empresa familiar". Leva ao pai um genro especial, Francesco Bumbaca, vulgo *Joe Pesci* ou *il Finocchietto*, que, com o tempo, se torna seu verdadeiro homem de confiança e um elemento-chave da organização. Segundo os investigadores do GOA de Catanzaro, os Pannunzi, a essa altura já alçados a clã, "gozam de credenciais raras: 'pessoas sérias', ou seja, confiáveis, capazes de financiar e financiar-se".[25]

---

[25] Procuradoria da República junto ao Tribunal de Reggio Calabria, Direção Distrital Antimáfia. Pedido de custódia cautelar em cárcere, emitido em 28 de abril de 2003, no âmbito da investigação denominada "Igres".

À sua disponibilidade possuem um patrimônio financeiro ilimitado, alimentado pelas *cosche* da faixa litorânea jônica da província de Reggio Calabria.

Na primeira metade dos anos 1990, quando os cartéis de Medellín e Cali, com a cobertura dos diversos governos e a cumplicidade de uma polícia e de um exército dos mais corruptos no mundo, espalharam pela floresta colombiana seus aeroportos particulares, fora de qualquer lei e de qualquer controle, Roberto Pannunzi havia financiado a aquisição de um avião para as viagens intercontinentais da cocaína, organizadas por conta da 'ndrangheta.

Pannunzi é um homem experiente e viajado.

Sempre tem no bolso uma passagem aérea em aberto, pronto para voar para Amsterdã, Madri, Barcelona, Málaga, Caracas, Bogotá, Lugano e depois América, Canadá, Austrália. Porém, nunca interrompe os contatos com o Aspromonte, com Platì, Siderno e as outras cidades da costa de Reggio Calabria.

Com a mulher e os boss de Platì fala em dialeto calabrês, passa tranquilamente ao romanesco quando trata de dinheiro e negócios com seus companheiros da capital, usa um espanhol impecável quando conversa ao telefone com Barba, seu principal fornecedor de cocaína na Colômbia ou quando está em Madri, Caracas e Bogotá, conversa muito com o filho Alessandro, que chama de *Miguel*, para comunicar as ordens e informá-lo das decisões a serem transmitidas aos outros filiados.

Na Colômbia, para onde se transferira em 2002, após um período tranquilo como foragido em Madri, comprou uma casa para si e outra para o filho. Não se preocupa em economizar, encheu as paredes de quadros caríssimos de pintores famosos e, quando pode, faz obras de caridade aos meninos das favelas. Uma rede de colaboradores de confiança fica à sua disposição dia e noite. Serve para administrar suas atividades, contatar os homens dos narcotraficantes e organizar os deslocamentos entre uma fazenda e outra da floresta colombiana, onde as folhas de coca são estocadas e encaminhadas para a manipulação.

Mas a organização também serve para proteger sua condição de foragido, embora na Colômbia ninguém esteja interessado em persegui-lo. A única exceção são os militares italianos do GOA e os policiais da Interpol. Nos boletins escritos pelos policiais da Guardia di Finanza e enviados aos magistrados, os colaboradores colombianos são todos "s. m. i", sem melhores identificações. É preciso contentar-se com suas alcunhas.

Também na Itália, Pannunzi tem à sua disposição uma rede de organização com dezenas de homens, todos velhos amigos de confiança ou homens indicados pelas *cosche* calabresas.

Dentre todos se destaca Stefano De Pascale. É seu verdadeiro braço direito, que, da capital, cuida dos contatos, dos encontros, da distribuição das ordens, da troca de centenas de milhares de dólares na agência Top Rate Change Srl da via Nazionale, em Roma, e da ativação dos canais de pagamento da droga aos fornecedores. É também ponto de referência na capital para as famílias de Platì, que Pannunzi representa na Colômbia e nos negócios internacionais, as *'ndrine* de Marando-Trimboli.

O rigor e a confiabilidade criminosa de De Pascale vêm de longe e, para uma organização fechada e impenetrável como a 'ndrangheta, representam um valor agregado: no currículo de sua carreira há um vínculo originário com a antiga Banda della Magliana, organização criminosa romana que, entre os anos 1970 e 1980, esteve no centro de ligações suspeitas entre a máfia siciliana, serviços secretos ilegais, extremismo e terrorismo de direita, finanças sujas, Vaticano e corrupção política. Páginas obscuras da história italiana, sobre as quais ainda hoje muitas sombras precisam ser dissipadas.

* * *

A rede é comandada com base em regras férreas e perfeitas de comportamento: "Nunca um erro, nunca um passo em falso, nunca um nome de batismo, nunca um endereço... apenas circunlóquios, metáforas, semelhanças para indicar amigos, horários, compromissos... e, para os telefones, verdadeiros 'códigos criptografados', nunca um número de celular ditado claramente, sempre cifras aparentemente incompreensíveis".[26]

Na realidade, a prudência e o sigilo do grupo e da joint venture entre calabreses e sicilianos também têm outra razão, que é a presença na organização de seis foragidos: os dois Pannunzi, pai e filho, Pasquale Marando, Stefano de Pascale, Salvatore Montalto e, posteriormente, o siciliano Salvatore Miceli. Todos procurados e foragidos em atividade, fora de seus territórios, em movimento entre a Sicília, a Calábria, Roma, Amsterdã, a Espanha, a Venezuela e a Colômbia.

Para proteger os procurados, é indispensável salvaguardar a blindagem da organização. Este é seu ponto de força; porém, se nele se abre uma brecha, acaba se tornando seu calcanhar de aquiles. É o que acontece quando Paolo Sergi, homem-chave da família Trimboli-Marando — ao cometer um erro grosseiro e imperdoável para um homem de honra de seu calibre —, começa a utilizar o próprio telefone celular em vez das cabines telefônicas públicas na rodovia Salerno-Reggio Calabria ou aquelas espalhadas ao longo da costa jônica.

O erro é fatal. Ao entrarem na rede como um cavalo de troia, os policiais do GOA interceptam em série os números reais dos diversos interlocutores e conseguem decifrar seu código secreto. Por uma vez, também os policiais podem brincar de criptografar os nomes e, de fato, retribuindo aos homens das 'ndrine com a mesma moeda, denominam a investigação "Igres", acrônimo do despreve-

---

[26] Ibidem.

nido boss Sergi, que abriu a brecha no sistema de comunicação do grupo.

Após horas e horas ouvindo rádio, e com um paciente trabalho tradicional de investigação, compõe-se o complexo mosaico dos contatos e das relações internacionais criado por Pannunzi, bem como a articulação dos dois ramos da organização, o calabrês e o siciliano.

É um trabalho difícil. Porém, do quadro resultante, deduz-se tanto a potência quanto os limites e a vulnerabilidade de organizações criminosas que são capazes de fazer mover, durante anos, dezenas e dezenas de homens entre Estados e continentes diferentes, zombando das leis e das polícias de meio mundo, mas que podem ser igualmente atingidas e desmanteladas devido a seus erros e à tenacidade das forças de combate.

O barco afunda

Como toda empresa que se respeite, também a joint venture calabresa-siciliana é dotada de uma divisão própria do trabalho.

Roberto Pannunzi, que na Colômbia é conhecido e estimado, é quem entra em contato com os fornecedores, negocia o preço da coca, estabelece as quantidades a serem distribuídas com base no dinheiro investido e decide as modalidades de transporte. Com Barba, um dos mais ativos "agentes comerciais" dos narcotraficantes no mercado colombiano, não precisa assinar nenhum contrato nem depositar nenhum adiantamento. É suficiente a própria palavra e um aperto de mão.

Em Bogotá sabem muito bem que Pannunzi negocia por conta da 'ndrangheta de Platì, e, na Colômbia, a *'ndrina* comandada pelas famílias Marando-Trimboli é bem conhecida. Domenico Trimboli, um dos chefes, passa longos períodos na capital colombiana e há anos trabalha com Pannunzi e os narcotraficantes no tráfico de cocaína entre a América do Sul e a Europa. Seus nomes são a garantia de um bom negócio que termina com êxito.

Salvatore Miceli e os sicilianos, por sua vez, devem organizar o transporte da América do Sul até a Sicília, ao largo da costa de Trapani, onde alguns barcos pesqueiros da frota marítima de Mazara del Vallo devem estar prontos para recolher a mercadoria do barco principal, desembarcá-la na ilha e fazê-la chegar à Calábria.

Essa também não é uma tarefa simples. É preciso encontrar homens confiáveis, barcos pesqueiros, lanchas e dinheiro, muito dinheiro. Sobretudo para alugar ou comprar a embarcação, que terá de enfrentar uma travessia atlântica que nenhum barco pesqueiro, entre os tantos à disposição da máfia siciliana, tem condições de suportar.

No passado, os calabreses da família Marando tiveram ligações com um cidadão grego, Antonios Gofas, vulgo *il gentiluomo* [o fidalgo], que em todas as conversas interceptadas durante a investigação será indicado como *il mezzo* [o intermediário].

Gofas é um velho conhecido também dos sicilianos, desde o início dos anos 1980, quando a heroína chegava à Sicília vinda da Grécia e da Turquia para ser refinada e depois enviada às famílias da Cosa Nostra nos Estados Unidos.

No porto de Pireus, Gofas, que além de armador é capitão, tem como escritório um grande navio mercante de sua propriedade, chamado *Muzak*. Custa mais de 2 bilhões e meio de liras antigas. Os sicilianos não têm um igual. Já os calabreses, diante da cifra pedida, nem chegam a se descompor. Compram a embarcação e a colocam à disposição de toda a organização. O *Muzak* não existe mais. Agora, o antigo navio se chama *Mirage II*.

Gofas é um homem experiente e um profissional no setor, imbatível na organização do transporte, na avaliação das rotas mais rápidas e seguras, na escolha da carga de cobertura, que, até o destino final, terá de passar por controles em diversos portos da América Central e do Mediterrâneo. Além disso, é um capitão generoso e respeitado, com uma tripulação disposta a tudo e que por ele estaria pronta a dar a própria vida.

Os contatos entre os diversos indivíduos empenhados em preparar a organização ocorrem entre a Sicília, a Calábria, a Grécia, a Suíça e a Espanha, mas o encontro decisivo para definir os últimos detalhes se dá em 2 de fevereiro de 2000 com um banquete no luxuoso Hotel Roma, a dois passos do aeroporto de Fiumicino. A tradição mafiosa é respeitada.

O *Mirage II* deve partir de Atenas, carregar a droga em um porto da Colômbia, no Pacífico, passar pelo canal do Panamá, fazer escala em um porto da Venezuela e, de lá, seguir a rota pelas Colunas de Hércules para, enfim, chegar à costa ao largo da Sicília.

Tem início a operação. Após um mês de navegação, a embarcação já está próxima das águas colombianas. Quando tudo está pronto e ela está para chegar ao porto onde deve embarcar a carga com a droga, acontece o que ninguém havia previsto nem podido imaginar. Primeiro o *Mirage II* indica algumas avarias no motor; depois, em algumas horas, afunda nas águas do oceano, diante da cidade de Paita, ao longo da costa norte do Peru, onde as altas montanhas da cordilheira mergulham diretamente no mar.

Na Itália, a notícia do naufrágio semeia o pânico na organização, sobretudo entre os homens de Miceli e da Cosa Nostra. Ainda é recente o fracasso do negócio organizado por Miceli com os colombianos poucos meses antes, a respeito do qual havia falado também com Pino Lipari, braço direito de Bernardo Provenzano. A embarcação que partira da Colômbia com uma carga de mais de 1.000kg de cocaína, em vez dos 3.000 combinados, chegou ao largo da costa espanhola e esperou em vão a outra embarcação que os irmãos Marsalone, por conta dos homens de honra de Palermo e Trapani, deviam enviar da Sicília.

Após dois dias de espera, os colombianos viram-se obrigados a improvisar um desembarque na Espanha e desviar para outros compradores a droga que os sicilianos não conseguiram recolher. E Miceli, sob as ameaças dos narcotraficantes, tivera de pagar uma "multa" de 700.000 euros sem ver um único grama de cocaína. Por isso, referindo-se aos colombianos no famoso encontro em San Vito, Miceli diz a Lipari: "... uma loucura... me levaram... 700.000 euros..."[27]

Os calabreses não acreditam na versão do naufrágio fornecida por Gofas. Pensam que se trata de um truque excogitado para especular com o dinheiro do seguro da embarcação, embora o capitão, para demonstrar a própria seriedade, tenha enviado um homem de confiança de Atenas para a Colômbia para entregar-se como refém aos narcotraficantes colombianos até a conclusão do transporte e o pagamento da carga de droga. Os calabreses também enviam um homem deles, mas à Grécia, para ficar de olho na cobrança da apólice do seguro da embarcação, que é de cerca de 800.000 euros, uma vez que a embarcação *Mirage II* já era de propriedade da *cosca*.[28]

A entrega "voluntária" de reféns, como forma de garantia para o bom êxito dos negócios ligados à venda e ao tráfico de entorpecentes, é uma prática que os narcotraficantes colombianos usam já desde os tempos dos velhos cartéis de Cali e Medellín; uma espécie de letra de câmbio humana, a ser apresentada à cobrança por ocasião do pagamento da mercadoria.

O nível de violência e ferocidade de que são capazes os narcotraficantes colombianos é conhecido no mundo inteiro, e todos sabem que um refém em suas mãos não representa uma simples

---

[27] Ibidem.
[28] Ibidem.

força simbólica de dissuasão. Diversas organizações pagaram com a vida de um de seus homens a incapacidade de administrar um tráfico de drogas ou as tentativas de enganar os vendedores colombianos.

Embora nervosos devido à perda da embarcação, os boss da 'ndrangheta logo se preocupam em organizar uma nova viagem.

Mais uma vez os sicilianos se oferecem para a organização do transporte e confiam em um velho conhecido, Paul Edward Waridel,[29] turco que há muitos anos reside na Suíça e que todos chamam de *il geometra* [o agrimensor]. No passado, administrava as rotas da heroína que partiam da Turquia, e hoje, graças às relações de sua esposa grega e dos parentes dela, tem fácil acesso aos armadores e às sociedades de importação-exportação que trabalham no porto ateniense de Pireus.

Decide-se enviar três contêineres da Colômbia à Grécia para um total de 900kg de cocaína. O negócio e a quantidade da droga garantem o retorno do custo da embarcação perdida e um bom lucro final.

O aparecimento de Waridel não surpreende os magistrados de Palermo: "Uma confirmação do histórico caráter cíclico com que a Cosa Nostra de Mazara continua a perseguir os mesmos fins criminosos se deduz do papel ativo do investigado Waridel Paul, cidadão suíço de origem turca, que já no passado foi corréu de Mariano Agate e que nos anos 1980 o auxiliara no transporte de tabaco da Grécia para a Sicília".[30]

Todos se empenham em acelerar os tempos do transporte, até para fazer frente às pressões dos colombianos, que estão com a

---

[29] O nome de Paul Edward Waridel já aparece em diversos inquéritos dos anos 1980, e na própria "Pizza Connection" é indicado como um dos responsáveis pela lavagem de dinheiro do tráfico de entorpecentes, posta em prática entre a Sicília e os Estados Unidos.

[30] Procuradoria da República junto ao Tribunal de Palermo. DDA. Mandado de prisão provisória, emitido em 26 de maio de 2003, cit.

mercadoria pronta há meses e veem a realização do negócio complicar-se dia após dia.

Os narcotraficantes também têm outra preocupação: não podem manter a droga por muito tempo em um depósito do porto à espera de ser carregada. Ainda que a polícia e as capitanias dos portos colombianos não estejam entre as mais vigilantes do mundo, há sempre o risco de uma delação, que pode fazer milhões de dólares virar fumaça.

Uma tonelada de cocaína pura é dividida em três contêineres carregados de mercadorias de cobertura no porto de Barranquilla, que são embarcadas e empilhadas em uma nova embarcação. O carregamento faz uma primeira escala na Venezuela e depois chega a Atenas. Porém, mais uma vez a organização sofre uma derrota e um enorme prejuízo financeiro.

Graças ao trabalho de investigação da polícia suíça, do GOA da GdF* de Catanzaro e da DEA,** que, a partir de lugares diferentes, controlam todos os movimentos da organização, em meados de janeiro de 2001 a polícia grega consegue localizar um dos três contêineres que acabara de chegar ao porto de Pireus.

São apreendidos 220kg de cocaína pura, embora se continue a perguntar que fim levou o resto da carga e por que os policiais gregos não conseguiram localizar também o restante da droga, visto que os três contêineres viajavam na mesma embarcação, que partira da Venezuela.

Para a organização é um duro golpe. Para os investigadores, que chegaram a Atenas vindos da Itália e da Suíça, junto com o magistrado de Reggio Calabria que coordenava as investigações, é um sucesso importante.

Comemoram-no em um restaurante na zona portuária do Pireus, onde se encontram um subtenente e um coronel da Guardia

---

* Guardia di Finanza. (N. T.)
** Drug Enforcement Agency [Agência de Repressão às Drogas (EUA)]. (N. T.)

di Finanza, um oficial da polícia suíça, um funcionário da DEA americana, um oficial grego e o magistrado italiano. Entre um copo e outro, falam da operação posterior: as investigações e as interceptações que levaram à apreensão da droga abriram novas linhas de inquérito e revelaram novas ramificações da organização.

Após alguns meses, continuando a manter em observação Paolo Sergi e os outros calabreses, que voltaram a trabalhar para si próprios e se desvincularam das relações com os sicilianos, os policiais da Guardia di Finanza apreenderão mais 170kg de droga vindos da Espanha e da Holanda para Milão e, de lá, transferidos para a Calábria, onde serão bloqueados. A operação policial assumirá um nome inusual: "Stupor Mundi". Os jornalistas pensarão em uma ligação com a dimensão internacional da organização. Eles não sabem que esse nome nascera no último brinde no restaurante do porto de Atenas, quando se ouvia o relato entusiasta do capitão da [Guardia di] Finanza que, justamente naquele período, estava lendo a história do imperador iluminado Frederico II (*Stupor Mundi*) e de sua corte palermitana.[31]

Cosa Nostra em risco

Em contrapartida, menos entusiastas e cheios de raiva após o segundo fracasso estão os calabreses que, confiando nos homens da Cosa Nostra e em seu vínculo com Salvatore Miceli, investiram grande parte do dinheiro. Igualmente impacientes estão os colombianos,

---

[31] Na coordenação das operações de apreensão da cocaína no porto de Atenas, junto aos policiais e aos magistrados gregos estavam presentes o procurador substituto da República de Reggio Calabria, Alberto Cisterna, o coronel Umberto Selvaggio, o capitão Giovanni Listro e o subtenente D'Alessandro, da Guardia di Finanza, bem como dois agentes da DEA americana.

aos quais a droga devia ser paga quando de seu desembarque em Atenas e que ainda se veem sem ter recebido um único dólar.

No entanto, os mais feridos e desiludidos são os sicilianos. Salvatore Miceli conta ao filho em um telefonema da Colômbia: "Perdemos a reputação aqui... perdemos tudo... às vezes ficam com raiva até de mim... todos me abandonaram..."[32]

O filho tenta consolá-lo. Tranquiliza-o dizendo que o padrinho deles, Mariano Agate, não pretende abandoná-los; ao contrário, "disse: 'Vamos tentar resolver a coisa politicamente... porque, de todo modo, fracassar significa justamente perder... digamos até os investimentos feitos... para colocar nessa empresa...'". Porém, segundo o filho, o velho boss impôs uma espécie de ultimato: "Disse que é a última vez".[33]

Ainda que pela última vez, é preciso tentar de novo.

Apesar dos 220kg de droga apreendidos, os outros 700kg de cocaína que a polícia grega não encontrou estão parados no porto de Pireus, escondidos em contêineres carregados de mercadoria "limpa", à espera de serem retirados.

Segundo Waridel, que de Zurique cuida das relações com os fiscais que ficam sentados nos bancos do porto grego e com o escritório de importação-exportação que deve preparar os documentos, para liberar os contêineres da alfândega e transportar a mercadoria, a organização precisa desembolsar mais 450.000 dólares.

Os sicilianos não têm esse dinheiro. Aliás, precisam enfrentar um problema não previsto que agrava as tensões com os colombianos e os colocam em uma situação difícil com os calabreses.

Os narcotraficantes, atingidos pelo segundo fracasso e cada vez mais nervosos porque, até então, em vez de receber a importância

---

[32] Procuradoria da República junto ao Tribunal de Palermo. DDA. Mandado de prisão provisória, emitido em 26 de maio de 2003, cit.
[33] Ibidem.

estabelecida para aquele lote de droga, perderam 220kg de mercadoria, já não se contentam em ter como refém Nicolas Methaxas, homem de confiança do comandante grego. Precisam de novas e mais "sólidas" garantias.

Também sequestram Salvatore Miceli, que, nesse período, faz viagens regulares entre Caracas e Bogotá, e o aprisionam em uma fazenda de uma localidade perdida da floresta colombiana. Irritados com o comportamento ambíguo do homem de honra de Salemi, os colombianos reclamam o pagamento imediato da droga.

Miceli está aterrorizado. Sabe muito bem que esses homens não brincam e teme pela própria vida. Pedem-lhe que pague o custo de toda a carga que chegou à Grécia pelo preço de 50 milhões de antigas liras o quilo: 50.000.000 de liras multiplicadas por 900kg.

Para Miceli, não se trata apenas de uma exigência; ele também a considera uma forma de pressão psicológica sobre ele e sobre toda a organização e, como *homem de honra*, sabe que a sucessão dos fatos e dos fracassos está colocando em jogo a credibilidade de toda a Cosa Nostra aos olhos dos cartéis colombianos.

É o que logo entendem também na Sicília, onde o boss Mariano Agate começa a suspeitar de um duplo jogo dos gregos e do turco Waridel, do qual, na gestão de um antigo negócio de heroína, lamenta um suposto golpe de cerca de um bilhão de antigas liras. Aliás, para dizer a verdade, no passado Waridel fez coisa pior: em 1984, em uma das tantas vezes em que foi preso, chegou a abrir o bico para os juízes de Lugano, que, graças às suas declarações, descobriram e bloquearam um tráfico de heroína-base entre o Oriente Médio e a Itália.[34]

---

[34] Tribunal de Palermo. Sentença com processo abreviado, emitida pelo juiz da audiência preliminar, dr. Piergiorgio Morosini, em 21 de janeiro de 2008, no processo penal contra Adamo Andrea e outros.

Como se estivesse em um escritório normal de relações públicas, Agate convoca na prisão o filho Epifanio[35] e lhe ordena que "tranquilize os calabreses, pedindo-lhes que sirvam de porta-vozes junto a seus contatos sul-americanos para confirmar seu comum interesse em querer iniciar um novo negócio".[36]

Pede ao filho que também entre em contato com o dirigente, naquele momento foragido, da circunscrição mafiosa de Mazara del Vallo e que o envolva diretamente na operação.

Ambos, pai e filho, estão no parlatório do presídio. Na metade do encontro, o pai começa a fazer mímica. Não enlouqueceu. Os investigadores que veem e reveem as imagens gravadas pelas microcâmeras que filmam o encontro sabem disso: o boss está fazendo de conta que está "comendo uva; com uma mão, separa os bagos de um cacho que a outra segura, ou seja, está comendo a uva que, na acepção dialetal siciliana, não significa outra coisa a não ser *mangia racina*,* indicando, assim, o sobrenome do foragido: Andrea Manciaracina".[37]

No entanto, ainda cabe à 'ndrangheta a missão de salvar a operação e "libertar" Salvatore Miceli da "prisão" colombiana.

A família Marando-Trimboli consegue os 450.000 dólares pedidos pelos gregos. Os sicilianos os retiram em Roma com os tesoureiros da 'ndrangheta que atuam na capital, e os levam para

---

[35] Epifanio Agate, nascido em 13 de novembro de 1973, é filho de Mariano Agate, histórico *capomafia* de Mazara del Vallo (TP). Formado em Direito, chega a frequentar um mestrado na Universidade Luiss, em Roma. Em julho de 2005, é condenado a 16 anos de reclusão ao final de um processo de primeiro grau, resultante da investigação "Igres".
[36] Tribunal de Palermo. Procuradoria da República. Direção Distrital Antimáfia. Mandado de prisão provisória, emitido em 26 de maio de 2003, cit.
* Come uva. (N. T.)
[37] Ibidem.

Lugano, onde são esperados por seu contato, o turco Waridel. Este os envia à organização em Atenas para preparar a documentação e iniciar as operações de liberação dos contêineres na alfândega.

Mas a *via crucis* da carga de cocaína ainda não terminou.

Após ter recebido os 450.000 dólares dos calabreses, o turco-suíço descobre — ou diz que descobriu somente então — que os contêineres desapareceram do porto de Pireus e que estariam em um porto desconhecido da costa africana ocidental.

Na realidade, Waridel tenta enganar tanto os calabreses quanto os sicilianos, que começam a se dar conta disso e a pensar em uma vingança. Porém, 700 quilos de cocaína são uma quantidade enorme que não se pode perder e à qual tampouco se pode renunciar. E se por algum tempo os homens da Cosa Nostra, feridos em sua própria credibilidade, pensam em encerrar a partida a seu modo, matando o turco por seu "jogo duplo", no final prevalece a lógica dos negócios. Não haverá nenhum homicídio, que poderia prejudicar até a última possibilidade de reencontrar a carga e levá-la à Sicília. O importante é descobrir onde está a droga e fazer o turco entender que o jogo, já descoberto, tornou-se arriscado para ele.

A essa altura, entra em cena, contatado sempre por Waridel e pelos homens de Trapani, outro siciliano, também de Mazara del Vallo. É Vito Bigione, que, para dizer a verdade, há muitos anos não volta a Mazara del Vallo nem à Sicília e não tem nenhuma intenção de voltar. Sua disponibilidade pode ser considerada um serviço à família de origem.

Ele também pode exibir uma carreira criminosa de respeito. Em 1985, é denunciado pela primeira vez em Trieste por tráfico de entorpecentes; em 1992, organiza um megagolpe de vales e cheques postais na Sicília; em 1995, é procurado por tráfico internacional de drogas. É preso na Namíbia, mas após alguns dias é libertado mediante pagamento de uma fiança ridícula de 50.000 dólares namibianos e a obrigação de se apresentar três vezes ao dia à polícia enquanto aguarda a extradição.

Obviamente, assim que paga a fiança, Vito Bigone vira foragido. Agora é ele quem deve transportar a droga para a Sicília, desta vez saindo da África.

Os homens da Cosa Nostra estarão prontos no mar, ao largo da pequena ilha de Marettimo, a poucas milhas de Trapani, para fazer o transbordo para os barcos pesqueiros da frota de Mazara del Vallo.

Estamos no final de setembro de 2002, e finalmente a embarcação que partiu da Namíbia chega às águas sicilianas. O mar está calmo, parado como óleo, como sempre ocorre nessas paragens, com a típica bonança de fim de verão. Com efeito, é um dos períodos preferidos pelos traficantes de seres humanos para multiplicar os desembarques dos desesperados em fuga da costa africana.

A embarcação vagueia ao largo de Marettimo e das ilhas Egadi por três dias e três noites, espera os barcos pesqueiros que não chegam, procura os botes que devem engatá-la e não os encontra. O comandante se esgoela tentando mandar mensagens em código pelo canal de rádio combinado e com a linguagem cifrada estabelecida pela organização.

Entre a Sicília, a Namíbia, a Calábria e a Colômbia ocorre uma sucessão de telefonemas agitados e alarmados. Os boss tentam de todas as maneiras estabelecer os contatos entre os barcos sicilianos e a embarcação africana.

Salvatore Miceli, temendo o risco de outro fracasso, fica cada vez mais preocupado com a própria vida. Os colombianos, a essa altura furiosos, já não acreditam nas justificativas do mafioso siciliano; querem saber que fim levou sua carga, em navegação há tantos meses, e continuam a pedir o pagamento. Só o libertam depois que Roberto Pannunzi assegura por conta dos calabreses o pagamento da droga.

Em 23 de setembro, o comandante da embarcação, já sem esperança e cada vez mais preocupado em ser descoberto pelas lanchas da Guarda Costeira italiana que, em serviço de controle, buscam as barcaças dos migrantes, decide abandonar a zona marítima estabelecida para o encontro e voltar para a África. O mesmo fazem os barcos pesqueiros, que retornam ao porto de Mazara del Vallo.

Ao final, ouvindo os telefonemas entre Epifanio, filho de Mariano Agate, e Mario, filho de Salvatore Miceli, se descobrirá que os mafiosos de Trapani, embora tivessem estabelecido com precisão as rotas e as coordenadas marítimas, erraram o canal de rádio a ser sintonizado, tornando inútil toda tentativa de contato entre os barcos pesqueiros sicilianos e a embarcação africana.

Com o terceiro fracasso, as relações entre Pannunzi e Miceli ficam desgastadas, e correm o risco de comprometer-se sobretudo as relações com os colombianos, que ainda estão à espera de receber seu pagamento desde que entregaram a mercadoria.

Miceli pretende tentar de novo. Não se conforma em perder definitivamente a reputação com os homens da 'ndrangheta e com seu compadre Roberto Pannunzi. E, principalmente, não quer renunciar a seu "negócio" pessoal: uma vez descarregada a droga na Sicília, havia ordenado ao filho que fizesse desaparecer uma boa quantidade, enganando assim os calabreses, que desconheciam por completo esse comportamento pouco "honroso" de seu sócio.[38]

Mas, a essa altura, é tarde. Os boss da 'ndrangheta decidem excluir os sicilianos da organização e assumir diretamente o comando da entrega da droga.

Da Colômbia, Roberto Pannunzi muda todos os planos e organiza o desembarque na Espanha. Ali já dispõe de uma máquina organizativa experiente. Da costa espanhola fez entrar na Europa toneladas de drogas provenientes da Colômbia, da Bolívia e da Venezuela.

Em Málaga, sempre teve estreitas relações com um cidadão romano residente na Espanha há muitos anos e ligado por negócios de droga às *cosche* calabresas.

---

[38] Ibidem.

Todos o chamam de *il principe* [o príncipe]. Segundo os boletins da polícia, é um homem "de indiscutível e renomada capacidade estratégica e dotado de relevante potencialidade econômica... tendo à disposição homens e meios para efetuar travessias marítimas com embarcações apropriadas para navegar em alto mar".[39]

Il principe é um homem de absoluta confiança. Pode-se pedir a ele qualquer coisa. Para organizar o novo desembarque na Espanha e definir todos os seus detalhes, em um único dia voa de Málaga a Madri, de lá para Johannesburgo, na África do Sul, e é escoltado na Namíbia. Trata com Vito Bigione, estabelece o custo da operação, a rota e o lugar do desembarque.

Em Málaga, é proprietário de um estaleiro. Quando é o caso de utilizar embarcações, é melhor ter as próprias disponíveis, dia e noite, sempre prontas para fazer-se ao largo e intervir onde e quando necessário. Segundo a polícia espanhola, "é um sujeito que movimenta grandes lotes de entorpecentes, com transbordos marítimos de haxixe e cocaína, o primeiro a partir do Marrocos e o segundo, na Espanha".[40] Está podre de rico.

Em 15 de fevereiro de 2003, decide celebrar o batizado da filha em Veneza, na catedral de San Marco. Segundo os investigadores, da cerimônia participam 200 pessoas, "vindas de todas as partes do mundo, e os gastos são fora do comum".[41] Todos são hóspedes no Gritti Palace e no Hotel Danieli. É ele quem paga para todos, *all inclusive*.

Ao analisar vários documentos de reconhecimento e passaportes falsos, a polícia espanhola descobre que *il principe* é

---

[39] Procuradoria da República junto ao Tribunal de Reggio Calabria. DDA. Mandado de custódia cautelar em cárcere contra Avesani Massimiliano, emitido em 8 de março de 2004 no âmbito da operação "Igres".
[40] Ibidem.
[41] Ibidem.

Massimiliano Avesani, tem 42 anos e desde sempre é efetivo na organização romana de Pannunzi.

Coerente com sua fama, Avesani não falha, não fala nem comete erros. Aliás, com ele, quem *erra* paga: desde 2003 é procurado pela polícia espanhola pelo homicídio de um "cliente" seu, cometido em uma cidadezinha da Costa do Sol, morto por um lote de cocaína não pago ou mal pago.[42]

Em 15 de outubro de 2002, a embarcação africana — que, provavelmente, depois de ter deixado a costa siciliana, dirigiu-se diretamente para um porto das Ilhas Canárias — chega à costa norte da Espanha.

Finalmente, após várias tentativas, meses de navegação e a peregrinação entre os portos de três continentes, a última carga de cocaína é definitivamente entregue.

Infelizmente, nenhuma polícia estará presente no momento do transbordo da droga, pronta para apreendê-la. O motivo disso é explicado no boletim do GOA e na sentença de condenação contra Massimiliano Avesani: "A exclusão dos companheiros sicilianos da partilha dos lucros, bem como a linguagem altamente cifrada e reservada, as frequentes mudanças de números telefônicos e dos sistemas de codificação dos usuários, empregados pelos companheiros calabreses, fizeram com que toda tentativa posta em prática para reencontrar o lote de droga resultasse inútil".[43]

Em contrapartida, para os sicilianos, a conclusão mais amarga está contida na interceptação de uma nova conversa no presídio entre o boss Mariano Agate e seu filho Epifanio.

Referindo-se a Salvatore Miceli, ao qual toda a *cosca* delegara a organização e a gestão do negócio com os calabreses, o filho afirma:

---

[42] Ibidem.
[43] Ibidem.

"Eu teria preferido que ele tivesse mais consideração... em vez disso, nos expôs completamente ao risco certo".[44]

Pais, filhos e compadres

Toda essa história demonstra como é complexo construir a rede de uma organização dedicada ao tráfico internacional de entorpecentes. São necessários bases, meios, dinheiro e muitos homens — cidadãos com ficha limpa, profissionais ou até foragidos —, organizados e prontos para agir de uma ponta a outra do mundo.

Quem lê os milhares de páginas das investigações desenvolvidas entre Catanzaro, Trapani e Palermo percebe o nível de ramificação da rede, mas também seu caráter de estrutura aberta: algo mais do que uma organização mafiosa em sentido tradicional, expressão direta do controle de seu território e, ao mesmo tempo, algo menos, devido à ausência de vínculo identitário e de pertencimento, que apenas uma estrutura mafiosa pode gerar.

Sob esse aspecto, a 'ndrangheta teve a capacidade de criar um modelo perfeito, com uma dupla dimensão organizativa: uma se encontra estruturada para o abastecimento do entorpecente, o transporte e a comercialização aos revendedores nas diversas praças de venda; e a outra, que corre paralelamente à primeira como uma pista de rodovia e que nunca a cruza, destina-se ao pagamento e às movimentações financeiras ligadas ao próprio tráfico. O primeiro nível diz respeito a uma realidade estritamente "criminosa" e constitui-se dos componentes confiáveis ou filiados à organização; o segundo se vale de profissionais, tabeliães, advogados e expoentes das finanças e da burguesia, quase sempre com ficha

---

[44] Procuradoria da República junto ao Tribunal de Palermo. DDA. Mandado de prisão provisória emitido em 26 de maio de 2003, cit.

limpa. Esse é o nível mais difícil de desvendar; quase sempre intervém no fim do ciclo, quando o lucro final do tráfico, descontadas as cotas a serem gastas com a aquisição de novos lotes de droga, deve ser reinvestido e lavado na economia limpa.

Para compreender essa nova dimensão criminosa transnacional, talvez seja útil associar aos nomes de alguns dos principais protagonistas os lugares de referência, tal como surgiram ao se analisarem as listas de suas chamadas telefônicas de um canto a outro do mundo: Mariano Agate e seu filho Epifanio, homens de honra de *Mazara del Vallo*; Vito Bigione, vulgo *il commercialista* [o consultor financeiro], de Mazara del Vallo, mas há anos residente e foragido na África, na *Namíbia*; Salvatore Crimi, vulgo *il ragioniere* [o contador], homem de honra de *Vita*, na província de *Trapani*; Vincenzo Di Trapani, vulgo *fegatino* [fígado de ave], homem de honra de *Partinico*, na província de *Palermo*; Salvatore Miceli e seu filho Mario, nascido em *Toronto*, no *Canadá*, mas com o pai e a mãe, Veronica Dudzinski, ex-iugoslava de *Nova Gradisca*, residente em *Salemi*, na província de Trapani, e depois na *Venezuela*, até o dia de sua prisão em *Caracas*; Stefano De Pascale, vulgo *il lungo* [o longo], ou *spaghetto* [espaguete], ou ainda *Lupin*, de *Roma*, de onde coordena a parte financeira; Umberto Fabriani, de *Roma*, vulgo *l'orologiaio* [o relojoeiro]; Giovanni Fornabaio, vulgo *il vecchietto* [o velhinho], de *Roma*; Antonios Gofas, o comandante da embarcação, vulgo *il gentiluomo* [o fidalgo] e indicado como "*o intermediário*", de *Atenas*; Gonzales Francisco Esteban, vulgo *il tintore* [o tintureiro], nascido na *Argentina* e residente na Itália; Rosario e Pasquale Marando, os irmãos no comando da 'ndrangheta de *Platì*, vulgo *il parente* [o parente] e *il fratello del parente* [o irmão do parente], o primeiro residente na cidade do *Aspromonte*, e o segundo, em *Cesano Boscone*, na grande *Milão*; Tonino Moltalto, vulgo *tontolone* [o tonto] ou *Alberto Sordi*, nascido em *Asborne Park*, na *Austrália*, e residente em *Siderno*; Margherita Ortiz, vulgo *la zia* [a tia], nascida no *Equador* e residente na *Espanha*; Osorio Norena, vulgo *Vinchel*, nascido na *Colômbia* e residente em *Roma*; Roberto Pannunzi, o verdadeiro coordenador da organização, vulgo *il signore* [o senhor], romano e foragido na *Colômbia*, assim como o filho, Alessandro, vulgo *Miguel*, foragido na *Espanha*; Georgios Papadopoulos, de *Serres*, na *Grécia*; Paul Edward Waridel, vulgo *il geometra* [o agrimensor], nascido na *Turquia*, mas residente em *Zurique*.

A esses se devem acrescentar os nomes dos homens de inteiras famílias calabresas de *Platì*, *Locri* e *Bovalino*. Por exemplo: Paolo, Domenico, Francesco e Rocco Sergi ou Antonio, Domenico, outro Domenico, Francesco, Rocco e outro Rocco, todos da família Trimboli.[45]

De resto, agir e organizar as *'ndrine* como núcleos familiares é a principal característica organizativa da 'ndrangheta e seu verdadeiro ponto de força, que, também neste caso, é confirmado.

A essas pessoas, identificadas nas investigações, devem-se acrescentar aquelas ouvidas nas interceptações telefônicas e ambientais, mas que, para os investigadores, permanecem como "s. m. i.", sem melhores identificações, a não ser por meio do nome em código, atribuído pela organização: *Barba, Barman, Cucciolo* [Filhote], *il Ciccia* [o Gordo], *el Bagan, el Tigre, Gambadilegno* [Pernadepau], *nipote di Gambadilegno* [neto do Pernadepau], *il Matto* [o Louco], *il Moretto* [o Pretinho], *Paperinik* [Superpato], *il Tronco* [o Tronco] e *Tokay*.

Na articulação plena de suas atividades, uma organização criminosa dessa natureza, até mesmo em joint venture entre a 'ndrangheta e a Cosa Nostra, com mais de 60 pessoas identificadas

---

[45] Procuradoria da República junto ao Tribunal de Reggio Calabria. DDA. Pedido de custódia cautelar, emitido em 29 de abril de 2003, no âmbito da operação "Igres".

ao longo de várias linhas da investigação judiciária, não envolve menos de 200 pessoas.

No entanto, no desenvolvimento de todo o caso da operação Igres, que se desenrola entre 2000 e 2003, chamam a atenção algumas das tantas histórias que, apesar do nível de abertura e da projeção internacional da organização, repropõem o vínculo com o território e a família como irrenunciáveis.

Mariano Agate, *capomafia* preso, Salvatore Miceli, homem de honra de Salemi, e Roberto Pannunzi, narcotraficante por conta da 'ndrangheta calabresa, têm três filhos, Epifanio, Mario e Alessandro.

Todos os três estão inseridos como efetivos nas organizações dos pais. Aliás, são eles que representam sua vontade quando os pais estão impedidos de fazê-lo.

Alessandro Pannunzi assume um papel de direção quando o pai está foragido entre a Espanha, a Venezuela e a Colômbia; serve de ponte entre ele e o restante da organização na Itália e já possui uma autonomia de decisão. Representa-o na Sicília, para onde se transfere, e passa a morar em uma casa à beira-mar no bairro de Addaura, em Palermo, quando já está claro, tanto para o pai foragido quanto para os outros boss calabreses, que os homens da Cosa Nostra de Trapani devem ser controlados e dirigidos, dados os erros e as brechas em seu comportamento e em sua organização.

Mario Miceli trabalha como intermediário entre o pai e os outros "filhos"; representa-o no período em que está foragido na Colômbia; mantém contato com o restante da organização siciliana e, sobretudo, com o filho de Mariano Agate. Executa exclusivamente suas ordens, que recebe por telefone todos os dias, e por sua conta viaja de um extremo a outro do mundo.

Quando ambos estão com a corda no pescoço, e Salvatore Miceli, refém nas mãos dos colombianos, teme ter chegado ao fim, é ao filho que ordena vender todos os bens da família, terrenos e imóveis, para conseguir a cifra a ser entregue aos calabreses para os narcotraficantes. A essa altura, também para Mario já não será suficiente ter sido batizado por Roberto Pannunzi e ser seu afilhado para recuperar a confiança definitivamente perdida.

Já o papel de Epifanio Agate é típico do filho de um capo da Cosa Nostra. É ele quem comunica ao lado de fora do presídio a vontade do pai, recebe suas indicações, transmite-as ao dirigente da família mafiosa e aos outros homens de honra. Sabe como contatar também os foragidos da *cosca* que, embora sejam procurados pela polícia, nele podem confiar cegamente. Sua autoridade é exclusivamente fruto de seu vínculo de sangue, e isso, à diferença de Mario Miceli, o coloca em uma condição de superioridade.

Na gestão da joint venture, Caterina, irmã de Giuseppe Palermo, mafioso de Salemi, conhece Roberto Pannunzi e com ele inicia uma relação que a levará a segui-lo primeiro na Espanha, de onde manterá contato com sua família e os outros sicilianos, depois na Colômbia, onde partilhará com ele a condição de foragido.

Em toda a atividade da organização, os filhos dos protagonistas assumiram um papel primário. Essa é mais uma prova de que a família continua sendo não apenas o lugar da formação e da transmissão da cultura e da identidade mafiosa, mas, salvo raras exceções, também representa o núcleo fundamental na gestão dos interesses ilícitos e no sistema de proteção dos próprios componentes.

Velhos políticos e novos senadores

Em Caracas estavam não apenas Roberto Pannunzi e Salvatore Miceli.

Já nos anos 1970, os irmãos Paolo, Gaspare e Pasquale Cuntrera, liderando uma das principais famílias mafiosas sicilianas, a de Siculiana, na província de Agrigento, escolheram a capital venezuelana como centro de seus tráficos e de seus negócios. Já eram homens de honra respeitados e poderosos. Da Sicília, junto com outro ramo da *cosca*, o dos irmãos Caruana, anteriormente mudaram para o Canadá, onde criaram raízes e tinham negócios com os calabreses da 'ndrangheta, estavelmente estabelecidos há anos no país.

Com o tempo, tornaram-se os principais agentes internacionais das famílias da Cosa Nostra, para as quais adquiriam e vendiam toneladas de drogas.

Ao desembarcarem na Venezuela, passam a frequentar empresários, executivos do ramo petrolífero e políticos. Em Caracas não há círculo nem clube, entre aqueles que contam, onde não sejam bem recebidos e bem inseridos.

Em meados dos anos 1980, estoura uma polêmica pública quando as televisões venezuelanas transmitem as imagens do casamento de Maria Cuntrera com Antonio Mongiovì,[46] narcotraficante residente em Miami, e muitos cronistas juram reconhecer, entre os muitos convidados, o Presidente da República venezuelana da época, Luís Herrera Campíns, que, no entanto, sempre negou o ocorrido.

Com os emissários dos cartéis colombianos, tornam-se os verdadeiros donos de uma ilha inteira, Aruba, onde compram grande parte das atividades econômicas e comerciais. A ilha holandesa do arquipélago do Caribe é conhecida em todo o mundo como um dos mais belos paraísos naturais dos trópicos, mas também é conhecida por ser um verdadeiro *paraíso fiscal*, que os novos proprietários põem à disposição dos boss sicilianos para lavar e limpar seus

---

[46] Antonio Mongiovì, nascido em 1957, homem de negócios milanês, originário de Cattolica Eraclea (AG). Mongiovì foi definido pela DEA, a polícia antidrogas dos Estados Unidos, como um dos protagonistas do narcotráfico em Miami naqueles anos.

capitais, bem como para distribuir o tráfico da droga entre a Europa, os Estados Unidos e o Canadá.

Somente após uma forte pressão das autoridades canadenses, que haviam localizado em Aruba o ponto de partida da droga que chegava a seu país, é que as autoridades da ilha, no início dos anos 1990, emitirão um decreto de expulsão dos narcotraficantes sicilianos do próprio território.

Passam os anos, mas os homens da Cosa Nostra não desistem. Segundo algumas fontes reservadas ao crivo dos investigadores da Interpol, no verão de 2003, o superforagido Matteo Messina Denaro teria viajado para Caracas e chegado ao aeroporto "Simón Bolívar" em um voo proveniente de Amsterdã. E esta não teria sido sua única viagem. Pelo menos outra vez, segundo a mesma fonte, ele teria chegado ao mesmo destino partindo de Paris, e outra ainda saindo de Bogotá.

Seguramente, em Caracas, além de Salvatore Miceli, estavam outros dois homens de confiança de sua família, com delegação do boss para as atividades do narcotráfico: Vincenzo Spezia e Francesco Termine. Este último foi preso em Valencia, igualmente na Venezuela, em 21 de novembro de 2007. Termine conhecera as prisões venezuelanas já no início dos anos 1990, porém, corrompendo os funcionários carcerários em 1993, conseguira fugir. Das mesmas prisões também foi hóspede nos últimos anos Vincenzo Spezia, preso em 2003 e libertado após seis anos de pena.[47]

Na capital venezuelana, sicilianos e calabreses vivem bem. A comunidade italiana está entre as maiores e mais poderosas da América do Sul, e quase em toda família venezuelana há um nome ou um sobrenome de origem siciliana, calabresa, napolitana, vêneta e friulana. É gente prática, trabalhadora e rica, com uma alma empresarial radicada.

---

[47] Riccardo Lo Verso. "I viaggi di Matteo". *S*, n.º 3, agosto-setembro de 2009.

A comunidade permaneceu fortemente ligada à Itália, mas também aos muitos interesses que as empresas e as multinacionais americanas têm na América Latina.

A partir do final dos anos 1980, também se transferiu da Calábria para Caracas um velho político democrata-cristão. No passado, ele escalou toda a carreira típica da chamada Primeira República: conselheiro municipal, secretário da DC em Reggio Calabria, conselheiro provincial e várias vezes candidato ao parlamento nacional. Seu colégio eleitoral era o de Palmi e da Planície de Gioia Tauro, onde sempre esteve entre os candidatos mais votados, mesmo nos municípios comandados por prefeitos e administrações social-comunistas.

Seu território também é o da 'ndrangheta mais politizada e empresarial: as famílias Pesce-Bellocco, de Rosarno, Crea, de Rizziconi, Mammoliti, de Castellane, Asciutto-Avignone-Grimaldi, de Taurianova, Petullà, de Cinquefrondi, Facchineri e Albanese, de Cittanova, Longo-Versace, de Polistena, Alvaro, de Sinopoli, Gallico e Parrello, de Palmi, Mammoliti e Stefanelli, de Oppido Mamertina e, acima de todas, a dos Piromalli-Molè, de Gioia Tauro.[48]

Estamos na virada dos anos 1970 para os anos1980, e o político, junto com o restante do grupo dirigente da DC, sabe muito bem como e com quem se vencem as eleições por aquelas bandas. Além disso, conhece bem as pessoas com quem deve tratar para administrar os grandes negócios que em poucos anos mudarão o aspecto da Planície de Gioia Tauro e o da Calábria: os contratos para a realização da rodovia Salerno-Reggio Calabria, a construção e, em seguida, a gestão do maior porto comercial do Mediterrâneo.[49]

---

[48] Comissão Parlamentar de Inquérito sobre o fenômeno da criminalidade organizada, mafiosa ou similar, XV Legislatura, *Relazione annuale sulla 'ndrangheta* [Relatório anual sobre a 'ndrangheta], relator dep. Forgione, aprovada em 19 de fevereiro de 2008.
[49] Ibidem.

Chama-se Aldo Miccichè. Como se diria no jargão mafioso, é "a mesma coisa" que dizer família Piromalli.

De Caracas conversa quase todos os dias com Antonio, filho do boss preso em regime especial de 41 bis,[50] Giuseppe Piromalli, conhecido como *facciazza*, "cara de mau".

Segundo os magistrados de Reggio Calabria, "Antonio Piromalli é a pessoa mais indicada para substituir o pai. Aquele pai que, durante anos, aliás, por várias décadas, fora o guia da 'família' que, sob sua direção, prosperara cada vez mais e que, da originária condição de *'ndrina* agropastoril, alçara-se ao nível de uma holding do crime, sendo a primeira dentre todas aquelas da província de Reggio Calabria a privilegiar os aspectos econômicos e empresariais do crime organizado, sem desdenhar, e sim tratando de manter os contatos oportunos com o mundo da política e das instituições. Assim, começa a exercer o poder mafioso de maneira mais moderna e, se preferirmos, menos agressiva, deixando a gestão do poder violento ao núcleo Molè da mesma *'ndrina*".[51]

Aldo Miccichè trata Antonio como um filho, dando-lhe conselhos, encorajando-o e ajudando-o a administrar a difícil relação com o pai, impaciente com o regime de cárcere duro ao qual foi submetido.

Em Caracas, Miccichè atua como mediador de negócios e organizador político.

---

[50] O chamado regime de cárcere duro. Prevê a possibilidade, para o Ministro da Justiça, com base em proposta da magistratura, de suspender a aplicação das regras normais de tratamento penitenciário previsto pela lei e torná-lo mais rígido em caso de crimes graves e de grande periculosidade social, como a associação mafiosa e o terrorismo. Foi instituído após os massacres de Capaci e via D'Amelio, mas apenas como artigo do regulamento carcerário. Em 2002, torna-se lei.
[51] Tribunal de Reggio Calabria. Procuradoria da República. Direção Distrital Antimáfia. Solicitação de prisão provisória, emitida em 21 de julho de 2008, contra Arcidiacono Gioacchino e outros, no âmbito da operação denominada "Cento anni di storia" [Cem anos de história].

Na frente econômica, empenha-se em fazer o governo venezuelano comprar, por milhões de dólares, uma vacina infantil produzida por uma multinacional americana e comercializada no mercado mundial pela família Piromalli. Da Venezuela, tecendo as relações com os homens da família nos Estados Unidos e aqueles residentes na Itália, Miccichè construiu um verdadeiro lobby para colocar no mercado os produtos de algumas multinacionais, utilizando a própria capacidade de influir em alguns governos sul-americanos. Também quer abrir uma fábrica no mesmo setor farmacêutico para nele investir e lavar parte do dinheiro da *famiglia*.

Por outro lado, na frente política, colocou de pé uma verdadeira secretaria para os negócios italianos e os interesses internacionais da *cosca*.

Enquanto na Itália, no final de 2007, o governo de centro-esquerda guiado por Romano Prodi já cambaleia, sem mais contar com uma maioria no parlamento, Miccichè já está empenhado na preparação das eleições que certamente ocorrerão em 13 e 14 de abril de 2008: encontra a comunidade italiana, reúne os empresários que devem financiar as campanha eleitoral e patrocina a candidatura de Ugo Di Martino no colégio exterior da América do Sul para o Popolo della Libertà, de Silvio Berlusconi.

Di Martino é um siciliano de Pachino, na província de Siracusa. Na Venezuela, é uma pessoa muito conhecida e um dos expoentes de prestígio da comunidade italiana. Representará bem tanto os sicilianos quanto os calabreses.

Para os Piromalli, Caracas é uma sede afastada de seu sistema de negócios e relações políticas e econômicas. "Antonio Piromalli, que formalmente administra um stand de produtos hortifrutícolas em Milão, na realidade se interessa por negócios milionários na América do Sul (com contatos governamentais) e na Itália..."[52]

---

[52] Ibidem.

Todos os tráficos e as atividades são documentados pelas interceptações telefônicas efetuadas pela Squadra Mobile e estão contidos no mandado de custódia cautelar, emitido pelo Tribunal de Reggio Calabria no âmbito do processo denominado "Cem anos de história".

Ao telefone, Antonio Piromalli e Miccichè falam de tudo. Da Calábria pedem um parecer sobre o preço a ser dado para a vacina que os Piromalli devem colocar no mercado da Venezuela. O ex-político não se preocupa; ao contrário, os tranquiliza. Nas suas bandas, ninguém questiona preço, e os ministros da Saúde de diversos governos sul-americanos já lhe abriram as portas. Também ouviu o laboratório farmacêutico na América e propõe vender a vacina não só na Venezuela, mas também no Chile e no Brasil.

Por sua vez, Antonio deve entrar em ação para fazer com que os medicamentos também sejam comprados pelos governos de alguns países da África ou por uma ONLUS* italiana, para depois serem distribuídos como caridade aos países africanos. Sem dúvida, sendo totalmente pagos pelo governo italiano.

De Caracas, quem se ocupará de algumas autorizações necessárias à comercialização da vacina junto ao Ministério da Saúde do governo italiano será Ugo Di Martino, futuro candidato nas listas de Berlusconi e que, pelo que diz Miccichè ao falar ao telefone com o filho do boss, "está inteiramente à disposição do nosso grupo".[53]

Mas não é só a vacina da multinacional americana que está em jogo. Os Piromalli têm um forte vínculo com os Estados Unidos, onde também possuem seus homens e seus mediadores de negócios.

Do porto de Gioia Tauro partem centenas de toneladas de laranjas. Porém, para abater os custos, os contêineres devem voltar

---

* Organizzazioni Non Lucrative di Utilità Sociale [Organizações Não Lucrativas de Utilidade Social]. (N. T.)
[53] Ibidem.

dos Estados Unidos carregados de maçãs americanas. "... a maçã de Washington, a Golden, a Melinda... agora, se concordarmos com os preços, começamos imediatamente... porque chegam ao porto de Gioia, chegam os búlgaros, enchem os caminhões e as levam para a Bulgária..." Para os investigadores, as maçãs são verdadeiras, mas entre as diversas cargas de frutas cítricas e maçãs, certamente também chega alguma de drogas.

De verdade são os ovos. Da América também devem chegar cerca de 12 milhões deles por dia: "... se houver preço, servimos de mediadores... porque é muito dinheiro... de cada ovo pegamos um centésimo de euro... da América chegam aqui, ao porto de Gioia, e de Gioia vão para Forlì... porque os da empresa não são suficientes... além da Esselunga, fornecem para a Melegatti... para a Bauli". É Antonio que, informando o pai de sua atividade, explica-lhe o negócio em uma conversa interceptada na prisão. Também lhe fala de uma viagem que fez aos Estados Unidos, para a casa de seus compadres, a fim de organizar os diversos negócios da *cosca* que, pelo faturamento, mostram-se uma verdadeira multinacional: "Me levaram ao porto de Filadélfia... onde eles têm as câmaras frigoríficas alugadas... havia pelo menos 4.000 estrados... o mestre Rocco nos filmava com a câmera... mas o compadre Mico não quis ir..."[54]

Dados os interesses em jogo, da Calábria também ficam muito atentos à evolução da situação política e social venezuelana. É nesse país que a *cosca* tem parte de seu dinheiro e continua a fazer negócios.

Em novembro de 2007, a Venezuela está no auge da polêmica em vista do referendo constitucional que deverá confirmar ou não a possibilidade de o presidente Hugo Chávez recandidatar-se sem limites de legislatura.

Os Piromalli devem vender a vacina ao governo de Chávez, e Miccichè explica as dificuldades daqueles dias: "Estamos aqui em

---
[54] Ibidem.

um momento de tragédia até o dia 2 de dezembro... não sabemos o que está acontecendo... se vai haver revolução... se vão se matar... se vai ficar este governo... se vão matar o presidente... se o país vai virar um Estado como Cuba e a Bolívia... eu estava pronto para o negócio e agora estou de mãos atadas... talvez o façamos com o Brasil... a coisa aqui está fora de controle agora, e também cabe ao Ministro da Saúde, que está pronto para comprar os medicamentos que mandam da América, mas não pode recorrer ao Estado".

No entanto, o velho democrata-cristão não se abala. Em outro telefonema, ainda descrevendo a situação política, afirma: "Isto aqui está se tornando uma ditadura comunista... o que não é absolutamente um problema... é preciso saber manobrar a política..."[55]

Na pátria, o problema mais espinhoso para a *famiglia* é o cárcere duro para os boss, o regime carcerário do 41 bis. Devem fazer de tudo para libertar o patriarca, Giuseppe Piromalli. Já está em curso o conflito com a ala militar da *cosca*, a *'ndrina* comandada pelos primos Molè, e a sabedoria do velho *capomafia* não pode permanecer "aprisionada" em uma solitária, sem possibilidades de ser comunicada ao exterior nem de incidir nas orientações e nas decisões da *famiglia* e dos chefes mais jovens.

Também a esse respeito se ativa a *secretaria* política de Caracas. Miccichè desperta no meio da noite para contornar as dificuldades do fuso e falar em horários comerciais com os ministérios, subsecretários e dirigentes políticos em Roma.

Não tem dificuldade de acesso aos palácios do poder. Entre novembro e dezembro de 2007, telefona várias vezes a Adriana Zerbetto, secretária particular de Mastella, Ministro da Justiça, e ao capo de sua secretaria, Francesco Borgomeo. E fala diretamente com o ministro. Embora, como escrevem os juízes, "Mastella se apressasse

---
[55] Ibidem.

em interromper o telefonema após ter entendido a identidade de seu interlocutor, que lhe falava de possíveis apoios eleitorais".[56]

Quando, da Calábria, lhe perguntam como andam os contatos com o ministério, de Caracas Miccichè adianta-se em uma análise voltada a justificar o comportamento de Mastella: "A dificuldade está aí, para essa gente de merda que se alça a... está me entendendo?... que se alça a tutora da legalidade... aqueles da esquerda... tente me entender... começaram a encher o saco... não se esqueça de que ele também foi acusado dessas coisas... quero dizer, o ministro".

O telefonema data dos primeiros dias de dezembro de 2007, e a referência é aos problemas judiciários de Clemente Mastella, indagado nesse período pela Procuradoria da República de Catanzaro. E continua com a nostalgia do passado: "... ficam me mandando de porta em porta... me tranquilizando... no meu tempo não era assim, porque a gente batia, a porta era aberta e se fazia aquilo que se tinha de fazer... agora esses merdas de comunistas que estão enchendo o saco do pessoal que trabalha... do nosso pessoal... claro, não?"

A *famiglia*, ansiosa quanto ao destino do capo, colocou todas as próprias esperanças em suas mãos. Às dificuldades expostas pelo velho político, Antonio Piromalli responde: "Se vocês não conseguirem, fechamos o livro e nos conformamos".

Mas Miccichè insiste. Sua Caracas está a "dois passos" dos palácios da política italiana, e ele tenta com os dirigentes da UdC.* Seus contatos são todos ex-democratas-cristãos, pessoas que ele conhece, dirigentes e parlamentares de seu velho partido, a Democracia Cristã.

Por intermédio do prefeito de Gioia Tauro, Giorgio Dal Torrione, que está inscrito na UdC, consegue os números de telefone

---

[56] Ibidem.
* Unione di Centro [União do Centro]. (N. T.)

reservados de Mario Tassone, deputado nacional e vice-secretário do Partido de centro, e exorta os seus a mobilizarem-se para participar do congresso do partido que seria realizado dentro de poucos dias em Reggio Calabria. Tranquiliza-os dizendo que o secretário nacional Lorenzo Cesa e o líder Pier Ferdinando Casini também... os "estão esperando de braços abertos".

Referindo-se a Tassone, Cesa e Casini, os magistrados escrevem: "Este órgão não pode dizer com certeza se os braços de quem fala Miccichè estão realmente abertos como ele afirma. É certo, porém, que Piromalli, Miccichè (e os Arcidiacono) buscaram tais contatos e, em parte, conseguiram estabelecê-los".[57]

Por outro lado, quem não parece encontrar muitos problemas para ter relações diretas e acolher de braços abertos os homens da *cosca* é o senador Marcello Dell'Utri.

Dadas as dificuldades e a sucessão de responsabilidades encontradas nos diversos órgãos do Ministério da Justiça, Miccichè comunica a Piromalli que "é preciso buscar um caminho com a maçonaria", ou então "... estabelecer outro tipo de relação, e eu é que devo fazer isso na Lombardia".

Ainda de Caracas, Miccichè entra em contato com o senador Dell'Utri e marca um encontro com um homem da *cosca*, Gioacchino Arcidiacono, primo de Antonio Piromalli e sobrinho do boss preso.

Em 2 de dezembro de 2007, o jovem já está em Milão e telefona para Dell'Utri, que marca o encontro para o dia seguinte, às 12h30, em sua secretaria, na via Senato n.º 12, a dois passos do Duomo.

Gioacchino Arcidiacono está quase emocionado. Telefona imediatamente para o amigo e conselheiro que, de Caracas, lhe passa

---
[57] Ibidem.

as últimas instruções para o encontro: "... explique para ele quem somos, o que representamos para a Calábria... eu já lhe disse tantas coisas... fui claro?". O jovem ouve e memoriza as indicações: "Faça-o entender que quem fez o porto de Gioia Tauro fomos nós... enfim... que no Aspromonte e tudo aquilo... aconteceu por nosso intermédio, entendeu?"

Gioacchino também quer saber: "... quero entender... foi ele a nos procurar por intermédio de você... caso precisasse de alguma coisa por lá..."

Miccichè explica sua iniciativa: "Fui eu quem colocou meus dois pupilos, Gioacchino e Antonio (o mesmo Gioacchino que fala ao telefone e Antonio Piromalli, N. d. R.),* nas mãos deles quando entendi que sua força política estava se desenvolvendo nesse sentido... agora, faça-o entender que, na Calábria, quer ele se mova na costa tirrênica, quer na jônica, quer no centro, vai precisar de nós... e quando digo nós quero dizer Gioacchino e Antonio". Também indica ao rapaz como deve se apresentar: "Estou aqui conversando com o Aldo Miccichè, até porque nós, fazendo-o entender quem somos Nós, adoramos o Aldo... é importante que entenda quem somos Nós... a Planície é coisa nossa, faça-o entender... que quando o Aldo era secretário da DC, 100 municípios eram DC... e o Aldo conseguia 105.000 votos".[58]

Gioacchino está preocupado com seu primo. Miccichè recebeu na Venezuela revelações sobre investigações contra o filho de Piromalli, e o jovem acha que o encontro com Dell'Utri também possa servir a esse fim. Quer pedir ao senador que se empenhe para fazer com que Antonio Piromalli seja nomeado cônsul honorário "ou na Rússia, ou no Brasil, ou na Romênia, ou na África, ou no Vietnã", para que obtenha um passaporte diplomático e a imunidade.

---

* Nota do Redator. (N. T.)
[58] Ibidem.

Miccichè está tranquilo; para ele a coisa é possível, e promete que mais tarde se ocupará dela pessoalmente. Porém, quer manter o encontro com Dell'Utri apenas com base nas escolhas políticas em vista das eleições. Durante o longo telefonema, informa a Gioacchino que Armando Veneto, outro deputado europeu da Planície de Gioia Tauro, eleito em uma lista de centro-esquerda, também falou com Berlusconi para passar para a Forza Italia.

Entre Veneto e os Piromalli não há grande empatia. Durante anos, Armando Veneto foi o defensor de confiança da *cosca* e, por ocasião da morte do velho *patriarca* do clã, Girolamo, *Mommo*, Piromalli,[59] ocorrida em 1979, foi ele quem proferiu a oração fúnebre. Depois, os caminhos se separaram, e o jovem da família reage à notícia dizendo que "com Veneto não queremos conversa".

A resposta de Miccichè, por sua vez, é inteiramente "política": "É claro, mas significa que se o Armando passar para o outro lado, teremos concentrado tudo ao nosso redor... não quero ter ninguém contra nós, entendeu?... Lembre-se de que é preciso saber fazer política".

Antes de encerrar o telefonema, tranquiliza e encoraja o jovem: "Vá, fale com Marcello Dell'Utri; vamos ser francos: significa a sala de espera do Berlusconi... força!"

No final, Gioacchino se sente mais seguro.

---

[59] Girolamo Piromalli, conhecido como *don Mommo*, nasce em Gioia Tauro em 7 de outubro de 1918 e morre na mesma cidade em 11 de fevereiro de 1979. Na virada dos anos 1960 para 1970, esteve entre os máximos expoentes da 'ndrangheta, junto com o boss Antonio Macrì, que controlava Locride, e com *don* Mico Tripodo, que controlava a zona de Reggio Calabria. No comando da família homônima, Piromalli tinha o controle da planície de Gioia Tauro. É considerado o criador da Santa, a Cúpula da 'ndrangheta, cujos membros podem se comunicar com o Estado e a maçonaria. Piromalli foi o único dos grandes *capibastone* [chefe de *'ndrina*] naquele período a salvar-se após a primeira guerra da 'ndrangheta, uma vez que decidiu aceitar que se entrasse no mercado da droga. Em seu funeral estavam presentes cerca de seis mil pessoas.

Também foi informado de que, no presídio de segurança máxima de Tolmezzo, Giuseppe Piromalli[60] encontrou outros chefes da Cosa Nostra, sobretudo o boss palermitano Antonino Cinà.[61] Juntas, as duas organizações tentam criar uma estratégia "política" unitária para chegar à modificação do cárcere duro. Ao jovem foi dito que ele pode falar em nome de todos: "Não, estou lhe dizendo... fui autorizado a dizer que lhe podemos garantir a Calábria e a Sicília... obviamente, em particular, e que para todas as coisas você tem de me ligar... pois meu primo está resfriado e deve se resguardar... está com todas essas merdas de vírus". A referência, relatada com a linguagem metafórica típica dos mafiosos, é à suspeita de que Antonio Piromalli esteja com o telefone grampeado, "com vírus".

Após o encontro, Miccichè volta a falar ao telefone, de Caracas; já conversou com o senador da Forza Italia e está preocupado em tranquilizar Gioacchino quanto ao bom resultado, reportando-lhe uma frase pronunciada por Dell'Utri, que só pode lisonjeá-lo e deixá-lo orgulhoso: "... pense em quantas coisas podemos fazer, é um rapaz maravilhoso".

---

[60] Giuseppe Piromalli (conhecido como *Facciazza*) nasceu em Gioia Tauro em 4 de janeiro de 1945. É pai de Antonio Piromalli, envolvido no inquérito "Cem anos de história". Como sucessor do velho Giuseppe Piromalli (que faleceu em 2005, após 20 anos de prisão e os últimos dois de doença) no comando da família, em 1993 foi incluído na lista dos 30 foragidos mais perigosos da Itália. Preso em 1999, está pagando diversas condenações por associação mafiosa, extorsão e outros crimes.

[61] Antonino Cinà, nascido em Palermo em 28 de abril de 1945, é homem de honra da família de San Lorenzo. Médico de profissão, sempre esteve ligado a Salvatore Riina. Foi preso pela primeira vez em 1992, depois libertado e finalmente preso de novo em 2006, no âmbito da "operação Gotha". Já condenado por participar da Cosa Nostra, atualmente está sob processo pelos crimes configurados no art. 416 bis e por extorsão em detrimento de empresários e comerciantes. Entre as acusações, também há aquela de ter participado do plano para matar o boss Salvatore Lo Piccolo e seu filho Sandro.

As coisas já começam a ser feitas no dia seguinte, quando Gioacchino Arcidiacono se encontra novamente na secretaria do senador da Forza Italia para reunir-se, por indicação deste último, com os responsáveis jovens do movimento e para organizar o nascimento dos Círculos da Liberdade na Planície de Gioia Tauro e no Aspromonte.[62]

Nos dias que se seguiram aos telefonemas entre Arcidiacono, Dell'Utri e Miccichè, descobre-se que, na semana seguinte, Marco, filho de Dell'Utri, iria para a Venezuela. Seria hóspede de Miccichè, naturalmente. Aliás, se também levasse consigo os documentos necessários, aqueles que Miccichè pedira por telefone a seu pai, passariam para seu nome o pacote de ações de uma sociedade, pago no âmbito de determinado negócio. Miccichè pede a Dell'Utri um e-mail ou fax com um texto de Berlusconi endereçado aos cidadãos ítalo-venezuelanos. As eleições são iminentes e não há muito tempo. De fato, a campanha eleitoral já começou. O trabalho entre os italianos no exterior é fundamental, Dell'Utri e Berlusconi sabem disso, e após poucos meses serão premiados com um verdadeiro boom de votos na circunscrição da América Latina.

Em 10 de abril de 2008, um vazamento de notícias do tribunal de Reggio Calabria tornará públicos os conteúdos do inquérito. Estamos a três dias da votação. O fato cria clamor, e explode um caso nacional.

Entrevistado pela ANSA,* o senador Dell'Utri afirma não conhecer Miccichè. Porém, "falei com ele por telefone... e o coloquei em contato com Barbara Contini... porque ele se ofereceu para se

---

[62] Tribunal de Reggio Calabria. Procuradoria da República. DDA. Pedido de prisão provisória, emitido em 21 de julho de 2008, no âmbito da operação denominada "Cem anos de história", cit.
* Agenzia Nazionale Stampa Associata: agência italiana de informações. (N. T.)

ocupar dos votos dos italianos no exterior". Mas Dell'Utri, que acabou de declarar não conhecer Miccichè, continua dizendo a respeito dele: "É uma pessoa com a qual estive em contato alguns meses atrás por motivos de energia. Na Venezuela, ele trabalha com o fornecimento de petróleo. Eu estava em contato com uma sociedade russa que também tem sede na Itália; por isso, como eu conhecia esses russos, servi de intermediário". Todavia, desconsiderando-se a intermediação de negócios que o senador faz para um desconhecido, eis como responde ao jornalista a respeito do empenho de Miccichè pelo voto dos italianos no exterior: "Esse senhor se interessou em organizar a votação, assim como se mobilizaram todas as pessoas de todos os partidos e de todas as latitudes. Não vejo razão para a contestação... De resto, é um personagem muito conhecido na Itália. Foi administrador da DC nos anos 1960 e 1970. Creio que, em sua época, tenha tido pendências judiciárias ligadas ao caso Tangentopoli...* Quanto ao restante, é um cidadão que vive há muitos anos na Venezuela com a família. Não vejo o que há de estranho nisso".[63]

Cem anos de história

Enquanto isso, o "resfriado" do filho do boss piora. A *cosca* percebe que está sendo interceptada pela polícia, e está para explodir o conflito que levará, após poucas semanas, em 1º de fevereiro de 2008, ao homicídio "cirúrgico" do outro primo, Rocco Molè, irmão do

---

* Sistema de corrupção política que veio à tona com a Operazione Mani Pulite [Operação Mãos Limpas], em 1992, quando da prisão do engenheiro e membro do Partido Socialista Mario Chiesa. (N. T.)
[63] O artigo intitulado "Con Miccichè ho trattato per il petrolio" foi publicado em *Calabria Ora*, Cosenza, 12 de abril de 2008.

boss Girolamo e capo da ala militar da família, aquela prevalentemente "dedicada ao trabalho mais sujo".

Na breve guerra entre clãs, também morrerá Antonio Princi, empresário ligado às *cosche* e que em 26 de abril de 2008 irá saltar pelos ares com seu automóvel, transformado em um carro-bomba semelhante àqueles usados pelos terroristas islâmicos. Princi era não apenas um empresário com o pé na máfia. Estava empenhado na realização de um dos maiores centros comerciais da Planície de Gioia Tauro, em Rizziconi, e, poucos dias antes de morrer, hospedara em sua casa um alto funcionário do Suisse Bank, que chegara à Calábria vindo da Suíça para desbloquear o financiamento. Seu cunhado, Pasquale Inzitari, era o número dois da lista da UdC na Calábria para as eleições da Câmara dos deputados.

A guerra-relâmpago muda as alianças e os arranjos mafiosos da Planície de Gioia Tauro, com os Piromalli, parentes e aliados históricos dos Molè, vencedores e, a essa altura, aliados da poderosa *cosca* Alvaro, de Sinopoli.

Da prisão, o capo dos Molè tentara de todas as maneiras evitar o conflito e, em uma conversa registrada, aconselhara aos "seus" que não reagissem e tentassem o diálogo: "Deve dizer a eles que fiquem no seu canto... porque aqui são quase 100 anos de história que você não pode estragar... se você quiser se aliar... se quiser [trabalhar] junto ou por conta própria, desde que seja em uma linha justa, faça o que quiser... mas deve saber que, a certa altura, a história conta alguma coisa... os sacrifícios, a prisão... respeitamos o passado e respeitamos a história... nós respeitamos... e nunca nos enganaremos a nosso respeito, nunca..."[64]

Passam-se apenas poucos meses, e o atentado a Rocco Molè dá novo impulso às investigações da polícia e da magistratura.

---

[64] Procuradoria da República junto ao Tribunal de Reggio Calabria. DDA, mandado de prisão provisória, emitido em 21 de julho de 2008, cit.

A *cosca* também teme a reação militar dos ex-aliados e já não consegue passar dias tranquilos. Está preocupada sobretudo com Antonio, que comanda a família desde que o pai foi preso. É apontado, tanto pelos investigadores quanto pelos chefes da *'ndrina* dos Molè, como o mandante dos homicídios.

Na Venezuela, Miccichè é informado das investigações judiciárias em curso diretamente pelos palácios institucionais de Reggio Calabria. Imediatamente, põe de sobreaviso a família em Gioia Tauro: "As notícias me chegam do alto, muito alto...", diz por telefone a Gioacchino Arcidiacono, exortando todos a ficarem muito atentos, a não falarem ao telefone, não discutirem no carro. A essa altura, os "grampos" estão por toda parte. Também é necessário tomar uma decisão que tranquilize toda a família.

Com espírito protetor, diz ao jovem Arcidiacono que é melhor para todos fazer Antonio Piromalli partir logo para Caracas: "... vamos montar nossa base aqui... aqui estamos tranquilos para fazer nossas coisas... para tudo".[65]

A história não terminou exatamente assim. Na manhã de 22 de julho de 2008, no aeroporto de Milão Linate, assim que desceu o último degrau do avião proveniente de Nova York, Antonio Piromalli viu-se diante dos homens da Squadra Mobile de Reggio Calabria, que o levaram diretamente à prisão. Esperaram para prender Gioacchino Arcidiacono e todos os outros protagonistas quando já estivessem voando. Nos meses seguintes, com eles acabaram presos muitos outros homens das *cosche* Piromalli e Molè.[66]

---

[65] Ibidem.
[66] Em 8 de outubro de 2009, o Tribunal de Reggio Calabria, com sentença emitida com processo abreviado, condenou, entre outros, Gioacchino Piromalli a 10 anos e 8 meses de reclusão; Antonio Piromalli a 10 anos e 8 meses de reclusão; Gioacchino Arcidiacono a 6 anos e 8 meses de reclusão; Antonio Molè (1989) a 6 anos e 8 meses de reclusão.

Em contrapartida, o Conselho Municipal de Gioia Tauro foi dissolvido por infiltração mafiosa, e o prefeito e sua comissão, destituídos.

Quem deixou Gioia Tauro foi a mulher de Antonio Piromalli, que, junto com seus filhos, poucos dias depois da prisão do marido, foi viver em um luxuoso apartamento no centro de Nova York.

Aldo Miccichè, pela soma de condenações, deve pagar mais de 20 anos de reclusão na Itália. Porém, atualmente vive livre em Caracas, onde representa a comunidade italiana, prossegue seu empenho político entre os conterrâneos no exterior e continua a cuidar dos negócios de sempre por conta *daqueles* de sempre.

3. VELHO CONTINENTE

A terra dos touros

Um grande mapa da Espanha cobre quase uma parede inteira; nas outras, fixadas até o teto, estão bem à mostra as ampliações das fotos signaléticas de alguns dos mais importantes foragidos presos, contendo os nomes das diversas operações que levaram à sua captura ou à apreensão de grandes carregamentos de droga: Tiburon, Marcos, Gordo, Stupor Mundi, Igres, Zappa. É a grande sala onde trabalham os especialistas do GOA no comando da GdF de Catanzaro.[1] Nela, todos os dias, desde a manhã até a noite e, às vezes, durante madrugadas inteiras, os investigadores, isolados em seus fones de ouvido, ouvem as vozes de camorristas e mafiosos, narcotraficantes e membros da 'ndrangheta, pessoas insuspeitas e pequenos traficantes.

---

[1] O GOA (Grupo de Operações Antidroga) é instituído no corpo da Guardia di Finanza em 1991. O GOA de Catanzaro pode ser considerado um precursor da estrutura nacional. Nasce em 1985 com o nome de "Drappello Stupefacenti" [Destacamento Entorpecentes] sob o estímulo e a direção do subtenente Ercole D'Alessandro, vindo de Palermo após ter trabalhado nos principais inquéritos conduzidos pelo juiz Giovanni Falcone. Trata-se realmente de um "destacamento", uma vez que é composto de apenas quatro militares. Em 1988, torna-se "Sezione Stupefacenti" [Seção Entorpecentes] e, a partir de 2001, com a instituição da estrutura nacional, conquista o primado de vanguarda de investigação em matéria de tráfico de entorpecentes.

Aprenderam a conhecer as línguas e a distinguir os diversos dialetos calabreses e meridionais. Após ouvirem dezenas de telefonemas estranhos, foram até obrigados a decodificar a linguagem dos assobios. Ao telefone, como para guiar um rebanho qualquer de ovelhas ao longo das escarpas do Aspromonte, dois boss se comunicavam, com seu rudimentar alfabeto Morse, "assobiando" entre a Calábria e La Paz, capital da Bolívia.

Quando alguém lhes pergunta por que, no lugar do mapa da Calábria, colocam bem em evidência aquele da Espanha, explicam que, a essa altura, para eles que se ocupam do narcotráfico, conhecer o território espanhol e, sobretudo, suas duas costas, a atlântica e a mediterrânea, é tão importante quanto conhecer os territórios das províncias do sul da Itália. Depois, com ar sorrateiro de quem sabe muita coisa, dão a entender que, no que se refere ao território calabrês, não precisam de mapa nenhum.

Com efeito, nos últimos 15 anos, não houve carregamento de droga proveniente da América do Sul ou da África que não tenha entrado na Europa pela Espanha, e não houve foragido, entre aqueles que fugiram para o exterior, que não tenha vivido por certo período entre Madri, Barcelona, Málaga ou em uma das tantas cidadezinhas da costa sudeste da Espanha.

"A terra dos touros"[2] é como a definem, falando ao telefone, calabreses, sicilianos e napolitanos quando devem marcar um encontro entre si ou iniciar negociações com os emissários dos cartéis sul-americanos. A Espanha é o ponto de encontro entre os narcotraficantes e os boss das organizações criminosas italianas.

O país que dá para o Atlântico presta-se a semelhantes "convivências"; o mesmo pode ser dito de sua legislação. Para a política

---

[2] Procuradoria da República junto ao Tribunal de Reggio Calabria. DDA. Pedido de custódia cautelar em cárcere, relativo ao Proc. Pen. N.º 4966-2000, emitido em 28 de abril de 2003, referente à investigação denominada "Igres".

espanhola, há décadas obrigada a combater as ameaças e a violência terrorista do ETA, a luta contra a criminalidade organizada de tipo mafioso e contra os narcotraficantes nunca representou uma prioridade. Não existem normas específicas de combate, o sequestro dos bens e dos patrimônios oriundos do crime é muito complexo, e o regime carcerário, como veremos em seguida, é um dos mais permissivos de toda a Europa.

Não é difícil viver na Espanha como foragido, assim como também não é difícil implantar atividades econômicas e comerciais de fachada, lavar dinheiro, investir no turismo e no mercado imobiliário, setor que, nos últimos anos, registrou um verdadeiro boom e que, para expandir seu desenvolvimento, muitas vezes se nutriu de bom grado dos capitais e dos lucros lavados e reinvestidos pelas organizações mafiosas italianas. Capitais e lucros "visíveis" nos vários quilômetros de costa mediterrânea, cimentados e destruídos pela especulação da construção civil e imobiliária dos últimos 20 anos. Pensando nas mesmas operações especulativas e nas devastações paisagísticas e ambientais realizadas ao longo das costas meridionais da Itália, tem-se a confirmação de que, quando o mercado turístico-imobiliário sofre intervenções de dinheiro ilícito e interesses especulativos, todo "Sul é uma aldeia".

Igualmente por essa razão, os jornais e periódicos espanhóis, utilizando metáforas bastante explícitas, rebatizaram a belíssima Costa do Sol de *Costa nostra* ou *Cosca del Sol*.[3]

Nos últimos dez anos, dos foragidos das três máfias italianas procurados e presos no exterior, os capturados na Espanha representam cerca de um terço do total, ou seja, 44 de 149.

Os camorristas são os que têm uma verdadeira paixão por essa terra: até o momento de sua captura, 34 procurados de 74 espalhados pelo mundo viviam na Espanha.

---

[3] Miguel Mora. "España es 'cosa nostra'". *El País*, 21 de junho de 2009.

E é também a Espanha, em 2008, a ocupar o primeiro lugar, junto aos Estados Unidos, na escala das cartas rogatórias internacionais, solicitadas pelas Direções Distritais Antimáfia das diversas regiões italianas, com 30 de um total de 150. Seguem a Alemanha, com 22, o Brasil, com 14, a Suíça, com 13, a Holanda, com 9, a França, com 8, a Colômbia, com 7, a Eslovênia e Portugal, com 4, e outros países com números inferiores.[4]

Segundo alguns inquéritos, nos últimos anos, calabreses, sicilianos e napolitanos na Espanha realizaram verdadeiras alianças estratégicas para a importação de cocaína da América do Sul, com o objetivo de tabelar seu preço e redimensionar a concorrência no mercado europeu.

Certamente, esta é uma das razões pelas quais muitos boss mafiosos escolheram ter nesse país a sua "residência".

Os camorristas napolitanos e os casalenses, habituados ao luxo e à ostentação em suas cidades de origem, também na Espanha continuam a não deixar que nada lhes falte. Não têm problemas de liquidez, frequentam os melhores restaurantes e as casas noturnas mais exclusivas de Madri e Barcelona, desfilam em seus off-roads caríssimos e em carros de centenas de milhares de euros. Passam temporadas inteiras entre a Catalunha e a Andaluzia, em prestigiosos condomínios residenciais da Costa Brava e da Costa do Sol, onde é mais fácil dispersar-se e mimetizar-se entre os muitos turistas italianos presentes em todas as épocas do ano.

Pela Espanha todos passaram um pouco, velhos e históricos boss da Cosa Nostra e novos *capimafia* arrivistas. Muitos foram presos e depois libertados graças a uma legislação que, até a aplicação do mandado de captura europeu, em janeiro de 2004,[5] fazia da

---

[4] Direção Nacional Antimáfia, *Relazione annuale* [Relatório anual], dezembro de 2008.
[5] Por mandado de captura europeu entende-se uma decisão emitida por uma autoridade judiciária de um Estado-membro em vista da prisão e da entrega, por parte de outro Estado-membro, de uma pessoa procurada, para os fins do exercício da

Espanha uma espécie de zona franca. Tal como a França nos anos 1970, 1980 e 1990, quando, graças às garantias de asilo oferecidas pela chamada doutrina Mitterrand, o país se tornou refúgio para os terroristas de meia Europa.

Quando então as rotas da cocaína e do haxixe encontraram nas costas espanholas a porta de acesso ao mercado europeu, de refúgio para os foragidos procurados seu território também se tornou lugar de negócios, de reinvestimento e de lavagem de capitais.

San Cipriano — Rio de Janeiro via Espanha e Portugal

Em 2 de novembro de 1983, Antonio Bardellino, boss camorrista fundador dos grupos que anos depois conheceremos como o clã dos casalenses, entra pela primeira vez em uma prisão espanhola. É capturado em Barcelona junto com Pasquale Pirolo, que foi encontrado com 15.000 dólares. Pirolo é seu homem de confiança e, após sua morte, se tornará colaborador da justiça, contribuindo, com seus testemunhos, para revelar os segredos do clã e reconstituir suas atividades empresariais.

Bardellino fica pouco tempo na prisão. À espera da extradição, obtém das autoridades espanholas a liberdade provisória. Para ele é uma festa, e assim começa sua longa condição de foragido, que irá durar até maio de 1988. Para o juiz que a emitiu, a sentença de libertação representa uma mácula que, após semanas de polêmicas públicas nas imprensas italiana e espanhola, o forçará a demitir-se de seu cargo, levando a tiracolo a acusação de ter sido corrompido pelo boss da Camorra.

---

ação penal ou da execução de uma pena de detenção. Baseia-se no princípio de reconhecimento mútuo das decisões em matéria penal e tem seu fundamento em uma decisão-quadro adotada pelo Conselho Europeu em 13 de junho de 2002.

Naqueles anos — estamos na primeira metade de 1984 —, o boss pôs em debandada do Agro Aversano* os últimos camorristas fiéis à Nuova Camorra Organizzata.

No final dos anos 1970, fora o projeto de domínio de Raffaele Cutolo a levar os outros clãs, guiados pelos boss Bardellino, Nuvoletta e Alfieri, a aliar-se àquela que viria a ser chamada de Nuova Famiglia. Disso nasceu uma guerra que ensanguentou as ruas das províncias de Nápoles e Caserta, deixando em campo cerca de 3.000 mortos. Às tentativas de mediação e de composição do conflito, levadas adiante pelos corleonenses de Totò Riina e Bernardo Provenzano, aliados históricos do clã Nuvoletta, em cujas propriedades se alojavam com frequência, opuseram-se Antonio Bardellino e Carmine Alfieri. Temiam que um período de trégua servisse aos Nuvoletta para fazer jogo duplo e aliar-se a Cutolo, e mal podiam suportar um papel dirigido pelas famílias "vencedoras" da Cosa Nostra nos equilíbrios internos aos clãs da camorra. Derrotados os cutolianos, dessa cisão nasce o conflito com o clã Nuvoletta, no qual surgem como figuras hegemônicas Alfieri e Bardellino. Já sem oposição, Bardellino também acerta as contas com os filiados ao clã do boss Gionta, literalmente massacrados em seu território, estendendo seu domínio até Torre Anunziata.

Em San Cipriano d'Aversa, em Casal di Principe e nos outros centros da província de Caserta, Bardellino já criou um império econômico e estabeleceu seus lugares-tenentes, Mario Iovine, Enzo De Falco (*il fuggiasco*),** Francesco Bidognetti (*Cicciotto 'e mezzanotte*) e Francesco Schiavone (*Sandokan*).

O clã não se contenta em cobrar o *pizzo*, administrar o contrabando e intervir nos contratos. Bardellino tem a mentalidade de um

---

* Aglomerado de 19 municípios que constitui a área metropolitana no extremo norte de Nápoles. (N. T.)
** O fugitivo. (N. T.)

empresário. Concebe um salto de qualidade investindo na economia legal os capitais ilícitos. São os anos do pós-terremoto que destruíra Irpinia na noite de 23 de novembro de 1980. Chove dinheiro do Estado para a reconstrução, e o boss, que somente alguns anos antes trabalhava como mecânico, monta um verdadeiro sistema de empresas para açambarcar os contratos de todas as obras públicas, um sistema que vai da produção do concreto às empresas de escavação, às construtoras de casas e ruas. Os lucros são enormes e devem ser investidos e lavados. É preciso projetar o clã também no exterior, entrar no círculo dos grandes negócios internacionais, sobretudo no tráfico de drogas.

Na Espanha, Bardellino fica o mínimo necessário. Na realidade, o país é sua base de partida para a América do Sul, direção Santo Domingo, para onde irá continuamente entre 1984 e 1986.

A ilha do Caribe é perfeita para criar sociedades financeiras, investir em complexos imobiliários e turísticos e comprar barcos de luxo.[6] Em Santo Domingo se apresenta como um rico empresário, circula entre pessoas importantes e trava amizades nos ambientes da política e das instituições. Teria até se empenhado no financiamento da campanha eleitoral para a eleição do Presidente da República de então.

O boss viaja constantemente ao Brasil, onde fincou raízes há anos. No final dos anos 1970, ainda antes da guerra contra os cutolianos, estabeleceu sólidos acordos com o cartel colombiano de Medellín, do qual consegue obter cocaína a preços favoráveis.

Para o boss, o Brasil, que também está organicamente ligado à Cosa Nostra que, naquele momento, perde terreno para os corleonenses, é uma terra amiga: ali viveu o capo da antiga *cúpula, don* Tano Badalamenti, e ainda vive um dos chefes mais ouvidos e res-

---

[6] Gigi di Fiore. *L'Impero. Traffici, storie e segreti dell'occulta e potente mafia dei casalesi.* Milão, Rizzoli, 2008.

peitados da máfia siciliana. É Tommaso Buscetta, protagonista de primeiro plano do tráfico de drogas rumo aos Estados Unidos e, por isso, definido como *o boss dos dois mundos*,[7] que em seguida se tornará colaborador da justiça, não partilhando a gestão da Cosa Nostra por parte dos corleonenses.

Em Búzios, uma das cidades turísticas da costa atlântica, situada a 170 km ao norte do Rio de Janeiro, compra um apartamento no mesmo condomínio de Umberto Ammaturo,[8] um dos mais importantes narcotraficantes napolitanos que negocia com os "cartéis" colombianos de Medellín. Ammaturo é também companheiro de Pupetta Maresca, proveniente de uma família de camorristas de Castellamare di Stabia e "mulher forte" nos organogramas napolitanos do crime naqueles anos. Antes de conviver com Umberto Ammaturo, fora mulher de Pasquale Simonetti, chamado de *Pascalone 'e Nola*, boss dos mercados hortifrutícolas. Quando seu

---

[7] Tommaso Buscetta nasceu em Palermo, em 13 de julho de 1928. Com pouco mais de 20 anos, passa a fazer parte da Cosa Nostra, na família de Porta Nuova. Ainda que ao longo de sua vida tenha permanecido um simples soldado, sua forte personalidade mafiosa e seu carisma serão reconhecidos por todos e dele farão um dos mais influentes mafiosos da história da Cosa Nostra na Sicília. Durante muito tempo, vive entre os Estados Unidos e a América do Sul, e é preso no Brasil em 24 de novembro de 1983. Extraditado para a Itália, inicia sua colaboração com o juiz Giovanni Falcone. Em 1984, suas declarações levarão à prisão centenas de mafiosos e representarão uma contribuição fundamental para instruir o primeiro maxiprocesso contra a Cosa Nostra em 1986. Morreu em Nova York, onde vivia com uma nova identidade, em 2 de abril de 2000.

[8] Umberto Ammaturo. Traficante internacional de entorpecentes, ligado à Nuova Famiglia, aliança dos clãs camorristas guiada por Carmine Alfieri e Antonio Bardellino, contraposta à Nuova Camorra Organizzata, de Raffaele Cutolo. Sua organização estava ramificada em muitos países da América Latina. Em 3 de maio de 1993, foi preso em Lima, no Peru, onde havia fixado a base para seus tráficos. Extraditado para a Itália, começou a colaborar com a justiça, provocando a reação dos antigos clãs filiados, que, em represália, em 25 de setembro do mesmo ano mataram seu irmão.

marido foi assassinado, ela, que estava grávida, matou o responsável pelo homicídio com suas próprias mãos, fazendo, assim, crescer sua fama e sua autoridade mafiosa. O casal é um dos mais temidos e respeitados pelas várias organizações mafiosas e criminosas que agem em nível internacional, e a aliança com Bardellino e o clã de San Cipriano lhe permite conquistar uma espécie de supremacia no tráfico de drogas entre a América do Sul e Nápoles.

O condomínio também fica perto da casa de Tommaso Buscetta. Ambos se conhecem há muito tempo, desde a época em que a Cosa Nostra e a camorra organizavam o contrabando de cigarros e depois o tráfico de heroína. São amigos e se frequentam. Têm a mesma paixão pela pesca em alto-mar e, no porto de Cabo Frio, mantêm ancorados seus barcos milionários.

Nessa cidadezinha do Atlântico, Bardellino assume uma empresa que se ocupa de importação e exportação de peixes congelados, a Bras Fish. Nas paredes de poliestireno das caixas para o transporte do peixe enviado além-mar, viajarão centenas de quilos de drogas do Brasil para a Itália, onde uma rede de peixarias napolitanas estará pronta para receber a mercadoria, que em seguida será distribuída nas praças de meia Europa.

Seu sócio na empresa e na aquisição dos imóveis é Mario Iovine, seu braço direito e número dois no clã que o segue em seus deslocamentos sul-americanos.

Em meados dos anos 1980, Bardellino já vive entre o Brasil e a República Dominicana. Deixou a esposa em San Cipriano e convive com outra mulher napolitana, que se mudou com ele para a América do Sul e se casou com ele no civil em Santo Domingo.[9] Mas a distância entre o boss e o próprio território, como sempre ocorre nas dinâmicas mafiosas, nunca traz coisas boas.

Os equilíbrios internos ao clã começam a se desgastar, os lugares-tenentes de San Cipriano ficam impacientes e os jovens

---

[9] Rosaria Capacchione. *L'oro della camorra.* Milão, Bur-Rizzoli, 2008.

boss do município vizinho, Casal di Principe, se reforçam dia após dia, expandindo seu poder. É preciso colocar ordem no clã e restabelecer a autoridade reconhecida do capo.

É o final de 1987. Bardellino deixa o Brasil e, sem que ninguém o detenha, volta à sua cidade. É procurado há quatro anos e anda com documentos de identidade falsos, arrumados antes da partida por um empregado do município de San Cipriano, que é inteiramente controlado pelo clã. Será justamente ele, Giuliano Pignata, o primeiro a morrer, em 2 de janeiro de 1988, no período de seu retorno. Com o boss no território, tornara-se uma testemunha incômoda que, se falasse, poderia pôr em risco sua condição de foragido.

De resto, na lógica camorrista, levar a ordem de volta ao interior do clã não pode ter outro significado além daquele de realizar uma série de homicídios "cirúrgicos" para calar toda forma de dissensão ou de insubordinação. As relações de força se restabelecem com a violência absoluta.

No entanto, o equilíbrio vai definitivamente pelos ares quando Bardellino acusa Domenico Iovine, irmão de seu braço direito, da culpa mais infamante de que alguém se pode macular dentro do mundo mafioso, ou seja, a de "passar" informações para os carabinieri. Domenico Iovine é morto por um comando que recebeu a ordem diretamente de Bardellino, e o irmão da vítima, Mario, é obrigado a aceitar em silêncio a decisão do capo. Na realidade, em silêncio ele apenas prepara a vingança.

Em maio de 1988, Antonio Bardellino está novamente em Santo Domingo. É logo contactado por Mario Iovine, que marca um encontro com ele poucos dias depois na casa que têm em comum em Búzios, no Brasil.

Segundo os colaboradores da justiça, que ao longo do processo *Spartacus*[10] reportaram o que Mario Iovine lhes teria referido,

---

[10] Tribunal de Santa Maria Capua Vetere. Tribunal do júri, II Seção, *Sentenza contro Abbate Antonio e altri* [Sentença contra Abbate Antonio e outros], 15 de setembro de 2005. (Sentença do Processo *Spartacus*, depositada em 15 de junho

assim que Bardellino passa pela porta da casa, é golpeado a marteladas por seu braço direito, que insiste no ataque até deixar sua cabeça e seu rosto irreconhecíveis. Teria acabado assim a vida dourada e a carreira criminosa de um dos mais importantes chefes da camorra nos anos 1970 e 1980.

Todavia, os testemunhos dos colaboradores da justiça são os únicos sobre o homicídio de Bardellino.[11] Ninguém nunca encontrou seu corpo, apesar das inúmeras tentativas das autoridades italianas em relação à polícia e à autoridade judiciária brasileiras de realizar investigações novas e aprofundadas.

De vez em quando, ouvem-se boatos segundo os quais Bardellino ainda estaria vivo, talvez ao lado de sua velha companheira, Rita De Vita. Após poucos anos, sua mulher se casou com um rico comerciante dominicano, surgido do nada, e levou para viver consigo os três filhos nascidos da relação com Bardellino. A questão levanta suspeitas entre as muitas pessoas que continuam a acreditar que o boss ainda esteja vivo. Entre elas estava Tommaso Buscetta, que, em uma audição da Comissão Parlamentar antimáfia, de 1992, ao ser interrogado sobre o boss da camorra, declarou: "Que eu saiba, não está morto".

Desaparecido Bardellino, na Itália começa a caça a seus homens. Será uma verdadeira matança, guiada por Mario Iovine e posta em prática por aqueles que, após três anos, se tornarão os verdadeiros chefes do clã: Bidognetti, Zagaria, De Falco e Schiavone.

---

de 2006.) O texto, escrito pelos juízes do processo *Spartacus* e instruído pelos magistrados da Direção Distrital Antimáfia de Nápoles, representa a mais articulada e completa reconstituição de 20 anos de história da camorra na área casalense e seu entrelaçamento com as diversas alianças, os conflitos e as guerras da camorra napolitana.

[11] Declarações de Carmine Schiavone e Giuseppe Quadrano, colaboradores da justiça, no âmbito do processo *Spartacus*.

De fato, em relação ao novo capo, Mario Iovine, eles também aproveitarão os mesmos erros utilizados por este último para eliminar Bardellino e tomar posse do bastão de comando do clã.

Iovine gosta do Brasil e, nesse país, como Bardellino, também tem uma nova amante.

A Bras Fish continua exportando droga, e ele investe o dinheiro que lhe chega de Caserta em diversos países da América do Sul. Também investe na Europa, compra casas na França e em Portugal. Mas, tal como Bardellino, não entende que a distância do próprio território marca o início de seu fim.

Decide mudar-se para Cascais, em Portugal. Não fica do outro lado do Atlântico, mas ainda é muito distante de San Cipriano d'Aversa, e ele fica sendo o único boss da cidade na nova galáxia dos casalenses.

Os outros são todos de Casal di Principe, de onde estão conquistando *manu militari* — e graças a um enriquecimento que não encontra obstáculos — um poder de influência que se estende à economia legal, às empresas, ao controle da política e das administrações municipais.

Mesmo entre os chefes casalenses em ascensão buscam-se novos equilíbrios. Para obtê-los, não se usa diplomacia alguma, mas as costumeiras armas do código mafioso: jogos duplos, traições e vingança.

Em 2 de fevereiro de 1991, Vincenzo De Falco, que com Bidognetti e Schiavone representa a troica que controla o grupo casalense, é morto por um comando enquanto dirige seu automóvel. É o último elo de uma corrente de armadilhas: em dezembro do ano anterior, *Sandokan* é o primeiro a convocar De Falco para eliminá-lo. Este não morde a isca e suspeita de que Sandokan esteja querendo retribuir-lhe uma delação que levou à prisão de todos os boss da região, menos dele. A suspeita se torna certeza e, depois, condenação à morte, pedida com insistência pelos chefes presos e por seus emissários, que ficaram em liberdade após a blitz dos carabinieri, além de ser avalizada pelo boss Mario Iovine, já residente em Portugal.

Nunzio, irmão de Vincenzo De Falco, vive, por sua vez, em Granada, na Andaluzia. Escolheu a Espanha para ficar mais tranquilo, aproveitar e investir o próprio dinheiro e manter-se longe da linha de frente do conflito entre os grupos do clã. Na cidade andaluza, é proprietário do restaurante-pizzaria "Grotta Mare" e, para as autoridades espanholas, é um cidadão com ficha limpa, que conduz a vida normal de um rico empresário italiano que se instalou no exterior.

É ele quem decide vingar de imediato a morte do irmão e livrar-se de Mario Iovine. A coisa, segundo pensa, não pode deixar de agradar também aos outros boss que, embora mandantes do homicídio de seu irmão, já não teriam ninguém em um nível de comando superior ao deles.

É o cinismo típico das organizações mafiosas, dentro das quais muitas vezes o homicídio de um irmão também pode ser considerado um mal necessário, ou então se é obrigado a dele fazer um uso instrumental, a fim de manter a própria posição de poder ou salvaguardar a própria vida.

Além de administrar o restaurante, Nunzio De Falco trafica drogas, que naqueles anos chegam da Colômbia e entram na Europa por Portugal. Por isso, fez muitas viagens entre Granada, Cascais e as outras cidadezinhas da costa atlântica, e travou boas amizades no mundo do crime português. Sabe que, em troca de dinheiro, pode encontrar mercenários prontos até a se tornarem pistoleiros.

Em 28 de fevereiro, Gabriel Molina, Francisco Javier Molina, Francisco Sabariego e um jovem do qual se conhece apenas o primeiro nome, Marcos, encontram-se em Granada, na pizzaria Grotta Mare, acertam os últimos detalhes da missão e, de lá, partem diretamente para Cascais, em Portugal. Com eles, completando o grupo armado, também está Nunzio De Falco.

Passam alguns dias estudando os hábitos e as pessoas que a vítima frequenta. Em Cascais, Mario Iovine se sente tranquilo, também leva uma vida normal, não observa medidas particulares de segurança, a não ser a de usar telefones públicos para ligar para a Itália, a fim de evitar ser identificado. No dia 6 de março, o comando está pronto para a ação. Observam-no e o seguem pelas ruas da cidade até ele entrar em uma cabine telefônica. Inconscientemente, Iovine escolheu sozinho sua própria armadilha.

Uma saraivada de cerca de 100 tiros deixa definitivamente no chão, sob o fone pendente, sua carreira de capo do clã.

Passam-se poucas horas e a Polícia Judiciária portuguesa, por pura coincidência, prende um dos pistoleiros, Javier Molina.

A história e a dinâmica do homicídio são contadas por uma jovem, namorada de um dos homens do comando, Francisco Sabariego, no processo que levará à condenação a 15 anos de reclusão para Javier Molina.

Sabariego morre de modo misterioso, com uma overdose de heroína mal misturada. Sua namorada, Carmen Garrido Lopez, não acredita nisso, quer falar com a polícia e contar tudo o que sabe aos juízes. Está convencida de que, na verdade, a morte de Francisco foi um assassinato. Após um ano de espera, ele teria pagado com a morte o pedido apresentado a Nunzio De Falco para receber o dinheiro combinado por seu "trabalho" de pistoleiro. De Falco, segundo a moça, teria acertado com os criminosos portugueses o pagamento de 10 milhões de pesetas, mais de 100 milhões de liras da época, "para matar um italiano chamado Mario".[12]

---

[12] Rosaria Capacchione. "Carmen, la donna che sapeva tutto e non fu creduta." *Il Mattino*, 29 de março de 2002.

Após o homicídio de Iovine, abre-se uma nova fase na guerra interna ao cartel dos casalenses. Nunzio De Falco, já estabelecido na Espanha, faz de tudo para ser deixado em paz enquanto administra suas atividades e seus restaurantes, que nesse meio-tempo, em Granada, transformaram-se em dois. Mas, com seus homens que ficaram na Itália, não renuncia à guerra contra seus ex-aliados.

Não é fácil se desenrascar do emaranhado de famílias, parentelas, interesses e conflitos, mudanças de alianças e traições que caracterizaram a história dos camorristas de Casal di Principe, deixando uma esteira infinita de violência e mortes, que transformou esse território em um verdadeiro inferno.

Uma parte do clã, que consegue sobreviver à ofensiva "militar" de Schiavone e Bidognetti, continua a não o trair, ou melhor, transforma-se em um grupo armado impiedoso. Ouvem o capo na Espanha e continuam a cumprir suas ordens. Diante do delineamento da derrota, as últimas cartadas tornam-se cada vez mais ferozes.

Em 19 de março de 1994, dois pistoleiros entram na sacristia da igreja de San Nicola di Bari, em Casal di Principe, e matam o jovem pároco, dom Peppino Diana.

Graças às interceptações telefônicas, as investigações sobre o homicídio chegam a Giuseppe Quadrano, um dos pistoleiros do grupo armado do clã De Falco. Quando os policiais da Squadra Mobile de Caserta, certos de tê-lo localizado, vão prendê-lo, não o encontram. Ele também, como seu capo, está na Espanha.

Francesco Schiavone, *Sandokan*, e Francesco Bidognetti, *Cicciotto 'e mezzanotte*, odiavam dom Peppino. Não suportavam as palavras com as quais cotidianamente, do altar, ele se permitia desafiar a violência e a arrogância da camorra. Tinha até ousado escrever um documento assinado por outros seis párocos do Agro Aversano, intitulado *Per amore del mio popolo non tacerò*.*

---

* Por amor do meu povo, não me calarei. (N. T.)

Nessa região, onde a igreja, quando não acatava a lei do silêncio, chegava até a ser cúmplice, uma coisa como essa nunca tinha sido vista. Assim como nunca tinha sido vista, a não ser nos funerais dos boss camorristas, uma multidão tão imensa quanto aquela que desceu às ruas para a última saudação a dom Peppino.

Com a morte de dom Peppino, é fácil fazer a responsabilidade pelo homicídio recair sobre os boss vencedores e provocar uma reação do Estado no embalo da indignação nacional. Eles também sabem disso. Assim, talvez até pelo fato de terem sido atingidos pela reação popular, Schiavone e Bidognetti logo fazem circular o rumor de que nada têm a ver com o assassinato do pároco.

Por sua vez, Giuseppe Quadrano, que, pelo que dele se ouviu nas interceptações telefônicas e ambientais daqueles dias, teria recebido de Nunzio De Falco, diretamente da Espanha, a ordem para matar dom Peppino, começa a se convencer de que o conflito com Bidognetti e Schiavone está definitivamente perdido. Não pode abandonar De Falco para mudar de aliança porque justamente ele é o responsável por muitos dos homicídios dos homens do outro clã, e os chefes nunca o poderiam aceitar. Mas já não se sente seguro nem mesmo em Barcelona, a milhares de quilômetros de Casal di Principe, onde os pistoleiros de Schiavone e Bidognetti estão à sua procura para eliminá-lo. Começa a temer que ele próprio possa se tornar mercadoria de troca para que se chegue a uma "pax mafiosa" entre De Falco, que quer assegurar-se de ser deixado em paz em seu dourado exílio espanhol, e os novos senhores dos clãs casalenses. Para salvar a própria vida, o único caminho que lhe resta é o da colaboração com o Estado. Após horas e horas de conversa com a mulher, em 18 de março de 1995 telefona para a casa da inspetora Silvana Giusti, da sede da polícia de Caserta, e lhe comunica que quer se apresentar para começar a colaborar com a justiça.[13]

---

[13] Processo *Spartacus*, audição durante a audiência de 23 de outubro de 2003.

Assim, Giuseppe Quadrano conclui na Espanha sua carreira de pistoleiro, embora no final do processo não seja considerado responsável pelo homicídio.[14]

Após ser condenado na Espanha por tráfico de entorpecentes, em 2005 Nunzio De Falco foi extraditado para a Itália e preso. No verão de 2008, foi condenado em apelação à prisão perpétua como mandante do homicídio de dom Peppino Diana. Sua mulher continua residindo na Espanha, onde administra lucrativas atividades empresariais da família.

Ao reler essas histórias, o entrelaçamento de negócios, homicídios e guerras internas aos clãs nos territórios de origem, bem como o vínculo que todos esses fatos têm com terras e países distantes, é como assistir, de outro ponto de observação, à primogenitura e ao nascimento dos casalenses. Aqueles que, nos anos posteriores, serão conhecidos como os camorristas que transformaram seu território em Gomorra.

Em todas as histórias, de Bardellino a Mario Iovine, Nunzio De Falco e tantos outros ainda, há sempre um *outro lugar* que representa apenas a outra face da presença da camorra e das máfias no próprio território. Uma projeção internacional que não esperou os processos de globalização dos mercados e das finanças para se afirmar e se impor na dimensão do crime.

Portanto, é necessário que continuemos a nos perguntar — mas apenas retoricamente — se todos os lugares *diferentes* dos territórios de estabelecimento da camorra e da máfia representam apenas ocasiões de fuga da justiça italiana e "praças" de negócios e lavagem

---

[14] Em 4 de março de 2004, a sentença da Corte de Cassação reconheceu Mario Santoro e Francesco Piacenti como executores materiais do homicídio de dom Peppino Diana a pedido de Nunzio De Falco. As posições de Giuseppe Quadrano e de seu irmão Armando foram suprimidas do processo. Armando Quadrano, que se tornou colaborador da justiça como seu irmão Giuseppe, suicidou-se na prisão.

do dinheiro ilícito ou se, ao contrário, ao longo dos anos, não se tornaram eles próprios parte de uma nova ideia de território, sem fronteiras nem vínculos, do novo mundo do crime e da máfia.

Cidadãos livres

No início do novo milênio, a irrupção na cena mundial da Al Qaeda e do terrorismo islâmico, com os atentados de 11 de setembro em Nova York, produzem repercussões também nos tráficos internacionais do crime e incidem nos comportamentos das organizações mafiosas.

As novas legislações antiterrorismo restringem os espaços de manobra no plano internacional; fica quase impossível burlar os controles nos aeroportos, e em todo país europeu, sobretudo naqueles aliados aos Estados Unidos nos diversos palcos de guerra médio-orientais, ser cidadão estrangeiro alimenta suspeitas e provoca ulteriores restrições e controles por parte das autoridades policiais.

Em 11 de março de 2004, várias explosões provocam um massacre entre os passageiros que lotam a estação Atocha, em Madri. A Europa inteira sente-se alvo da loucura terrorista. Por outras razões, os camorristas também ficam preocupados, pois temem complicações para os estrangeiros justamente na cidade que, durante anos, lhes garantiu uma vida tranquila.

Poucas horas após o atentado, os investigadores napolitanos interceptam os telefonemas entre dois camorristas:

— O que aconteceu em Madri?

— Um atentado, um atentado...

— Fiquem em casa, não saiam...

Ao telefone, em Nápoles, está Carmine Ferrara, broker da coca que fazia a mediação entre os narcotraficantes sul-americanos e os vários clãs da Campânia. Foi preso em 12 de dezembro de 2006 no âmbito da operação Tiro Grosso, junto com outros 42 expoentes dos clãs Nuvoletta, Mazzarella, Fabbrocino, La Torre e Pagnozzi, capturados em várias regiões da Itália, bem como na Colômbia, no Equador, na Espanha, na Holanda e na Croácia.

Assim que o boss ouviu pela televisão a notícia do massacre, ficou preocupado com seus sócios. Em um segundo telefonema, ainda em Madri, recomenda a seu interlocutor que "não saia de casa, porque é estrangeiro e poderia sofrer controles por parte da polícia".[15] Obviamente, se ambos os "espanhóis" não tivessem tido problemas com a justiça ou não estivessem sendo procurados, não teriam com o que se preocupar. Como, de fato, não tinham até poucas horas antes.

Após os atentados, o transporte da droga torna-se mais arriscado, pois os controles ficaram mais rigorosos não apenas nos aeroportos, mas também nas fronteiras rodoviárias. Algumas rotas do narcotráfico devem adequar-se à nova situação. Os portos do Mediterrâneo meridional e aqueles do norte da Europa assumem nova centralidade.[16]

De todo modo, a Espanha não perde sua função. Permanece o ponto de encontro para as transações e os negócios entre narcotraficantes e mafiosos italianos. Tampouco perde a característica de território "acolhedor" para os procurados, os investimentos e a lavagem de dinheiro dos mafiosos.[17]

* * *

---

[15] Gianluca Abate. "Una cupola riforniva i clan". *Corriere del Mezzogiorno*, 13 de dezembro de 2006.
[16] Gabriella Gribaudi. "Clan camorristi a Napoli: radicamento locale e traffici internazionali", in *Traffici criminali. Camorra, mafie e reti internazionali dell'illegalità*. Turim, Bollati e Boringhieri, 2009.
[17] "El refugio de la Mafia en la costa mediterránea". Artigo publicado em 11 de agosto de 2008 em *El País*, no qual se enumeram alguns dos chefes camorristas refugiados e presos na Espanha entre 2000 e 2007.

Mapas geocriminais de todas as famílias
da 'ndrangheta, da Cosa Nostra e da camorra

EUROPA

1. Difusão da 'ndrangheta na Espanha e em Portugal

2. Difusão da camorra na Espanha e em Portugal

3. Difusão da 'ndrangheta na Alemanha

4. Difusão da camorra e da Cosa Nostra na Alemanha

5. Difusão das máfias na França e no Principado de Mônaco

6. Difusão das máfias na Grã-Bretanha e na Irlanda

7. Difusão das máfias na Bélgica e na Holanda

8. Difusão das máfias nos Bálcãs

9. Difusão das máfias na Suíça

10. Difusão das máfias na Áustria

1. DIFUSÃO DA 'NDRANGHETA NA ESPANHA E EM PORTUGAL

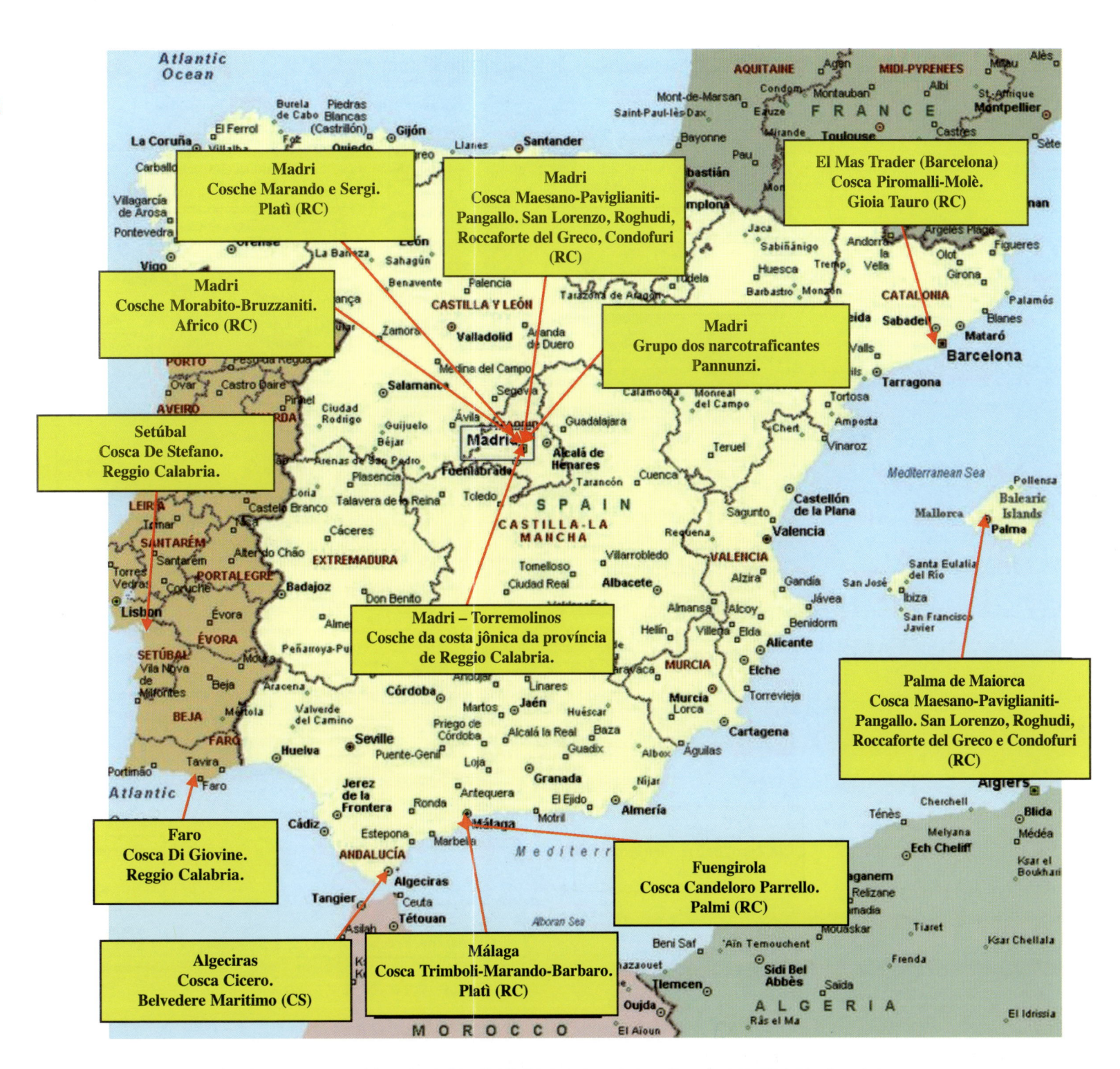

Madri
Cosche Marando e Sergi.
Platì (RC)

Madri
Cosca Maesano-Paviglianiti-Pangallo. San Lorenzo, Roghudi, Roccaforte del Greco, Condofuri (RC)

El Mas Trader (Barcelona)
Cosca Piromalli-Molè.
Gioia Tauro (RC)

Madri
Cosche Morabito-Bruzzaniti.
Africo (RC)

Madri
Grupo dos narcotraficantes Pannunzi.

Setúbal
Cosca De Stefano.
Reggio Calabria.

Madri – Torremolinos
Cosche da costa jônica da província de Reggio Calabria.

Palma de Maiorca
Cosca Maesano-Paviglianiti-Pangallo. San Lorenzo, Roghudi, Roccaforte del Greco e Condofuri (RC)

Faro
Cosca Di Giovine.
Reggio Calabria.

Fuengirola
Cosca Candeloro Parrello.
Palmi (RC)

Algeciras
Cosca Cicero.
Belvedere Marittimo (CS)

Málaga
Cosca Trimboli-Marando-Barbaro.
Platì (RC)

2. DIFUSÃO DA CAMORRA NA ESPANHA E EM PORTUGAL

Madri
"Alleanza di Secondigliano". Nápoles.

Madri
Clã Caiazzo. Bairro Vomero-Arenella. Nápoles.

Barcelona
Clã Di Lauro. Grupo "scissionisti". Nápoles.

Girona
"Alleanza di Secondigliano". Nápoles.

Barcelona
Clã Contini. Nápoles.

Valdemoro (Madri)
"Alleanza di Secondigliano". Nápoles.

Badalona (Barcelona)
"Alleanza di Secondigliano". Nápoles.

Toledo
Clã Afonso-Nino. Nola (NA)

Barcelona
Clã Frizziero. Nápoles.

Porto
"Alleanza di Secondigliano". Nápoles.

Barcelona
Clã Licciardi. Secondigliano (NA)

Girona
Clã Ascone. Ercolano (NA)

Arganda del Rey – Madri
Clã de Torre Annunziata

Granada – Valência
Clã De Falco. Acerra (CE)

Cascais
Clã Iovine. Casapesenna – San Cipriano di Aversa (CE)

Fuengirola
Clã Di Lauro, grupo "scissionisti". Nápoles.

Marbella - Fuengirola - Saragoça - Ceuta
Clã Mazzarella. Nápoles.

Málaga
Clã Zazo. Bairro Fuorigrotta. Nápoles.

Rincón de la Victoria - Málaga
Clã Muzzoni. Sessa Aurunca (CE)

Fuengirola
Clã Ascone. Ercolano (NA)

3. DIFUSÃO DA 'NDRANGHETA NA ALEMANHA

Arnsberg - Berlim - Bochum - Colônia - Dresden - Duisburg - Düsseldorf - Essen - Kaarst - Leipzig - Oberhausen
Cosche Nirta-Strangio, Pelle, Mammoliti, Vottari, Romeo e Giorgi. San Luca (RC)

Erlangen - Frankfurt Nuremberg
Cosca Carelli. Corigliano Calabro (CA)

Nuremberg
Cosca Muto. Cetraro (CS)

Bochum - Frankfurt - Freiburg - Kassel - Mannheim - Marburg - Riesa
Cosca Faro. Cirò (KR)

Hannover
Cosca Ursino. Gioiosa Jonica e Marina di Gioiosa (RC)

Munique - Neunkirchen - Saarbrücken - Tübingen
Cosche Nirta-Strangio, Pelle, Mammoliti, Vottari, Romeo e Giorgi. San Luca (RC)

Münster
Cosca Aracri. Crotone.

Ludwigsburg
Cosca Carelli. Corigliano Calabro (CS)

Krefeld
Cosca Strangio. San Luca (RC)

Düsseldorf
Cosca Megna. Distrito Papanice di Crotone.

Detmold
Cosca Ascone. Rosarno (RC) Cosca Nirta-Strangio. San Luca (RC)

Mülheim
Cosca Carelli. Corigliano Calabro (CS)

Colônia
Cosca Morabito. Africo (RC)

Siegburg
Cosca Giglio. Strongoli (KR)

Ravensburg - Schweinfurt
Cosca Maiolo. Gerocarne (VV)

Stuttgart
Cosca Iona, Belvedere Spinello e Rocca di Neto (KR)

Stuttgart - Mannheim
Cosca Mazzaferro. Gioiosa Jonica e Marina di Gioiosa (RC)

Stuttgart
Cosca Farao, Cirò (KR), e grupos de Cosenza.

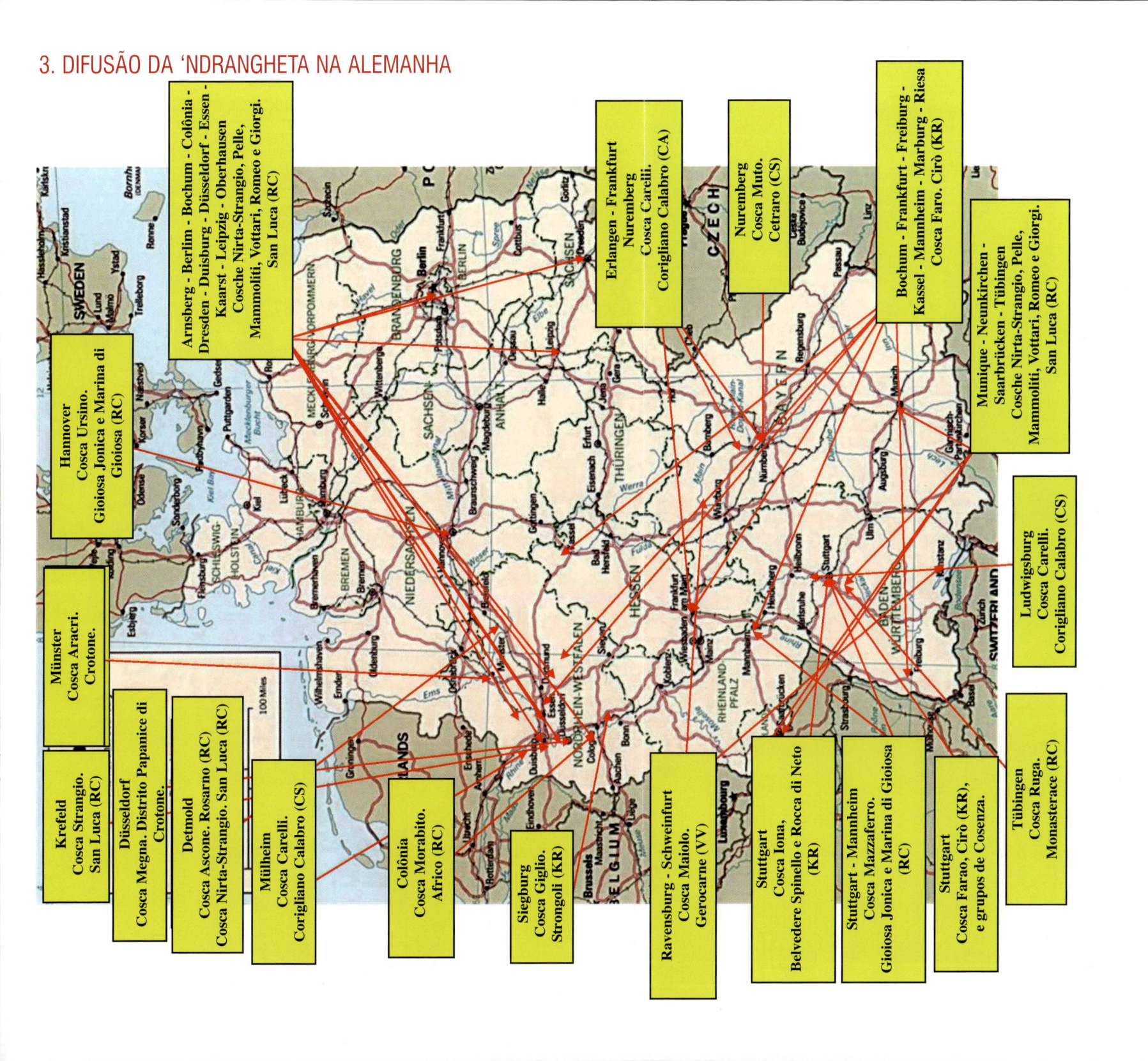

Tübingen
Cosca Ruga. Monasterace (RC)

4. DIFUSÃO DA CAMORRA E DA COSA NOSTRA NA ALEMANHA

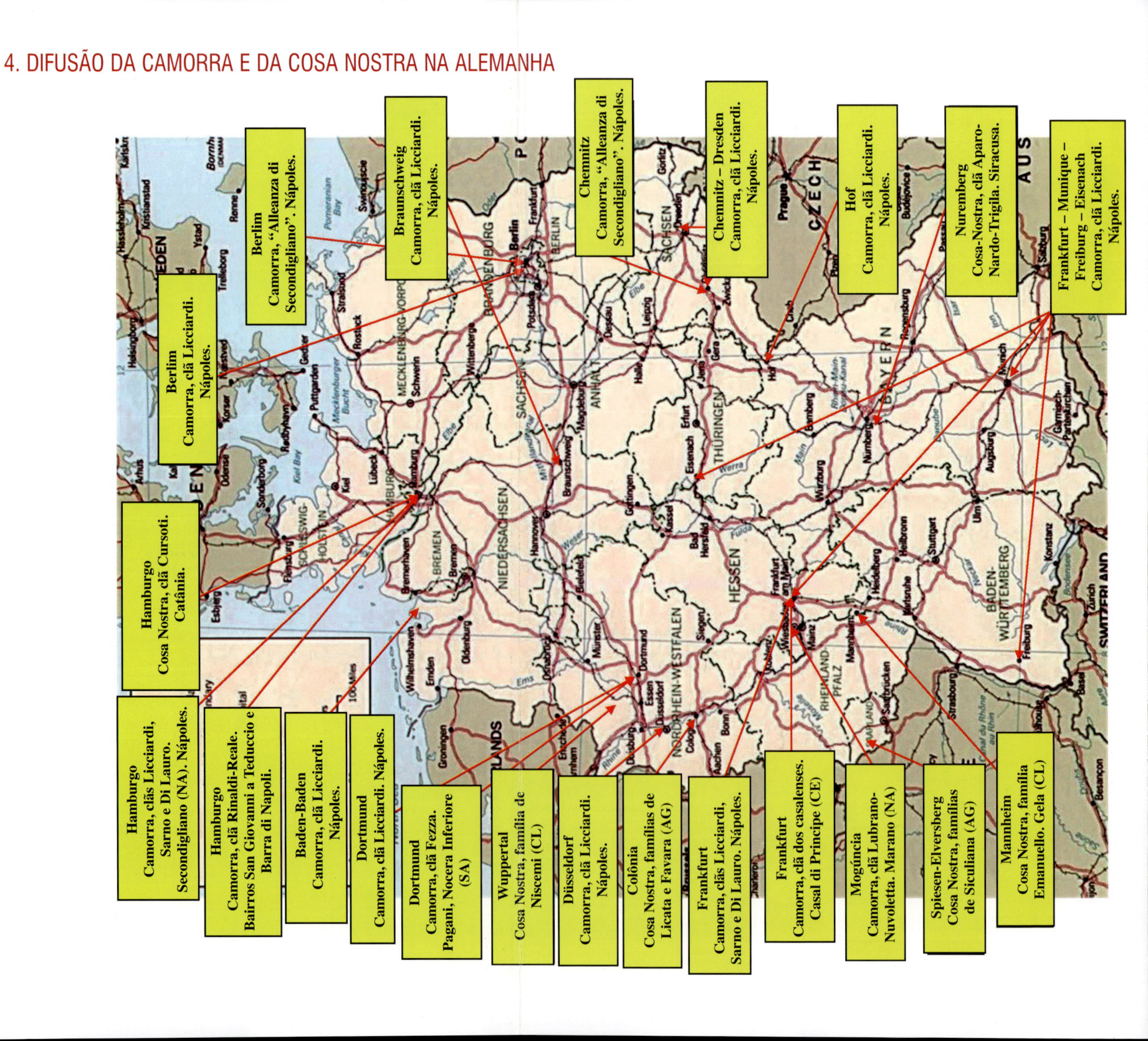

- **Berlim** Camorra, clã Licciardi. Nápoles.
- **Berlim** Camorra, "Alleanza di Secondigliano". Nápoles.
- **Braunschweig** Camorra, clã Licciardi. Nápoles.
- **Chemnitz** Camorra, "Alleanza di Secondigliano". Nápoles.
- **Chemnitz – Dresden** Camorra, clã Licciardi. Nápoles.
- **Hof** Camorra, clã Licciardi. Nápoles.
- **Nuremberg** Cosa-Nostra, clã Aparo-Nardo-Trigila. Siracusa.
- **Frankfurt – Munique – Freiburg – Eisenach** Camorra, clã Licciardi. Nápoles.
- **Hamburgo** Cosa Nostra, clã Cursoti. Catânia.
- **Hamburgo** Camorra, clãs Licciardi, Sarno e Di Lauro. Secondigliano (NA). Nápoles.
- **Hamburgo** Camorra, clã Rinaldi-Reale. Bairros San Giovanni a Teduccio e Barra di Napoli.
- **Baden-Baden** Camorra, clã Licciardi. Nápoles.
- **Dortmund** Camorra, clã Licciardi. Nápoles.
- **Dortmund** Camorra, clã Fezza. Pagani, Nocera Inferiore (SA)
- **Wuppertal** Cosa Nostra, família de Niscemi (CL)
- **Düsseldorf** Camorra, clã Licciardi. Nápoles.
- **Colônia** Cosa Nostra, famílias de Licata e Favara (AG)
- **Frankfurt** Camorra, clãs Licciardi, Sarno e Di Lauro. Nápoles.
- **Frankfurt** Camorra, clã dos casalenses. Casal di Principe (CE)
- **Mogúncia** Camorra, clã Lubrano-Nuvoletta. Marano (NA)
- **Spiesen-Elversberg** Cosa Nostra, famílias de Siciliana (AG)
- **Mannheim** Cosa Nostra, família Emanuello. Gela (CL)

5. DIFUSÃO DAS MÁFIAS NA FRANÇA E NO PRINCIPADO DE MÔNACO

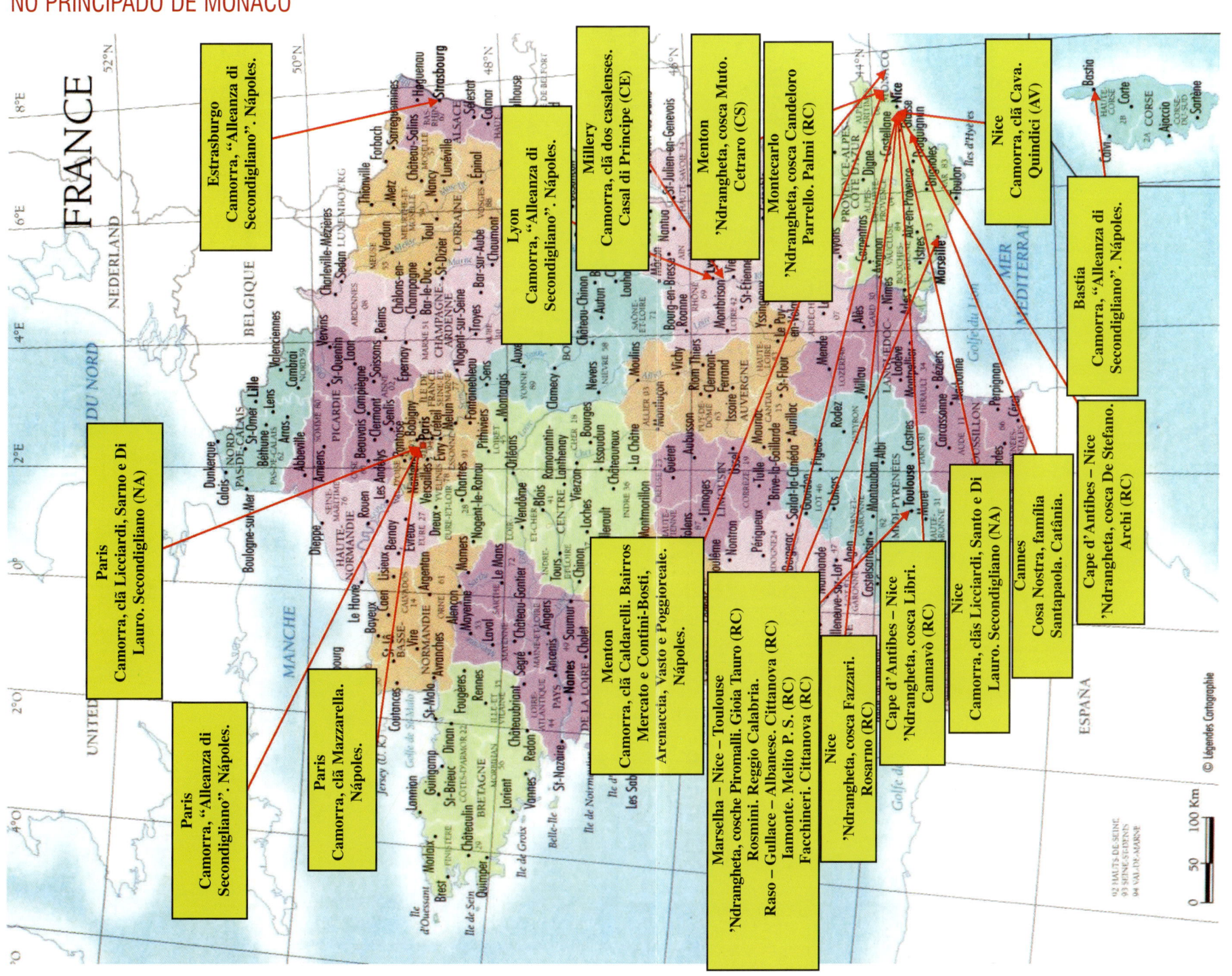

Estrasburgo — Camorra, "Alleanza di Secondigliano". Nápoles.

Lyon — Camorra, "Alleanza di Secondigliano". Nápoles.

Millery — Camorra, clã dos casalenses. Casal di Principe (CE)

Menton — 'Ndrangheta, cosca Muto. Cetraro (CS)

Montecarlo — 'Ndrangheta, cosca Candeloro Parrello. Palmi (RC)

Nice — Camorra, clã Cava. Quindici (AV)

Bastia — Camorra, "Alleanza di Secondigliano". Nápoles.

Paris — Camorra, clã Licciardi, Sarno e Di Lauro. Secondigliano (NA)

Paris — Camorra, "Alleanza di Secondigliano". Nápoles.

Paris — Camorra, clã Mazzarella. Nápoles.

Menton — Camorra, clã Caldarelli. Bairros Mercato e Contini-Bosti, Arenaccia, Vasto e Poggioreale. Nápoles.

Marselha – Nice – Toulouse — 'Ndrangheta, cosche Piromalli. Gioia Tauro (RC) Rosmini. Reggio Calabria. Raso – Gullace – Albanese. Cittanova (RC) Iamonte. Melito P. S. (RC) Facchineri. Cittanova (RC)

Nice — 'Ndrangheta, cosca Fazzari. Rosarno (RC)

Cape d'Antibes – Nice — 'Ndrangheta, cosca Libri. Cannavò (RC)

Nice — Camorra, clãs Licciardi, Santo e Di Lauro. Secondigliano (NA)

Cannes — Cosa Nostra, família Santapaola. Catânia.

Cape d'Antibes – Nice — 'Ndrangheta, cosca De Stefano. Archi (RC)

6. DIFUSÃO DAS MÁFIAS NA GRÃ-BRETANHA E NA IRLANDA

Aberdeen — Camorra, clã La Torre. Mondragone (CE)

Preston — Camorra, clã Panzuto. Bairros Torretta, Margellina e Chiaia. Nápoles.

Londres — 'Ndrangheta, cosca Aracri. Crotone.

Londres — 'Ndrangheta, cosca Fazzari. Rosarno (RC)

Londres — Cosa Nostra, família Brancaccio. Palermo.

Londres — Cosa Nostra, família Di Carlo. Altofonte (PA)

Londres — Camorra, clã La Torre. Mondragone (CE)

Londres — Cosa Nostra, família Bontempo-Scavo. Tortorici (ME)

Londres — Camorra, clã Mazzarella. Nápoles.

Londres — Camorra, "Alleanza di Secondigliano". Nápoles.

Dublin — 'Ndrangheta, cosca Trimboli. Platí (RC)

Dublin — Camorra, clãs Licciardi, Sarno e Di Lauro. Secondigliano (NA)

7. DIFUSÃO DAS MÁFIAS NA BÉLGICA E NA HOLANDA

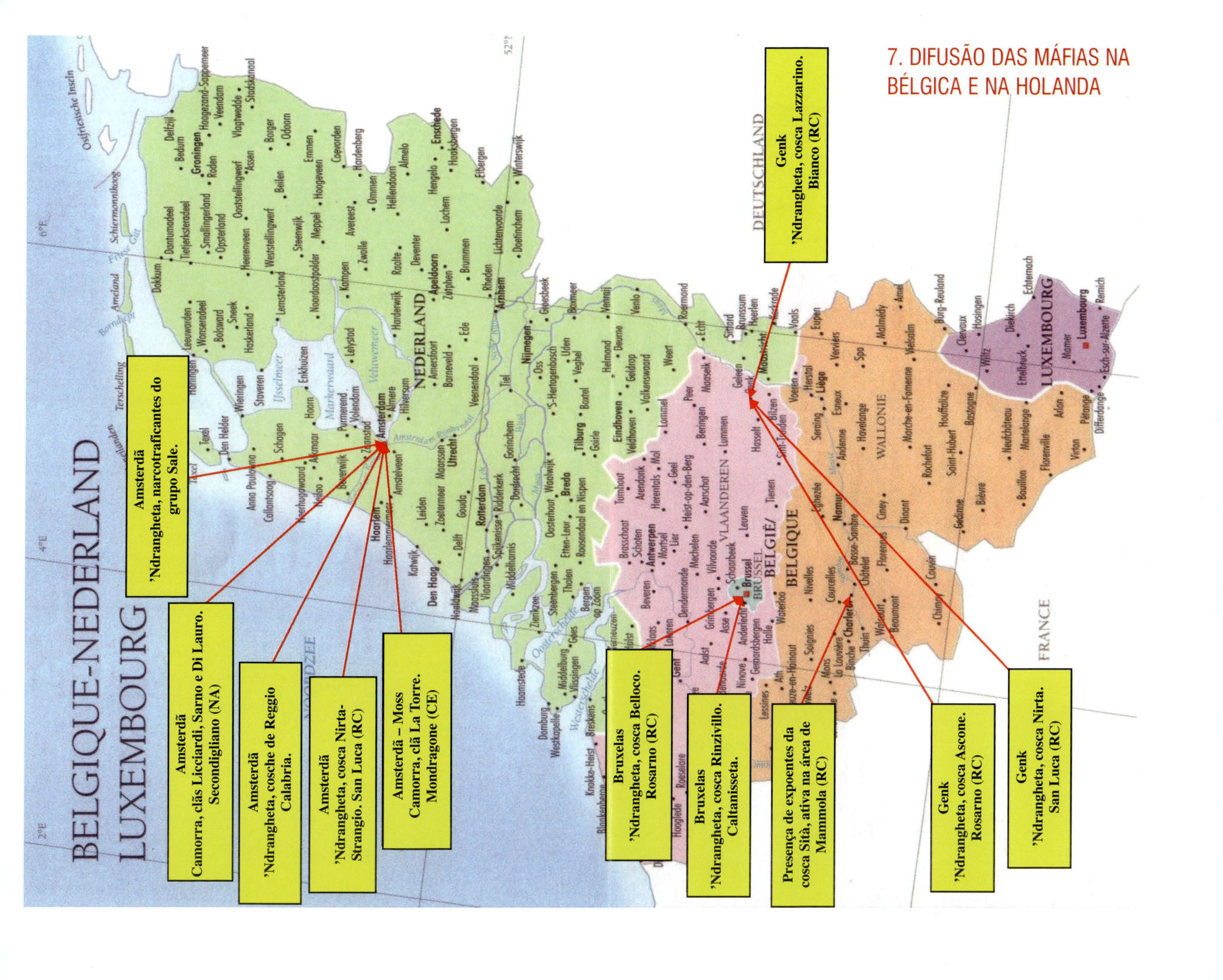

- **Amsterdã** — Camorra, clãs Licciardi, Sarno e Di Lauro. Secondigliano (NA)
- **Amsterdã** — 'Ndrangheta, cosche de Reggio Calabria.
- **Amsterdã** — 'Ndrangheta, cosca Nirta-Strangio. San Luca (RC)
- **Amsterdã** — Moss Camorra, clã La Torre. Mondragone (CE)
- **Amsterdã** — 'Ndrangheta, narcotraficantes do grupo Sale.
- **Bruxelas** — 'Ndrangheta, cosca Belloco. Rosarno (RC)
- **Bruxelas** — 'Ndrangheta, cosca Rinzivillo. Caltanissetta.
- Presença de expoentes da cosca Sità, ativa na área de Mammola (RC)
- **Genk** — 'Ndrangheta, cosca Ascone. Rosarno (RC)
- **Genk** — 'Ndrangheta, cosca Nirta. San Luca (RC)
- **Genk** — 'Ndrangheta, cosca Lazzarino. Bianco (RC)

8. DIFUSÃO DAS MÁFIAS NOS BÁLCÃS

Poprad
Camorra, clã Di Lauro.
Secondigliano (NA)

Timisoara
Cosa Nostra, família Vallelunga.
Pratameno (CL)

Dumbraveni
Camorra, expoentes chamados de "Ciucciari". Salerno.

Barlad
Camorra, clã dos casalenses. (CE)

Zagabria
Cosa Nostra, família Mandalà. Villabate (PA)

Constanta
Cosa Nostra, famílias da Catânia.

Belgrado
Camorra, clãs Licciardi, Sarno e Di Lauro.
Secondigliano (NA)

Bucareste
'Ndrangheta, cosca Pino. Cosenza.

Bucareste
Camorra, clã Castellano. Nápoles.

Bar
Camorra, clã Mazarella. Nápoles.

Calafat
Cosa Nostra, família Aparo-Nardo-Trigila.

Bucareste
'Ndrangheta, cosca Alvaro, Sinopoli (RC)

Santorini
Camorra, clã Licciardi.
Secondigliano (NA)

9. DIFUSÃO DAS MÁFIAS NA SUÍÇA

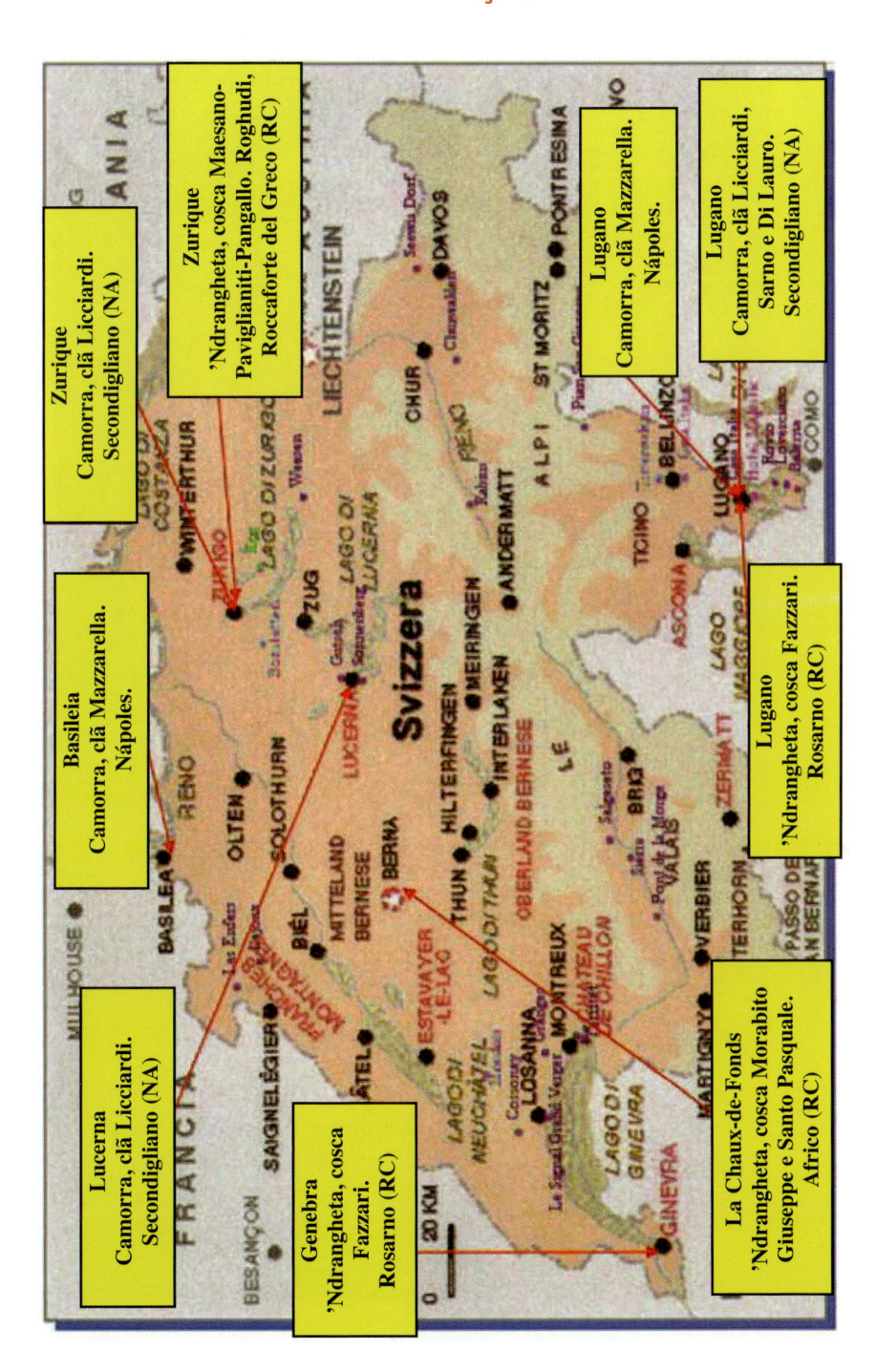

Zurique
Camorra, clã Licciardi. Secondigliano (NA)

Zurique, cosca Maesano-Paviglianiti-Pangallo. Roghudi, Roccaforte del Greco (RC)

Lugano
Camorra, clã Mazzarella. Nápoles.

Lugano
Camorra, clã Licciardi, Sarno e Di Lauro. Secondigliano (NA)

Basileia
Camorra, clã Mazzarella. Nápoles.

Lugano
'Ndrangheta, cosca Fazzari. Rosarno (RC)

Lucerna
Camorra, clã Licciardi. Secondigliano (NA)

Genebra
'Ndrangheta, cosca Fazzari. Rosarno (RC)

La Chaux-de-Fonds
'Ndrangheta, cosca Morabito Giuseppe e Santo Pasquale. Africo (RC)

10. DIFUSÃO DAS MÁFIAS NA ÁUSTRIA

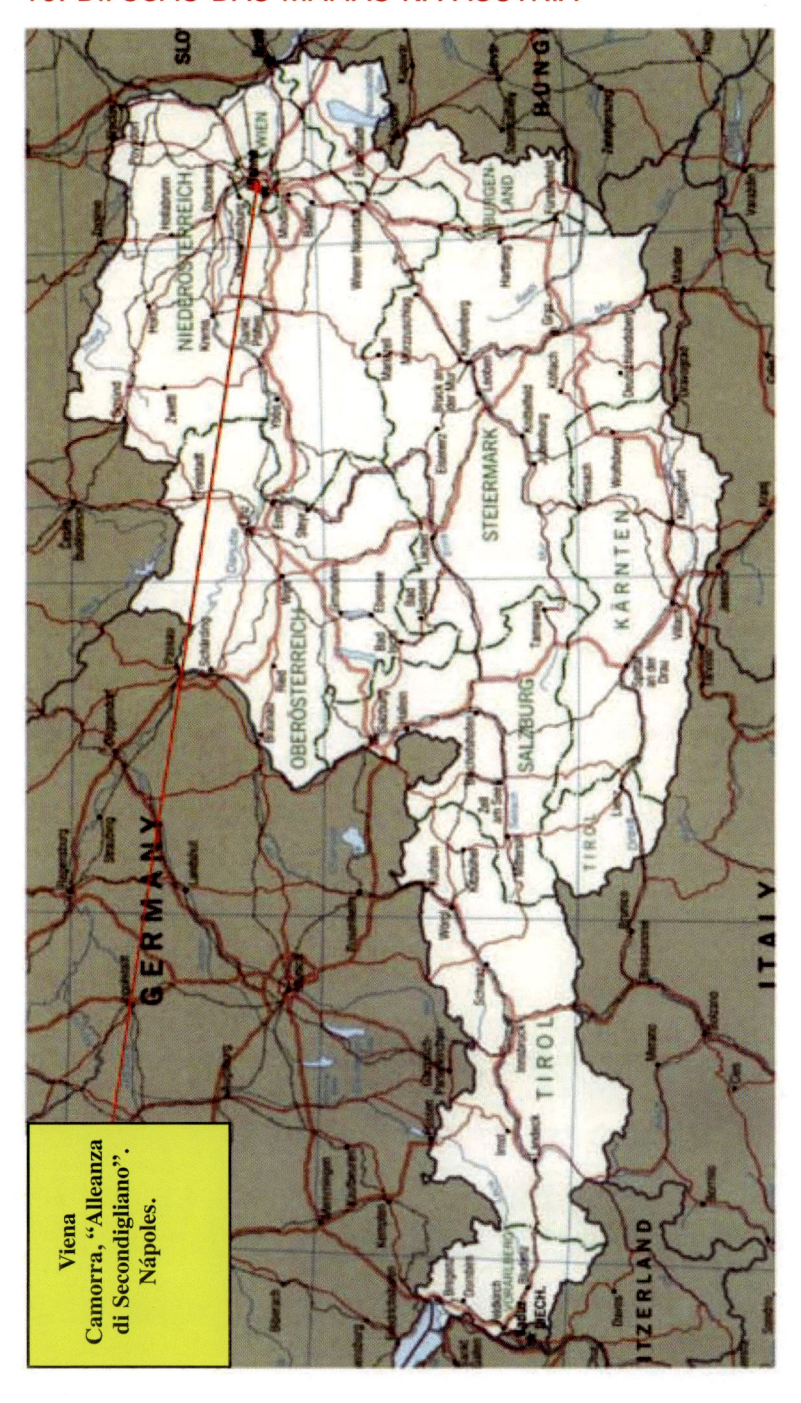

Viena
Camorra, "Alleanza di Secondigliano".
Nápoles.

Em 2008, "o diretor do Banco da Espanha notou como a movimentação do papel-moeda de 500 euros na Espanha é absolutamente anormal em relação ao contexto europeu. De fato" — continua o diretor —, "somente na Península Ibérica foram colocados em circulação uns bons 110 milhões de notas de 500 euros, diante de um total de 464 milhões referentes a toda a área do euro. Entre outras coisas, é recente o caso anunciado de *engolidores* de dinheiro na saída da Espanha, com importantes somas a serem entregues aos cartéis colombianos".[18]

Não deixar rastos da movimentação do dinheiro é a principal obsessão dos mafiosos e dos narcotraficantes, exatamente como, ao contrário, a rastreabilidade do dinheiro deveria tornar-se o imperativo categórico para os governos e as instituições financeiras de todo país e da União Europeia em seu conjunto. Enquanto os primeiros agem com coerência, os segundos se movem às cegas ou vão, com legislações camufladas, na direção diametralmente oposta.

A confirmação das palavras do diretor do Banco da Espanha dá-se, por sua vez, com a prisão de Patrizio Bosti. O boss é um dos generais da Alleanza di Secondigliano, cartel napolitano que reúne as famílias Contini, Mallardo e Licciardi. Casou-se com a irmã de um dos três chefes, Edoardo Contini, e, depois de sua prisão, em 2007, tomou as rédeas da família. Desde 2003 seu nome estava inserido na lista dos 30 procurados mais perigosos, redigida pelo Ministério do Interior, e deve responder por inúmeros homicídios cometidos no biênio 1998-1999, período em que as ruas de Nápoles foram ensanguentadas pela guerra entre os clãs da Alleanza e aqueles da família Mazzarella.

---

[18] A declaração é mencionada no *Rapporto 2008* [Relatório 2008] da Direção Central de Serviços Antidroga. Por "engolidores de dinheiro" entendem-se aqueles que fazem operações financeiras ocultando sua rastreabilidade.

Fazia cinco anos que Bosti vivia na Espanha. Escolhera um luxuoso condomínio na praia de Costa Brava, próximo a Girona. Dali, circundado e protegido por um grupo de fiéis colaboradores, continuava a dirigir o clã napolitano e a cuidar dos negócios em nível internacional, desde a aquisição de lotes de droga até a gestão dos mercados de mercadorias falsificadas. Tempo é dinheiro, e, para não perdê-lo, Bosti corria de uma cidade a outra da Espanha em velozes Porsche, Mercedes e em um Audi R8, pelo qual pagara 110.000 euros pouco antes de sua prisão.

Na noite de 10 de agosto de 2008, quando os carabinieri do comando provincial de Nápoles e os agentes da UCO (Unidad Central Operativa) — departamento especial da Guarda Civil espanhola, criado após os atentados de Atocha para combater o terrorismo — irrompem no terraço com vista para o mar de um dos mais renomados restaurantes da costa, a "Marisquería Xacó", de Platja d'Aro, o boss não opõe nenhuma resistência. Grande parte das 12 pessoas sentadas à mesa com ele eram empresários locais. De resto, em Tossa de Mar ele era um estimado e conhecido empresário de importação-exportação.

Assim que os carabinieri italianos e os agentes da Guarda Civil o revistam, encontram com ele 48 notas de 500 euros. O boss andava pelas ruas com 24.000 euros no bolso, sem contar os trocados.

Outro foragido ilustre, mas de perfil "profissional" diferente, é Vincenzo Scarpa, que se movimenta entre o mundo das finanças legais e aquele das trapaças e dos comércios ilícitos. É preso em Madri no dia 25 de maio de 2009. No inquérito dos magistrados da DDA de Nápoles, é indicado como o homem-chave dos clãs de Torre Annunziata no sistema de lavagem de seus capitais.

Em Madri, criou uma rede de sociedades. É proprietário da Italscar, uma empresa que, além de se ocupar de importar e exportar produtos alimentícios de qualidade, efetua sob encomenda serviços de catering. E, quando se trata de organizar banquetes e recepções, aniversários e comemorações, entre seus clientes mais assíduos também está a Embaixada Italiana em Madri.

Não obstante a qualidade dos clientes para o catering, a sociedade Italscar é uma verdadeira tragédia do ponto de vista econômico. A leitura de seus balanços revela que acumula dívidas em cima de dívidas no valor de milhões e milhões de euros e que está sempre à beira da falência. No entanto, Vincenzo Scarpa não parece preocupado. Ao contrário, consegue sobreviver a todas as crises financeiras e de liquidez. Com efeito, nos vencimentos regulares, todas as dívidas são zeradas com o dinheiro enviado de Torre Annunziata; dinheiro que, por meio desse mecanismo, o clã lava na Espanha para depois fazê-lo retornar, sem nenhum traço de proveniência ilícita, ao ponto de partida.

Scarpa tem bons relacionamentos, cuida dos negócios do clã e de sua família. Nunca está parado. Sua atividade o leva a fazer viagens constantes entre Madri e Miami, mas, quando está na Espanha, frequenta a alta sociedade e nunca afrouxa os contatos com a Itália. Também em relação à sua filha não quer que se rompam os vínculos com a Itália e Torre Annunziata e, para que ela não se esqueça da língua materna, manda-a estudar no Istituto Italiano di Cultura da capital espanhola.

Todavia, o centro de suas atividades comerciais e a sede de suas sociedades ficava em Arganda del Rey, de onde também administrava um comércio ilícito de automóveis de luxo entre as capitais de diversos países europeus e até Miami.

Por conta do clã, Vincenzo Scarpa também era uma espécie de fornecedor de serviços: era capaz de oferecer trabalho quando lhe pediam da Itália, emprestava dinheiro a quem tinha uma necessidade imediata e, sobretudo, organizava a rede de proteção para os foragidos de Torre Annunziata e dos clãs aliados que fugiam da Itália para se refugiar na Espanha.

Quando foi preso, também teve início o bloqueio de suas contas-correntes e de suas atividades econômicas. Entre elas, foram lacradas as pizzarias "Bella Napoli", em Majadahonda — a mesma em que, poucos meses antes, havia sido preso Antonio Chiazzo, capo do clã do Vomero e do bairro Arenella, em Nápoles —, e "Perla del Golfo", bem no centro de Madri.

Grand Hotel Valdemoro

Por sua vez, quem se sentia livre em Madri mesmo após ter sido preso era um senhor que partira da região de Locride, na província de Reggio Calabria. Chama-se Santo Maesano e é capo das famílias Maesano-Paviglianiti.

Transfere-se para a Espanha no final dos anos 1990, mas já frequentava o país havia muitos anos. Também é conhecido da justiça e da polícia espanholas, que o prenderam pela primeira vez em 1996, embora o tenham libertado após poucos meses, já que expirou o prazo da custódia. Seus negócios se dividem entre a Península Ibérica, Milão, a Suíça e a Colômbia. Em Madri, cria um verdadeiro quartel-general. Deslocando-se pelo mundo, é considerado um dos maiores narcotraficantes da 'ndrangheta calabresa. Compra e revende toneladas de cocaína e grandes carregamentos de armas: boa parte da cocaína é destinada a Milão e às outras praças de tráfico no norte da Itália; as armas vão para a Calábria, e as que não ficam na região são revendidas a outras organizações em outros países.

Diferentemente da Cosa Nostra e da camorra, organizações em que a ausência do capo originário do próprio território pode determinar a explosão de guerras internas ou a perda da autoridade e do reconhecimento da liderança, na 'ndrangheta o conceito de território é profundamente distinto: fora da Calábria, não tem fronteiras e se estende onde quer que cheguem as *'ndrine* e onde for necessário residir para tratar dos negócios da própria família ou daquelas aliadas. Por isso, Santo Maesano teve de se mudar para a Espanha e, de lá, continuar a exercer, sem sombra alguma, sua função de comando.

Em Madri, leva uma vida abastada e reservada. Quem o conhece relata que é uma pessoa distinta, aparentemente culta. Entre as tantas alcunhas com que é indicado, a mais difundida é a de *professor*. A outra é Hoffa. E talvez seja verdade, conforme escrito no mandado dos magistrados de Reggio Calabria, que o nome seria "inspirado no filme *Hoffa — um homem, uma lenda*, que conta a história de um poderoso e temido sindicalista caminhoneiro, ligado aos mafiosos americanos... a referência ao santo,[*] contida no filme, não deixa muitas margens de suspeita, mesmo quanto à capacidade de imaginação dos indagados".[19]

De Madri, dirige toda a atividade da *cosca* em todas as suas "sedes descentralizadas". Inicialmente o faz como cidadão livre e, depois da prisão, também de dentro do cárcere.

Para o boss calabrês, mais do que uma prisão, o Centro Penitenciário Valdemoro, em Madri, é um centro de repouso. No sistema carcerário espanhol não existe o regime especial previsto na Itália com o art. 41 bis, o isolamento nem o cárcere duro, tampouco as outras formas de detenção especial aplicadas aos boss mafiosos. Assim, Maesano encontra uma liberdade de ação simplesmente impensável em seu país de origem: telefona ininterruptamente para seus coronéis, fala com seus homens e seus contatos na Colômbia e na Venezuela, negocia lotes de droga, arrola o número

---

[*] Em italiano, o título do filme foi traduzido como *Hoffa, santo o mafioso* [Hoffa, santo ou mafioso]. (N. T.)

[19] Tribunal de Reggio Calabria, Gabinete do juiz para as investigações preliminares. Mandado de custódia cautelar em cárcere contra Santo Maesano e outros 102, emitido em 21 de janeiro de 2004.

e o tipo de armas a serem compradas. Situação análoga ocorria na prisão em Palermo nos anos 1970, quando os chefes da Cosa Nostra que nela eram encarcerados viviam no luxo, entre mulheres e banquetes, e que por isso foi rebatizado de *Grand Hotel Ucciardone*.

Tampouco tem limites para as visitas. Recebe todos, sobretudo Vincenzo Romeo, rapaz de pouco mais de 20 anos que se tornou seu verdadeiro vice na gestão da *cosca* durante o período em que esteve foragido e, mais tarde, enquanto ficou preso.

O rapaz visita o capo pelo menos uma vez por mês. Apresenta-se na penitenciária com a falsa identidade de Antonio Errante. Sempre pernoita no Hotel NH Lagasca, mas nunca faz reserva. Quando precisa encontrar outros boss procurados pela polícia italiana, como Paolo Sergi, um dos chefes das *'ndrine* de Platì, prefere fazer longas caminhadas pelo Paseo della Castellana e, em encontros a céu aberto, organizar as expedições dos carregamentos de cocaína para a Calábria. A essa altura, o jovem já conhece bem a cidade e, afora a devoção pelo capo, sempre retorna de bom grado. O capo também tem um fraco por ele, talvez porque tenha uma história toda particular.

Vincenzo é filho de dois professores de Reggio Calabria, estranhos aos ambientes mafiosos. Cresce e estuda na clássica família da pequena burguesia meridional. Mas desde muito jovem, como frequentemente ocorre nas ruas e praças das aldeias e cidades do Sul, conhece a 'ndrangheta. Vive duas vidas: em uma, trabalha como emissário do *capomafia* e como pistoleiro; na outra, é estudante e filho de boa família. Em Reggio Calabria dá tiros e, por ordem de Maesano, recebida da Espanha, em 6 de dezembro de 2001 mata Gaetano Sgrò, funcionário público em Melito Porto Salvo. Em Milão, matricula-se na faculdade de medicina da Università Cattolica del Sacro Cuore, o lugar "sagrado" da formação da intelectualidade católica italiana. E, como bom católico, entre a venda de um carregamento de armas e a execução de um homicídio, presta serviço civil, como objetor de consciência (motivado pela repulsa às armas e à guerra) junto ao patronato das ACLI (Associazione Cristiana Lavoratori Italiani)* de Milão.

Obviamente não é um estudante nem um objetor como os outros.

Em Milão, cuida dos negócios da *cosca*, não apenas do tráfico de drogas, mas também da lavagem do dinheiro que é depositado por outro intermediário em diversas contas abertas em instituições bancárias suíças. Quando Maesano não podia se deslocar diretamente da Espanha à Suíça, quem ia em seu lugar era Romeo, que, por intermédio de Claudio Boscaro, vulgo *occhialino* [oculozinhos], a cada 15-20 dias transferia somas milionárias das contas suíças para o Brasil e a Venezuela.

Vincenzo se desloca em uma BMW 318, pela qual diz gastar cerca de 200.000 liras de gasolina por dia, e dispõe de uma quantidade de dinheiro que nenhum rapaz da sua idade pode sequer imaginar. A um amigo, conta da seguinte forma suas despesas com as festividades de Natal: "... gastei 40 milhões... dei presente para todo mundo. Para mim, sabe quanto gastei? Cinco milhões em roupas e mais cinco torrando por aí, em bobagens... os outros 30 milhões... comprei dois relógios, um para o meu pai e outro para a minha mãe... foram cinco milhões em relógios... nunca tiveram um relógio bonito na vida, pô! Três milhões dei para o meu irmão; também comprei meio milhão em roupas para os meus sobrinhos; um milhão dei para você... um milhão para a minha namorada, um milhão para o Peppe... o dinheiro vai que vai!"[20]

Por indicação de Maesano, Vincenzo Romeo deve recrutar rapazes disponíveis para servirem de mulas da cocaína que deve

---

* Associação Cristã dos Trabalhadores Italianos. (N. T.)
[20] Ibidem.

chegar da Espanha a Milão. Certa vez, encontra um rapaz da sua idade, provavelmente com o mesmo método usado anteriormente por Maesano em relação a ele. O rapaz tem ficha limpa e vive com a mulher. É atraído pelo dinheiro que pode ganhar, mas não sabe como justificar à jovem esposa e a seus pais as ausências devido às viagens.

Na gravação dos diálogos entre ambos, são evidentes os métodos e a cultura que os mafiosos adotam para fazer novos prosélitos. Romeo explica: "Não é que o cara tem de ficar aqui. Deve vir quando houver necessidade. Vem por dez dias. A mulher fica em casa. Daqui a dez dias, volto. Quando veem dinheiro, as mulheres cuidam da própria vida. Ficam tranquilas. Veja, o bem-estar... lembre-se de que é bom para todo mundo..." O interlocutor parece titubear e responde: "Sim, só que cedo ou tarde vou ter de encontrar um trabalho..."; Romeo: "... isso é uma coisa à parte. Rico você não vai ficar com trabalho, você sabe... quando veem que você traz dinheiro para casa, ninguém te diz nada. Assim como meu pai não me diz nada... dizem que sou um bom rapaz. Depois, se der azar, paciência! Pode acontecer a qualquer um, e o cara tem de ter certa seriedade..."

Convencido por Romeo, o outro rapaz começará a fazer viagens entre Milão, a Espanha e a Calábria, e, após algum tempo, o "azar" vai recair sobre ambos, que serão presos pela polícia, e Romeo também será condenado pelos homicídios cometidos com suas mãos.

Santo Maesano, por sua vez, antes de ser preso, vivia em Palma de Maiorca. Para dizer a verdade, já tinha sido localizado e estava para ser capturado também em Madri, mas parece que uma delação vinda de um órgão bem informado em Reggio Calabria colocou-o de sobreaviso de que os militares do GOA já estavam em seu encalço.

Na ilha das Baleares, mostra-se como um senhor refinado, que gosta de estudar história e letras clássicas e tem boas leituras. Quem o conhece e o ouve falar dos mais variados assuntos sem nenhuma inflexão estrangeira não poderia imaginar que, pouco antes, o mesmo senhor, em uma conversa ao telefone, ordenava a aquisição de "... 20 enxadas pequenas... mas mudas (pistolas com silenciador, N. d. R.)... como as que você tem... cinco daquelas grandes... os K-WAI (kalachnikov, fuzis metralhadores AK 47, N. d. R.)... e mais cinco daquelas que vão com o javali... só que curtas... com as bombas para serem lavadas (fuzis de ação por bomba, N. d. R.)... ou então as normais... aquelas contínuas (metralhadoras, N. d. R.)".[21]

Após horas e horas de escutas telefônicas e ambientais, os militares do GOA e da Guarda Civil espanhola localizam o bairro de Palma de Maiorca de onde partem as ligações. O boss sente-se seguro e comete os erros crassos que nenhum procurado jamais deveria cometer: fala ao telefone de sua casa e da vista para o mar que aproveita de seu terraço; fala de seus passeios de bicicleta e, sobretudo, da comodidade de ter, a dois passos de casa, as quadras de tênis para as partidas cotidianas. Só que suas conversas em espanhol são ouvidas em Catanzaro.

Quando um oficial e um agente do GOA que fala espanhol chegam a Palma de Maiorca, vão diretamente ao Tennis Club e têm a confirmação de que todas as manhãs, às 9 horas, dois senhores italianos chegam para jogar.

Na manhã de 20 de maio de 2002, os dois italianos entram em sua quadra reservada e começam a jogar. Os policiais espanhóis e os militares italianos já estão a postos em toda a redondeza. Precisam ter certeza de que não se enganarão de pessoa. Toca o celular do boss, que interrompe a partida para atender, enquanto na

---

[21] Ibidem.

quadra ao lado se continua a jogar. E serão as batidas da bolinha na outra quadra a confirmar que o homem com o celular e em perfeito uniforme branco de tenista é Santo Maesano. Nesse momento, um cadeado fecha o portão de entrada da quadra; as redes que a cercam são altas demais para uma tentativa de fuga. O boss entende, deixa cair a raquete e diz: "Sim, sou Santo Maesano".

Sua raquete, como um troféu, está exposta na grande sala de audição do GOA e pendurada na parede, ao lado do mapa da Espanha.

Após a prisão, o boss não desiste. Transferido para o cárcere de Madri, além de fazer as coisas de sempre, organiza pessoalmente um plano de fuga. Na véspera do Ano-Novo de 2003, faz com que seja internado no hospital madrilenho XX de Octubre. É de lá que deve fugir. Um comando que partira da Calábria já está na capital espanhola, mas um dia antes da fuga a Guarda Civil faz o plano malograr. Não consegue prender os calabreses, mas detém um cidadão espanhol originário de Saragoça, que havia organizado a rede logística madrilenha para cobrir a fuga.

Santo Maesano foi extraditado para a Itália em 27 de janeiro de 2004 e está preso por crimes de associação mafiosa, homicídio e tráfico de entorpecentes. Por muitos anos foi procurado pelas polícias de toda a Europa e acumulou patrimônios imensos, distribuídos entre os bancos e os paraísos fiscais de vários países, de um canto a outro do mundo. Era e continua sendo o boss das 'ndrine Maesano-Paviglianiti-Pangallo, hegemônicas em quatro cidades da província de Reggio Calabria: San Lorenzo, Roghudi, Roccaforte del Greco e Condofuri. Cidades pequenas e pobres, entrincheiradas no Aspromonte, onde não se fala o dialeto calabrês, e sim, ininterruptamente desde os tempos da Magna Grécia, a antiga língua dos gregos.[22]

---

[22] Na província de Reggio Calabria, concentrada em pouquíssimos municípios do Aspromonte, há uma pequena minoria étnico-linguística de origem grega.

Os espanhóis de Scampia

Já em Nápoles, os homens de Raffaele Amato os chamam de *espanhóis*. Não porque representem o clã do bairro Spagnoli, no coração do centro histórico da cidade. Vêm de Scampia, a periferia na zona norte da capital partenopeia, e muitos deles vivem estavelmente na Espanha, entre Madri, Barcelona e a Costa do Sol. É um grupo forte e violento, que enriqueceu espantosamente com o tráfico de drogas e não aceitou mais o comando do antigo *capoclan*, o boss Paolo Di Lauro.

No entanto, respeitando um roteiro visto várias vezes na história passada e recente da camorra, antes da guerra entre clãs que ensanguentou as ruas de Scampia, sancionando a derrota final de Di Lauro, Raffaele Amato era um de seus homens mais fiéis. Alguns colaboradores da justiça, entre os quais Maurizio Prestieri, também preso na Espanha, contam aos promotores do Ministério Público de Nápoles que, nos anos 1990, quando os narcotraficantes colombianos, segundo uma prática em uso havia anos, tinham pedido uma "garantia" para fechar um negócio de centenas de quilos de cocaína com a camorra, foi Raffaele Amato o homem escolhido por Paolo Di Lauro para permanecer como "refém" na selva colombiana sob o controle do Cartel de Cali.

O negócio era grande. A droga adquirida diretamente pelo clã, sem outras intermediações, reduzia os custos em 50%, e também valia a pena arriscar a vida do "refém", que justamente graças a essa escolha viu crescer sua autoridade e seu carisma dentro do clã.

Nos meses passados em estreito contato com os colombianos, provavelmente também nasceu o vínculo entre Raffaele Amato e a Espanha, a praça de intermediação onde todos os narcotraficantes sul-americanos têm os próprios homens como empregados fixos e onde o clã napolitano não pode delegar a outros a própria representação.[23]

---

[23] Conchita Sannino. "I boss della camorra alla conquista della Spagna". *La Repubblica*, 22 de janeiro de 2009.

Vencida a guerra de Scampia,[24] para Amato a Espanha se torna uma segunda residência. Não renuncia à Itália, mas vive longos períodos na nova base. Faz muitas viagens entre Barcelona, Madri e Málaga. Criou uma rede de sociedades financeiras e se especializou nos investimentos no mercado imobiliário.

Segundo os investigadores espanhóis e italianos, em pelo menos 50km da Costa do Sol, entre Málaga e Marbella, o dinheiro proveniente da Itália foi aplicado na construção indiscriminada de edifícios, e uma série de atividades turísticas e comerciais — restaurantes, bares, casas noturnas e discotecas — seria administrada e controlada por Amato e pelos *espanhóis* de Nápoles.

As casas noturnas são o tendão de aquiles dos napolitanos, que as frequentam com assiduidade, sem perceber que, camuflados entre os clientes, até por recomendação dos investigadores italianos, os militares da Guarda Civil seguem seus movimentos e controlam todos os seus passos. Em Raffaele Amato põem as algemas pela primeira vez quando, observado atentamente por discretos guarda-costas, está sentado a uma mesa de carteado em um dos mais famosos cassinos de Barcelona. É 26 de fevereiro de 2005.

---

[24] A guerra entre os clãs — que se consumou entre outubro de 2004 e a metade de 2005 com cadência quase cotidiana, causando mais de 70 mortes, incluídos inocentes ou simples conhecidos de filiados — estourou com a volta de Raffaele Amato, conhecido como *'o Lello*, da Espanha. Ele se havia refugiado no país ibérico porque, após a prisão, em 2002, do patriarca Di Lauro, seus filhos o acusaram de ter-se apoderado do dinheiro da organização. De volta a Nápoles, Amato aglutina o descontentamento de outros componentes do clã em relação aos filhos de Di Lauro, que estavam substituindo os chefes de praça do tráfico por homens de confiança. Assim, antigos rancores e desconfianças desembocaram em uma matança que se só concluirá com a prisão dos líderes dos dois blocos. No final, os rebeldes chefiados por Amato (chamados pelos adversários de *scissionisti* [dissidentes] ou pejorativamente de "os espanhóis", com referência à fuga para a Espanha) saem vencedores.

O capo dos *espanhóis* fica preso por um ano, à espera do término do processo de extradição, que não chega em tempo, e, vencidos os prazos de um único dia, em abril de 2006 volta a ser um homem livre, a frequentar os melhores e mais caros restaurantes de Madri e Barcelona e a ocupar-se de suas sociedades.

Das prisões espanholas, como sabemos, os contatos não se perdem, e ele permanece solidamente no comando do clã. Este é o relato do colaborador da justiça Maurizio Prestieri sobre a vida na prisão: "Lá na Espanha é tudo diferente. Quando me prenderam, em 2003, eu disse: 'Que prisão é essa?' Eu podia encontrar minha mulher até sozinho; podia falar ao telefone até com cartões. Mas quando eu terminava os que me tinham sido dados para o mês, comprava pela metade do preço os cartões pré-pagos dos pobres coitados que foram detidos comigo, os africanos. Parecia um resort da Valtur*..."[25]

Ao sair da prisão, Raffaele Amato desaparece. Já não é visto nem mesmo no Passeig de Gràcia, uma das ruas mais exclusivas de Barcelona, onde morava com a família. Tampouco sua filha passou pelo portão do Collegio Italiano, o mais qualificado instituto de língua italiana da capital catalã.

Todavia, é interceptado pelos carabinieri do Comando Provincial de Nápoles, que há anos buscam e seguem seus rastos. O boss se

---

* Operadora de turismo italiana com rede de hotéis e resorts em vários países. (N. T.)

[25] Declaração feita a Stefania Castaldi, promotora pública da DDA da Procuradoria da República de Nápoles, in Conchita Sannino, *art. cit.* Maurizio Prestieri, boss de prestígio da zona de Secondigliano e especialista na venda de drogas em nome dos Di Lauro, levava uma bela vida de foragido na Espanha com a mulher e os três filhos. Uma espécie de férias em luxuosos condomínios cinco estrelas a 6.000 euros por mês, com a devida vigilância particular 24 horas. Em 29 de junho de 2003, após alguns dias de rastreamento, os carabinieri de Nápoles, junto com os policiais espanhóis, prenderam-no em um elegante bar no centro de Marbella.

desloca muito; é difícil manter-se em seu encalço. Em dezembro de 2008, encontra-se com a família em Tóquio. Em fevereiro de 2009, passa um longo período no hotel Hilton de Londres, depois vai a Madri. Lá, os homens do GRECO,[26] que já localizaram onde reside, estão prontos para prendê-lo, mas falta um mandado de captura internacional e são obrigados a conter-se.

Do mesmo modo que com a soltura dos boss por vencimento dos prazos de custódia cautelar, às vezes com as capturas também acontece de os tempos da justiça coincidirem mais com os da burocracia do que com os da segurança dos cidadãos e do combate às organizações criminosas. Até a emissão do mandado, passam-se mais dois meses. Chega à Espanha em 17 de maio de 2009, dia da sua prisão em Marbella.

Unificação alemã

"Se o senhor falar com Bernardo Provenzano, ele vai lhe dizer que seu irmão está na Alemanha porque ganha um dinheirinho que manda aos filhos, fui claro?... Só que a história é que é ele quem manda um dinheirinho ao irmão, e este o reinveste tranquilamente... depois manda aos filhos, oportunamente, um pouco daquilo que ganha. Disso sabemos perfeitamente." É a manhã de 27 de novembro de 2002. Quem fala na prisão de Milão diante dos procuradores de Palermo[27] é Antonino Giuffrè, conhecido como *Manuzza*, *capomafia* de Caccamo e componente da *cúpula* da Cosa Nostra que colabora com a justiça. Durante anos foi o braço direito do capo e

---

[26] Grupo de Resposta ao tráfico de entorpecentes e Criminalidade Organizada, instituído pela polícia espanhola em 2006.
[27] Procuradoria da República de Palermo. Piero Grasso, procurador da República, e Giuseppe Pignatone, procurador-adjunto. Interrogatório de Antonino Giuffrè na prisão, Milão, 27 de novembro de 2002.

sabe de quase todos os seus segredos. Pelo menos até o dia de sua última prisão, em abril de 2002.

Quando Giuffrè fala com os magistrados, Simone, irmão de Bernardo Provenzano, ainda vive na Alemanha. Havia deixado a Sicília no final dos anos 1960, depois de também ter acertado as contas com a justiça italiana.

Junto com o irmão Bernardo, Totò Riina e Luciano Liggio,[28] teria sido protagonista da guerra entre os clãs de Corleone, ao final da qual, no início de 1960, aqueles que por meio século serão conhecidos no mundo inteiro como "os corleonenses" eliminam o ex-*capomafia* Michele Navarra e seus homens. Quem o acusou foi Carlo Alberto Dalla Chiesa, jovem capitão dos carabinieri que, após cerca de 20 anos, nomeado governador da província de Palermo, será, por sua vez, morto pelos killer da Cosa Nostra.

Na Alemanha, Simone Provenzano leva uma vida tranquila, vive em Schwerte, uma cidadezinha na bela região da Renânia do Norte-Vestfália. Trabalha em uma fábrica, e suas jornadas transcorrem como as de tantos imigrantes meridionais que trabalham como operários no coração industrial do novo país. Ou, ao menos, assim parece.

Certamente Antonino Giuffrè não acredita nisso, e aos magistrados que o interrogam diz: "Não é verdade que o irmão de Provenzano vai para a Alemanha para trabalhar como agricultor ou pedreiro, não é?... São tantas as pessoas que vão para a Alemanha em busca de pontos de referência e, por sua vez, para fazer contatos..."

---

[28] Luciano Leggio, chamado por todos de Liggio, nasceu em Corleone, em 6 de janeiro de 1926. Após a eliminação de Michele Navarra, ex-patriarca da família de Corleone, assume o comando da *cosca* junto com seus lugares-tenentes Salvatore Riina e Bernardo Provenzano. Em 16 de maio de 1974 é preso em Milão. Recebe uma condenação à prisão perpétua pelo homicídio de Michele Navarra e permanece ininterruptamente na prisão até sua morte, em 15 de novembro de 1993.

Ao contrário, o boss *pentito** parte justamente da figura do irmão de Provenzano para lançar-se em uma análise da vocação mundial da Cosa Nostra: "... a máfia vai ser uma multinacional... o cérebro será na Sicília, onde sabe adequar-se bem às mudanças e, por isso, nunca desapareceu... porque sabe superar essas mudanças... então será em outro contexto... europeu... não é por acaso que encontramos núcleos agrigentinos na Bélgica, núcleos sicilianos na Alemanha e no Leste da Europa... talvez porque na Itália haja uma legislação e estruturas que dificultam essa adaptação".

Obviamente, a referência se faz à legislação antimáfia italiana, que se tornou mais rígida após os massacres tanto no que se refere ao regime carcerário quanto ao confisco de bens e patrimônios.

Giuffrè foi preso pela última vez em 2002; portanto, fala de fatos anteriores à sua captura, mas a análise delineia e confirma o contexto internacional que inúmeras investigações, não apenas relativas à Cosa Nostra, já fizeram emergir: "... vai-se até lá justamente para buscar contatos alemães... sobretudo nos bancos, no empresariado alemão... sobretudo depois que fizeram a nova capital alemã... Berlim, onde investiram vários bilhões... quantas empresas italianas não foram trabalhar lá? Tantas... dizem: afinal, o que tem de mais o cara ir embora para trabalhar? Só que a história é bem outra..."

Instado pelos magistrados palermitanos, o ex-*capomafia* prossegue com sua análise entre sociologia e política, mas totalmente dentro de uma filosofia mafiosa precisa: "... não é que os americanos se levantaram uma manhã e fizeram a globalização... e os outros ficaram ali olhando... os outros também a observam, senhor procurador, e trocam gentilezas no âmbito empresarial... porque, assim como aqui, na Alemanha e na Bélgica também há pacotes de

---

* Mafioso capturado pela polícia e que decide colaborar com a justiça para obter benefícios e redução da pena. (N. T.)

ações... e lá vocês também encontram grupos que já não são os mesmos de antigamente, dos imigrantes com a maleta de papelão... não... esses têm maleta, mas uma maleta cheia de dólares..."[29]

Reconstituindo atentamente os inquéritos judiciais sobre a máfia dos últimos anos, a Alemanha certamente não esteve entre as metas preferidas dos grandes chefes da Cosa Nostra para desenvolver seus tráficos e estabelecer atividades de lavagem de dinheiro. Sobretudo para as famílias de Palermo e da Sicília ocidental, o eixo privilegiado sempre permaneceu aquele com os Estados Unidos e a América do Norte ou os países sul-americanos. Quem se serviu dos que emigraram para a Alemanha para criar uma verdadeira rede logística e, assim, proteger e apoiar os foragidos foram os representantes de algumas famílias das províncias "menores" da Sicília. Não é por acaso que foram capturados justamente na Alemanha Francesco Sacco, filiado à família Carbonaro-Dominante, de Vittoria, na província de Ragusa, em dezembro de 2004; Massimo Cutelli, efetivo das famílias Aparo-Nardo-Trigila, ativas na extrema ponta meridional da província de Siracusa, preso em Nuremberg em junho de 2005; Maurizio Vitello, da família de Palma di Montecchiaro, na província de Agrigento, preso em Munique em março de 2006. E, ainda na Alemanha, em Spiesen-Elversberg, em junho de 2005 foi capturado Joseph Focoso, pistoleiro da Cosa Nostra. Estava envolvido no homicídio de Giuliano Guazzelli,[30]

---

[29] Interrogatório de Antonino Giuffrè na prisão, Milão, 27 de novembro de 2002, cit.
[30] Subtenente da Arma dos Carabinieri, empenhado em investigações sobre a Cosa Nostra e a Stidda, grupo mafioso que, entre o final dos anos 1980 e o início dos anos 1990, se rebelou contra a Cosa Nostra nas províncias de Agrigento e Ragusa. Foi assassinado em 4 de abril de 1992, em Agrigento. Em 6 de janeiro de 2008, com sentença definitiva da Corte de Cassação, foram considerados responsáveis pelo delito e condenados à prisão perpétua os boss mafiosos Salvatore Fragapane, Joseph Focoso, Simone Capizzi, Salvatore Castronovo, Giuseppe Fanfara e Gerlandino Messina, até hoje procurado.

subtenente dos carabinieri, ocorrido em 1992, bem como no sequestro e na morte do pequeno Giuseppe di Matteo, menino de 11 anos assassinado pelo grupo liderado por Giovanni Brusca por represália contra seu pai, Santino Di Matteo,[31] que passou a colaborar com a justiça após os massacres de Capaci e de via D'Amelio.

Há poucos anos, porém, Simone Provenzano voltou a viver em Corleone. No longo período de sua permanência na Alemanha, a polícia italiana e aquela alemã observaram seus movimentos diversas vezes. Até mesmo no Natal de 1999, quando Saveria Benedetta Palazzolo, companheira do capo da Cosa Nostra, partiu de Corleone com seus dois filhos, onde voltara a viver após décadas de fuga, compartilhada com seu amante, para transcorrer as festas natalinas na Alemanha, na casa do cunhado.

Durante 15 dias, o chefe da Squadra Catturandi* da sede da polícia de Palermo[32] e seus homens, que não o abandonaram um só momento na viagem entre a Sicília e a Alemanha, permaneceram dia e noite fechados em uma sala da sede da polícia de Schwerte, diante dos monitores que transmitiam as imagens da casa dos Provenzano, filmadas pelas câmeras da polícia alemã. Estavam convencidos de que, se toda a família havia se deslocado para a Alemanha em um período de festas, também passaria o Natal com

---

[31] Santino Di Matteo, nascido em Altofonte (PA) em 7 de dezembro de 1954. Homem de honra da família de Altofonte, envolvido em inúmeros homicídios, tomou parte no plano que levou ao massacre de Capaci, em 23 de maio de 1992. Preso em 4 de junho de 1993, decidiu colaborar com a justiça. Para puni-lo por tal escolha, seu filho Giuseppe, de 11 anos, foi sequestrado pela Cosa Nostra em 23 de novembro do mesmo ano, com o objetivo de fazer com que o pai desmentisse as declarações dadas aos magistrados. Em 11 de janeiro de 1996, Giuseppe Di Matteo é morto, e seu corpo, dissolvido em ácido.

* Seção da Squadra Mobile especializada na captura de mafiosos foragidos. (N. T.)

[32] Em 1999, o chefe da Squadra Catturandi da sede da polícia de Palermo é Renato Cortese, que em 2006 irá capturar Bernardo Provenzano no esconderijo na Montagna dei Cavalli, em Corleone.

ela o foragido mais procurado no mundo inteiro. Porém, também nessa ocasião, como já havia acontecido outras vezes em mais de 40 anos de fuga, Bernardo Provenzano permaneceu um fantasma.

Por outro lado, em 2006, quem voltou para a Renânia do Norte-Vestfália foi Francesco Paolo Provenzano, filho do boss e que na época tinha 24 anos. O Ministério italiano da Instrução Pública o enviou justamente para a Stadtische Gesamtschule, escola de ensino médio de Schwerte, a fim de "promover a cultura italiana no exterior".[33] O jovem, evidentemente desde sempre interessado na Alemanha, formara-se havia pouco tempo com uma tese sobre *Os godos como objeto de etnografia*. Talvez Francesco Paolo Provenzano tenha até vivido na Alemanha, uma vez que conversava perfeitamente em alemão com os jovens da escola e sem nenhuma inflexão siciliana, e não se sabe onde aprendeu a língua, pois, com o restante da família, compartilhou a misteriosa condição de foragido do pai.

Kalabrien

Certamente não se pode dizer que, para conhecer a existência da 'ndrangheta, a Alemanha teve de esperar a noite de 15 de agosto de 2007.

Pelo menos a Alemanha "oficial", aquela das instituições e da política, que havia anos recebia os relatórios dos serviços secretos e da polícia alemã sobre a presença de expoentes mafiosos italianos em seu território, aquela Alemanha não podia não saber.

Os relatórios eram detalhados, como os que as forças policiais e os magistrados enviavam da Itália para pedir apoio a suas inves-

---

[33] Salvo Palazzolo. "Borsa di Studio a Provenzano Jr., ambasciatore di cultura in Germania". *La Repubblica*, 25 de fevereiro de 2006.

tigações. Tinham escrito tudo: os nomes e os sobrenomes de presenças incômodas, os lugares onde residiam, suas atividades.

Estavam presentes em todos os *Länder*, de Norte a Sul, de um lado a outro do muro que caiu. Mas residiam — e continuam a residir — sobretudo no Noroeste, nos distritos e nas áreas industriais da Renânia do Norte-Vestfália, aonde os italianos, que na região são cerca de 200.000, chegaram nos anos 1950. Todos do Sul e a maioria da Calábria, tendo partido após a assinatura do Pacto bilateral Ítalo-Alemão, que, nos anos da reconstrução pós-bélica, devia contribuir para fornecer mão de obra para a indústria do carvão e do aço no distrito do Ruhr. Partiram aos milhares, pastores e agricultores, para se tornarem operários nas fábricas, pedreiros e serventes de pedreiro na construção civil.

Diferentemente dos sicilianos e dos napolitanos, também na Alemanha os calabreses reproduzem a "natureza" e a cultura de sua comunidade de origem: comportamentos sociais, hábitos, ritos e festas religiosas.

É o que fazem em qualquer lugar do mundo aonde cheguem, da Austrália ao Canadá, assim como fizeram em Milão, em Turim e nas outras regiões do norte da Itália. É um modo para se proteger, mas também para se regenerar e não romper aquele cordão umbilical com a própria terra, que deve igualmente transmitir às novas gerações nascidas fora da Calábria os mesmos valores e a mesma cultura de origem.

Quando a guerra entre os clãs de San Luca, para escrever outra página da sua história de quase 30 anos de vinganças e sangue, viu partir um comando do Aspromonte para atacar a milhares de quilômetros de distância, havia quem soubesse que era possível a tragédia que de fato acabou acontecendo.

Polêmicas a esse respeito não faltaram e envolveram também altos níveis políticos e institucionais. Quem havia sido informado e por quem? Podia-se evitar o massacre? Por que a polícia alemã não interveio antes? Durante dias as relações institucionais com a Alemanha e entre as duas polícias foram "frias".

Segue a versão dos fatos, exposta na sede oficial da Comissão Parlamentar Antimáfia pelo vice-diretor da Polícia e diretor central da polícia criminal italiana, Nicola Cavaliere: "Justamente naquele período, as forças policiais calabresas estavam desenvolvendo investigações extremamente importantes que levavam ao território alemão. A Squadra Mobile de Reggio Calabria pediu à Interpol que fosse credenciada em Wiesbaden — onde se encontra a sede da BKA, ou seja, da polícia criminal alemã... Naturalmente, como sempre acontece... nossos policiais consideraram oportuno entregar um relatório bem detalhado que dizia respeito às investigações nas quais estavam se concentrando e que — repito — levavam a esses territórios. Deixaram esse relatório detalhado, na minha opinião talvez até completo demais, de 16 páginas. Separaram-se após três dias, combinando de se encontrarem em breve, uma vez que a rogatória se tornaria oficial e judiciária; contudo, nesse meio-tempo, se o tivessem considerado, teriam podido servir-se das informações que a Squadra Mobile lhes havia deixado. Portanto, deixaram informações com base nas quais nada impedia aos senhores da outra polícia que iniciassem qualquer atividade. É inútil dizer que, com essas 16 páginas, os alemães se viram diante de uma correspondência que, embora informal, era 'quente', e nos atribuíram a culpa por não termos oficializado essas informações que haviam sido entregues informalmente. Porém, sabemos muito bem que, em nível de polícia, a oficialidade é importante, bem como as rogatórias, mas que também há toda uma série de informações que podem ser trocadas sem que haja uma rogatória oficial em pouco tempo".[34] Até aqui, essas são as posições e explicações oficiais.

---

[34] Comissão Parlamentar de Inquérito sobre o fenômeno da criminalidade organizada de tipo mafioso ou similar, XV Legislatura. Audição do governador da província, Nicola Cavaliere, vice-diretor da polícia e diretor central da polícia criminal. Sessão de 5 de dezembro de 2007.

O verdadeiro problema é que, até aquele dia 15 de agosto, ninguém na Alemanha queria olhar a realidade de frente. Duisburg devia continuar a seguir adiante em sua vida sossegada e na laboriosidade tranquila de sempre. E a máfia era e devia continuar coisa alheia.

No entanto, justamente ali viviam não apenas as vítimas predestinadas, com a culpa de estarem todas ligadas ao clã dos Pelle-Vottari-Romeo, mas também seus carrascos, todos unidos por vínculos de parentesco com o clã dos Nirta-Strangio.

Inteiros núcleos familiares emigrados de San Luca criaram raízes no novo país. Seus filhos nasceram na Alemanha, e os *capifamiglia* deixaram de trabalhar como operários para se tornarem comerciantes e empresários.

Os corpos sem vida de Sebastiano Strangio, Francesco Giorgi, Marco Marmo,[35] Tommaso Venturi e dos irmãos Francesco e Marco Pergola, trucidados naquela noite de meados de agosto em dois automóveis estacionados diante do restaurante "Da Bruno", em Duisburg, apenas romperam a hipocrisia dos que continuariam a calar. A saber e a calar.

Calar, por exemplo, que Duisburg, desde que os homens de San Luca ali introduziram uma verdadeira colônia, já não é apenas uma das ricas capitais industriais do país. Fica a poucos quilômetros das fronteiras belga e holandesa e a poucas horas de viagem dos portos de Roterdã e da Antuérpia.

Desde o final dos anos 1980, a Bélgica e a Holanda encontram-se no centro de todas as rotas da cocaína que — passando pela Espanha ou chegando diretamente a seus portos — chega da América do Sul e da África à Europa.

---

[35] Marco Marmo era considerado o principal alvo da ação homicida, pois era suspeito de ter guardado as armas utilizadas no Natal de 2006 para matar Maria Strangio, mulher do boss Giovanni Luca Nirta.

Nessa nova "geografia" do tráfico da cocaína, há cerca de 20 anos Duisburg e as outras cidades dos *Länder* norte-ocidentais assumiram o mesmo papel de ponto de articulação que tiveram e ainda têm os *Länder* que fazem fronteira com os países do Leste quanto à heroína e ao haxixe provenientes da Turquia, do Afeganistão, do Paquistão, e quanto aos outros tráficos ilícitos administrados pelas organizações criminosas do Leste, do comércio de armas ao tráfico de seres humanos e mulheres a serem escravizados no mercado do sexo e da prostituição.

Não é por acaso que quase todos os principais responsáveis pelo massacre de Duisburg foram capturados em Amsterdã. Transferiram-se para a capital holandesa não apenas para fugir das buscas das polícias italiana e alemã, mas também para continuar a administrar seus negócios milionários com a droga. Prova disso é o confisco de cerca de um milhão de euros em dinheiro, encontrados na casa de Giuseppe Nirta, vulgo *Charlie*, no momento de sua captura na capital holandesa, em 23 de novembro de 2008.

É a droga que produz o verdadeiro salto de qualidade também na presença dos originários de San Luca e daquela de outros expoentes de diversas famílias mafiosas de origem calabresa na Alemanha.

Para administrar o tráfico de entorpecentes em nível internacional, é necessário radicar e articular as organizações, dotar-se de bases logísticas, organizar as redes de transporte a partir dos pontos de desembarque na Europa e na Itália. Já desde o início dos anos 1990, os homens da 'ndrangheta que estão na Alemanha não fazem outra coisa.

Por isso, o massacre de Duisburg não deve desviar a análise e a leitura da realidade.

Naquele 15 de agosto, não se transferiu para a Alemanha uma vingança ancestral e arcaica entre dois clãs em luta. O plurihomicídio insere uma nova peça em uma guerra pela hegemonia nos tráficos criminosos de droga e armas em nível internacional.

Atacou-se em Duisburg porque, na nova dimensão global da 'ndrangheta, mesmo a área da Renânia do Norte-Vestfália é considerada um território próprio sobre o qual afirmar as lógicas da repartição e da hegemonia territorial entre as diversas *cosche*.

Ao se observar o mapa do território, e como confirmação do que foi dito sobre a exportação dos modelos culturais e comportamentais, descobre-se que até mesmo os dois clãs reproduzem uma lógica e um método de repartição territorial totalmente calabreses. Na cidade de Reggio Calabria, é a torrente Calopinace que traça a linha de fronteira entre os territórios de competência da *cosca* Labate, na margem direita, dos Libri, ao norte e, passando a Ponte della Libertà, outra torrente delimita o território de competência dos De Stefano, de Archi. E muitas vezes também acontece o mesmo com os territórios das famílias das cidades do interior, onde os "cursos de água" que descem do Aspromonte marcam as fronteiras de competência das *'ndrine*.

Certamente na Alemanha não existem as torrentes secas, com os leitos invadidos por carcaças de automóveis, lixo de todo tipo e as margens desviadas por construções ilegais, nunca terminadas, como em Reggio Calabria. Tampouco se encontram as imagens de degradação do território e do ambiente, que jogam eloquentemente em nossa cara a ausência de quaisquer regras ou leis de um Estado soberano.

O que delineia as fronteiras nos mapas geomafiosos das *cosche* de San Luca na Alemanha é o Reno, que, cortando a região da Renânia do Norte-Vestfália, delimita os territórios da margem ocidental, o lado de Kaarst, sob o controle dos Nirta-Strangio, e os da margem oriental, a área de Duisburg, sob o controle dos Pelle-Vottari-Romeo.

E foi justamente de Duisburg e do restaurante "Da Bruno" que os Pelle-Vottari-Romeo partiram de novo com suas atividades e estavam expandindo sua força econômica, após terem deixado San Luca, como perdedores, no final da primeira estação da guerra entre os clãs.

Por isso, o sinal, interpretável por quem deveria ter entendido, devia ser mandado a partir dali. Até porque de Duisburg partiram as armas que, no dia do Natal de 2006, chegaram a San Luca para realizar o massacre em que morrera Maria Strangio, mulher do boss Giovanni Luca Nirta.

De resto, há mais de dez anos San Luca e Duisburg representam um binômio inseparável nas atividades de investigação sobre a 'ndrangheta, desenvolvidas na Alemanha e na Itália. O primeiro relatório da BKA, a polícia federal alemã, traz como data "Wiesbaden, 30 de janeiro de 2000". O último é de abril de 2009. Sob a mesma fotografia panorâmica da cidade entrincheirada no Aspromonte, o título do primeiro é *Análise sobre San Luca*, e o do segundo, *Análise sobre a atividade na Alemanha dos clãs originários de San Luca*. Entre um e outro, além do massacre de 15 de agosto, houve dezenas de boletins, o relatório detalhado do ROS dos carabinieri de Reggio Calabria de 2001, aquele sobre o desenvolvimento da guerra entre os clãs, realizado pela Squadra Mobile da mesma cidade, referente ao verão de 2007, e outros relatórios de investigação.

Com efeito, os dois diferentes títulos exprimem a diferente substância: no primeiro, os policiais alemães analisavam o comportamento de cerca de 130 cidadãos de San Luca residentes em Duisburg e nas outras cidades que despertaram interesse devido à presença da 'ndrangheta; o último está diretamente ligado às atividades das *cosche*, as criminosas e as "legais".

Guten Appetit

Diferentemente de Nápoles, que exportou sua "marca" para todos os cantos do mundo, na tradição culinária calabresa, a pizza não tem um lugar de destaque.

No entanto, na Alemanha, os homens dos diversos clãs de San Luca, quer diretamente, quer mediante seus testas de ferro, têm como principal atividade a gestão de pizzarias e restaurantes. Assim como para o restaurante "Da Bruno", quase todos os outros também têm nomes italianos: "La Gioconda", "Casa Toscana", "Calabresella", "Bocconcino", "La dolce vita", "Bellini", "Pacini", "Il Teatro", "Bacco", "Michelangelo", "Italia", "La stella di Mare", "Calabrone", "Osteria del Sud", "Fra Diavolo", "Isola D'Elba", "La Troppa", "Fellini", "Paganini", "Borsalino", "Gazzetta", "Opera", "Il Violino". Naturalmente, também existe uma pizzaria "San Michele", o arcângelo eleito pelos 'ndranghetistas para seu santo protetor. É a pizzaria que em Kaarst funcionava como base de operação do grupo Nirta-Strangio e era gerida por Giovanni Strangio, protagonista do massacre e que, posteriormente, em 13 de março de 2009, foi preso em Amsterdã.

As cidades são várias e estão espalhadas por todo o território alemão: Duisburg, Moers, Wesel, Xanten, Kevelaer, Hilden, Bochum, Essen, Dinslaken, Bonn, Kaarst, Munique, Leipzig, Erfurt, Bous, Ottobrunn, Weimar, Wildau, Baden-Baden, Dresden, Eisenach. Grande parte dessas atividades ligadas à alimentação é administrada diretamente ou pode ser atribuída aos clãs Pelle-Vottari-Romeo e, em escala inferior, ao clã Nirta-Strangio.

Na realidade, pizzarias e restaurantes têm diversas funções, uma vez que neles trabalham exclusivamente pessoas ligadas às *cosche*, principalmente se com algum vínculo de parentesco. Escondem filiados em fuga da Calábria; servem de bases logísticas para a venda e o transporte de drogas ou para o tráfico de armas e, ao mesmo tempo, também são um precioso instrumento para a lavagem de dinheiro, muitas vezes funcionando como "guichês" de trânsito do dinheiro, da e para a Calábria.

Todas as pizzarias e os restaurantes, mas também as sociedades que fornecem alimentos e as empresas de importação-exportação estão em nome de irmãos, irmãs, cunhados e parentes dos filiados às *cosche*. A ponto de os investigadores escreverem que, "em alguns casos, já não é suficiente indicar o ano de nascimento, sendo necessário especificar o dia e o mês... portanto, deve-se considerar, com elevada probabilidade, que muitos daqueles em relação aos quais não constam processos penais, sejam familiares de conhecidos chefes de clãs, igualmente empenhados na gestão do empreendimento mafioso... Em substância, é o aspecto legal da organização que consente de se apresentar às autoridades do país anfitrião como *imunes de danos penais*, com todos os efeitos positivos que podem derivar dessa posição".[36]

É suficiente reconstituir a história de alguns desses lugares, as transferências de propriedade, as falências, as aquisições e as vendas para compreender como as operações financeiras sempre ocorrem entre os filiados dentro das mesmas famílias mafiosas ou de sangue, lavando, assim, grande quantidade de dinheiro.

Os nomes que se alternam entre os proprietários, os gestores e os dependentes são sempre os mesmos: Mammoliti, Romeo, Giorgi, Strangio, Pelle, Vottari, Nirta.

Já em 2000, as autoridades alemãs, referindo-se a 120 cidadãos de San Luca que vivem na Alemanha, escreviam que a maioria deles trabalhava como pizzaiolos ou garçons em restaurantes ou pizzarias geridas por outras pessoas, sempre de San Luca. O que mais chama a atenção dos investigadores alemães, e que também é

---

[36] Direção Nacional Antimáfia, *Ricerca dei patrimoni illeciti in Germania* [Busca dos patrimônios ilícitos na Alemanha], Relatório de 2000.

confirmado pelo relatório dos carabinieri do ROS de 2001, é a facilidade com que muitos dos garçons, dos pizzaiolos ou dos serventes que trabalham nas pizzarias, declarando ao fisco ganhar mensalmente por volta de um milhão de antigas liras, em poucos meses tinham condições de comprar os mesmos estabelecimentos por uma soma de centenas de milhões de liras da época.

Na realidade, já no início dos anos 1990, alguns desses estabelecimentos encontravam-se no centro de investigações por tráfico internacional de drogas, e o dinheiro que circulava em torno deles tinha uma proveniência bem diferente daquele obtido com pizzas e *calzoni*.

Por exemplo, Paolo Soggiu, garçom da pizzaria "L'Opera", em Essen, antes de decidir colaborar com a justiça alemã, recebia regularmente carregamentos de centenas de quilos de drogas, que da Colômbia o Cartel de Cali fazia chegar ao porto de Antuérpia, na Bélgica, para depois transferi-los, via Alemanha, para a Itália.

Nesse período, os homens mais ativos são os dos clãs Giorgi, Mammoliti e Romeo.[37]

Natural de San Luca, Domenico Giorgi[38] tem verdadeira paixão pela pizza. No início dos anos 1990, administrava a pizzaria "Da Bruno", em Duisburg, considerada, já naquele período, uma base logística para o tráfico de drogas. Estamos em 1992, e Giorgi trabalha na pizzaria como garçom, ganhando mensalmente 800 marcos de então. Passa um ano e consegue comprar o estabelecimento por 250.000 marcos. Quem lhe vende é Spartaco Pitanti, cidadão toscano, residente havia alguns anos em Erfurt.

Para dizer a verdade, Giorgi está habituado a um nível de vida "impossível". Em 21 de março de 1984, os carabinieri da cidade de

---

[37] *'Ndrine* de San Luca ligadas ao clã Pelle-Vottari-Romeo.
[38] Domenico Giorgi, nascido em San Luca (RC), em 20 de maio de 1963. Na Alemanha, é um dos principais pontos de referência da *cosca* Pelle-Vottari-Romeo, de San Luca.

Bianco escreveram em um boletim que "seu estilo de vida não correspondia às suas possibilidades, e que sua esperteza inata, bem como sua experiência amadurecida nos ambientes do crime, permitiram-lhe subtrair-se à responsabilidade de fatos imputáveis à sua pessoa. Visitava com regularidade pessoas perigosas e com ficha suja. É suspeito de ser um dos jovens de San Luca mais 'capazes' em termos de sequestros, roubos, extorsões e outros crimes..." E, em 1986, a sede da polícia de Reggio Calabria aplicou em relação a ele uma medida de intimação preventiva.

Assim, em 1996, a exatos dez anos dessa intimação, Domenico Giorgi, empresário do ramo turístico e hoteleiro se transfere de Duisburg para Erfurt e, em poucos meses, dá à cidadezinha renana novos restaurantes italianos.

Em Duisburg, deixa a gestão da pizzaria "Da Bruno" a Sebastiano Strangio,[39] que conhece bem o setor. Vindo de San Luca para a Alemanha em 1987, primeiro trabalhou como garçom na pizzaria "Bacco", em Krefeld, depois abriu uma pizzaria própria, igualmente chamada "Da Bruno", mas em Essen. Por fim, desembarcou em Duisburg. Desse modo, ficou assegurada a continuidade tanto na gestão do estabelecimento quanto naquela da base logística para o tráfico de drogas. Isso até 15 de agosto de 2007, quando ele também foi baleado pelos pistoleiros diante de seu restaurante.

No entanto, em Erfurt, Domenico Giorgi passa a ser sócio de Spartaco Pitanti, que lhe vendera o restaurante de Duisburg. Um evidente amor pela lírica o leva a abrir duas novas casas, o restaurante "Paganini" e o "Rossini".

Os estabelecimentos são bem frequentados. Quando os policiais irrompem no restaurante "Paganini" para efetuar uma busca

---

[39] Sebastiano Strangio, nascido em Locri, em 5 de dezembro de 1968. É uma das seis vítimas do massacre de 15 de agosto de 2007.

no âmbito de uma investigação motivada por um homicídio, entre os clientes encontram o presidente do Conselho e o Ministro do Interior da época na Turíngia, respectivamente Bernhard Vogel e Richard Dewes.

Após apenas três anos, em 28 de fevereiro de 1999, o restaurante "Paganini" é fechado. Porém, depois de menos de um mês, em 25 de março, ainda em Erfurt, aparece o restaurante "Paganini im Gildehaus".

Desta vez, abrem um grande estabelecimento. As diversas salas do novo "Paganini" conseguem abrigar até 700 pessoas, e o restaurante, situado na praça mais importante da cidade, logo se torna uma das casas mais exclusivas de Erfurt. O edifício está vinculado à superintendência de Belas Artes. Só para restaurá-lo, gastaram 1.200.000 marcos. Para evitar problemas com as autoridades, a atividade foi colocada em nome de Giuseppe, irmão de Domenico Giorgi.

Na cidadezinha, Spartaco Pitanti, que também fora preso pela polícia alemã em 1995 e recebera uma condenação do tribunal de Duisburg por tráfico de entorpecentes, tem uma imagem pública de sucesso: patrocina o time de futebol, o mais exclusivo clube de golfe da cidade e a galeria de arte "Guanaes", que mantém relações com a Ucrânia, o Chile e o Brasil e é frequentada pela burguesia local. Nem mesmo o marido da dona da galeria, que é diretor do Deutsche Bank de Leipzig, fica constrangido com suas visitas.

O homem demonstra, de fato, ter mil recursos. Na busca pelo restaurante, encontram até uma carteirinha de reconhecimento, que lhe fora concedida por ter participado de uma conferência organizada pela Interpol em Roma. Inscrevera-se como intérprete na delegação uzbeque e o fizera, conforme irá declarar à polícia, para "se informar sobre as mais novas tecnologias na luta contra o tráfico de entorpecentes". Na realidade, já no final dos anos 1990, Spartaco Pitanti era considerado pelos investigadores italianos associado ao clã Romeo, "Staccu", de San Luca. Por isso, detém quotas societárias, licenças e sociedades de abastecimento em toda a rede de pizzarias, que, com diversos nomes, podem ser atribuídas aos homens e aos parentes da *cosca*.

A reconstituição de outra história serve para entender como se enraíza e se ramifica a presença das *cosche*.

Nos anos 1990, os investigadores italianos consideravam Antonio Mammoliti,[40] pertencente ao clã Romeo, vulgo *Staccu*, de San Luca, o capo do grupo criado em Duisburg. Em 1993, durante a primeira grande batida policial efetuada na cidadezinha alemã, é um dos poucos que consegue fugir da polícia.

No mandado emitido em 1993 para sua prisão, o GIP* do Tribunal de Bolonha escrevera a seu respeito que, "graças ao apoio de especialistas em finanças, pertencentes à organização, planejou o reinvestimento dos lucros derivados do tráfico de entorpecentes, recorrendo ao câmbio em moeda estrangeira, sobretudo em marcos alemães, com a colaboração de outros expoentes da organização, residentes na Alemanha. Estes eram, em particular, proprietários ou administradores de restaurantes que agiam como testas de ferro. Todos os estabelecimentos" — conclui o juiz — "foram adquiridos com o dinheiro do narcotráfico".

Três anos depois, na primavera de 1996, Mammoliti é capturado na Itália e permanece em prisão domiciliar até abril de 1997.

Em 1998, volta a residir em Duisburg, onde administra o restaurante "Gazetta", bem como a empresa "Hotel Romerwall GmbH", que é proprietária de um grande hotel em Geldern. A empresa não se limita a gerir hotéis e restaurantes, mas também

---

[40] Antonio Mammoliti nasceu em San Luca, em 18 de janeiro de 1951. Considerado pertencente ao clã Romeo, *U Staccu*, e à mesma família Mammoliti, aliada dos Pelle-Vottari-Romeo.

* Giudice per le Indagini Preliminari [juiz para as investigações preliminares]. (N. T.)

a abastecê-los, tendo como outra razão social a compra e venda de produtos alimentícios e especialidades gastronômicas.

Em 2000, Antonio Mammoliti é administrador de outra empresa, a "Pasta & Meer GmbH", em Oberhausen, que também possui um negócio de gêneros alimentícios italianos com toda uma seção reservada, obviamente, aos laticínios e embutidos calabreses. A sociedade entra em falência, mas, contemporaneamente, dela nasce uma nova, a "Stella di Mare GmbH", que administra o restaurante de peixes "Stella di Mare". De 1993 chegamos a 2003. Mas a história não para, continua entre falências e reaberturas, com filhos e enteados se alternando nas sociedades que morrem e renascem, e garçons que se deslocam de um restaurante a outro, com base nas exigências de "mobilidade", decididas pelos "programas empresariais" elaborados entre San Luca e Duisburg.

Pior que um filme

Não apenas a partir de San Luca. Também de Corigliano, na província de Cosenza, a *cosca* dos Carelli decide criar uma base na Alemanha. Diferentemente das famílias do Aspromonte, não deixaram a Calábria nos anos 1950 e 1960, dirigindo-se às fábricas da Renânia do Norte-Vestfália.

Partem entre o fim dos anos 1980 e o início dos anos 1990. Nos países do norte da Europa, a queda dos regimes do Leste criou um verdadeiro terremoto político e social.

Após a queda do "muro", a Alemanha é o país em maior ebulição. Os *Länder* orientais estão praticamente "à venda", e existe a possibilidade de inserir-se nas grandes especulações financeiras e imobiliárias. Além do mais, faz tempo que o país está repleto de calabreses, com os quais já existem boas relações, e, sobretudo, está próximo da Bélgica e da Holanda, de onde chega boa parte da droga que também a *cosca* cosentina compra e vende na Calábria e ao longo de toda a costa jônica setentrional, subindo até Brindisi e Bari.

É o momento certo para "estender" o próprio território e difundir a rede das relações e dos negócios fora da Calábria, sem buscar sempre a intermediação de outras *cosche* e outras *'ndrine*. É o que explicará, após alguns anos, um colaborador da justiça: "... fora, não tínhamos nada, e fomos para lá". Assim como as multinacionais criam sociedades controladas e, por meio delas, abrem filiais em outros países, as *cosche* escolhem um território ainda virgem para elas e nele implantam suas sucursais. As cidades escolhidas foram Nuremberg e Dortmund.

Estão longe de seus conterrâneos de San Luca, mas as atividades que decidem implantar ali são as mesmas. Sempre restaurantes e pizzarias.

No início, a *cosca* envia dois de seus homens, Vincenzo Fabbricatore e Arcangelo Conocchia, com a incumbência de investir dinheiro em imóveis, restaurantes e sorveterias. Ambos não se expõem diretamente nas atividades comerciais. Pensam nas drogas, no contrabando de moeda falsa e na proteção dos foragidos calabreses e sicilianos que têm a seu encargo. Viajam entre a Alemanha, a Itália, a Holanda e a França. Quem deve pensar nas atividades limpas são os familiares e, sobretudo, as mulheres.

É útil reconstituir a rede das propriedades dos estabelecimentos, que reproduz a estrutura familista, típica da própria organização das *'ndrine*.

Todas as casas são estabelecidas entre Nuremberg e Dortmund: a pizzaria "Maria" é gerida por Anna Conocchia, irmã de Arcangelo; a pizzaria "Goldener Engels", por Giuseppe Nicoletti, casado com Rosina Conocchia, prima de Arcangelo; já a pizzaria "Salerno" é de Luigi Salerno, casado com Pompilia, outra irmã de Arcangelo Conocchia; a pizzaria "Da Carmela" é administrada por Alfonso Arnone, sobrinho de Conocchia; a pizzaria "Il Golosino" é gerida por Francesco Ammaro, filho de outra irmã de Conocchia; a pizzaria "Donna Assunta" é de Assunta, quarta irmã de Conocchia; e a pizzaria "Il Polino" é administrada por Pierluigi Tramontana, primo de Francesco Reale, preso pela polícia de Nuremberg em 1988 e, por sua vez, primo dos irmãos Conocchia.

Junto com o irmão Cosimo Damiano, Arcangelo Conocchia é inserido como efetivo no Local[41] da 'ndrangheta de Corigliano, e sua condição de membro envolve toda a família e a rede de parentes, que se tornam testas de ferro das atividades econômicas da *cosca*.

O testemunho de um dos raros *pentiti* calabreses nos oferece um episódio real sobre as atividades das *cosche* na Alemanha.

Até o momento de sua colaboração com a justiça italiana, Giorgio Basile foi um filiado de categoria ao clã de Corigliano. Era um homem de confiança do boss Carelli, que, ao ser preso, lhe delegou as atividades mais importantes da *cosca*. É o único no clã que fala alemão e pode representar melhor do que os outros os interesses do grupo em toda a Europa.

Com documentos de identidade falsos, faz viagens regulares entre a Alemanha e a Itália, vai à França e à Holanda. Uma atividade que dura até 1998. Compravam a droga na Holanda por 60-70.000 liras o grama e a vendiam na Alemanha por 120.000 e, na Itália, por 160.000 liras o grama. Na Alemanha, "no início, era vendida nas casas noturnas, nas pizzarias dos nossos conterrâneos... todos os nossos conterrâneos tinham de pegar a cocaína... toda semana ia embora meio quilo... 80% dos restaurantes fazem uso de cocaína".

Quando explode a "moda" das pastilhas, as novas drogas sintéticas, os calabreses já estão prontos para organizar o mercado:

---

[41] O "Local" é a estrutura territorial da 'ndrangheta à qual podem pertencer várias *'ndrine* ou famílias mafiosas.

"Havia até um enorme tráfico de SPITH... é uma cocaína sintética, do tipo anfetamina sintética, que custa barato, digamos cinco ou seis milhões o quilo..."

O euro ainda não chegou, e os calabreses vendem o SPITH por 80-90.000 liras o grama. Assim, um quilo comprado por seis milhões se transforma em uma receita de 80-90 milhões de liras.

A "empresa" diversifica as atividades. Muito frutífero para Giorgio Basile é o tráfico de moeda: "Todo o dinheiro falso encontrado na Alemanha... era do nosso clã... assim que saiu a nova nota de 100 marcos, nós a tínhamos em Milão e em Rozzano... sempre pegávamos um milhão de marcos, 500.000 marcos por vez... porque, quando chegavam, trocávamos na Holanda por droga... quer dizer... dávamos os marcos falsos aos holandeses... mas eles sabiam que eram falsos, e fazíamos a troca..."[42] Evidentemente, entre as organizações criminosas, também o dinheiro falso representa moeda boa. De resto, se com os marcos "made in Italy" os italianos realizavam negócios milionários, os holandeses também podiam fazer a mesma coisa.

Em outro "Local" do círculo cosentino trabalhava um jovem que partira em meados dos anos 1990 de Corigliano. Nas pizzarias, fez de tudo: servente, garçom e pizzaiolo. Era um rapaz modesto, sem estudo, que só queria fazer seu trabalho. Tinha a cara limpa e inspirava confiança. Trabalhava na pizzaria "Sale e Pepe", em Nuremberg. O pai do proprietário, que tinha cara de capo e costumava frequentar o estabelecimento, obrigou-o a se tornar seu motorista. E o rapaz se tornou, contra a própria vontade, um homem de confiança de Carmine Polillo, até decidir colaborar igualmente com a polícia alemã e, em seguida, com as autoridades italianas.

---

[42] Colóquio de investigação na prisão de Alessandria, em 24 de fevereiro de 2009, com o procurador substituto nacional antimáfia, dr. Emilio Ledonne.

"... Eu fazia as pizzas e trabalhava na cozinha... e comecei a observá-los um pouco... vinham... entravam na cozinha... sempre colocavam suas armas em um *microwell* (forno de micro-ondas)... o que eu via lá dentro... lidavam muito com entorpecentes, em termos de cocaína..."

As lembranças do rapaz na pele de motorista de Carmine Polillo descrevem um turbilhão de deslocamentos dignos de um executivo de multinacional: "... quase uma vez por semana estávamos na Itália, nunca parávamos em Nuremberg... Milão, Roma, Verona, Brescia, Torino, Valle D'Aosta, Frankfurt, Bonn... Luxemburgo".

Polillo seria o "administrador financeiro" dos clãs de Corigliano, e de Nuremberg cuida da rede de relações com bancos e financeiras, não obstante oficialmente administre, junto com seu filho, apenas a pizzaria "Sale e Pepe". É o que conta com suas próprias palavras o motorista, que sempre acompanha o administrador: "... tinha encontros com diretores de banco, que deviam lavar grandes quantidades de dinheiro... faziam isso por meio de garantias bancárias, estipuladas a partir da Inglaterra por um grande banco europeu... em Roma se encontrava com uma pessoa de sua confiança... um comendador que tinha contato com os bancos estrangeiros... bancos da Iugoslávia, russos, americanos... O cara tem um avião particular... em certa ocasião, em Roma, foi estipulada uma garantia bancária para um campo de golfe em Rimini... onde se fala da beleza de 30 milhões de dólares... e isso vocês podem verificar..."

Como confirmação do relato do rapaz, há também um telefonema ouvido no âmbito de uma investigação que durou de outubro de 1997 a junho de 1998. Ao falar com seu sócio, Polillo se refere a novos negócios em jogo e ao encontro que teve com um homem de Salerno e três diretores de banco, que foram ter com ele na Alemanha: "... ontem à noite fiz tudo... fiz uma transferência para ele de 20 milhões de dólares, outra de três milhões de dólares, dei a ele um cheque à vista de 500.000 dólares, e ele tinha de me trazer ontem 50.000 dólares; destes, eu tinha de mandar 30.000 para a América, e 20.000 eram de vocês..."

Mas não são apenas os telefonemas e as interceptações a revelar as atividades criminosas de Polillo. Em 26 de maio de 1998, no âmbito de uma busca ocorrida na Calábria contra Giuseppe Marano, irmão de sua companheira, e contra outro interrogado, a polícia descobre uma maleta cheia de documentos, tanto italianos quanto alemães. Entre eles também havia um cheque de 543.855 marcos alemães (mais de 543 milhões de liras) e uma carta confirmando uma transação de 10/20 milhões de dólares, com a indicação: "A ser traduzida".

O erro devia ser punido. O rapaz acompanhará seu capo à Calábria, perto de Bisignano, na província de Cosenza, para "dar um jeito" no caso da maleta descoberta pela polícia. O responsável pelo desaparecimento devia ser morto, embora fosse irmão da companheira de Polillo e tio de seu filho.

Segundo o rapaz, igualmente interrogado pelos policiais italianos, na maleta "... havia toda uma documentação de como funcionava seu trabalho... havia contratos dos russos... contratos de ferro de 12 milímetros, que servem para fazer armas... de uma empresa da Calábria... havia um contrato de desmanche de um submarino... e certificados de garantias bancárias..."

O jovem motorista conta que o clã também tem relações com expoentes da camorra napolitana e relata visitas entre Polillo e certo *don* Ciccio, que é traficante de cigarros. Não sabe se *don* Ciccio é seu verdadeiro nome, mas assim lhe teria sido apresentado em sua casa em "Baia Azzurra", ao longo da costa Domizia.

Também para *don* Ciccio realiza operações financeiras, fazendo com que o dinheiro chegue de Nápoles: "Com efeito, o trabalho de Polillo é lavar dinheiro sujo; fazer truques criminosos... também no nível do clã Muto...[43] em que tem de lavar o dinheiro de grandes chefes mafiosos".

O rapaz, que sempre esteve a seu lado, explica que não há limite para as atividades financeiras ilícitas do capo: "... Polillo tem contato com todos [os lugares] em que se constroem armas e... além disso, conheci um cara em Bonn que fazia esses contratos... as armas... essa pessoa as levava diretamente a vários países do Ocidente, não sei ao certo... África do Sul, tenho certeza... e um menino que tínhamos de sequestrar em Luxemburgo é filho de um sócio desse alemão..."

Tornara-se homem de confiança de Polillo, ficava à sua disposição dia e noite, a ponto de lhe pedirem para matar o cunhado de seu boss por ele ter sido "pego" com aquela maleta comprometedora. Só que ele não quis, não era um pistoleiro. E pagou caro por isso, trazendo até hoje na mão os sinais dos cortes que lhe fizeram como desprezo por sua covardia.

Mas, em seu íntimo, o rapaz de Corigliano já tinha decidido mudar de vida.

A tentativa de sequestrar o menino em Luxemburgo foi a gota d'água: "Quando comecei a ver todas essas coisas... para mim... é pior do que um filme visto na televisão... não aguentei... não conseguia suportar aquilo que via e, não tendo ajuda em outro lugar, decidi fugir pelos Estados alemães..."[44] É o ano de 1999, e o jovem pizzaiolo, que se tornou motorista do executivo das finanças do crime, abre o jogo para a polícia. Em seguida, para evitar a vingança

---

[43] Colóquio de investigação contido no Relatório da Direção Nacional Antimáfia, cujo tema é: *Ricerca dei patrimoni illeciti in Germania. Iniziative e proposte* [Investigação dos patrimônios ilícitos na Alemanha. Iniciativas e propostas], 18 de dezembro de 2000.

[44] Colóquio de investigação com Cesare Morrone, nascido em Corigliano Calabro, em 10 de outubro de 1970, contido no citado Relatório da Direção Nacional Antimáfia, de 18 de dezembro de 2000.

e as represálias do clã, é obrigado a peregrinar de uma cidadezinha a outra da Alemanha, levando uma vida de fugitivo junto com sua namorada.

Carmine Polillo, que já havia sido preso uma vez na Holanda, em 1997, e posteriormente também na Suíça, em 5 de maio de 1999 foi preso pela terceira vez em Reana del Rojale, perto de Udine. Alguns agentes, sob cobertura dos carabinieri, haviam combinado com ele e outros dos seus "sócios" a aquisição de dois milhões de dólares americanos falsos, porém, no momento do encontro no lugar estabelecido, em vez da maleta com o "pequeno tesouro" estipulado meteram-lhe as algemas nos pulsos.

"Na lista das máfias estrangeiras presentes em nosso país, os grupos criminosos de hegemonia italiana na Alemanha encontram-se em quarto lugar, depois dos turcos, dos poloneses e dos russos. Entre 2005 e 2006, seu número caiu de 31 para 26 clãs. Segundo nossas investigações, cerca da metade desses clãs mantém estreitos vínculos com as máfias italianas de origem. De maneira global, pode-se dizer que tanto em 2006 quanto nos anos anteriores a criminalidade italiana não desempenhou na Alemanha um papel relevante." As palavras são de Jorg Ziercke, em uma entrevista concedida exatamente um mês após o massacre de Duisburg.

Certamente não se pode dizer que essa análise corresponda ao quadro descrito até aqui, também graças às análises e às contribuições investigativas da polícia alemã. Logo depois, quando instado pelo jornalista sobre os investimentos do clã, o chefe da BKA tenta corrigir sua posição: "Digo apenas que, independentemente de tudo isso, nossas investigações neste e em âmbitos análogos sempre se orientam na tentativa de esclarecer as atividades econômicas clandestinas e a lavagem de dinheiro sujo. De todo modo, a colaboração com as autoridades italianas e as consequentes atividades são exemplos do fato de que, na Alemanha, a polícia trabalha com eficiência, e a intensificação da colaboração com as forças da ordem italianas reforçará ulteriormente a luta contra as máfias em seu país".[45]

Por outro lado, voltando aos originários de San Luca, para a polícia alemã, em 2009, em relação ao primeiro relatório de 2000, na Alemanha as pizzarias ligadas a seus clãs passaram de 30 a 50. Evidentemente, a guerra entre clãs não chegou a prejudicar o nível econômico-financeiro de suas atividades nem a quantidade de dinheiro que conseguem movimentar de uma ponta a outra da Europa e que precisam investir e submergir continuamente.

Contudo, o erro que cometeram foi o de acender os refletores sobre si mesmos. Quatro meses após o massacre de Duisburg, a polícia italiana e a alemã deram vida formalmente a uma força-tarefa conjunta de investigadores com dupla sede na Itália e na Alemanha.

No verão de 2009, o *Bundestag*,* acolhendo a indicação do Parlamento europeu, aprovou uma norma que reconhece o procedimento de apreensão e confisco dos bens e patrimônios mafiosos, encaminhado pela autoridade judiciária de outro país. A mudança de marcha é evidente. Basta pensar que dois anos antes, ao contrário, as autoridades alemãs haviam rejeitado o pedido dos magistrados de Reggio Calabria para que se confiscassem os patrimônios e bloqueassem as contas-correntes e os depósitos das famílias envolvidas na guerra entre os clãs de San Luca residentes na Alemanha.

Sem dúvida, a opinião pública está mais bem informada sobre a presença e o perigo das máfias do que, também na Alemanha, antes desse maldito dia 15 de agosto. Mas não devemos nos iludir nem pensar que foram derrotados.

---

[45] "Mafia in Germania. Una *task-force* mista per combatterla meglio". Entrevista de Jorg Ziercke concedida a Vincenzo R. Spagnolo. *Avvenire*, 16 de setembro de 2007.

* Parlamento federal alemão. (N. T.)

Nos fundos do salão do restaurante "Da Bruno", uma sala sem janelas encontrava-se arrumada com 12 cadeiras em torno de uma mesa de seis metros de comprimento. Nas paredes, muitas imagens da Nossa Senhora de Polsi. Do lado de fora, junto à porta de entrada, uma estátua de São Miguel Arcanjo, a fim de incutir temor e indicar a sacralidade do lugar a quem tivesse de entrar.

Na noite do massacre, nos bolsos das calças de Tommaso Venturi foi encontrado um santinho com uma imagem sacra queimada. Naquele lugar "sagrado", ele havia sido filiado com o rito do batismo 'ndranghetista justamente no dia de seu 18º aniversário. Tornara-se um "homem de honra" poucas horas antes de ser morto fora do restaurante.

Essa é a prova de que em Duisburg, e não apenas ali, existem *'ndrine* e "Locais" organizados exatamente como no Aspromonte. E esse rito, distante por simbologia e origens culturais desse lugar, também tem a função de abater toda distância e fazer de San Luca o mundo. O mundo deles.

Agora é preciso evitar esperar outro massacre para nos convencermos de que territórios como o de Duisburg, Kaarst, Bochum, Frankfurt e todos os outros, distantes milhares de quilômetros da Calábria, igualmente no mutismo das armas se tornaram territórios da 'ndrangheta.

Mercado comum

"Um bom produto se combate apenas com outro produto melhor." Eram os primeiros anos do século XX, e um dos industriais mais iluminados da época, Robert Bosch, gostava de repetir essa máxima aos trabalhadores e funcionários da "Oficina de Mecânica de Precisão e Eletrônica", a fábrica que havia fundado em Stuttgart poucos anos antes, em 1896.

A empresa, que atravessou toda a história do século XX tornando-se um colosso da indústria eletrônica mundial, com alguns de seus produtos criou um monopólio quase absoluto. Até irromper no mercado um novo e competitivo produto.

O velho antepassado da família industrial alemã poderia ter imaginado tudo, menos que, para romper o monopólio, justamente em seu país, os homens da concorrência tivessem partido de Scampia, Secondigliano e Melito.

Tampouco jamais imaginaria que, a competir com suas furadeiras Bosch, haveria outras furadeiras, igualmente Bosch como as suas, e que a rede de venda não seria constituída por representantes e lojas de artigos eletrônicos, mas por *magliari*, vendedores ambulantes de roupas e de peças de vestuário em couro. Com uma única diferença: todas falsas e com marcas falsificadas.

Também na Alemanha, quem rompeu as leis de mercado, ou melhor, quem criou um mercado paralelo foram os clãs camorristas da Alleanza di Secondigliano.

O relato vem diretamente do interior da organização: "... Após a queda do Muro de Berlim, a associação comandada por Licciardi, Contini e Mallardo... começou a atuar na Alemanha Oriental... Utilizando os canais dos napolitanos que já se encontravam na Alemanha, iniciou um verdadeiro monopólio na comercialização de roupas de couro falsificado... vendidas como roupas de couro [autêntico]..."

Quem descreve as características e os produtos do mercado paralelo é Raffaele Giuliano, colaborador da justiça, proveniente das filas de um dos grupos aliados da Alleanza: "... os interesses econômicos que temos com os grupos de Secondigliano na Alemanha e em outros países do Leste europeu são relativos sobretudo à comercialização de furadeiras Bosch falsas..."

A *Bosch* napolitana também é uma multinacional. Um colosso da falsificação que, por ironia do destino, nas dinâmicas da globalização utilizou as mesmas "regras" do deslocamento das atividades do ciclo produtivo e comercial seguidas pelas grandes corporações: "... as furadeiras, idênticas às da Bosch, são produzidas em Hong Kong pela metade do preço, e a mercadoria é adquirida em monopólio para a Itália por Ciro Capoluogo, que vive em Forcella... praticamente, a fábrica inteira produz para eles, que estendem o mercado para o exterior... As aquisições de Capoluogo são financiadas por nós, e cada um de nós... Capoluogo, eu e Bosti... ganha 100-150 milhões (de antigas liras, N. d. R.) a cada dois, três meses... Bosti estava no negócio como representante dos clãs de Secondigliano".

Giuliano também fala da rede comercial: "Nas lojas de roupas... também se encontram essas furadeiras. Os que vão comprar as peças de vestuário para depois revendê-las de forma ambulante também compram as furadeiras..."[46]

De um telefonema entre dois homens do clã, interceptado pelos investigadores, também surgem a importância dos negócios, os preços e os cálculos de seus lucros:

Buonocore: "De todo modo, estão sendo vendidos 100-150 pares de furadeiras por dia. Lá (refere-se ao depósito de Nápoles, N. d. R.) se encontram 5.000 pares de furadeiras; mais 3.000 nossos, são 8.000. Em terra há 10.000 pares de furadeiras".

Zinzi: "Total em dólares?"

Buonocore: "Um milhão de dólares, dois bilhões".

Zinzi: "Quantas temos em terra?"

Buonocore: "Três mil pares... um total de 350.000 dólares".

Zinzi: "A 50 dólares, são 300.000".

Buonocore: "... está bem para as despesas".

Em 23 de outubro de 2001, no aeroporto de Nápoles, a polícia detém Mario Buonocore e Gaetano Silvestri. Os policiais sabem

---

[46] Procuradoria da República de Nápoles. Direção Distrital Antimáfia. Interrogatório de Raffaele Giuliano, 14 de junho de 2000.

que ambos estão ligados à camorra e suspeitam de seus cartões de embarque, pois estão prontos para partir em um voo para o Brasil. Vasculham suas malas e descobrem que estão cheias de etiquetas adesivas com as marcas "Bosch. Hammer & Chifel Function" e "Bosch Psb 800", reproduções fiéis da patente n? 497063.

A rede dos pontos de venda da organização estende-se de uma extremidade a outra do mundo e, na Europa, tem uma ramificação digna das melhores redes comerciais.

Assim como as pizzarias calabresas, as lojas, formalmente legais, são todas administradas ou de propriedade de pessoas ligadas ao clã, como parentes e amigos de confiança. Graças à colaboração de Gaetano Guida, um dos boss da Alleanza di Secondigliano, os magistrados conseguem reconstituir toda a estrutura da organização.

Partindo da Alemanha, sigamos o relato de Guida: "... em Dortmund existe um depósito de Gaetano Perna, cunhado de Pietro Licciardi; em 1996, em Frankfurt am Main, era constituída a Licciardi e Riso GBR, sucursal de outra atividade comercial de Chemnitz, gerida formalmente por Vincenzo Riso, mas, na realidade, por conta do clã... Salvatore Bosti, conhecido como *Sasà 'o pescivendolo* [Sasà, o peixeiro], irmão de Patrizio, junto com o filho é dono de uma sociedade da organização camorrista, a Sintex Pelli... na França, em Paris, há dois pontos de venda, respectivamente geridos por um tal de Enrico Petersen, que conheço pessoalmente e que se abastece em Nápoles, e pelo cunhado do falecido Aniello La Monica, ligado ao clã Di Lauro.

"Em Nice, a mesma atividade é conduzida por Celeste De Martino e pelos filhos de Vincenzo Attardi, homens de Contini e Luigino Giuliano. Os mesmos Attardi administram uma loja na Suíça... na Iugoslávia, Patrizio, irmão de Bosti, administra uma loja de roupas... Na Bélgica, em Bruxelas, há uma loja de Mario

Bocchetti, gerida por *Rafele 'o bruciato* [Raffaele, o queimado]... a pouca distância daquela de Bocchetti, há uma loja de Gennaro Tutolo, mas em nome de um siciliano."[47]

Gaetano Guida, que antes de colaborar com a justiça tinha uma função direta na organização, também fala de si mesmo: "Depois que fugi, Cutolo fez sociedade comigo... e tínhamos intenção de implantar um comércio de roupas em Cuba... Na Irlanda, em Dublin, atua meu sogro, Salvatore Morone, e outro, chamado de *O' Russo*, de origem napolitana.

"Na Espanha, em Madri, há uma loja de roupas... agora gerida por um cunhado de Licciardi, um tal de James... em Portugal, no Porto, uma loja... é gerida por um certo Barbieri... em Londres, uma loja de casacos de couro é administrada por um napolitano chamado *Mozzarella*... na Alemanha, no mesmo setor, atua o sogro de Carlo Bino, conhecido como *Totonno o' surdato* [Totonno, o soldado]... e me parece que Mario Bocchetti estava para abrir uma loja na Dinamarca... Em Barcelona há uma loja que é comandada pelo meu irmão Nando e gerida por um certo *Angioletto*... na Holanda, tanto em Amsterdã quanto em outra cidade... há um traficante de entorpecentes... que trabalha com casacos impermeáveis e Rolex falsos."[48]

Detenhamo-nos na estrutura europeia da Alleanza di Secondigliano S/A. Mas a investigação da Squadra Mobile de Nápoles e, posteriormente, o processo revelaram toda a organização da multinacional camorrista da falsificação, que se estendia da China aos Estados Unidos, do Brasil ao Canadá, da Finlândia à Austrália. Uma verdadeira holding global, com uma atividade sem

---

[47] Procuradoria da República de Nápoles. Direção Distrital Antimáfia. Interrogatório de Gaetano Guida, 20 de março de 1998.
[48] Ibidem.

fronteiras e tal mescla entre dimensão criminosa e atividades econômicas legais que nos fazem pensar nas interrogações, colocadas na abertura deste livro, sobre o caráter e a natureza do mercado e a delimitação da fronteira entre atividades legais, atividades informais e atividades ilegais.

Como em toda holding que se respeite, toda a estrutura era comandada por um nível de direção oculto, um conselho administrativo que conclui todas as atividades, *o diretório*, do qual faziam parte expoentes de máxima importância do clã, especialistas em atividades comerciais e de lavagem de dinheiro, sob o comando direto dos chefes. Toda essa complexa organização e suas ramificações, mesmo produzindo rendimentos dignos de grandes holdings, não precisavam da instrumentária hierárquica destas. Baseavam-se no mais simples e ágil sistema da cadeia de pessoas de confiança, e também graças ao dinheiro ilícito que introduziam na "empresa", mostravam-se mais competitivas e elásticas.

A organização se articulava sucessivamente em estruturas periféricas, constituídas por lojas espalhadas no mundo inteiro, e, como terminais, utilizava milhares de vendedores ambulantes, os *magliari*.

Os produtos inseridos no mercado com marcas falsificadas eram os mais diversos: além das furadeiras, com a devida maleta, havia o aspirador de pó *Foletto*, com um "l" a menos do que o Folletto original; as máquinas fotográficas *Cannon Matic*, desta vez com um "n" a mais e muitas funções a menos do que a autêntica; havia os casacos de couro com o "V" idêntico ao da Versace, no Canadá, vendidos a 500 dólares, porém, em vez de serem produzidos pelo estilista, eram feitos a um custo de 30.000 liras pela Vip Moda, de Ciro Bernardi, em Melito, na periferia de Nápoles.

Os *magliari*, vendedores experientes, propunham os produtos como sobras de feira ou provenientes de mostruário e, na realidade, vendiam falsos a peso de ouro.

No final do ciclo, os *magliari* levavam a receita aos fornecedores, e estes, após extraírem seu porcentual, tratavam de enviá-lo a Nápoles, seja por meio de transporte físico, em dinheiro, seja utilizando intermediários financeiros, mediante o sistema de fracionamento das somas, todas de importância inferior ao limite além do qual é obrigatório o registro no Arquivo Único e a eventual indicação das operações suspeitas, segundo as normas que combatem a lavagem de dinheiro.

Acolhendo as solicitações apresentadas pela DDA, em 5 de julho de 2004, o GIP do Tribunal de Nápoles emitiu um monumental mandado de custódia cautelar contra 72 pessoas.[49]

Nas cerca de 900 páginas do mandado, o juiz escreveu que "o clã acumulou riquezas muito elevadas valendo-se de pessoas que, mesmo atuando aparentemente como respeitáveis comerciantes, na realidade contribuíram para pôr em prática uma estrutura econômico-financeira". Para reconstituir a teia de lojas e sobretudo os circuitos financeiros foram necessárias uma auditoria da Banca d'Italia e a intervenção das polícias de meio mundo.

Uísque e coca

No final dos anos 1990, o clã dos irmãos La Torre escolhe a Escócia como segunda sede para suas atividades. Augusto e Antonio alternam prisões, liberdade e condição de foragidos até o timão do clã ser assumido por Antonio.

---

[49] Tribunal de Nápoles. Gabinete do juiz para as investigações preliminares. Mandado de custódia cautelar em cárcere contra Vincenzo Licciardi, Edoardo Contini e outros, emitido em 5 de julho de 2004 pela dra. Rosanna Saraceno a pedido da DDA da Procuradoria da República de Nápoles, Proc. N? 100839/01.

São de Mondragone, e seu território é um dos mais ricos da província de Caserta. Em 1998, Antonio La Torre é considerado socialmente perigoso e, por isso, recebe da autoridade judiciária uma intimação para continuar residindo na Campânia. A decisão "coerente" do tribunal é obrigá-lo a permanecer em Terni, a poucas centenas de quilômetros da província de Caserta. Conforme escrevem os magistrados da Procuradoria de Nápoles ao pedirem sua prisão, essa permanência não cria nenhum impedimento à sua função de comando dentro do clã. Ao contrário, entre outubro de 1998 e março de 1999, período em que o irmão Augusto paga sua pena na prisão, Antonio assume as rédeas.

Como todos os clãs da camorra, entre suas diversas atividades, os La Torre colocam a extorsão em primeiro lugar: o controle do território passa sempre pelo *pizzo*, até para substituir a autoridade do Estado por aquela camorrista. Os homens do clã o impõem sistematicamente. Até porque a gestão da máquina organizativa custa e a necessidade de liquidez é permanente.

Em Mondragone, o clã cria trabalho, trabalho criminoso e sujo, mas que assegura dezenas e dezenas de salários. Quando não o oferecem diretamente com suas atividades, também conseguem encontrá-lo na administração municipal, que condicionam tanto em nível político quanto em nível administrativo.

Nenhum inquérito, como o que levou ao mandado de prisão dos homens do clã, havia documentado uma organização do trabalho dentro de um clã de modo tão preciso. Chama a atenção até mesmo a obsessão da pontualidade no pagamento dos salários no final do mês. Como se fosse uma gestão "iluminada e social", de "respeito" pelos direitos dos "trabalhadores". Fazem o salário mensal chegar até mesmo a um filiado preso no exterior, Quinn Brandon.

O pagamento é feito todo dia 20. Ao falar com seu primo Antonio, Tiberio La Torre mostra-se obcecado com a data: "Que dia é hoje? Onze? Então, daqui a três ou quatro dias temos de começar, porque precisamos sempre terminar no dia 20".[50]

O dinheiro destinado aos salários não é pouco: os chefes ganham 5 milhões por mês; os gregários, entre 2 e 3 milhões. Também recebe salário quem, mesmo não sendo filiado, trabalha estavelmente para o clã. Além disso, devem ser pagos os advogados para os tantos que estão presos ou têm processo em curso.

"Começar", em seu jargão, significava iniciar o recolhimento de fundos para pagar os salários: cobrar o *pizzo*, receber o dinheiro da venda de drogas, passar nas empresas de referência e entre os tantos que, por motivos diversos, devem dar dinheiro ao clã em datas regulares. O pagamento dos salários também tinha uma escala de prioridade.

Tiberio a explica a Antonio, que esteve fora do território e não administrou diretamente esse aspecto da máquina organizativa: "Vou te dizer qual é a regra... Primeiro se manda o dinheiro para os que estão fora, os foragidos... depois dos que estão fora, vai para os que estão presos... Essa é a regra... Até agora, para os presos nunca faltou nada, Antò... agora que você está aqui, não falta mais nada, nem uma vírgula".[51]

Antonio conheceu a prisão, e Tiberio sabe muito bem que toca em uma ferida sensível. Aliás, o caráter "social" da direção da organização os levara a criar até uma espécie de caixa mútua, que Tiberio descreve ao novo capo: "... temos o fundo de caixa, que é usado justamente para as coisas urgentes... as doenças e todas essas coisas..."

---

[50] Procuradoria da República de Nápoles. Direção Distrital Antimáfia. Solicitação de emissão de mandado de custódia cautelar em cárcere, apresentada pelos promotores públicos Maria Di Mauro e Raffaele Cantone, em 29 de maio de 2002, e mandado de custódia cautelar em cárcere, emitido em 2 de janeiro de 2003, pelo Tribunal de Nápoles, Gabinete do juiz para as investigações preliminares, dr. Pierluigi Di Stefano.
[51] Ibidem.

A ocupar a agenda de atividades dos La Torre estão não apenas as extorsões e o controle dos contratos. Como todo clã que se respeite, a droga é sua fonte primária de lucro. E eles administram todas as praças que se estendem ao longo da costa Domizia. Em uma interceptação, fala-se em vender um lote de uísque. A conversa se dá entre Antonio La Torre e outro interlocutor, de nome Roberto.

Roberto: "... o uísque desses amigos é de marca boa... mas aqui (em Nápoles, N. d. R.), se encontra por 6.000 liras, entende?"

Antonio: "... te digo uma coisa... 12.000 liras".

Roberto: "... me ofereceram por 7.500..."

Antonio: "É, mas não se encontra na Itália. É impossível que o tenham..."

Roberto: "Estou te dizendo... 7.500 a garrafa..."

Antonio: "Dá para fazer?"

Roberto: "Não, porque pagam seis mil".

Antonio: "Não, estou te falando do negócio das 20 caixas..."

Roberto: "Escuta, tudo bem. Isso não é problema... vou falar com eles... dá para colocar no mercado".

O clã fincou raízes na Escócia e na Grã-Bretanha, para onde enviou seus homens com o objetivo de abrir atividades econômicas e comerciais. Ativou um canal de financiamento direto na rota Mondragone-Escócia. A ambos é natural falar de uísque, até porque o clã criou uma sociedade de importação-exportação de produtos alimentícios e bebidas alcoólicas, e negociar uísque pode não despertar suspeitas em quem ouve. "Na realidade", ambos "estão tratando de um lote de cocaína, e o preço se refere ao grama de coca, que vale cerca de 70.000 liras."[52]

---

[52] Ibidem.

Entre extorsões e drogas, o clã ganha muito dinheiro. Tem a necessidade de investir, comprar imóveis, adquirir quotas societárias em empresas. De clã para clã e de máfia para máfia, o roteiro não muda muito.

No que se refere à luta contra as organizações criminosas e mafiosas, a Inglaterra nunca foi um país que esteve na vanguarda, menos ainda no que se refere à luta contra os crimes financeiros e de lavagem de dinheiro. E, nos acordos com a Itália, o crime do artigo 416 bis não está entre os previstos, em caso de prisão, para se obter a extradição.

O homem do clã é Michele Siciliano, primo dos irmãos La Torre, que tem vocação empresarial, responde diretamente a Antonio La Torre e é a pessoa certa para representar o clã na Grã-Bretanha. Tem a tarefa de investir o dinheiro, gastá-lo em negócios legais e lavá-lo. Responde diretamente ao capo, com quem fala pelo telefone diariamente.

Uma estrutura especial do clã trabalha apenas para lavar dinheiro. A Francesco Fontana cabe recolher o dinheiro que deve ser expatriado, depois entregá-lo a outro homem, Giovanni Pagnani, que, por indicação direta de Antonio La Torre, encaminha-o a dois canais: uma parte, por meio de um terceiro homem ainda, é depositada na conta-corrente que outro filiado, Luigi Alighieri, abriu em um banco inglês; o restante é confiado à mãe de Michele Siciliano, Maria Grazia Marotta, ou à irmã Emilia, ao irmão Saverio ou ao pai, Antonio. Em resumo, aos familiares próximos, que podem garantir fidelidade e *omertà* e entregá-lo ao filho.

No ponto de partida está Francesco Fontana. Também ele trabalha como empresário e, segundo os magistrados napolitanos, "tem um papel que lhe cai perfeitamente bem, pois desenvolve uma atividade comercial lícita e representa a figura ideal para 'misturar' os investimentos lícitos com os ilícitos".

No ponto de chegada está Michele Siciliano, que exerce a função de executivo londrino da organização. Em Aberdeen já criou duas sociedades de importação-exportação de produtos alimentícios, a "Euro Food Lts" e a "Anglo".

A multiplicação das transferências garante a dispersão dos traços do dinheiro ao longo da rota Mondragone-Inglaterra-Escócia.

Estamos em 1998, e do Comando dos Carabinieri de Caserta os policiais ouvem os telefonemas cotidianos com as disposições do boss aos "ingleses".

Aproximam-se as festas natalinas, e no prazo regular de três a quatro dias partem de Mondragone transações financeiras dirigidas a Londres e à Escócia. Os homens de La Torre têm medo de ser descobertos e fragmentam as cifras. Parte do dinheiro viajará com a mãe de Siciliano, que, junto ao restante da família, irá encontrar o filho para o Natal.

Em jogo está a aquisição de uma sociedade imobiliária. Devem comprar 54% das quotas acionárias, equivalentes a 74.000 libras esterlinas. No último ano, a sociedade não se saiu muito bem com os negócios, mas Siciliano explica ao capo que a operação financeira é um investimento para o futuro. De fato, a sociedade detém a propriedade de dez a 15 imóveis com uma renda mensal de 100-140.000 libras esterlinas. Todos já estão alugados, e o rendimento é seguro.

Junto com um sócio escocês de nome Greem, Siciliano é dono de uma agência imobiliária, a Aberdeen Leasing, que pretende vender pela soma de 100.000 libras esterlinas, para que posteriormente ela seja absorvida pela nova sociedade. Assim, mediante essa transferência, ficaria com o controle total.

Preocupado com o êxito da operação e com a confiabilidade do sócio inglês,* La Torre se informa se Greem está a par da real proveniência do dinheiro.

---

* O próprio autor muda a nacionalidade do sócio, que no parágrafo anterior é descrito como escocês. (N. T.)

Na lógica do boss, é óbvio que o conhecimento da origem do dinheiro representa em si um fator de intimidação e de vínculo, portanto, de segurança.

E, com efeito, por telefone, Michele Siciliano lhe responde: "... ele sabe que lhe arrancamos o couro".

De posse de todas as garantias, de Mondragone Antonio La Torre comunica a remessa de dinheiro: "Quinze agora, depois mando mais 15 daqui a seis ou sete dias, e mais dez depois de cinco ou seis dias... fique a postos; no final, você vai estar com 90 pratas; e veja lá o que vai fazer, senão te afogo... aqui matam nós dois".

Greem quer fazer com que um advogado, Colin Gavin Gray, também entre no negócio. Mas Siciliano não gosta da ideia e a explica ao capo, perguntando como proceder: "... ele foi expulso da ordem dos advogados porque é um vigarista... a mulher dele é aquela que trabalha com Frank Lefivre... têm uma sociedade... mas a sociedade é aquilo que é! Só que eles têm medo da gente... Anto', estou... como dizem os ingleses? I'm setting back, entendeu? Estou esperando... já tenho 50%, ele tem 37, e Daviduccio, 12. Sou eu quem a dirige... mas preciso agir com segurança... Quando um cara põe dinheiro na sociedade, o que faz?... depois a gente tem de matar os caras... e não vamos meter medo neles depois, acabando com eles...!"[53]

Após ter explicado todas as operações, Siciliano tranquiliza La Torre: "... pela sociedade... somos nós que levamos tudo adiante... suas assinaturas desaparecem... sou eu que assino, hein! E depois, você recupera o dinheiro que deveria ter... e mantém as suas ações..."

Todavia, para fechar o negócio é necessária a máxima prudência. Ninguém pode errar, sobretudo as mulheres. Três anos antes, em 23 de agosto de 1995, os rumores acerca das atividades ilícitas e

---

[53] Ibidem.

as relações com os camorristas que saíram do ambiente familiar de Siciliano levaram a polícia a prendê-lo em seu restaurante "Mamma Capone", em Walton on Thames. Após um mês, por não reconhecerem o crime de associação mafiosa, os juízes londrinos de Bow Street o absolveram e liberaram.

Assim, Antonio La Torre, em um último telefonema, dá as ordens finais a serem respeitadas por seus companheiros escoceses. Desta vez, caso se queira que o negócio termine bem, é preciso reforçar o vínculo do segredo e da *omertà*, e as mulheres precisam ficar atentas: "Agora que sua mãe está morando com você, diga a ela para que fiquem quietas... para o seu bem... que abram logo os olhos... agora você precisa dizer: 'Mãe, trabalhe e ponto-final!'".

Após um período de regência direta do clã, é o próprio Antonio La Torre que se transfere para Aberdeen. Em suas frequentes viagens à Escócia, conhecera e depois se casara com uma mulher do lugar. Na Escócia prefere dedicar-se à boa vida e às atividades empresariais. Abre um luxuoso e bem frequentado restaurante. Cria uma sociedade de importação-exportação de produtos alimentícios: da Itália manda vir óleo, queijo, salames, presuntos, conservas, e da Escócia envia uísque e peixe congelado. Nesse meio-tempo, continua a receber todos os coronéis do clã que, alternadamente, vão encontrá-lo, não obstante o comando da organização tenha passado de novo para as mãos do irmão Augusto.

Na Escócia viveu tranquilamente durante anos, apesar de a justiça italiana já o ter condenado por associação camorrista. A Grã-Bretanha não apenas nunca reconheceu a extradição pelo crime do artigo 416 bis, como também nem sequer entregou Antonio La Torre aos policiais da Interpol quando um novo mandado de captura, emitido em 2003, pedia pela segunda vez sua prisão pelo crime de associação camorrista e extorsão.[54]

---

[54] Raffaele Cantone. *Solo per giustizia*. Milão, Mondadori, 2008, p. 220.

Do mesmo modo como para tantas histórias contadas aqui, para prender o boss de Mondragone também será preciso esperar a aplicação do mandado de captura europeu em 2004, liberando, assim, as autoridades inglesas de uma decisão sobre a periculosidade social e a quilatação criminosa de um boss como Antonio La Torre.

Schengen

A abertura das fronteiras internas da União Europeia, seguida da entrada em vigor do Tratado de Schengen, fizera com que todos se sentissem um pouco mais livres e próximos dos outros países europeus. Após o 11 de setembro, porém, a obsessão do terrorismo também contagiou o Velho Continente. Voltaram as filas nas alfândegas; a proibição de levar líquidos nos aviões e o controle de documentos e bagagens tornaram-se obsessivos.

No entanto, nesse clima de vigilância extrema e de suposta coordenação ampliada entre as polícias de meio mundo, os únicos a se sentirem tranquilos são os chefes dos casalenses, entre os mais ferozes foragidos da camorra. Aliás, parece até que multiplicam suas viagens e sua capacidade de se locomover de um Estado a outro.

No início dos anos 2000, os históricos chefes Bidognetti (*Cicciotto e' mezzanotte*) e Schiavone (*Sandokan*) estão presos há muito tempo. O primeiro, desde 1993, e o segundo, desde 1998. *Sandokan*, porém, continua a ter em mãos o bastão de comando.

Por outro lado, estão livres Michele Zagaria e Antonio Iovine, dois "generais" que, na condição de foragidos, estão conquistando autoridade e autonomia de movimento e de decisão cada vez maiores. Com eles, nos mesmos anos, dirigem o clã alguns "coronéis", como o primo homônimo de Francesco Schiavone, conhecido como *Cicciariello*, Giuseppe Russo, *il padrino* [o padrinho], e Giuseppe Misso, *Carica a lieggio*.

Entre 2003 e 2004, *Cicciariello* e Giuseppe Russo são os únicos expoentes em liberdade da facção de Schiavone, *Sandokan*. Livres, mas já condenados por associação camorrista e procurados pela polícia como foragidos europeus. Cabe a eles a tarefa de governar o clã, e o fazem do exterior. Giuseppe Russo escolheu a Alemanha, onde se locomove entre Frankfurt am Main e Hamburgo. *Cicciariello* estabeleceu-se na Romênia.

Não é fácil administrar a condição de foragido de dois chefes que continuam a exercer a função de comando e que, além disso, residem em dois países estrangeiros distintos. São necessárias uma rede logística que cuide de sua proteção, uma estrutura que assegure a comunicação entre ambos, quando chamados a tomar decisões, e outra ainda que, do exterior, as transmita ao restante do clã, que atua em território italiano. Dezenas de pessoas são empregadas nessa tarefa.

Na Alemanha, Giuseppe Russo é "detido" pela polícia alemã, que encontra seu rasto ao investigar uma série de roubos a carros-fortes, cometidos por um bando de criminosos comuns na região de Frankfurt. Das interceptações telefônicas predispostas no âmbito da investigação, surge a figura de Luigi Sepe, que já tem ficha suja e é originário de Caivano, na província de Nápoles.

Em Frankfurt, Sepe administra várias lojas de roupas. Como já vimos, na Alemanha a cadeia de lojas criada pelos diversos clãs da camorra também tem a função de rede logística para a proteção e a "cobertura" dos foragidos em fuga da justiça italiana ou das vinganças dos clãs rivais.

Na Alemanha, Giuseppe Russo pede para ser chamado de Franco e, para o empresário fichado de Caivano, esse é o anfitrião mais importante que poderia lhe aparecer.

Francesco Schiavone, que, ao contrário, pede para ser chamado de Antonio, escolheu Barlad, na Romênia, como base. Não está em fuga; afinal, no novo país até começou a lançar raízes. Investiu em construções e terrenos, é proprietário de uma fábrica de sapatos, trata da aquisição de madeiras nobres, das quais a Romênia é uma das principais exportadoras na Europa. Também tem duas amantes, em nome das quais põe casas e terrenos. Com Casal di Principe, *Cicciariello* nunca interrompe as relações; ao contrário, faz quase a ponte aérea entre as duas cidades.

Dos textos e das interceptações surgem as figuras dos dois chefes que, com seus emissários mais diretos, Luigi Sepe para Russo e Giuseppe Diana para Schiavone, desenvolvem cotidianamente sua tarefa de direção a distância do clã. Giuseppe Diana é mais do que um filiado de confiança: faz viagens regulares entre Casal di Principe e Barlad, administra os negócios econômicos de seu capo, bem como aqueles amorosos, sendo ele o responsável pelos contatos com as duas amantes de *Cicciariello* nos períodos em que o foragido não pode ser encontrado nem mesmo por telefone.

Não há extorsão com que os dois procurados não se preocupem. Cuidam dos negócios diretos da *cosca* e seguem as atividades econômicas e empresariais de seus testas de ferro.

Tal como Bernardo Provenzano, capo da "cúpula" da Cosa Nostra, *Cicciariello* também escreve cartas, mas muito mais longas do que os microscópicos *pizzini* do boss de Corleone. Porém, também as cartas precisam de uma rede de "carteiros" que as entreguem ao destinatário após muitas viagens e diversas passagens de mão em mão: uma medida de prevenção para tornar impossível a identificação do ponto de partida, a Romênia.

As cartas começam sua viagem de Barlad com Manole Julian, pessoa de confiança e cidadão romeno filiado a pleno título ao clã dos casalenses. Chegam à Alemanha, em Frankfurt, onde são recebidas por Giuseppe Russo, que, por intermédio de Luigi Sepe, as entrega a outra pessoa ainda, encarregada de levá-la a Casal di Principe.

No mês de junho de 2003, a chegada de Manole a Frankfurt fora antecipada por um telefonema de Giuseppe Diana, da Romênia, a Giuseppe Russo, na qual lhe comunicava que "Antonio" estava lhe mandando muitos beijos. Os seis "beijos" que a polícia de Frankfurt encontrou na mala do romeno assim que ele desembarcou do avião proveniente de Bucareste eram seis cartas, duas das quais a serem entregues a dois dos foragidos mais perigosos e procurados da Itália: Michele Zagaria e Antonio Iovine.

O conteúdo das diretivas estendia-se da imposição do *pizzo* à distribuição de carnes para os açougues, ao recebimento das quotas de participação nos lucros dos contratos de uma empresa de testas de ferro, à venda de terrenos no município de Frignano, até o contato com "aqueles que recolhem o soro", com clara referência a uma empresa de laticínios, produtora de mozarela. Obviamente, não podia faltar a verdadeira obsessão empresarial dos casalenses, também objeto de repetidos telefonemas entre Antonio e Franco, da Romênia para a Alemanha: "O negócio do *lixo* que deve ser resolvido".[55]

Durante dois anos, dos controladíssimos aeroportos europeus de Roma, Fiumicino, Frankfurt, Bucareste e Budapeste os boss foragidos da camorra, seus lugares-tenentes e alguns de seus filhos partiram tranquilamente. Todos rigorosamente com nome falso e munidos de passaportes também falsos. Às vezes, de maneira muito mais simples, trocando entre si os documentos de identidade e mudando apenas as fotos. Como no caso de Paolo, filho de Francesco Schiavone, *Cicciariello*, que voava regularmente da Itália para Frankfurt e para a Romênia, utilizando o passaporte do filho de Giuseppe Diana, um dos homens extremamente fiéis ao boss.

---

[55] Polizia di Stato, telefonema da Romênia, usuário da linha: Francesco Schiavone di Luigi, junho de 2003; boletim de 30/1/2006, no qual estão resumidas as interceptações dos telefonemas inseridas pela autoridade judiciária alemã.

Essa facilidade de se deslocar impunemente os faz sentir seguros. Quando precisam convocar uma reunião de cúpula, com a presença de um representante direto de Antonio Iovine, o clã escolhe uma "terceira" cidade, em território neutro.

A cúpula se reúne em agosto de 2003, em Budapeste, e nessa capital da Europa Central se encontram Schiavone, *Cicciariello*, proveniente da Romênia, Russo, *il padrino*, proveniente da Alemanha, e Peppe Misso, *Carica a lieggio*, proveniente da Itália. Todos inseridos na lista dos foragidos mais perigosos, redigida pelo Ministério do Interior, e procurados por todas as polícias europeias.

Para dizer a verdade, Misso fora o primeiro a chegar de avião a Frankfurt. Depois, junto com Giuseppe Russo e outros dois filiados, Alessandro Natale e Giuseppe Letizia, foi de carro ao Novotel Palace no centro da capital húngara, onde *Cicciariello*,[56] vindo da Romênia, os encontrou, acompanhado de carro sempre por Natale, que no mesmo dia tinha atravessado duas vezes a fronteira húngara no desfiladeiro de Artland-Bors.

Nessa data, Hungria e Romênia ainda não tinham se tornado Estados membros da União Europeia, tampouco haviam assinado o Tratado de Schengen. No entanto, os boss casalenses já tinham aberto as fronteiras.

Porém, nem sempre tudo corre bem para os chefes.

Giuseppe Russo foi preso em 8 de setembro de 2003, enquanto percorria a estrada entre Frankfurt e Munique, seguido por um off-road BMW X5, que estava registrado no nome do filho de Luigi Sepe e no qual viajava toda a sua família.

Ouvindo os telefonemas e seguindo os movimentos de Luiza Boter, segunda amante de Francesco Schiavone, a polícia o prendeu

---

[56] Tribunal de Nápoles. Gabinete do juiz para as investigações preliminares. Sentença emitida com processo abreviado pela juíza da audiência preliminar, dra. Lucia Spagnolo Vigorita, contra Salvatore Ciliento e outros, em 12 de julho de 2007.

em 13 de março de 2004, em Krosno, na Polônia, depois de ele ter viajado ainda por um ano entre a Romênia e a Itália. Infelizmente, apesar dessas prisões que encerraram uma fase, a história dos casalenses continua.

Auxílios humanitários

A família mafiosa de Villabate é daquelas de peso. Seu território está entre os de Palermo e Bagheria. Por seu acesso rodoviário, entra-se na autoestrada para Agrigento e, após poucos quilômetros, encontra-se o desvio que leva a Corleone.

Villabate é um centro rico: por sua agricultura que produz uma espécie rara de citrino, a "tangerina tardia", cuja colheita ocorre na primavera avançada; e pelo impetuoso desenvolvimento comercial, com suas vitrines reluzentes e seus cartazes publicitários, que destoam da degradação provocada pelo abuso nas construções e pela anarquia urbanística da cidade.

É claro que, para a Cosa Nostra, o "controle" de Villabate é estratégico, e os boss devem ser de absoluta confiança. Como Antonino e Nicola Mandalà, pai e filho, que se sucedem na direção da "família". Ambos são ligados a Bernardo Provenzano, e são eles, com seus homens, a administrar o complexo sistema dos carteiros que distribuem os *pizzini* com as ordens do Capo. No território, controlam tudo: atividades econômicas, empresas, prefeitos, conselheiros municipais. Por isso, a administração municipal foi dissolvida duas vezes em dez anos. O desenvolvimento dessa área estimula apetites financeiros e políticos nacionais.

O "chefe dos chefes" uniu-se aos líderes locais porque estes sabem interpretar sua linha inteiramente construída sobre o binômio "mediação política e negócios". A eles também delegou a gestão de sua condição de foragido e até mesmo de sua saúde.

Na primavera de 2003, quando os problemas na próstata do capo corleonense se agravam cada vez mais e requerem uma intervenção imediata, são eles que organizam a viagem para a França e a internação em uma clínica de La Ciotat, nos arredores de Marselha.

Nicola Mandalà pensara em tudo: a hospedagem antes da internação e da convalescença, entre junho e outubro de 2003, é garantida pela esposa francesa de um filiado, Salvatore Troia. Michele Rubino, Ezio Fontana e o próprio Mandalà cuidam do aspecto logístico e da segurança do capo.

Já os documentos necessários para a viagem ficam a cargo de Francesco Campanella, que anteriormente fora presidente do Conselho Municipal e, depois, consultor econômico do prefeito.

O político tem grande influência sobre a administração municipal e livre acesso às repartições de registro civil, de maneira que pode "fabricar" os novos documentos de identidade de Bernardo Provenzano com a foto do padrinho e o nome de Gaspare Troia, outro filiado à *cosca*.

Antes da viagem a Marselha, os homens de Villabate haviam escolhido outras metas, no exterior, para tratar de sua saúde. É o que conta nos mínimos detalhes justamente o político da "família", Francesco Campanella, que, antes de iniciar sua colaboração com a Procuradoria de Palermo, também se tornara secretário nacional dos jovens da UDEUR,* partido de Clemente Mastella. E Mastella, grato por seu empenho entre as gerações jovens, aceitara servir de testemunha em seu casamento, junto com o futuro presidente da Região siciliana, Totò Cuffaro.

Entre 1991 e 1995, a Europa vive a tragédia da guerra e das "limpezas étnicas" na ex-Iugoslávia. As imagens dramáticas da vio-

---
* Unione Democratici per l'Europa [União dos Democratas pela Europa]. (N. T.)

lência contra civis, dos campos de internação e das valas comuns entram cotidianamente em todas as casas por meio dos telejornais. Com a assinatura do Acordo de Dayton, em novembro de 1995, do problema dos massacres passa-se para aquele do apoio a um país desmembrado. Em toda a Itália se multiplicam as campanhas de auxílio e de solidariedade às populações atingidas.

Também a administração de Villabate, comandada pelo prefeito Navetta, sobrinho do boss Nino Mandalà, decide participar de um projeto humanitário e, por ocasião das festas natalinas, recebe centenas de crianças bósnias, provenientes da torturada Sarajevo.

Terminado o conflito militar, o prefeito e a administração municipal, por sugestão de Campanella, decidem ir a Sarajevo para visitar as famílias das crianças e promover a geminação com a cidade. Campanella, que faz parte da delegação, estabelece contatos, marca encontros e anota endereços.

A Bósnia é um amontoado de escombros, e, para a sua reconstrução, serão necessários alguns bilhões.

"Uma senhora do lugar, que atuara como intérprete em nossos encontros, começou a me iludir sobre uma série de investimentos possíveis. Tudo devia ser reconstruído, e eu, que era bastante empreendedor, decidi que era uma coisa que devia ser feita e que valia a pena tentar." Campanella começa a viajar por Sarajevo e conta aos magistrados como a "família de Villabate" chega à Bósnia: "... essa senhora entrava em contato conosco e em várias ocasiões nos levava até mesmo a ministros... ali, tudo era muito corrompível; por isso, nossa operação era fornecer uma série de produtos utilizando os fundos humanitários para a reconstrução... Faltava de tudo: de frutas a alimentos, papel, macarrão, material de construção e até — o que mais nos interessou e que mais nos fez gastar — aparelhagem sanitária de grande relevância".[57]

---

[57] Interrogatório de Francesco Campanella na prisão, concedido aos promotores públicos Giuseppe Pignatone e Maurizio De Lucia em novembro de 2002.

Há muitos anos, o interesse pelo saneamento é uma verdadeira obsessão dos mafiosos palermitanos, e Campanella o confirma: "... meu tio tem um primo que seria médico-chefe da Câmera Hiperbárica de Palermo... e que havia comprado, com a piscina Hydra de Villabate, uma pequena câmera hiperbárica para dar cursos de formação... havia a possibilidade de vender essa câmera hiperbárica à Cruz Vermelha deles, aquela com a meia-lua, portanto, como a muçulmana, para ser mais claro... porque a câmera hiperbárica seria muito útil naquele território, já que há todo um processo de cura das feridas por arma de fogo e, portanto, ali seria realmente útil..."

Na Bósnia, Campanella é o "embaixador" de Mandalà. Transfere-se por um mês a Sarajevo, encontra expoentes do governo, diretores de hospitais, e constitui uma sociedade chamada CLEMI.DO. O pós-guerra bósnio é caótico, "havia um sistema inacreditável; o tabelião ficava em um casebre; depois precisamos abrir duas contas-correntes, porque o sistema jurídico ainda não havia sido aperfeiçoado..."

Voltando a Palermo, Campanella aperfeiçoa as coisas. Entra para o conselho de administração da recém-inaugurada sociedade, representando o boss Mandalà, e os outros sócios são seu tio, Giuseppe Vitale, e o engenheiro Francesco Maniglia. Assim Campanella descreve o último: "Um engenheiro conhecido e muito falado, da época de Ciancimino,* que sofrera uma grande falência no exterior... estou falando da Líbia, na época do governo Andreotti; depois, por meio dos seus contatos com Lima,** mandaram-no pegar contratos enormes... Foi ele quem me contou essas coisas durante as viagens a Sarajevo..." Na Bósnia, quem administra

---

* Vito Alfio Ciancimino, político e mafioso italiano, membro da Democrazia Cristiana e da Cosa Nostra. Morreu em novembro de 2002. (N. T.)
** Salvo Lima, igualmente membro da Democrazia Cristiana e deputado no Parlamento Europeu, foi morto pela Cosa Nostra em março de 1992. (N. T.)

a sociedade é a senhora Dada, a intérprete que conheceram na viagem de solidariedade. E Campanella e Maniglia mudam-se para Sarajevo, onde se estabelecem justamente para organizar os negócios da sociedade e participar da distribuição dos financiamentos "humanitários", destinados à reconstrução tanto pela ONU quanto pelos países da Comunidade Europeia. O ambiente que encontram é perfeito: "... trabalhava-se com facilidade... bastava corromper um funcionário da Cruz Vermelha para ter um contrato... Lembro que chegaram dois ou três carregamentos de laranjas e tangerinas de Villabate, só para experimentar... depois fornecemos papel, que compramos em Fabriano por um preço e vendemos em Sarajevo três vezes mais caro; em seguida, móveis escolares..."[58]

Mas o negócio que querem concluir em Villabate é o da câmera hiperbárica: "Nos renderia alguma coisa como 5 ou 6 bilhões, porque o doutor Strano a recebera financiada da Região siciliana para dar cursos de formação, portanto, de graça, e a revenderíamos por 7 ou 8 bilhões à Cruz Vermelha da Meia-Lua, garantindo igualmente a formação da equipe de paramédicos".

Quando tudo está pronto, Campanella e Mandalà pegam um voo para Sarajevo. O consultor do prefeito de Villabate organiza uma coletiva de imprensa em que é apresentado o projeto humanitário. De Palermo havia chegado Strano, o médico-chefe, e pelo governo bósnio intervém o Ministro da Saúde. A imprensa também destaca a notícia. No final, porém, tudo vai pelos ares.

Ainda é Campanella quem explica aos magistrados: "Como a conta-corrente que tínhamos na Bósnia havia começado a crescer e tínhamos algo como 40.000 marcos de lucro depositados, a senhora Dada, nossa intérprete, em nome da qual estavam as contas, fugiu com o dinheiro... era ela que assinava e que, por sua vez, nos enganou... mas acho que essa sociedade ainda está aberta..."[59]

---

[58] Ibidem.
[59] Ibidem.

Desse modo, o caso Bósnia limita-se às grandes trapaças. Mas os boss de Villabate não abandonaram o caminho dos Bálcãs.

Segundo Campanella, seu tio, Giuseppe Vitale, que, com outro mafioso de categoria, Gioacchino Pennino, administra todo o jogo clandestino no hipódromo de Palermo, teria comprado e estaria administrando um cassino na Croácia. Foi o que declarou em 2005. Porém, como muitas vezes acontece nessas histórias, ninguém soube de mais nada.

4. ERA UMA VEZ NA AMÉRICA

Uma ponte entre dois mundos

"Caro tio, trata-se de um compromisso e de uma decisão de pelo menos 25 anos atrás. Desde aquela época até hoje, muitas pessoas já se foram... chegamos ao ponto de estarmos quase todos arruinados, e os *pentiti* que acabaram com a gente estão sossegados, soltos por aí. Infelizmente, estamos em uma situação triste e não sabemos como nos esconder..."

A reflexão, quase angustiada, está contida em um dos famosos *pizzini*, enviado do n.º 30 ao n.º 1. A "decisão de pelo menos 25 anos atrás" era a de condenar ao exílio os familiares e os herdeiros da família Inzerillo, de Passo di Rigano, impedindo que voltassem a pisar em solo siciliano. A deliberação da "comissão" encerrava a segunda guerra mafiosa de Palermo, na qual os corleonenses de Totò Riina e Bernardo Provenzando dizimaram e mataram todos os ex-chefes da Cosa Nostra, de Saro Riccobono a Stefano Bontade a Totuccio Inzerillo...

Para evitar o extermínio, o exílio era fruto de uma mediação entre os novos senhores da Cosa Nostra siciliana e uma das mais poderosas famílias americanas daqueles anos, a do boss Charles Gambino, do Brooklyn.

De 1981 a 1983, 21 filiados à família Inzerillo foram assassinados. Entre eles, Salvatore, *capofamiglia*, e seu filho adolescente, Giuseppe, mortos em Palermo, além dos dois irmãos do primeiro, Santo e Pietro, e dois de seus tios, Antonino Inzerillo e Calogero Di Maggio. O filho, ainda menino, foi morto porque tinha jurado se vingar dos corleonenses. Antes de matá-lo, um dos mais impiedosos pistoleiros da Cosa Nostra na época, Pino Greco, chamado de *scarpuzzedda*,* cortou-lhe um braço, aquele com o qual, segundo a macabra mensagem que queria enviar, deveria ter realizado sua vingança.

Já seu irmão, Pietro, foi morto em Nova York. O cadáver foi encontrado com uma nota de 5 dólares na boca e duas de um dólar nos testículos. Também nesse caso os pistoleiros queriam mandar uma mensagem, macabra e clara segundo seus códigos: falou demais e foi muito ávido em seus negócios.

A partir desse momento, os sobreviventes se tornaram "os fugitivos".

O nº 30, que escreve a mensagem, é Salvatore Lo Piccolo, capo da circunscrição de San Lorenzo, e o nº 1, que a recebe, é o capo da Cosa Nostra, Bernardo Provenzano.

O "código" elaborado pelo boss de Corleone atribuiu um número a cada *capimafia* e a cada homem de honra pertencentes à rede de comunicação interna da Cosa Nostra, exceto ao capo da província de Trapani, Matteo Messina Denaro, o único a assinar com o nome *Alessio*.

Entre 2004 e 2005, nos *pizzini* viaja um problema espinhoso para os boss, mas no qual está em jogo boa parte do futuro da Cosa Nostra. É a questão que Salvatore Lo Piccolo submete à avaliação e à decisão do capo e que diz respeito ao retorno dos "fugitivos" a Palermo.

Alguns deles já voltaram com o próprio apoio de Lo Piccolo, que assumiu a responsabilidade e sua proteção perante o capo: "São jovens que não saem da semeada". Em seu jargão, Lo Piccolo garante que não ultrapassarão as fronteiras do território nem a área

---

* Literalmente, "sapatinho". (N. T.)

de sua competência, Passo di Rigano, onde após 20 anos reabriram sua casa e já começaram a reconstruir sua antiga família.

Só que a situação causa apreensão e preocupa muitos outros boss mafiosos. Sobretudo aqueles que foram os protagonistas diretos da matança dos anos 1980 e que agora sentem na pele o risco de vingança.

Entre esses está Antonino Rotolo, *capomafia* de Pagliarelli, que, junto com Lo Piccolo e Bernardo Provenzano, faz parte da troica de comando da Cosa Nostra. A estrutura que, de fato, assumiu as funções da antiga "cúpula", cujos chefes estão quase todos presos, e alguns deles, como no caso de Antonino Giuffrè, chegaram até a se tornar *pentiti*.

Rotolo já tem uma condenação à prisão perpétua, porém, por motivos de saúde, paga sua pena em prisão domiciliar, em sua casa na via Leonardo Da Vinci, em Palermo, a dois passos da casa da via Bernini, onde, em 15 de janeiro de 1993, foi preso Totò Riina. Entre 2004 e 2006, não sabe que é interceptado e conversa livremente com seus homens de confiança: "Esses Inzerillo eram meninos, depois cresceram, agora estão com 30 anos... como é que a gente pode ficar tranquilo?... Precisam ir embora daqui... Precisam ficar na América... e, se vierem para a Itália, matamos todos eles... Se levantarem a cabeça, os primeiros tiros de revólver vão ser para nós... A verdade, *picciotti*,* é que não está nada terminado... Os Inzerillo nunca esquecem seus mortos. Nas datas comemorativas, eles se sentam à mesa e aí lembram que falta esse, falta aquele... Não dá para esquecer essas coisas. Esses caras têm de ir embora. Não há Deus que possa ajudá-los... Precisamos nos livrar deles e, assim, nos livrar dessa preocupação".[1]

---

* Jovem que ocupa o grau mais baixo na hierarquia da máfia. (N. T.)
[1] Tribunal de Palermo. Sentença de primeiro grau, emitida com processo abreviado pelo juiz da audiência preliminar, dr. Piergiorgio Morosini, em 21 de janeiro de 2008, contra Andrea Adamo e outros. Proc. N°. 1579/07. Processo resultante da "operação Gotha".

Rotolo e Lo Piccolo encarnam as duas almas da Cosa Nostra. O primeiro, que foi um dos pistoleiros na guerra contra os Inzerillo, é extremamente fiel às leis de Totò Riina e considera que não se pode violar a "constituição" da organização para voltar a discutir uma decisão já tomada e, além do mais, sem um envolvimento dos que estão presos, entre os quais, o próprio Riina, que, formalmente, ainda é o capo. O segundo, que durante a guerra do início dos anos 1980 era o motorista de Saro Riccobono, um dos *capimafia* mortos, agora está ligado a Bernardo Provenzano e, usando a linha de mediação do padrinho como escudo, já assumiu o compromisso de favorecer o retorno dos exilados. Também o faz para aumentar sua força e seu poder nos equilíbrios internos à organização, com o objetivo de assumir o comando após Provenzano.

Na verdade, o *pizzino* de Lo Piccolo expõe o tema da crise que atinge a máfia siciliana, o impacto dos *pentiti*, que se tornou devastador, bem como as dificuldades logísticas da organização.

No início do novo século, o mundo da Cosa Nostra "é um mundo perturbado e, ao mesmo tempo, excitado por novas oportunidades. Ora como um reflexo condicionado, tentado a pôr a mão na pistola para eliminar toda contradição irritante; ora convencido de ter de buscar, sem disparar nenhum tiro, acordos para fazer valer a única razão que pode entusiasmar todos: levantar grana. Fazer dinheiro".[2]

A estratégia de Riina marcou um fracasso, as famílias ficaram feridas e humilhadas, a ação repressiva e judiciária do Estado infligiu duros golpes à organização, grande parte dos chefes foi para a prisão, submetida a regime de cárcere duro, e o número dos colaboradores da justiça não dá sinais de que irá diminuir. Entre tantas

---

[2] Attilio Bolzoni e Giuseppe D'Avanzo. "La riconquista dell'America è la nuova sfida di Cosa Nostra". *La Repubblica*, 12 de julho de 2007.

consequências, há também o desaparecimento daquele papel e daquele respeito internacional da Cosa Nostra que, por décadas, lhe concedera a primazia entre as organizações criminosas em nível mundial, colocando-a diante destas últimas como um modelo para o seu crescimento e a sua expansão.

Portanto, o retorno dos "fugitivos" é a metáfora do futuro a ser reconstruído. Mas é também seu retorno ao passado. Aos anos em que os Inzerillo eram a liga de uma colaboração com as grandes famílias americanas, que permitira infestar o mundo de heroína, com os "químicos" e os laboratórios sicilianos que já não davam conta de produzir a quantidade de droga necessária para satisfazer a demanda proveniente das famílias além-mar.

Fizeram história, na Itália e na América, os grandes inquéritos da "Pizza Connection", com a rede mafiosa que se estendia entre a Sicília, a Suíça, a França, a Espanha e "Iron Tower", que envolvia as famílias sicilianas e aquelas americanas em um tráfico entre Nova York, Nova Jersey, Pensilvânia, Virgínia e Santo Domingo. Toneladas e mais toneladas de heroína. Os nomes de então eram outros: Bontade, Spatola, Buscetta, Badalamenti, Riccobono, Di Maggio e, obviamente, Inzerillo e Gambino.

Anos que já se foram. Depois, caído o Muro de Berlim e, com ele, o velho mundo bipolar, abre-se campo livre para o modelo econômico liberal, cuja globalização sofre uma brusca aceleração.

Para os corleonenses, porém, a prioridade é reduzir os efeitos finais do maxiprocesso de 1987, modificar a legislação antimáfia e remediar a ação de magistrados que já não se permitem ajustar às lógicas dos acordos com setores do mundo político. Perdidos os antigos "referenciais" no partido hegemônico, escolhem o caminho do combate direto, os massacres para chantagear o Estado.

O restabelecimento das relações com a política, concomitante com a crise do sistema partidário provocada pela Tangentopoli, ocupa a Cosa Nostra, antes e depois dos massacres de 1992 e 1993, em uma ação projetada exclusivamente na frente "interna". A obsessão de Riina e dos corleonenses é fazer o Estado se curvar às suas exigências, convencidos que estão de encontrar interlocutores sensíveis entre as dobras do poder.

Evidentemente, contatos e mediações consolidadas ao longo do tempo tornavam mais do que convincente, aos olhos dos mafiosos, a possibilidade de uma "negociação".[3]

Fracassada a estratégia dos massacres e derrotada a ala de Totò Riina, a Cosa Nostra de Provenzano escolherá o caminho da submersão e de um novo diálogo com a política para recuperar os negócios e a relação com o mundo econômico e empresarial em seu território. No entanto, o fato de, naqueles anos, os corleonenses terem limitado seu próprio horizonte aos problemas nacionais fez com que perdessem o trem da globalização e os afastou das oportu-

---

[3] Após 17 anos dos massacres, 2009 tornou-se crucial para que começasse a existir uma brecha de verdade nesses fatos que, como poucos, marcaram a história da Itália nas últimas décadas. No verão, as declarações de Gaspare Spatuzza, mafioso da família [do bairro palermitano] de Brancaccio que se tornou colaborador da justiça, mudam a versão sobre as dinâmicas do massacre da via d'Amelio, no qual morreram o juiz Borsellino e os agentes de sua escolta. A versão é verificada, revela-se autêntica e afirma uma verdade diferente daquela sancionada por três sentenças que condenaram, de maneira definitiva, os executores materiais e a "cúpula" da Cosa Nostra pela realização do massacre.

Posteriormente, Massimo Ciancimino, filho de Vito, ex-prefeito mafioso de Palermo, começa a colaborar com a justiça e revela os contornos da negociação que seu pai, mediante dois oficiais do ROS dos Carabinieri, o então coronel Mori e o capitão De Donno, teria iniciado com o Estado por conta dos corleonenses. O massacre da via d'Amelio teria servido para remover o principal obstáculo para o desenvolvimento dessa estratégia e para dar impulso à mediação e à negociação, que tinham como base um "papel": a exigência, escrita pelos chefes em 12 itens, com base na qual fariam um "acordo" com o Estado como condição para interromper os massacres.

Após 17 anos, Massimo Ciancimino encontrou o "papel" guardado pelo pai e que teria sido entregue ao coronel Mori. Naqueles anos, diversos políticos com cargos institucionais e de governo começaram a recuperar a memória perdida.

nidades oferecidas pelas novas transições de época. Assim, na mais lucrativa das atividades criminosas globais, aquela do narcotráfico, a passagem histórica da hegemonia sobre o mercado da heroína para aquele da cocaína não viu a Cosa Nostra entre seus protagonistas.

Retorno à América

Para uma parte da Cosa Nostra, voltar à América significa recuperar o tempo e a função perdidos. Provenzano também sabe disso. Preferiu submergir a organização para privilegiar os negócios, e sabe que a aliança com os americanos só pode fazer bem. Por isso, permite que seja feita. Dá cobertura a Lo Piccolo no retorno dos "fugitivos", mas também autoriza seus homens fiéis de Villabate a tecer de novo a trama das relações e dos negócios com o outro continente.

Certamente, tem de enfrentar as resistências de Rotolo e dos líderes fiéis ao outro capo corleonense, Totò Riina. E o faz a seu modo. Tem consciência de que, formalmente, não pode colocar de novo em discussão uma decisão da cúpula, mas também tem consciência de que, sem a sua ambiguidade, os Inzerillo não teriam vol-

---

Para dizer a verdade, também nesse caso a hipocrisia impera. Que houve uma negociação ou a tentativa de iniciá-la é um fato escrito em diversas sentenças relativas aos massacres ou a homicídios que ganharam notoriedade, como o de Salvo Lima, membro do Parlamento Europeu e partidário de Giulio Andreotti. O que faltou foi a responsabilidade penal e a verdade judiciária sobre quem foi protagonista dessa negociação. E, sobretudo, que figurões do mundo político da antiga Primeira República ou da nascente segunda foram os interlocutores receptivos ou disponíveis. Agora essas respostas estão nas mãos dos magistrados das Procuradorias de Palermo e de Caltanissetta, que, com suas investigações, devem revelar uma das páginas mais obscuras da história italiana.

tado e a América teria permanecido distante. Com seu estilo do "dito e do não dito", escreve um *pizzino* que parte "em cópia", conforme escreve o boss, para o endereço do nº 30 (Lo Piccolo) e do nº 25 (Rotolo): "... quando for possível, vamos resolver as coisas com a responsabilidade de todos... meu objetivo é evitar que nos acusemos, uns aos outros, caso alguém venha pedir satisfação de algumas coisas..."[4]

Assim, a nova geração de boss é que se ocupa de fazer reviver o sonho americano. Na Sicília, a família de Villabate e a de Pagliarelli, comandada pelo divergente Rotolo. Na América, as famílias Inzerillo e Gambino. Também esta última representada por um jovem, Frank Calì.

Entre 2003 e 2006, as viagens na rota Palermo-Nova York se intensificam. É preciso retomar a trama de relações perdidas. Porém, quem parte deve ter um mandato amplo, ser embaixador da organização e representar suas diversas almas.

As viagens são preparadas com reuniões das quais participam as famílias de Villabate, Passo di Rigano, Torretta e Carini. Historicamente, são as mais próximas das famílias da Cosa Nostra americana.

Fazem o primeiro voo transoceânico em dupla, e assim é descrito na sentença resultante da "operação Gotha",* que, após a captura de Bernardo Provenzano, levou à prisão de quase todos os *capimafia* da cidade de Palermo: "... um é Nicola Mandalà, da família de Villabate, ao qual Provenzano confiou o comando de cinco famílias:

---

[4] Tribunal de Palermo. Sentença do juiz da audiência preliminar, emitida em 21 de janeiro de 2008, cit.

* Originariamente, Gotha é o nome de uma cidade alemã onde se publicou, de 1763 a 1944, um anuário genealógico dos soberanos europeus e das famílias aristocráticas. Em italiano, o termo também é usado para designar um círculo restrito de pessoas que detêm a máxima autoridade em determinado setor de atividade. (N. T.)

Bagheria, Villabate, Ficarazzi, Belmonte Mezzagno e Misilmeri. O outro é Gianni Nicchi, o 'sucessor' de Nino Rotolo, o *picciutteddu**que atua como embaixador do 'corleonense' nas províncias e controla as extorsões em Palermo. Os dois 'homens do futuro'".

São eles que partem de Palermo em 26 de novembro de 2003 com uma missão precisa: estabelecer novamente os vínculos com as famílias americanas para restituir à associação uma função de protagonista no tráfico internacional de entorpecentes. O projeto é ambicioso. Os protagonistas da viagem a Nova York parecem desempenhar o papel de "desbravadores". Gianni e Nicola são jovens. A América é o sonho. Após dois dias, mandam partir de Palermo para Nova York também suas namoradas. São realmente filhos de outra geração e têm comportamentos que nenhum outro antigo boss teria: deixam-se fotografar enquanto se dedicam às compras com as namoradas pelas ruas de Manhattan, no restaurante, em companhia do amigo Frank, em uma limusine, cobertos de pacotes e presentes de Natal. Mas também trabalham duro, passam de uma reunião à outra. Representam as famílias palermitanas de todas as "observâncias" e têm consciência de toda a responsabilidade dessa missão. Quando se trata de dinheiro, até os antigos rancores podem ser colocados de lado. Mandalà é empreendedor e quer afirmar-se nos negócios com a droga. Segundo um *pentito*, também havia um projeto entre o boss de Villabate e o de Pagliarelli, Nino Rotolo, para lucrar com uma grande carga de cocaína a 5.000 euros o quilo, vinda da Venezuela.

Em 23 de dezembro de 2003, Giuseppe Inzerillo, filho de Santo, assassinado em Palermo em 1981, parte igualmente rumo à Big Apple. Giuseppe era um dos "fugitivos" que acabou voltando para a Itália. Na América, também ele encontra os dois "representantes" palermitanos.

---

* Em dialeto siciliano, jovenzinho. (N. T.)

Passadas as festas natalinas, a delegação volta a Palermo e as viagens não param mais. São feitas sobretudo pelos homens de Villabate que garantiram a fuga de Bernardo Provenzano.

Quem sempre os recebe em Nova York é Frank Calì. É um boss jovem, chamado de Franky Boy, embora já seja *capodecina** da 18ª Avenida, a principal de Bensonhurst, um dos bairros italianos do Brooklyn, no coração da Big Apple.

'U Frankie, como simplesmente o chamam os italianos, é um velho conhecido do FBI. Segundo a instituição federal, teria sido inserido no vértice do comando da família Gambino após as prisões dos irmãos John e Joe, em 1993, e daquela de Jackie D'Amico, seu "mentor" no crime e que esteve na liderança da 18ª Avenida antes dele. Seu papel na "família" foi confirmado em 1999 pelo *pentito* Frank Fappiano, que declarou tê-lo conhecido anos antes como um *Wiseguy*, homem de honra.

Suas relações com os Inzerillo e a família Gambino de Nova York também estão no centro de um relatório conjunto do FBI americano e da Royal Canadian Mounted Police, no qual são reconstituídos os vínculos entre Calì e alguns boss do cartel da 'ndrangheta "Siderno Group", a *cosca* calabresa mais poderosa entre as que atuam no Canadá.

O pai de Frank, Augusto Cesare, é de Palermo. Partiu da ilha após a Segunda Guerra, deixando uma modesta loja de utilidades domésticas e material elétrico no popular bairro Capo, na entrada de um dos mais famosos e coloridos mercados árabes da cidade. No Brooklyn, abriu uma loja de vídeos na 18ª Avenida, "L'Arcobaleno italiano".**

---

* Posição entre os soldados e o *capofamiglia* na hierarquia da família mafiosa. Comandam um grupo geralmente formado por dez soldados ou homens de honra, a *decina*. (N. T.)
** O arco-íris italiano. (N. T.)

Frank, que nasceu nos Estados Unidos, casa-se com Rosaria, filha de Salvatore Inzerillo, homem de honra da família palermitana de Passo di Rigano e primo de primeiro grau de Totuccio Inzerillo. Seu cunhado, Pietro Inzerillo, é homem de honra da família Gambino de Nova York e trabalha em seu restaurante "Nino's", na Henry Street. Um emaranhado extraordinário de relações e parentescos que, ao longo dos anos, fez dos Gambino a família mais poderosa de Nova York.

Na realidade, Franky Boy não é apenas um narcotraficante. No coração da Big Apple, cresceu como empresário, construiu uma rede de sociedades financeiras e atividades comerciais. Tem verdadeira paixão pela cozinha italiana e pelos sabores da terra de origem. Por isso, criou a Circuit Fruits, uma empresa de distribuição de frutas e produtos agrícolas, que, além de abastecer as centenas e mais centenas de restaurantes italianos de Nova York, serve para ocultar uma rede de tráfico e distribuição de drogas e uma ampla atividade de lavagem de dinheiro.

Para ter o quadro completo do papel de Frank Calì e da nova fisionomia das relações entre as famílias mafiosas das duas margens do Atlântico, os magistrados de Palermo e os investigadores do FBI tiveram de reunir as peças de três inquéritos que marcaram a história do combate à Cosa Nostra nos últimos anos: "Grande circunscrição", de 2005, investigação que levou à prisão de Nicola Mandalà e da rede de colaboradores da fuga de Provenzano; aquela que permitiu a captura do capo da Cosa Nostra, em 11 de abril de 2006; e a "operação Gotha", de junho do mesmo ano, que derrubou os vértices palermitanos do período posterior a Provenzano, entre os quais o próprio Rotolo. Investigações complexas, que revelaram o "sistema" criado na Cosa Nostra no período que sucedeu a Riina: a substituição das bombas pelos empreendimentos e das guerras fratricidas por uma "pax mafiosa", que também almejava a reconquista de uma nova função e de uma nova dimensão internacional.

Embora, na máfia siciliana, as guerras possam sempre ser iminentes. Conforme demonstrou a prisão de todo o "Gotha" da Cosa Nostra, executada com mandado imediato de detenção justamente porque as interceptações revelaram que os pistoleiros de Rotolo e Lo Piccolo já estavam a postos, com as armas devidamente carregadas, e prontos para desencadear uma nova guerra da máfia. Se, de fato, Rotolo estava inicialmente interessado nas atividades do narcotráfico com os americanos, o medo das consequências do "repatriamento" dos Inzerillo não o deixava dormir tranquilo. Nas interceptações que irão alarmar os magistrados e os farão ordenar com urgência as prisões para evitar homicídios, Rotolo dizia aos seus: "Se esses caras ganharem terreno, vão cortar a cabeça de todos nós..."

Na montagem do quebra-cabeça dos três inquéritos, sempre aparece uma função para os "fugitivos", reinseridos, com seu retorno à Itália em 2003, no jogo das famílias palermitanas. A essa altura, todos já sabem disso e é bom que o tenham em mente. Aliás, no raciocínio de parte das famílias, o retorno deles pode se tornar uma nova oportunidade.

Nas diversas viagens à América, Nicchi e Mandalà começam a negociar grandes lotes de drogas com a família Gambino. Querem recomeçar com as atividades clássicas.

Ambos os jovens já vivem no futuro. Ao voltar para a Itália, Nicchi tranquiliza Rotolo, exaltando a função e a disponibilidade de Franky Boy, descrevendo-o como "alguém ligado a nós", à Cosa Nostra. O rapaz é empreendedor e começa a agir por conta própria. Cada vez mais, assume ares de executivo, e não apenas de pistoleiro, ofício que, desde muito jovem, o boss da cúpula "lhe ensinou", até nos mínimos detalhes das técnicas de execução.[5]

---

[5] Em uma interceptação, o boss Rotolo dá as últimas indicações a Nicchi antes de um homicídio. Rotolo: "Experimente estes revólveres. Dê sempre dois ou três tiros, e não se aproxime muito". Nicchi: "Já sei; já falamos dessas coisas". Rotolo: "Não precisa fazer muito barulho; um [tiro] para derrubá-lo e, quando cair, outro

Nicola Mandalà, por sua vez, mantém há muitos anos contato direto com Provenzano, e dele assimilou a lição: "Temos de montar uma empresa", andava repetindo o boss corleonense para marcar o fim da série de massacres da estação anterior.

Mandalà traduzira o ensinamento em uma atividade permanente de busca de relações com o mundo econômico e com aquele político. Onde houvesse a possibilidade de investir e "fazer dinheiro", não deixava de tentar. Quer se tratasse de dinheiro para a reconstrução da Bósnia, quer dos financiamentos europeus para as áreas em desvantagem, como a Sicília, das clínicas particulares, financiadas pela Região ou dos grandes centros comerciais, onde houvesse oportunidade de acumular riqueza e poder, sua família deveria estar pronta.

Massa siciliana

Não apenas a droga. Na rota Villabate-Nova York também viaja outra mercadoria. Nesse meio-tempo, começa a viajar outro homem de confiança de Mandalà, Nicolò Notaro. Os investigadores americanos e aqueles italianos o mantêm sob observação. Até porque descobrem que, em Nova York, muitas vezes suas atividades se ligam àquelas de Frank Calì.

---

na cabeça, e pronto. Cuidado porque, [quando você dispara] na cabeça, você pode se sujar; portanto, tem de ir embora logo..." Nicchi: "Vou com uns sapatos que não têm nada a ver com os meus, calças impermeáveis, que logo se rasgam quando tiro... sempre de capacete, e pronto". Rotolo: "E as luvas?" Nicchi: "Vou com aquelas que tenho, de látex, de látex como as dos enfermeiros". Rotolo: "Já experimentou segurar o revólver com luvas de látex?" Nicchi: "Já, [experimentei] tudo, para ver se não escorrega..." Rotolo: "Depois você precisa ficar fora de circulação por dois ou três dias..." O texto está contido na sentença do processo Gotha, emitida pelo juiz da audiência preliminar do Tribunal de Palermo, cit.

Ao FBI lembram que, quando Nicola Mandalà fora pela segunda vez aos Estados Unidos, na primavera de 2004, andava pelas ruas de Nova York a bordo de um automóvel da Haskell International Trading. Os federais descobrem que a sociedade é administrada por Frank Calì, mas tem como vice-presidente executivo Nick Notaro, nosso Nicolò de Villabate.

Nick é o nome que aparece nos cartões de visita da empresa, nos quais, ao lado da logomarca e do título de *Executive Vice-President*, Nicola inseriu a qualificação de *Exclusive Importers of Buitoni*,* com a devida logomarca da empresa italiana, a essa altura adquirida pela multinacional suíça Nestlé.

Além de se ocupar do restaurante "Nino's", Franky Boy lidera uma verdadeira rede de sociedades e empresas: a Circus Fruit Wholesale Corp, Two Brothers Produce Inc, Bontel USA Corp, todas com sede no Brooklyn. É administrador de todas elas, bem como da Haskell, da Ital Products Express Ltd e da Ox Contracting Inc. A essas se acrescenta uma dezena de sociedades ativas no campo das construções urbanística e civil, setor irrenunciável para a Cosa Nostra também nos Estados Unidos. Todas as sociedades estão em seu nome ou então no de Silvestre Lo Verde, conhecido entre os ítalo-americanos de Nova York pelo nome de Silvio. Era vendedor de frutas antes de deixar a Sicília, em 1988, como emigrante.

Mas a verdadeira paixão empresarial de Calì é a distribuição de alimentos.

Na Big Apple, massa é algo que se come aos montes. As centenas de milhares de italianos residentes na cidade não renunciam a ela, e não há restaurante que não tenha um prato de massa no próprio cardápio.

Entre as tantas atividades comerciais, os de Villabate também têm a representação da Buitoni Italia. E, assim, Nick e Frank não

---
* Empresa italiana, fabricante de massas e molhos. (N. T.)

têm dificuldade para obter a licença exclusiva para distribuir a célebre marca de massa no mercado de Nova York.

A primeira remessa é de 300 toneladas. Na reunião com a multinacional suíça para a assinatura do contrato, junto com Nick Notaro também estão Nicola Mandalà e Ezio Fontana, outro homem de honra de Villabate, que há anos cuida da proteção de Bernardo Provenzano. O acordo é fechado.

Como no jogo das caixas chinesas, assim funcionam as transações, com centenas de milhares de dólares que passam de uma sociedade à outra.

No centro das movimentações está a Haskell. A empresa abriu uma conta-corrente no Citybank de Nova York, e para essa conta vão os cheques e as transferências que alimentam sua liquidez, todos assinados por Frank Calì. Partem de uma de suas sociedades, a Bontel USA Corporation.

O dinheiro fica poucos dias na conta e é transferido para a Nestlé italiana. Do final de julho a setembro de 2003, por essa conta passam 300.000 dólares. As operações se repetem até o final de novembro do mesmo ano. Somando as várias quantias movimentadas, no final, na Nestlé americana entraram 210.254 dólares, e na italiana, 210.510 euros.

Outras duas sociedades, a Leon Holding e a Santica USA, sempre na disponibilidade de Nick Notaro e com Frank Calì como suporte, movimentam, com o mesmo mecanismo da rota financeira Bontel-Haskell-Nestlé, outras centenas de milhares de dólares, que também são provenientes de outras famílias sicilianas. Assim, nas contas das sociedades americanas de Villabate, encontra-se o dinheiro dos Di Maggio e de Enzo Brusca, do município de Torretta, e, obviamente, dos Inzerillo. De Villabate, Notaro também transfere centenas de milhares de dólares para as suas sociedades americanas, que, no final da transação, vão parar nas contas das sociedades de Calì.

É um mecanismo clássico de lavagem de dinheiro.

Grande parte das informações sobre essas operações chegou aos magistrados palermitanos em 2009, depois de uma solicitação de carta rogatória internacional.[6] Mas dos Estados Unidos mandaram dizer que o material não era suficiente para dar busca nas sedes dessas sociedades.

No entanto, um ano antes, na manhã de 7 de fevereiro de 2008, as televisões e as rádios italianas e americanas chegaram a realizar programas especiais para contar a maior operação conjunta da polícia desde os tempos da batida policial contra os filiados ao velho John Gotti sênior, 20 anos antes. Era a operação "Old Bridge", ponte velha.

Entre Palermo e Nova York ocorreram 90 prisões. Na Sicília, novos boss e ex-"fugitivos". Na América, astros em ascensão, como o nosso Franky Boy, cujo peso, até esse inquérito, ainda não se tinha compreendido bem, e velhas estrelas como Filippo Casamento, boss de 82 anos que chegara ao ápice da hierarquia na família Gambino. Ele também era um "fugitivo", que evadira em meio à guerra que opôs as famílias históricas da cidade de Palermo aos *viddani* de Corleone.

Ao chegar à América, Casamento construiu sua fortuna trabalhando como narcotraficante, função que muitas vezes o fazia ir ao Canadá, onde organizava tráficos e negócios com homens como Salvatore Miceli, de Trapani, e o "calabrês" Roberto Pannunzi. Nos Estados Unidos, atravessou várias vezes a soleira da prisão. Em 21 de agosto de 2002, terminou de expiar os 30 anos de reclusão a que fora condenado e foi expatriado para Itália em 2 de setembro do mesmo ano. Porém, não ficou muito no país e voltou clandestinamente para a América.

---

[6] Solicitação de carta rogatória, assinada por Lia Sava e Nino Di Matteo, procuradores substitutos da Procuradoria da República de Palermo.

De lá, passou a cuidar dos jovens Inzerillo. Quando, de Palermo, um velho amigo seu lhe pergunta se Giovanni Inzerillo, o verdadeiro herdeiro dos "fugitivos" que também havia voltado a Palermo, estava pronto para reconstruir a família, sua resposta é a do velho capo: "A essa altura o rapaz caminha sozinho".

Com a Old Bridge teve fim o projeto da máfia palermitana de reativar o tráfico internacional de drogas na rota Palermo-Nova York. Todavia, no fundo, o retorno à América é apenas um novo capítulo de uma velha história. A Cosa Nostra sempre busca os caminhos certos para renascer, ainda que estes não sejam fáceis nem favoráveis.

Em uma interceptação registrada na prisão de Torino, em 30 de agosto de 2007, Francesco Inzerillo,[7] conhecido como *'u tratturi*,* conversa com os dois sobrinhos, Giovanni e Giuseppe, que partiram de Palermo para visitá-lo. Seu retorno à Itália não foi dos mais felizes, e ele sugere aos jovens que vão embora. Dirige-se sobretudo a Giovanni: "... Aqui não dá para ficar... os nomes já estão marcados... aqui não dá para trabalhar livremente... moralmente... não tem futuro... se você quiser um pouco de paz... tem de ir embora daqui... está sempre sendo controlado... deve ir embora de toda a Europa... porque, a essa altura, é tudo uma coisa só... deve ir para a América do Sul, América Central, Estados Unidos..."

O tio conta aos sobrinhos que ficou abalado com a prisão de Matteo La Barbera, outro mafioso palermitano, amigo seu: "... con-

---

[7] Francesco Inzerillo, conhecido como *Franco 'u tratturi*, irmão de Salvatore, morto em Palermo em 1981, de Santo, que desapareceu após sofrer um sequestro no mesmo período, e de Pietro, morto em 1982 nos EUA. Inzerillo voltara para a Itália em 1997, tendo sido expulso dos Estados Unidos, onde se havia refugiado durante a guerra mafiosa dos anos 1980, e fora preso por um antigo mandado de captura por associação mafiosa e tráfico de drogas. Em 21 de janeiro de 2008, foi condenado a sete anos "por ter mantido contatos para fins de tráficos ilícitos".

* O trator. (N. T.)

fiscaram até seu forno... é mau sinal... mesmo que você tenha 80 anos, se precisam confiscar suas coisas, eles confiscam... basta você ser incriminado pelo 416 bis... não tem coisa mais horrível do que o confisco dos bens".

Obviamente, não serão o temor nem o respeito às leis a deter as intenções e as atividades dos mafiosos. Mas a conversa na prisão indica o que é sentido pelos próprios mafiosos como seu principal ponto fraco e, portanto, o caminho a ser seguido para combatê-los e atingi-los.

Para eles, o dinheiro é tudo. Até para os "fugitivos", que, ao voltarem, retomam seu posto entre as famílias mafiosas de Palermo, mas fazem reacender os refletores sobre si e sobre as próprias atividades.

Alguns, como *'u tratturi*, acabaram presos de novo. E, na prisão, capturados em momentos diversos, também se encontram seus amigos Salvatore e Sandro Lo Piccolo, Nicola Mandalà e Nick Notaro. Em dezembro de 2009, Gianni Nicchi, nascido em 1981, foi preso em Palermo, em um prédio a dois passos do tribunal.

México e nuvens

Já desde o início dos anos 1990, vive em Nova York uma inteira família de calabreses. Chegaram à América vindos dos campos de Marina di Gioiosa Jonica, uma cidade com pouco mais de 6.000 habitantes, situada ao longo da costa meridional da Calábria. No bairro Corona, no Brooklyn, como tantos outros italianos que emigraram para Nova York, administram uma pizzaria. O estabelecimento se tornou um ponto de encontro de ítalo-americanos, colombianos, equatorianos e mexicanos.

Na Calábria ainda têm outra família, maior, desde sempre especializada no grande tráfico internacional de entorpecentes, a dos

Coluccio-Aquino, a principal *cosca* da 'ndrangheta de Marina di Gioiosa Jonica.

É uma família rica. Com a cocaína acumulou bilhões e criou uma verdadeira sede descentralizada da própria holding no Canadá, em Toronto, de onde chegam e partem carregamentos de droga da e para a Itália.

Para o desenvolvimento das próprias atividades, utilizam um "escritório de representação internacional" também em Nova York. Nos últimos anos, afirmaram-se novas rotas no tráfico da cocaína que, da Colômbia, chegam ao México e, de lá, vão para os Estados Unidos. Os calabreses não querem nem podem ser excluídos delas.

A família Schirripa, que já vive na Big Apple, é ideal, conhece a cidade, tem relações que se consolidaram ao longo do tempo e, além disso, os sul-americanos que frequentam sua pizzaria têm, em seus respectivos países de origem, os contatos certos para encaminhar e desenvolver os negócios da "empresa".

Pasquale Schirripa, o *capofamiglia*, conquistou a América com tenacidade. Em 1986, tão logo pôs os pés em Nova York, foi preso e, após menos de um mês de prisão, também foi expulso e repatriado à Itália.

Certamente, em relação à sua história de homem de honra, o crime cometido era quase risível: tentativa de entrar clandestinamente em território americano. Mas ele não pretendia renunciar à América, até porque queria se juntar à mulher e aos filhos que ali se encontravam já desde o final dos anos 1980. Voltou em 1999, quando, após um indulto aprovado pelo governo americano, obteve o visto de entrada.

A família é reunida: a mãe, Teresa Loccisano, os filhos Giulio, Vincenzo e a irmã Annamaria já estão todos trabalhando no tráfico de drogas. Para cada um há uma função. É preciso encontrar os fornecedores, organizar o transporte para a Calábria, levantar dinheiro para o financiamento entre as outras famílias da 'ndrangheta, efetuar as transações para os pagamentos em Nova York. A atividade prossegue por anos. Até que um projeto de investigação, denominado "Reckoning", unifica os diversos inquéritos americanos com o objetivo de reforçar a luta contra os novos narcotraficantes mexicanos, que se tornaram os senhores incontestados dos territórios de fronteira com os Estados Unidos.

Os investigadores da DEA e do FBI descobrem que Nova York se tornou um ponto de encontro de diversas organizações, que lá fazem chegar grandes quantidades de cocaína destinada à Europa.

Dois narcotraficantes sul-americanos, Ignacio Diaz e Javier Guerriero, abastecem regularmente de droga o grupo Schirripa. Aparentemente, a quantidade é limitada, pode quase passar despercebida. Comercializam apenas poucos quilos por vez. Os Schirripa também a compram em pequenas quantidades. Não podem organizar grandes carregamentos, como acontece com os navios que, dos portos da Colômbia, da Venezuela ou do Canadá, chegam aos portos de Gioia Tauro, Roterdã, Atenas e Marselha. Para eles, basta corromper alguns pilotos de aviões que fazem as rotas comerciais entre os Estados Unidos e a Itália. Melhor ainda se estiverem em serviço em voos que partem do aeroporto "La Guardia", em Queens, e não do mais conhecido, frequentado e controlado JFK, em Nova York.

Quando os pilotos não estão disponíveis, a droga sempre viaja de avião, mas em pequenos pacotes enviados como "correspondência prioritária" de um, no máximo dois quilos ou transportados diretamente pelas mulheres da família, a mãe, Teresa, e a filha, Annamaria.

Com esse sistema, conseguem fazer chegar à Calábria de 10 a 15 quilos de cocaína por mês. Em 30 de abril de 2008, um agente disfarçado da DEA, que finge querer comprar um lote de entorpecentes, fecha o cerco a Luis Calderon, conhecido como *El Tio*, cidadão equatoriano, igualmente imigrante clandestino. Encontram-no junto de um colombiano, Caisedo Rengifo, conhecido como *El Mono*. Ambos são assíduos visitantes dos calabreses, encontram-se com frequência em sua pizzaria, quase se tornaram uma única família. Também se conhecem há muito tempo. A primeira droga que *El Tio* vendeu a Giulio Schirripa foi em 1990. O calabrês era um jovem rapaz, tinha 21 anos, mas já era alguém em quem se podia confiar. Os calabreses também confiavam em *El Tio*, que continuou a abastecê-los durante anos. Pelo menos até abril de 2008, quando, logo após sua prisão, decidiu colaborar com a justiça e revelar as atividades da família calabresa em Nova York.

Os carabinieri do ROS de Reggio Calabria, que investigam os narcotraficantes das *cosche* da 'ndrangheta local, também descobrem um verdadeiro vaivém entre Gioiosa Jonica e a América, filmam cada movimento das mulheres e dos homens da família, ouvem suas conversas em centenas de telefonemas intercontinentais, quase cotidianos.

Sua casa de campo na Calábria nunca está fechada. Quando não levam a droga diretamente a eles, sempre deve haver alguém para recebê-la e entregá-la às outras famílias da 'ndrangheta que participaram da compra nos Estados Unidos com quotas próprias.

Pasquale, o pai, tem a tarefa de enviar o dinheiro para a América, e o faz diretamente com o auxílio de outros dois homens de confiança, ligados ao grupo.

Dezenas de milhares de dólares são transferidos da Calábria para Nova York nos depósitos da Western Union Financial Service. O montante sai dos balcões da Western Union e é certificado em uma *lan house* de Gioia Jonica. Ou então de um local de recebimento, o "Trinità College", de propriedade da "Ercolani Federico & C. sas",[8]

---

[8] Tribunal de Reggio Calabria. Procuradoria da República. Direção Distrital Antimáfia. Pedido de detenção e custódia cautelar em cárcere. Proc. N.º 611, de 2008, resultante da operação denominada "Solare".

que, entre uma ficha e outra de campeonato e um jogo na loteria, efetua dezenas de "narcotransações" de dólares, conforme a definição dos especialistas da DEA americana.

Com efeito, não se trata de um dos tantos e simples locais de recebimento espalhados pela Itália, sobretudo no Sul, onde se registra o maior porcentual de receita por várias loterias e apostas.

Federico Ercolani, que não tem antecedentes penais, é cunhado de Antonio Coluccio, irmão de Salvatore e Giuseppe Coluccio, chefes de uma das mais poderosas *cosche* da 'ndrangheta calabresa e de uma das mais ramificadas redes de narcotraficantes internacionais. Mas este não é o único vínculo que a investigação do ROS e dos magistrados de Reggio Calabria evidenciam.

Antonio Coluccio e Federico Ercolani se casaram com duas irmãs pertencentes a uma das famílias mais importantes e "de respeito" da zona, as filhas de Carmelo Bruzzaniti, considerado o capo do Local da 'ndrangheta de Grotteria.[9]

Surge assim, mais uma vez, um contexto de famílias e parentescos ao qual a 'ndrangheta já se habituou e que, para além do envolvimento e das folhas corridas dos indivíduos, reforça a estrutura de *omertà* que a protege.

Do outro lado do oceano, *El Tio* e *El Mono* vão parar na prisão. Os calabreses de Nova York precisam, então, encontrar outros canais de abastecimento da droga. Quem cuida disso é Cristopher Antony Castellano, vulgo *Criss*, broker que já conhecem e que nos últimos anos se tornou homem de confiança dos narcotraficantes mexicanos do "Cartel do Golfo". O homem já tem contatos com Giulio Schirripa e com sua namorada, Stacey Theresa Minlionica Margolies, igualmente inserida como efetiva na organização. Mas, sobretudo, tornou-se amigo de confiança da mãe, Teresa, verdadeiro centro do tráfico e verdadeira autoridade do grupo. Com ela, o broker

---

[9] Ibidem.

conversa ao telefone, decide viagens e formas de transporte, critica os atrasos no pagamento. Giulio, por sua vez, negocia os preços e as aquisições. Ao lado de Cristopher está outro homem do Cartel do Golfo, chamado Ignacio Alberto Diaz, conhecido como *El Nacho*. Sua figura é importante na estrutura dos narcotraficantes mexicanos porque tem a missão de organizar a rede nova-iorquina da organização e começar a contatar as outras organizações criminosas disponíveis para fazer entrar a droga dos mexicanos nos mercados europeus.

A Itália e, sobretudo, a relação com a 'ndrangheta representam uma prioridade para quem quiser administrar uma quota grande do mercado global.

Os mexicanos bem sabem disso. Foram os colombianos que lhes vendem a coca que o explicaram. A família de Gioiosa Jonica é a primeira chave de acesso ao mundo da máfia calabresa. Mas também os homens das *'ndrine* sabem muito bem que é preciso ter contato com os mexicanos se quiserem adquirir uma nova fonte de abastecimento.

O México corre sério risco de transformar-se em um Narcoestado. Áreas inteiras de seu território já estão nas mãos de gangues que não reconhecem nenhuma lei que não seja a das armas, de seus abusos e de sua violência. Em 2008, são 6.290 os homicídios ligados às atividades dos narcotraficantes e às guerras entre os diversos "cartéis". Somente em Ciudad Juarez, a cidade na fronteira com o Texas e considerada a mais perigosa do mundo, em 2008 ocorreram 1.600 homicídios e, apenas no mês de agosto de 2009, 326. Os sequestros marcam uma média de 70 a 90 por dia. E uma contagem tanto trágica quanto macabra fez chegar a cerca de 200 as decapitações, também para fins de demonstração, com o intuito de sujeitar as populações de inteiras cidades e regiões à vontade dos novos senhores. E é de novos senhores que se trata.

O conjunto de suas organizações, entre soldados, killer, traficantes e falanges militares, garante a subsistência de 150.000 pessoas. E cerca de 300.000 vivem com o "ciclo da maconha", da qual o México é o segundo produtor mundial, após o Afeganistão.

Talvez também seja por isso que a administração de Barak Obama identificou nesses dois países as linhas de frente mais quentes para os Estados Unidos no futuro mais imediato.

Todavia, apesar das 60.000 prisões realizadas nos últimos anos, o fenômeno assumiu tal dimensão social e econômica que, pelo menos a curto prazo, não pode ser detido.[10] Até porque se entrelaça com uma degradação moral e com um sistema de corrupção da política e da vida pública que envolve toda o alinhamento político-institucional do país, com uma deslegitimação tanto dos partidos governistas quanto daqueles da oposição. Partidos que, em diversos Estados mexicanos, ou estão ligados entre si, ou são expressão direta dos narcotraficantes. O mesmo acontece em setores inteiros dos aparatos de polícia e da justiça.

Quando se reconstituem os casos de alguns desses grupos criminosos, a impressão que se tem é de que se está relendo páginas da história das organizações criminosas italianas. Idênticas são as intrigas de guerras entre clãs, guerras mafiosas e alianças para afirmar a supremacia deste ou daquele grupo. Idêntica é a relação com o mundo econômico e empresarial. Idêntica também a relação com a política, com alguns prefeitos e governadores impostos e eleitos pelas organizações criminosas.

Algumas origens são igualmente idênticas. Como a do "Cartel do Golfo", que nasce nos anos 1930 com os contrabandistas de bebidas alcoólicas que abasteciam o mercado negro americano no

---

[10] Guido Olimpo. "Seimila delitti nella guerra dei narcos". *GNOSIS, Rivista italiana di intelligence*, editada pela AISI (Agenzia informazione e sicurezza interna) [Agência de informação e segurança interna], n.º 2, 2009.

período do proibicionismo, para passar, exatamente como os ítalo-americanos da Cosa Nostra, ao grande tráfico de drogas nos anos 1970.

No início dos anos 1990, a essa organização se agrega um grupo de soldados mercenários, provenientes do GAFE (Grupo Aeromovil de Fuerzas Especiales), que constituirão a estrutura paramilitar do cartel Los Zetas, atualmente dirigida por Heriberto Lazcano e Ezequiel Cardenas, irmão do histórico chefe do Cartel do Golfo, Osiel Cardenas.

Se as organizações mexicanas, nas formas em que exercem o controle do território e as relações com o mundo das empresas e da política, de fato assumiram como modelo de radicação as máfias sicilianas, no que se refere às estruturas paramilitares, por sua vez, imitaram o modelo colombiano.

Basta observarmos a origem, o desenvolvimento e as práticas do cartel Los Zetas para logo pensarmos em Salvatore Mancuso, capo das AUC (Autodefensas Unidas de Colombia).

Mancuso é italiano, seu pai mudou-se para a Colômbia saindo de Sapri, na província de Salerno. Tendo crescido nos grupos paramilitares da direita colombiana, criou uma estrutura com duas missões: combater a guerrilha comunista das FARC, de fato fazendo um serviço de "guarda armada" para os grandes latifundiários e algumas grandes empresas americanas que trabalham sobretudo no setor de mineração em território colombiano, e, por outro lado, organizar uma rede autônoma de tráfico internacional de cocaína. Chegara ao fim a época de Pablo Escobar, e o "Cartel de Medellín", que ficou isolado, deixou livre muito território onde era possível agir.

Fazia apenas dois anos que Mancuso fora extraditado para os Estados Unidos. Por um longo período, após ter iniciado uma negociação com o governo de Uribe para desmilitarizar sua organização e englobá-la no exército regular, foi-lhe concedido viver como "prisioneiro" em sua fazenda com todas as piscinas e quadras de tênis. Sabia que podia pedir qualquer coisa, já que controlava 35 dos 100 deputados do parlamento colombiano e também tinha muita influência sobre o próprio presidente. Não por acaso, a extradição para os Estados Unidos lhe foi concedida justamente quando ameaçou falar de suas relações com a política e o poder.

Durante longos anos, foi um *primula rossa*, conseguindo sempre escapar da lei e da justiça. Até porque, para dizer a verdade, pela lei nunca foi perseguido nem seguido. Ao contrário, o ex-presidente Andrea Pastrana favorecera sua fuga pelo menos duas vezes, e ele podia deslocar-se livremente de um canto a outro do país.

Seus aeroportos particulares na floresta não eram submetidos a nenhum controle, e por muitos anos seus bandos puderam realizar massacres de camponeses sem serem perturbados.

Da 'ndrangheta, mais do que aliado, tornou-se quase um sócio. Conhece muitos calabreses. Teve contato com Roberto Pannunzi e seu filho Alessandro. E quase um irmão se tornara Giorgio Sale, o empresário romano enviado pelas *'ndrine* de Platì para trabalhar como broker. Na Colômbia, essas *'ndrine* também têm alguns homens, como Domenico Trimboli, que ali residem meses inteiros durante o ano.

Sale é um empresário vivaz e empreendedor. Além de comprar e vender cocaína, também tem a tarefa de lavar milhões de dólares. Abre uma cadeia de lojas de roupas de luxo com a marca "Gino Palli" e dois restaurantes, um em Bogotá e outro, "La Enoteca", em Cartagena, cidade do Caribe de onde, junto com o outro aeroporto colombiano de Barranquilla, partem toneladas de cocaína.

Por causa da enoteca, entre os narcotraficantes das AUC, Sale é o "homem do vinho", e nas conversas telefônicas com Salvatore Mancuso, conhecido como *El Mono*, o macaco, muitas vezes as negociações têm por objeto a aquisição de famosas garrafas de vinho, que, na linguagem convencional de ambos, substituem os pacotes de coca.

O volume de negócios é bilionário. Com a cocaína, *El Mono* autofinancia um exército de cerca de 11.000 soldados. Tal como os grupos armados dos novos cartéis mexicanos, sujaram-se com os crimes mais cruéis. Sobretudo contra os camponeses e a população civil, prefeitos e militantes sindicais e dos direitos civis. Não pouparam nem mesmo os raros juízes que ousaram desafiar o poder do chefe deles.[11] Graças a esse sistema de impunidade e de cobertura política, Salvatore Mancuso vendeu toneladas de cocaína e acumulou um patrimônio bilionário que, em parte, queria reinvestir na Itália, construindo complexos turísticos na Toscana. Em vez disso, vai parar na prisão, como seu amigo Giorgio Sale. Porém, seus submarinos, aqueles que inventara e começara a mandar construir em oficinas improvisadas na floresta, continuam a navegar, quase roçando a superfície da água. Levam de dez a 12 toneladas de cocaína por vez até a costa mexicana. Ao final de cada entrega, são afundados, e os três ou quatro homens da tripulação são mandados de volta à Colômbia de avião, após terem recebido 500.000 dólares para comprar outro submarino necessário para a próxima viagem.

A droga, desembarcada no México, chega a uma das cerca de 300 passagens "ativas" e em contínuo deslocamento, espalhadas ao longo da fronteira com os Estados Unidos, e que, do Golfo do Caribe, chega ao Oceano Pacífico. Muitas passagens se dão ao longo dos infinitos quilômetros de deserto, de onde, já há muitos anos, junto a nuvens de poeira vermelha se levantam nuvens de poeira branca.

* * *

---

[11] Guido Piccoli. *Colombia, il paese dell'eccesso. Droga e privatizzazione della guerra civile*. Milão, Feltrinelli, 2003.

Há alguns anos o governo dos Estados Unidos faz uma lista negra das principais organizações mundiais que se dedicam ao narcotráfico.

Em 2008, o rol das "narcotics kingpin organizations" é bastante longo. Muitos são os cartéis mexicanos indicados com os nomes de seus chefes: Arellano Felix Organization, Eduardo Ramon Arellano Felix, Francisco Javier Arellano Felix, Carrello Fuentes Organization, Armando Valencia Cornelio. Seguem os grupos jamaicanos de Leebert Ramcharan e Norris Nembhard, Fernando Melciades Zevallos Gonzales, do Peru, Iqbal Mirchi, da Índia, e Hajim Bashir Noorzai, do Afeganistão.

A novidade, porém, diz respeito à 'ndrangheta, que é a primeira organização mafiosa italiana a entrar na lista negra. A decisão assumida pelo Departamento do Tesouro dos Estados Unidos chega em 30 de maio de 2008, três meses após a aprovação do primeiro relatório da Comissão Parlamentar Antimáfia sobre a máfia calabresa.

Com a inserção na lista negra das "narcotics kingpin organizations",[12] um indivíduo considerado seguidor da 'ndrangheta e, como tal, reconhecido pelo Departamento do Tesouro, é submetido ao confisco e ao bloqueio de seus bens e de suas contas-correntes.

É a mesma medida adotada após 11 de setembro de 2001 em relação às organizações terroristas.[13] Segundo a opinião abalizada do responsável pela DEA americana em Milão, a decisão tornou-se

---

[12] A compilação anual da lista das "narcotics kingpin organizations", por parte do governo dos Estados Unidos, refere-se ao mandado a ele conferido pelo Congresso na Foreign Narcotics Kingpin Designation Act [Lei para Designação dos Chefes do Narcotráfico Estrangeiro], de 3 de dezembro de 1999.

[13] Após os atentados de 11 de setembro, em 24 de outubro de 2001 o governo norte-americano aprovou um pacote de medidas antiterrorismo, denominadas Patriot Act [Lei Patriota].

necessária porque a "'ndrangheta representa um perigo para os EUA, uma vez que é um elemento cada vez mais importante no enriquecimento e, portanto, no reforço dos narcotraficantes colombianos. É o que demonstra o controle que os 'ndranghetistas e os colombianos exercem sobre as florescentes rotas da África Ocidental, em cujos portos transita a cocaína enviada às toneladas da Colômbia, mas também da Bolívia, da Venezuela, do Equador, do Peru e do Brasil, para depois chegar à Europa".[14] O relatório da Direção Nacional Antimáfia de 2008 comenta da seguinte forma o parecer americano: "É interessante notar como a 'ndrangheta é considerada pelas autoridades norte-americanas o parceiro mais confiável e constante dos narcotraficantes colombianos, a ponto de ser tida como responsável pelo crescente enriquecimento e, portanto, pelo reforço dessa organização, cuja atuação repercute perigosamente nos mercados de consumo da América do Norte, inundados pela cocaína colombiana, tal como acontece com a Europa".[15]

Ao final das investigações do ROS dos carabinieri na "linha de frente" italiana da operação Solare, que, entre calabreses, mexicanos e guatemaltecos, levou à prisão de mais de 200 pessoas, toda a rede construída pela família Schirripa foi desmantelada.

Também as mulheres foram detidas e levadas à prisão: a mãe, Teresa Loccisano, e a filha, Annamaria. Eram elas que cuidavam do depósito da droga na Calábria, em um buraco cavado entre as árvores de um bosque a poucas centenas de metros de sua casa no campo. E, sobretudo, eram elas, do campo calabrês, que mantinham o contato direto com os mexicanos e os sul-americanos de Nova York.

---

[14] As declarações do responsável pela DEA em Milão, Richard Bendekovic, estão contidas no Relatório Anual de 2008, da Direção Nacional Antimáfia.
[15] Relatório do procurador substituto nacional, Enzo Macrì, in Relatório Anual de 2008, da Direção Nacional Antimáfia.

O pai, Pasquale Schirripa, que no momento da blitz, no verão de 2008, estava do outro lado do oceano, não renunciou a seu antigo sonho. Solicitou a residência permanente nos Estados Unidos e está esperando das autoridades de Nova York se pode, definitivamente, se tornar americano.

Lago Ontário

Na manhã de 7 de agosto de 2008, um grupo de policiais canadenses, acompanhados por alguns oficiais e militares do ROS dos carabinieri de Reggio Calabria, encontram-se diante de um dos edifícios mais bonitos e famosos de Toronto. Mandam o porteiro abrir os portões, sobem ao último andar e, um pouco mais acima, à cobertura. Tocam a campainha e deparam com um apartamento luxuoso, decorado em estilo moderno. As paredes externas que dão para o terraço são todas de vidro, sem revestimento, para não se perder, de nenhum ângulo, uma das vistas mais bonitas da cidade, a do Lago Ontário. Um apartamento elegante e "de prestígio", que somente um executivo ou um empresário poderiam se permitir. E o dono já tem essas características; aliás, resume ambas em sua própria atividade internacional.

Tão logo se vê diante do oficial canadense que lhe mostra a identificação e pede os documentos, não se descompõe: "Sou Agostino Bertolotti, este é o meu visto de residência". É a resposta pronta que, com modos gentis, dirige aos policiais.

Conta uma verdade que dura apenas poucos segundos. Quando é o oficial do ROS a pronunciar as primeiras palavras em italiano para lhe revelar sua identidade, assume o comportamento "digno" do boss e não hesita nem mesmo por um instante: "É verdade, sou Giuseppe Coluccio", exprimindo o comportamento de quem, em sua vida e em sua carreira criminosa, já previra a chegada, cedo ou tarde, daquele momento.

Por diversos dias fora seguido, vigiado, fotografado e filmado. Não o perderam de vista um só instante, embora, em seus deslocamentos, mudasse continuamente de automóvel, andando ora com uma Ferrari, ora com uma Maserati, ora com uma Range Rover. Tornara-se uma presa acossada, perto de ser capturada. E talvez tivesse essa sensação, sentindo-a havia vários dias, haja vista a resignação, quase a serenidade demonstrada no momento em que se entregou.

Giuseppe Coluccio é um verdadeiro boss do narcotráfico. Tem 42 anos e "uma empresa familiar", que cresceu até se tornar uma verdadeira multinacional. A sede oficial fica em Marina di Gioiosa Jonica, na província de Reggio Calabria, e é gerida por seu irmão, Salvatore. A verdadeira direção da empresa fica em Toronto, no Canadá.

De sua cobertura, administra uma rede de relações e negócios que o transformaram em um dos mais importantes brokers no tráfico de entorpecentes em nível mundial.

Não precisa de representantes nem de intermediários. É ele quem entra diretamente em contato com os homens dos narcotraficantes sul-americanos, dos colombianos aos bolivianos e aos novos "cartéis" mexicanos. Não é um comerciante varejista. Negocia e administra apenas grandes lotes, cargas de toneladas de cocaína pura. Aliás, não se mexe até a disponibilidade dos narcotraficantes fornecedores atingir uma quantidade de diversas centenas de quilos. Quando a carga está pronta, sempre ele, de Toronto, começa a marcar as reuniões e a iniciar as negociações para definir as quotas de participação no negócio.

Somente então ouve os chefes das famílias da 'ndrangheta, na Calábria, ou entra em contato com seus representantes no Canadá. Não é um trabalho fácil, requer credibilidade e confiança recíproca entre todos os indivíduos em questão.

São negócios de dezenas de milhões de dólares que nenhum tabelião pode ratificar. A palavra "de honra" e o "respeito devido" são o único vínculo contratual a garantir os compromissos assumidos.

Depois de estabelecidas quais e quantas famílias estão interessadas no negócio e depois de definidas as cifras e as quotas de participação, começa a fase da coleta do dinheiro para pagar a aquisição da cocaína. Por fim, é sempre ele que organiza a transferência da cocaína da Colômbia ou dos outros países da América do Sul para a Calábria, sem nenhum impedimento para as rotas a serem seguidas, quer a "mercadoria" preveja a passagem pelos portos canadenses, quer seja enviada diretamente à Europa ou aos portos da África Ocidental, que também se tornaram bases de distribuição para a droga destinada ao Mediterrâneo.

Não se pode nem mesmo imaginar o volume de negócios que movimenta uma empresa como a "Coluccio Spa". Durante a busca realizada no apartamento, ao esvaziarem o armário do quarto os policiais encontraram um milhão e meio de dólares canadenses em dinheiro. Dinheiro esse que também estava pronto para comprar um lote de drogas.

Das tantas atividades econômicas ocultadas por trás de testas de ferro e que a *cosca* adquiriu no Canadá lavando o dinheiro das drogas, ainda não se sabe muita coisa. O que é notório é que, em Toronto, Coluccio é proprietário de uma empresa de gêneros alimentícios. Sem muita imaginação, nomeou-a "Mangiare".* Para dizer a verdade, dessa empresa é apenas sócio. A outra metade das ações da sociedade é de Giuseppe Cuntrera, conhecido como *Big Joe*. Uma sociedade perfeita, pelo menos para a vocação comum e as competências profissionais de ambos os proprietários.

Big Joe é filho de Pasquale Cuntrera, preso na Espanha em 1998 e expoente de primeiro nível da família Cuntrera-Caruana, de Siculiana, na província de Agrigento, um dos principais grupos de narcotraficantes da história da Cosa Nostra siciliana.[16]

---

* Comer. (N. T.)
[16] Lucio Musolino. "Preso il re del narcotraffico". *Calabria Ora*, Cosenza, 9 de agosto de 2008.

Os Cuntrera-Caruana também vivem no Canadá, mas nas páginas deste livro já os encontramos em Caracas, na Venezuela, na ilha de Aruba, no Caribe, e em outros países da América Latina.

Coluccio havia criado uma rede de relações com os homens da Cosa Nostra, não apenas com *Big Joe* Cuntrera. Tinha contato com os mafiosos da Sicília Oriental, aos quais fornecia drogas, e, sobretudo, com uma das famílias emergentes da Cosa Nostra na Catânia, a dos Laudani.

Com os sicilianos, os irmãos Coluccio também tinham um acordo "marítimo", uma espécie de divisão das águas territoriais ao longo de toda a faixa de mar que, do Estreito de Messina, sobe pelo Mar Jônio. É um mar rico, com muitos peixes, e está entre os preferidos das marinhas da Sicília Oriental, cujos portos distam apenas poucas milhas da Calábria.

No entanto, para a 'ndrangheta, a lógica do controle do território não pode parar na linha de rebentação das ondas. Em virtude desse princípio e desprezando toda lei, os irmãos Coluccio concedem a "licença" de pesca apenas a cinco barcos pesqueiros entre as centenas das frotas marítimas sicilianas. A exclusividade da pesca na Calábria jônica cabe apenas ao barco motorizado *Atlantide*, de propriedade deles.

Assim, a *cosca* obtém dois objetivos: afirma o próprio monopólio sobre o mercado de peixe em todas as cidades costeiras e mantém "livre" e sem intromissões um longo e largo espelho de mar. Na realidade, o objetivo tácito era justamente esse.

Com efeito, boa parte das viagens da droga organizadas em Toronto chegavam exatamente ao espelho de mar que os Coluccio haviam transformado em águas extraterritoriais segundo as leis do Estado e aquelas do mar.

Grandes embarcações chegavam ao largo, em um ponto preestabelecido, e, graças ao sistema de busca da "posição da embarcação", eram encontradas à noite pelo barco pesqueiro *Atlantide*, para o qual eram transferidas toneladas de cocaína.

O caso é descoberto quando, após cerca de um ano da prisão de Giuseppe Coluccio no Canadá, em 5 de maio de 2009, novamente os carabinieri do ROS prendem, desta vez em Marina di Gioiosa, o irmão Salvatore. Era ele que, após o afastamento de Giuseppe, assumira a direção da *cosca*. Embora desde 2005 estivesse inserido na lista dos 30 foragidos mais perigosos, elaborada pelo Ministério do Interior, os carabinieri o encontraram em sua casa, onde, provavelmente, por quatro anos continuara a viver e a dirigir a holding internacional. Salvatore estava escondido em um bunker escavado em uma cavidade entre dois cômodos. A entrada era coberta por um grande armário embutido. Como no mais clássico filme de espionagem, para ter acesso à cavidade, era preciso acionar um mecanismo que fazia toda a parede deslizar.

Certamente, o bunker servia de esconderijo apenas em caso de buscas por parte das forças da ordem, mas não há dúvida de que a diferença entre a vista para o Lago Ontário, usufruída por Giuseppe no Canadá, e o esconderijo sem ar em que se escondia Salvatore, na Calábria, representam bem a metáfora da natureza da 'ndrangheta: apesar dos bilhões e da riqueza que os boss possuem e conseguem movimentar e investir de um canto a outro do mundo, em seu território o que conta mais do que qualquer outra coisa é o reconhecimento de seu poder absoluto e o temor que ele incute na sociedade. Todo o restante, a qualidade de vida, da moradia, as relações humanas e sociais vêm depois.

Quem sabe não tenha sido justamente a consciência disso que, enquanto estendia os pulsos aos carabinieri para receber as algemas, levou Salvatore a se despedir do filho com uma última e inesperada frase: "Olha lá, não vá parar de estudar".[17]

---
[17] Ibidem.

Siderno Group

Para a 'ndrangheta, tudo que acontece no Canadá não é coisa "do outro mundo".

Os calabreses chegaram ao país norte-americano de maneira maciça no início dos anos 1950. A maioria havia partido de Siderno, Roccella Ionica e Marina di Gioiosa Jonica, municípios da faixa costeira. Como os de San Luca, que, por sua vez, escolheram a Alemanha. Os relatórios oficiais da polícia falam das primeiras colônias 'ndranghetistas em Toronto em meados dos anos 1950. E já no início dos anos 1960, a polícia canadense começa a se ocupar delas.[18]

A ligação entre as famílias que estão na Calábria e as que se mudaram para o Canadá sempre foi muito estreita, uma ligação de sangue.

Ao Canadá os calabreses vão não como emigrantes, com o sonho e a obsessão do retorno. Vão para fincar raízes, construir família e levar até lá outras "famílias". Nas montanhas de Ontário, encontram florestas propícias como as do Aspromonte. Descobrem pela primeira vez a cidade e se dão conta de como é a vida nela, com seus grandes portos abertos ao mundo e as possibilidades de abrir-se a novos tráficos e novas atividades.

Estão a dois passos daquela América onde os sicilianos já criaram a Cosa Nostra. E sabem que a máfia na América também cresceu com a contribuição de alguns boss calabreses, que, para todos os efeitos, se tornaram membros da Cosa Nostra americana, como Frank Costello, de Lauropoldi, na província de Cosenza, e Albert Anastasia, de Tropea. Dois *capimafia* que marcaram a história criminal da América do Norte. Obviamente, não são apenas os calabreses. Basta recordar outros nomes, como o de Vic Cotroni, vulgo

---

[18] Direção de Investigação Antimáfia. Relatório Anual, 1993.

the Egg [o Ovo], que partira de Mammola, aos pés do Aspromonte, e que era ligado à família Bonanno, de Nova York; ou ainda John Papalia, *the Pope* [o Papa], originário de Platì, bem como Paolo, Paul Violi, originário de Sinopoli.

É realmente incrível ver como boss semianalfabetos, que partiram de pequenas cidades de poucos milhares de habitantes, perdidas no Aspromonte, ou das zonas internas da província de Reggio Calabria, conseguiram, do outro lado do oceano, tornar-se verdadeiras potências criminosas, tecer relações com o poder, corromper políticos e juízes e ser aceitos nos salões burgueses das grandes cidades.

A história do Canadá é também a história de uma convivência difícil entre sicilianos e calabreses. O equilíbrio se sustenta até a primeira metade dos anos 1970. Durante anos, um boss como Vic Cotroni, respeitado capo da "filial" canadense dos Bonanno, conseguiu impor sua autoridade sobre uma família composta prevalentemente de calabreses. Mas os anos 1960 trazem uma nova onda de emigração siciliana. Chegam ao Canadá, vindos da província de Agrigento, Cattolica Eraclea, Siculiana e outros pequenos municípios da montanha, e têm nomes que lembramos até hoje: Caruana, Cuntrera, Rizzuto, Renda. São boss jovens, mas que já a partir do início dos anos 1970 tornam-se ativos no tráfico de drogas. Impacientes, montam um grupo. Em Montreal são chamados de "Sicilian Faction".* A essa altura, já se tornaram autônomos em relação à família de Vic Cotroni. Quando, em 1975, *the Egg* é preso e Paul Violi chega para liderar a família, os equilíbrios se rompem.

Paul Violi chegara ao Canadá vindo de Sinopoli no início dos anos 1950. No começo, escolhe a região de Ontário e vive entre Welland, Hamilton e Toronto. Em 1947, um relatório do posto dos carabinieri de seu país o definia como "um indivíduo perigoso, de

---

* Facção siciliana. (N. T.)

natureza impulsiva e temperamento violento, capaz de qualquer coisa". E era verdade. Em 1955, quando ainda não possui cidadania canadense, é preso com a acusação de homicídio e logo liberado por ter agido em legítima defesa. Quase como prêmio por sua esclarecida inocência, no ano seguinte, 1956, para todos os efeitos torna-se cidadão canadense. Mas volta à prisão em 1961, desta vez por um crime quase "venial": produção ilícita de substâncias alcoólicas.

Violi cumpre o mesmo roteiro já consolidado por todos os homens da 'ndrangheta no exterior: como os de San Luca, na Alemanha, e os Schirripa, em Nova York, assim que muda de Toronto para Montreal, abre uma pizzaria.

Obviamente a *"famiglia"* deve expandir-se, e os calabreses conhecem apenas uma maneira, entre aquelas não violentas, para ampliar a própria hegemonia territorial: o matrimônio.

Violi se casa com a filha de outro boss, que partira de Oppido Mamertina, uma cidadezinha da Planície de Gioia Tauro. Chama-se Giacomo Luppino e, no Canadá, logo fez carreira, tornando-se o capo da Magaddino di Buffalo, família da Cosa Nostra ativa em toda a região meridional de Ontário. Em um "matrimônio de honra", o padrinho só podia ser um *capomafia* importante, como Vic *the Egg* Cotroni.

Assim que *the Egg* é preso, Violi o sucede com apenas 44 anos de idade e se vê na liderança da família da Cosa Nostra no Quebec. Seu comando dura pouco. A convivência com os sicilianos se rompe. Seu antagonista no seio da família Bonanno canadense é Nick Rizzuto, ex-capataz do agrigentino, ligado aos Cuntrera-Caruana, que, já naquela época, segundo o relato de Tommaso Buscetta, eram os maiores exportadores de heroína do Canadá para os Estados Unidos. Os interesses em jogo são muito altos, e as mediações não se realizam. Rizzuto é obrigado a se refugiar na Venezuela, mas em 22 de janeiro de 1978 conseguirá se vingar, mandando matar Violi enquanto este jogava cartas em um bar da Petite Italie, em Montreal.[19] A partir de então, o velho boss, que confia a gestão dos negócios a seu filho Vito, permanece capo incontestado dos sicilianos no Canadá. Até 2004, quando é preso e extraditado para os Estados Unidos por três homicídios cometidos em Nova York, por ocasião da guerra interna à família Bonanno.

Retornando no tempo e à terra natal da 'ndrangheta, na zona jônica da província de Reggio Calabria, as famílias têm nomes que nunca deixaremos de pronunciar: Macrì, Commisso, Costa, Curciarello. Acima de todas há um guia, um dos patriarcas da 'ndrangheta, *don* Antonio Macrì, que todos chamam de *zi' Ntoni*.

O padrinho já teve ligações com os sicilianos desde os anos 1950. Conhecia o velho *capomafia* corleonense Michele Navarra e, depois, nos anos 1960, estreitou laços com os novos boss emergentes, como Luciano Liggio e os palermitanos Salvatore La Barbera, Pietro Torretta e os irmãos Greco di Ciaculli. Além de, naturalmente, se aproximar de Frank Costello e Albert Anastasia, ítalo-calabreses da Cosa Nostra americana.

O padrinho quer ampliar os próprios horizontes. América, Canadá e Austrália já estão cheias de "conterrâneos". O caminho é traçado, e faz anos que muitos de seus homens já atravessaram o oceano. Só precisam se organizar, tornar-se homogêneos, fiéis e ramificados no novo território.

No fundo, o território é criado não apenas pela natureza, mas também pelos homens que nele vivem. *Zi' Ntoni* manda a Toronto um padeiro de Siderno, Michele Racco, para administrar *in loco* sua organização. No Canadá, já há homens; na América e na

---

[19] Antonio Nicaso. "La piovra canadese". *L'Espresso*, 1º de dezembro de 2006. Cf. Também Nicola Gratteri, Antonio Nicaso. *Fratelli di sangue*. Cosenza, Pellegrini, 2006.

Austrália, outras famílias calabresas estão prontas a se organizar. O oceano já não basta para dividir os dois mundos da 'ndrangheta. Naqueles anos, nasce a estrutura de coordenação que será rebatizada pelos investigadores canadenses de "Siderno Group" e que por 40 anos será conhecida em três continentes.

Em um mandado de prisão de 1992, os juízes calabreses narram da seguinte forma seu nascimento e desenvolvimento: "A denominação 'Siderno Group of Organized Crime' foi cunhada pela magistratura canadense para indicar a organização à qual deram vida as famílias de imigrantes calabreses, cujos componentes provinham, em grande parte, de Siderno. Mais tarde, a organização também se ramificou nos Estados Unidos e na Austrália, constituindo-se em outros tantos subgrupos ou 'câmaras de controle' (com funções de tribunal da máfia e de coordenação das atividades criminosas), e em famílias locais (chamadas simplesmente de 'Locais'), correspondentes às famílias calabresas. Isso ocorreu por uma precisa vontade dos boss calabreses da Cosa Nostra, Francesco Pastiglia (Frank Costello) e Albert Anastasia, que pretendiam impedir possíveis conflitos entre a organização sículo-americana e aquela calabresa. Esta última logo se mostrou bastante homogênea e compacta, enquanto inúmeros filiados aos três subgrupos (canadense, norte-americano e italiano) estavam ligados entre si por vínculos de sangue e matrimônio... Inúmeras interceptações telefônicas e investigações permitiram afirmar, sem nenhuma dúvida, que sempre foram intensas as relações entre a *cosca*-mãe' de Siderno e o subgrupo canadense, do qual um dos principais expoentes é Remo Commisso, várias vezes investigado e condenado por tráfico internacional de drogas..."[20]

---

[20] Tribunal de Reggio Calabria, Gabinete do juiz para as investigações preliminares. Mandado de custódia cautelar em cárcere contra Archinà Rocco Carlo, Commisso Antonio e outros, de 2 de dezembro de 1992, no âmbito da operação denominada "Siderno Group".

Contudo, o mundo muda rápido e, com ele, a hegemonia de *zi' Ntoni* sobre as várias famílias, do Canadá à Austrália, ligadas ao Siderno Group. Não obstante sua visão ampla e seu horizonte internacional, o velho boss não consegue andar no mesmo passo que os tempos. Não entende a verdadeira novidade que em poucos anos tornará grande e poderosa a organização da qual é o patriarca reconhecido: a droga. Os filhos que criou caminham sozinhos.

Em 20 de janeiro de 1975, *zi' Ntoni* se encontra em Contrada Zammariti, uma aldeia rural próxima a Siderno. Acabou de jogar uma partida de bocha quando um grupo de killer descarrega um poder de fogo nunca antes visto na região. Disparam com pistolas, fuzis de cano curto e metralhadoras. A mensagem é clara. Uma época chegou ao fim. No atentado, Francesco Commisso, seu vice-capo, que estava destinado a sucedê-lo, também é gravemente ferido. Quem assume seu lugar é o sobrinho do padrinho, Vincenzo Macrì. Mas durou pouco. Nos anos 1980, primeiro Francesco Commisso, depois seu irmão Cosimo, conhecido como *U Quagghia* [A Codorna], primos de Remo Commisso "canadense", citado no mandado do juiz de Reggio Calabria, assumiram as rédeas da família, fazendo dela uma das maiores organizações de narcotraficantes da 'ndrangheta, com um volume de negócios que, segundo as estimativas dos investigadores, era de cerca de 50 milhões de dólares. O objetivo é atingido com a participação fundamental do "Siderno Group" canadense, que já no início dos anos 1980 traficava heroína e armas.

O Canadá estava acima de todas as rotas da e para a Sicília e a Calábria, o que permitiu às *cosche* de Siderno e da faixa jônica (incluídas na aliança Macrì-Costa-Commisso-Curciarello), com suas ramificações canadenses, transformarem-se rapidamente em verdadeiras *cosche* globais. Isso também aconteceu porque investiram no mercado da droga os bilhões ganhos com sua outra especialidade criminosa: os sequestros.

Todos os dias, de Siderno, Roccella, Locri e Gioiosa Jonica saíam centenas de milhões de antigas liras que, em Toronto, Montreal, Buffalo e Hamilton, eram trocadas pela moeda canadense. No entanto, durante muito tempo, as autoridades canadenses não intervieram ou, pelo menos, subestimaram o fenômeno.

Por volta de meados dos anos 1980, a *'ndrina* dos Costa começou a reivindicar mais espaço para si nos negócios ligados ao tráfico de drogas, buscando uma independência maior em relação aos Commisso, que eram mais fortes. Mas os irmãos Commisso preferiram a guerra ao acordo com os ex-aliados. Quando os Costa já tinham sido quase dizimados, quase todos assassinados, e os poucos sobreviventes estavam entrincheirados em casa, os Commisso enviam um sinal também ao Canadá, onde vivia Giovanni Costa, um dos poucos da família ainda vivo, um morto ambulante.

De Siderno partem três pessoas que, ao chegarem ao Canadá, são recebidas por familiares dos Commisso. Vão a um jantar, em uma clássica festa entre conterrâneos, no restaurante "Commisso Fine Food", em Woodbridge, Ontário. No dia seguinte, 26 de junho de 1991, Giovanni Costa é assassinado em Concord, a poucos quilômetros de Woodbridge. Passam-se poucos dias, e os enviados de Siderno, entre os quais Riccardo Rumbo, principal suspeito do homicídio, voltam à Itália.

Em 1992, ao final de uma guerra entre clãs que provocara 53 mortes em poucos anos, atingindo duramente também o "Siderno Group", o capo da *cosca* perdedora, Giuseppe Costa, após ter conseguido escapar duas vezes do chumbo dos pistoleiros, decide colaborar com a justiça. Um fato raro na Calábria, que provoca uma reação feroz, enquanto, da prisão, Costa é obrigado a assistir impotente à dizimação de parentes e amigos. Porém, suas declarações serão fundamentais para acertar os primeiros golpes na estrutura calabresa dos Commisso e do "Siderno Group", que, no entanto, no Canadá e na Austrália, continuará seu trabalho e suas atividades de sempre.

Após 13 anos, em 28 de junho de 2005, os agentes da "Combined Forces Special Enforcement"* da polícia canadense, junto com alguns funcionários da polícia italiana, entram em uma luxuosa mansão em Hollywood Hills, em Woodbridge, um dos bairros mais exclusivos e burgueses de Toronto, habitado por profissionais famosos e homens de negócios. Surpreendem de roupão, recém-saído do banho, após a habitual corrida cotidiana, Antonio Commisso, conhecido como "o advogado", um dos chefes da família. Deve cumprir uma pena definitiva de dez anos de reclusão, em execução de uma sentença emitida pelo Tribunal de Reggio Calabria em abril do ano anterior.

O "advogado", que tem 49 anos, é sobrinho de Francesco Commisso, braço direito do velho patriarca *zi' Ntoni* Macrì, e de Cosimo Commisso, de quem assumiu o posto no comando da família, depois que este último foi condenado à prisão perpétua por muitos dos homicídios cometidos durante a guerra entre clãs que exterminou os rivais Costa.

No entanto, apesar das notórias operações e prisões, a rede do "Siderno Group" ainda está ativa e representa uma das estruturas centrais para a gestão das principais rotas do narcotráfico mundial, conforme também demonstrou a atividade de Giuseppe Coluccio até sua prisão em 2008.

O Canadá é como a Calábria: as famílias repartiram o território exatamente como fizeram ao dividir as diversas áreas de competência entre os mares Jônio e Tirreno e as cidades de Reggio Calabria.

Em Montreal, Woodbridge, Toronto e Winnipeg, organizaram e estabeleceram as *'ndrine* e, em seguida, criaram os Locais. Talvez hoje já não exista a velha "câmara de controle", almejada nos anos 1960 por Costello e Anastasia. Por outro lado, é certo que o território canadense continua a ser dividido em zonas de "competência

---

* Agência de segurança contra o crime organizado. (N. T.)

territorial", seis áreas com seis representantes, lideradas por um *capocrimine*, com base no modelo de San Luca.[21] Porém, independentemente da definição que se dê à estrutura atual de coordenação e direção surgida nos primórdios do antigo "Siderno Group", é certo que o peso dos Locais e dos boss canadenses representa um dos componentes constitutivos da presença mundial da 'ndrangheta. Seus representantes já não são externos, chefes exclusivamente em seu território, a serem vistos uma vez por ano na reunião das montanhas de Polsi. São constantemente informados daquilo que acontece do outro lado do oceano e participam em pé de igualdade com os outros chefes calabreses, até mesmo pessoalmente, de todas as decisões estratégicas da máfia sem fronteiras.

---

[21] O *capocrimine* é considerado o "Ministro da Guerra" da 'ndrangheta. É o capo da estrutura militar e de operações (o *Crimine*), que age em um território e que representa os principais Locais dessa área.

5. BOINAS E CANGURUS

Pistolas e respeito

É uma tarde fria em Sinopoli. Estamos no Aspromonte, e janeiro é um dos meses mais difíceis. Às quatro da tarde já está escuro. Não há para onde ir. Os carros com o som estéreo a todo volume e enevoados pela fumaça dos cigarros são os lugares de "agregação juvenil" mais frequentados para esperar a noite. Em muitas cidades da Calábria, as horas passam assim, com jovens e adolescentes "estacionados" ao longo das ruas ou nas praças, onde as moças percorrem quilômetros "passeando", indo e voltando, sempre nos mesmos 200 metros entre a igreja e o fim das lojas.

Também estão "estacionados" Stefano e Santo, dois primos. Stefano tem 18 anos e vive na cidade calabresa. Santo tem 17 anos e veio da Austrália com a família para passar as festas de Natal na casa dos parentes.

Embora vivam em mundos distantes, ambos os rapazes têm raízes comuns e muito a compartilhar, falam da própria vida e das famílias um ao outro. Não sabem que outros ouvidos os estão ouvindo. São os dos policiais da Direção de Investigação Antimáfia, que encheram de "grampos" o local de suas confissões:

Santo: "Como é que demonstram respeito ao seu pai?"
Stefano: "Respeito?"
Santo: "É, seu pai é respeitado aqui na cidade."

Stefano: "Quem te falou?"

Santo: "Deu para perceber. Quando você passa pela rua, percebe que todos o cumprimentam."

Stefano: "O primo Paolo também é respeitado lá na Austrália, não é?"

Santo: "E como!"

Stefano: "Todos gostam dele lá na Austrália?"

Santo: "Gostam. Hoje o respeito é para quem tem mais pistolas e dinheiro."

Stefano: "É verdade! Nem é o dinheiro, mas o respeito, porque se existe respeito, existe medo; se não existe respeito, não existe medo... Aqui a gente é assim, por um primo a gente encara até a morte. Se você nos respeita, nós te respeitamos muito. Como um primo-irmão. Mas se, por exemplo, na sua frente alguns primos-irmãos fingem que te respeitam e, pelas costas, vêm para te matar, é porque são invejosos."

Santo: "É, mesmo que sejam da nossa família."

Stefano: "Claro, mesmo que sejam da nossa família. Porque parece que dizem: 'Por que todos te cumprimentam?' Pegue, por exemplo, meu pai. Como vocês dizem lá na Austrália? O boss... vocês dizem boss, não é? É assim? Meu pai é um boss".

Os rapazes já falam e pensam como homens de honra, está em seu DNA familiar. Não têm nenhuma dúvida quanto a seu futuro. Já sabem o que os espera, as escolhas que farão, supondo-se que nessas famílias e nesses contextos se possa ter a possibilidade de fazer verdadeiras escolhas.

Stefano é filho do boss Carmine Alvaro, um dos mais poderosos e respeitados *mammasantissima** da 'ndrangheta calabresa. Santo é filho de seu primo Paolo, que vive na Austrália, onde há anos os Alvaro ampliaram sua rede organizacional entre Adelaide e Melbourne.

---

* Chefe de alto nível, que faz parte da cúpula e é considerado intocável. (N. T.)

A conversa entre os dois rapazes foi registrada em 9 de janeiro de 1997, mas foi tornada pública em 24 de julho de 2009.[1] Faz dois dias que foram lacrados o Cafè de Paris e uma verdadeira rede de bares, restaurantes e pizzarias, situados em todos os bairros do centro histórico da capital. Pode-se não acreditar, mas caso se queira fazer um tour 'ndrangheto-gastronômico, além do Cafè de Paris, é possível visitar o Gran Caffè Cellini ou o Time Out Cafè, passar pelo fast food "California" e pelo restaurante "Federico I"; ou então, tendo-se a possibilidade, jantar no mais exclusivo "George's", cujo valor é estimado pela DIA em 50 milhões de euros.

O inquérito revela um grande volume de lavagem do dinheiro da *cosca* Alvaro, de Sinopoli e Cosoleto.[2] Dinheiro que, antes de chegar ao centro de Roma, circula por meio mundo, viaja com a droga que sai da América do Sul, chega ao Mediterrâneo, à Calábria, para depois ser reenviada às melhores praças europeias. Ao longo dessas rotas, muitas vezes a cocaína faz escala nos portos de Perth, Adelaide, Melbourne e Sydney, onde jovens boss crescem com sólidos valores morais: dinheiro, pistolas e respeito.

A história dos calabreses na Austrália também é antiga. Como a do Canadá. Só que aqui, no fim do mundo, chegaram não de Siderno, ainda que depois também tenham desembarcado aqueles do "Siderno Group". Na Austrália, o afluxo mais maciço de calabreses provém de Platì, de onde literalmente fugiram após a enchente que devastou a cidade em 1951.

Como no Canadá, também na Austrália as famílias calabresas repartem o território. Há que se controlar sobretudo os grandes mercados e os portos. Os boss calabreses, quase todos camponeses e pastores que partiram de cidades na montanha, abrem atividades

---

[1] Ilario Filippone. "Nella vita contano soldi, pistole e rispetto". *Calabria Ora*, Cosenza, 24 de julho de 2009.
[2] Tribunal de Reggio Calabria, Seção Medidas de Prevenção. Mandado de 21 de julho de 2009 no processo de prevenção contra Vincenzo Alvaro, de Cosoleto.

comerciais e criam redes de sociedades e empresas de importação e exportação, todas ligadas às atividades portuárias e aos transportes marítimos.

A Austrália tem um território imenso, quase o dobro da Europa. Para as famílias da 'ndrangheta, este é um problema que antes não chegaram a conhecer. A relação dos boss com as distâncias se explica em uma dupla dimensão: por um lado, aquilo que deixaram na Calábria, fruto de uma repartição territorial ligada a áreas limítrofes e com territórios restritos que confinam com diversas *cosche*. Por outro, o novo mundo, onde tudo é maior, sem fronteiras. Entre uma cidade e outra, há centenas e centenas de quilômetros. É preciso haver uma ligação permanente para se partilharem prioridades e negócios, reconduzindo as enormes distâncias à dimensão localista mais usual da terra natal.

Por isso, logo se dotam de uma estrutura de coordenação. No início dos anos 1980, essa estrutura é descoberta pelo serviço interno de informação da Austrália,[3] que também identifica os nomes dos componentes.

Os boss dividiram a Austrália em seis grandes áreas e escolheram os responsáveis por elas. Uma espécie de macrocircunscrição, para usar um conceito caro à máfia siciliana.

Os chefes que dirigem essas áreas não são designados com base na representação familiar, como se poderia pensar para uma organização com as características da 'ndrangheta, e sim com base naquela territorial. Uma verdadeira "cúpula", composta, em 1981, pelos representantes de seis grandes territórios: Giuseppe Carbone (South Australia), Domenico Alvaro (New South Wales), Pasquale Alvaro (Camberra), Peter Callipari (Griffith), Pasquale Barbaro (Melbourne), Giuseppe Alvaro (Adelaide).[4]

---

[3] Australian Bureau of Criminal Intelligence.
[4] Antonio Nicaso. *'Ndranghete, le filiali della mafia calabrese*. Vibo Valentia, Monteleone, 1994.

Praticamente, é a mesma estrutura que se encontra no Canadá e que serve para assegurar a ligação com a "direção estratégica", que, de todo modo, permanece, intocável e suprema, em San Luca, na Calábria.

É em San Luca que, em setembro de todos os anos, nos dias da festa de Nossa Senhora de Polsi, realiza-se a reunião dos chefes da 'ndrangheta. E é nessa reunião que também se nomeia o *capocrimine* que irá se unir aos seis representantes (os seis *Crimini*) que dirigem a "cúpula" na Austrália.[5] Como os *Crimini* canadenses, os australianos também participam legitimamente das decisões tomadas na Calábria. No mundo global, as escolhas só podem ser globais, e a 'ndrangheta está experimentando formas e práticas dessa inovação.

Para a máfia calabresa, o território australiano sempre foi propício, e, para algumas famílias de Platì, também um lugar de formação criminosa internacional. Por exemplo, em 2008, quando, em Buccinasco, às portas de Milão, é preso Domenico Barbaro, que se tornara dono da cidadezinha lombarda, muitos se perguntam por que em todos os jornais ele é indicado como *o australiano*. Mas poucos escrevem que Barbaro, emigrado com a família para a Austrália, primeiro fora preso, com apenas 16 anos, depois expulso, em 1954, por ter-se envolvido em inúmeros delitos na região de Adelaide.

Barbaro conquista o codinome *o australiano* quando, 23 anos depois de ter sido expulso do país, lhe é concedido um visto de turista para voltar por apenas uma semana. Nem precisa se dar ao trabalho de enviar o pedido às autoridades australianas, uma vez que recebe o visto pessoalmente em Platì. O Ministro da Imigração da época, o laborista Al J. Grassby, fora em visita à cidade para os procedimentos que tornariam Platì e Griffith cidades-irmãs.

---

[5] Enzo Ciconte e Vincenzo Macrì. *Australian 'ndrangheta*. Soveria Mannelli, Rubbettino, 2009.

Oficialmente, o visto havia sido concedido pelo ministro para dar a possibilidade ao *australiano* de voltar para ver a mãe doente. O período de permanência coincide com o dos festejos em Griffith pela associação com Platì. Como inicialmente suspeitaram e depois verificaram os carabinieri de Reggio Calabria, sete dias foram mais do que suficientes para entregar e decidir como lavar o dinheiro dos resgates dos últimos sequestros, cometidos justamente naquele período por Barbaro e pelas outras famílias de Platì em detrimento de comerciantes e empresários lombardos, que foram transportados, aprisionados e libertados entre a Lombardia e as montanhas do Aspromonte.

Assim que volta das férias australianas para a Calábria, Barbaro é preso pelos carabinieri. É considerado responsável pelo sequestro de Pierangelo Bolis, libertado em Cinisello Balsamo, na província de Milão, em 6 de fevereiro de 1974, após quase um mês encarcerado. A família pagara uma quantia enorme, 500 milhões de liras da época. A mesma soma que Domenico Barbaro levara para a Austrália.

Posteriormente, o ministro Grassby é preso por colusão com a 'ndrangheta e, em particular, com o grupo Sergi-Trimboli. Entre as acusações, também lhe imputam o delito de difamação, uma vez que ele escrevera em um livreto que a responsabilidade pelo homicídio do deputado MacKay devia ser atribuído à mulher e ao filho deste. Faltavam apenas as razões passionais, e as acusações teriam respeitado um roteiro visto centenas de vezes na história das máfias italianas, com tentativas de despistamento e difamações contra as vítimas. Ao final de seu caso judiciário, Grassby foi absolvido de toda acusação.[6]

Já Barbaro, *o australiano*, justamente naqueles anos começa a escalar os degraus das famílias da 'ndrangheta de Platì e atinge os

---

[6] Ibidem.

mais altos níveis de comando da máfia calabresa. Em diversas sentenças e relatórios de investigação, escreve-se que sua autoridade e seu poder também são fruto da força induzida que lhe provém de suas relações com o continente australiano.

Na Austrália, os calabreses compram extensos terrenos entre Griffith, Michelago (New South Wales) e Yelardin (Queensland). De Platì saem todos os dias as "remessas" com o dinheiro obtido com os sequestros, uma verdadeira "indústria" do crime, na qual não têm concorrência. É a história invertida da emigração: em geral, são os emigrados que, economizando o dinheiro que ganham com seu trabalho nos novos países, enviam aos familiares as remessas para construir a casa ou aliviar as difíceis condições econômicas de quem ficou na terra natal. Na Calábria, municípios inteiros surgiram e se desenvolveram sem nenhuma lógica urbanística "com os tijolos dos emigrados". Em Platì acontece o contrário. Saem da cidade pobre, que assim permanece, os bilhões que chegam à Austrália para desenvolver as atividades ilegais e aquelas "legais" dos emigrados que partiram para fazer fortuna no novo mundo.

Nas regiões do sul da Austrália, há imensas zonas de floresta, que as chuvas contínuas transformam em um terreno sempre verde e fértil, que produz ótimas colheitas de qualquer coisa que seja semeada. E eles transformam hectares e mais hectares abandonados e incultos em florescentes campos de cânhamo indiano.

A demanda interna é grande, e o mercado australiano é rico. Os calabreses conquistaram o controle dos portos e têm condições de fazer partir, sob os olhos distraídos ou corruptos dos funcionários das alfândegas, até carregamentos de drogas para fora do continente.

Os cabeças da nova atividade são dois homens de Platì, Antonio Sergi e Robert Trimboli. A figura de Robert Trimboli explica bem a evolução de alguns dos emigrados calabreses que optaram por colocar-se a serviço das famílias da 'ndrangheta.

Tendo chegado, como todos, nos anos 1950, Robert cresce com as mãos sujas de graxa das oficinas mecânicas. Com o tempo, abre sua própria oficina, que, no entanto, não vai para frente. Muda de trabalho. Passa por bares, salões de jogos e clubes como técnico que conserta fliperamas. Em 1972, dá-se o primeiro salto em sua vida. De repente, de técnico que conserta fliperamas abre um restaurante, o Texan Tavern, e, pouco depois, um açougue, em Griffith. O dinheiro oriundo dos sequestros já está chegando a rodo. Açougue e restaurante são a fachada legal, a outra é feita com a produção e a venda de maconha. O grande envolvimento de Trimboli nestas últimas atividades já o havia tornado conhecido. Em 1973, revende seus estabelecimentos a Giuseppe Sergi, outro filiado, por um preço excessivo. Obviamente, trata-se de uma falsa operação de venda que esconde outra de lavagem de dinheiro. Considerado pela Comissão Woodward o primeiro produtor de maconha da zona de Griffith, Trimboli logo passa para a distribuição, deixando o aspecto produtivo e o controle dos campos para Antonio Sergi. Os primeiros campos de maconha descobertos são avaliados em diversos milhões de dólares australianos. Ao cabo de poucos anos, Trimboli torna-se o principal fornecedor da droga em toda a região de New South Wales, e a imprensa e os jornais começam a defini-lo como "o barão da droga" na Austrália. Todas as atividades, incluída a lavagem de dinheiro sujo, circulam em torno da "Trimboli, Sergi & Sergi", oficialmente uma empresa para a comercialização de frutas em Fairfield, perto de Sydney.[7]

Após várias vicissitudes com a justiça, não muitas em prol da verdade, Trimboli acaba fugindo por temer uma iminente prisão. Estamos em 1981. Primeiro muda para os Estados Unidos, depois vai para a França e, por fim, para a Irlanda, onde é preso. As auto-

---

[7] Cf. Keith Moor. *Crims in Grass Castles. The True Story of Trimbole, Mr Asia and the Disappearance of Donald MacKay*. Sydney, Viking, 2009.

ridades italianas pedem sua extradição, que é recusada. Após ser libertado, também ele escolhe a Espanha, onde vive tranquilo e livre até 1987. Quando morre, na Austrália deixa para a sua família um império econômico: uma rede de lojas de roupas, lojas de bebidas, um centro para a venda de vinhos ao atacado, além de barcos, lanchas e carros de luxo. Estes eram sua verdadeira paixão, desde os tempos em que, com as mãos sujas de mecânico, podia ver e tocar a parte inferior dos motores.

Muitas dessas histórias, que vão ganhando notoriedade maior ao longo dos anos, tornam a situação cada vez mais alarmante. Os jornais australianos começam a publicar inquéritos e denúncias; surgem movimentos da sociedade civil, empenhados contra a produção e o consumo de drogas.

À Itália também chegam notícias preocupantes das atividades dos calabreses. A Austrália deixa de ser um paraíso natural, a terra dos cangurus, e começa a ser um lugar de violência e negócios do crime.

Em 1988, o governo italiano decide enviar ao país Nicola Calipari, um dos melhores e mais competentes investigadores da Polizia di Stato. O policial dirigiu a Squadra Mobile de Cosenza, mas nascera em Reggio Calabria, tendo respirado o ar da 'ndrangheta desde menino. Como servidor do Estado, é mandado por três meses para para a Austrália a fim de "mudar de ares", mas não apenas por isso: está excessivamente exposto ao perigo devido a algumas investigações delicadas que conduzira pessoalmente em Cosenza, justamente em meio a uma guerra mafiosa que poderia encontrar nele um objetivo externo ao conflito entre as *cosche*. Mas cada um tem seu jeito de ser, e na Austrália ele realmente não consegue limitar sua atividade a analisar o fenômeno mafioso e as relações criadas pelas organizações criminosas calabresas naqueles territórios.

Por natureza, o policial "gosta de agir", sempre desenvolveu investigações em campo, expondo-se pessoalmente, e assim procederá por toda a sua carreira, interrompida, em março de 2005, pelo "fogo amigo" dos soldados americanos no Iraque, enquanto ele estava em missão secreta para libertar uma jornalista italiana, Giuliana Sgrena, raptada por um grupo de terroristas do jihad.

Na Austrália, Calipari reúne todo o material de investigação existente, analisa-o, reconstitui as relações entre as organizações das diversas famílias, busca novas informações e começa a mapear a presença dos clãs calabreses.

No relatório que entregará às autoridades italianas, referindo algumas informações já em posse dos investigadores australianos, escreve: "Segundo a Comissão Woodward, muitos dos que pertencem às famílias calabresas de Griffith — ligados entre si não apenas por vínculos de sangue, mas também por origens étnicas e culturais comuns e, muitas vezes, por interesses comuns no âmbito da delinquência e por hierarquias internas específicas — representavam cerca de 40% da população de Griffith (que conta 22.000 habitantes). Entre 1974 e 1985, nesse território foram descobertas 188 grandes áreas de cultivo de cânhamo indiano, administradas por italianos e que, segundo estimativas aproximadas da Comissão, renderam anualmente aos organizadores um lucro de um bilhão e 100 milhões de dólares australianos... a maior parte desse dinheiro teria sido investida em outras atividades... desestabilizando a economia legal..."[8] Uma riqueza que, segundo o relatório, permitia às famílias calabresas cultivar também relações com políticos corruptos.

Homens solitários

Que ao longo dos anos a 'ndrangheta tenha se tornado uma verdadeira organização ramificada em todo o território australiano e

---
[8] Enzo Ciconte e Vincenzo Macrì. *Australian 'ndrangheta*, cit., p. 13.

capaz de condicionar setores do mundo político e das instituições é um dado que ninguém pode negar.

Aliás, basta revermos com atenção também alguns homicídios notórios para nos darmos conta de como as autoridades não quiseram ou não conseguiram enxergar o que qualquer um deveria ter compreendido para tomar providências em tempo útil.

Em 15 de julho de 1977, um deputado do Partido Liberal desaparece em Griffith. Chama-se Donald Bruce MacKay. É um parlamentar jovem, tem apenas 44 anos e está empenhado em uma campanha de mobilização contra as drogas e as plantações de cânhamo indiano. Suas batalhas têm grande repercussão na imprensa local, mas já não se limitam às denúncias políticas. O parlamentar descobre uma grande plantação de maconha perto de Coleambally e a denuncia à polícia. O político australiano sabe pouco a respeito da 'ndrangheta e não pode imaginar até onde é capaz de chegar a aplicação das férreas leis da *omertà*. Leis que, talvez em outro lugar, em uma área na qual exista uma presença mafiosa, mas não um controle do território por parte da máfia, tenham uma aplicação difícil e arriscada. Mas em Griffith, ao contrário, o controle do território existe e é amplo, visto que 10.000 de seus 22.000 habitantes da época (40% da população, segundo o relatório Woodward) estão diretamente ligados às famílias de Platì.

A denúncia do jovem deputado liberal leva à prisão de três boss de máximo "respeito": Robert Trimboli, Giuseppe Scarfò e Antonio Sergi. Um tapa na cara das famílias de Platì. Pode-se até deixar passar a batalha política, mas, para as leis da honrada sociedade, bancar o "tira" e fazer denúncias à polícia não é algo que se possa tolerar. É sua credibilidade que é posta em jogo.

A partir daquele 15 de julho de 1977, de Donald Bruce MacKay restou apenas seu automóvel com alguns cartuchos calibre 22 nos assentos sujos de sangue.

Em fases sucessivas, dois colaboradores da justiça confirmarão a responsabilidade de Trimboli como mandante do homicídio, mas para as declarações que o acusavam nunca foram encontradas provas suficientes para incriminá-lo.

Como muitas vezes aconteceu na Itália, a máfia derruba os homens que o Estado deixa sozinhos. Frequentemente as histórias se repetem, e, mesmo no quinto continente, enquanto a política e a opinião pública não quiseram entender o quão "radicada" estava a 'ndrangheta, houve homens que a combateram sozinhos, e sozinhos morreram.

Em 10 de janeiro de 1989, outra pistola calibre 22 dispara em Camberra. O calibre da arma, nas lógicas mafiosas, representa quase uma assinatura. Desta vez, quem cai sob os tiros disparados pelos homens da 'ndrangheta é o vice-chefe da Polícia Federal australiana (AFP), Colin Winchester. A cena do crime e suas dinâmicas são as clássicas.

Os pistoleiros esperam o policial à porta de sua casa, quando ele volta do trabalho. Não lhe dão nem mesmo tempo de abrir a porta de seu carro e o crivam de balas.

As investigações logo se voltam para o ambiente dos calabreses.

Assim o relatório da Comissão Parlamentar Antimáfia de 2008 reconstitui os fatos: "Uma mesma pista de investigação uniu os dois homicídios (com aquele de MacKay), identificando em expoentes das famílias originárias de Platì os prováveis mandantes e executores. Ao longo das investigações, os investigadores australianos descobriram que inúmeros terrenos haviam sido adquiridos com dinheiro enviado da pequena cidade da Calábria, parte do qual proveniente dos sequestros efetuados na Lombardia. Segundo consta, nesses sequestros estavam envolvidos expoentes das famílias 'Perre', 'Sergi', 'Papalia' e 'Barbaro'".[9]

De resto, Winchester havia se tornado um objetivo e uma obsessão para os calabreses de Platì, pois apontara a 'ndrangheta

---

[9] Francesco Forgione. 'Ndrangheta. Boss luoghi e affari della mafia più potente del mondo. Milão, Baldini Castoldi Dalai editore, 2008, p. 62.

como a organização criminosa mais perigosa entre as presentes no território australiano. Falara dela nos jornais, na televisão, em conferências públicas. Tanto barulho que, se não fosse interrompido, acabaria por perturbar os negócios e os tráficos cada vez mais ricos e florescentes que os calabreses já haviam empreendido em todo o país. Sua morte chocou o país, a ponto de o chefe da AFP declarar que o homicídio marcou "o fim da era da inocência para a Austrália".

O mesmo incômodo era provocado por Geoffrey Bowen, investigador da National Crime Authority.

Estamos em 2 de março de 1994. No dia seguinte, o sargento deveria testemunhar em um processo por questões de droga, no qual estavam envolvidos diversos parentes e filiados da família Perre. No entanto, seu testemunho poderia ser determinante para sustentar a acusação e condenar os membros da organização.

A família dos Perre é histórica. Nos anos 1950, estiveram entre os primeiros a chegar à Austrália, vindos de Platì, e se tornaram alguns dos principais cultivadores e traficantes de maconha. Contudo, também têm atividades comerciais e econômicas legais. Não podem permitir que sua organização seja desmantelada e seus negócios, bloqueados.

Enquanto Geoffrey Bowen está no departamento da NCA de Adelaide, entregam-lhe um pacote expresso. O policial não tem nenhuma preocupação, já que o pacote passou pelo controle com detector de metais, e acha que pode abri-lo tranquilamente. Mas não chega a ter tempo de retirar todo o invólucro, pois uma violenta explosão o faz saltar pelos ares. O pacote continha uma potente bomba à base de fósforo vermelho, com um detonador à bateria ligado ao interior do invólucro.

Após poucos dias, os colegas de Bowen prendem Domenico Perre, capo da família, irmão de Francesco e sobrinho de Antonio, os principais acusados no processo que nunca pôde ouvir o testemunho decisivo do sargento Bowen.

Os colegas do sargento buscam e recolhem as provas do homicídio com escrúpulo e envolvimento emocional, e o inquérito é defendido por uma forte pressão da opinião pública, igualmente atingida pelas dinâmicas do atentado, nunca antes vistas na Austrália. Porém, como em um roteiro, para o juiz, a estrutura acusatória e as provas contra Perre não eram suficientes.

Assim como os inquéritos sobre os outros dois importantes homicídios — embora no caso de Winchester tenha havido um condenado definitivo —, aquele sobre Bowen não produziu nenhuma ligação com a 'ndrangheta, que continua sendo a máfia que não existe.

A embaixadora

Os italianos na Austrália são realmente muitos. Aliás, se pensarmos na distância que separa o continente da Itália, representam uma grande comunidade, com um percentual de 2,9% de toda a população, segundo as estimativas do recenseamento de 2007.[10] Nas regiões onde se estabeleceram há mais de 60 anos, parecem até ser em número muito maior, tal é a ramificação de sua presença no território: formam grupos, colonizam bairros inteiros, paralisam as cidades nos dias de suas procissões religiosas, são vistos nos mercados hortifrutícolas e naqueles de produtos alimentícios, entre os bancos dos portos e nos depósitos de estocagem das mercadorias, nos bairros pobres e entre aqueles da burguesia, "conquistados" não apenas graças ao espírito empresarial do "gênio" italiano, mas também à despropositada riqueza acumulada rapidamente, e sem aparente razão, por alguns deles.

Os estabelecimentos, os bares, as pizzarias e os restaurantes italianos estão por toda parte, e a "Italian food" é uma marca que não teme concorrência. Por isso, existem centenas de sociedades de

---

[10] Enzo Ciconte e Vincenzo Macrì. *Australian 'ndrangheta*, cit.

Mapas geocriminais de todas as famílias
da 'ndrangheta, da Cosa Nostra e da camorra

AMÉRICA, ÁFRICA E OCEANIA

1. Difusão das máfias no Canadá

2. Difusão das máfias nos Estados Unidos da América

3. Difusão das máfias na América Central

4. Difusão das máfias na América do Sul

5. Difusão das máfias na África

6. Difusão das máfias na Austrália

1. DIFUSÃO DAS MÁFIAS NO CANADÁ

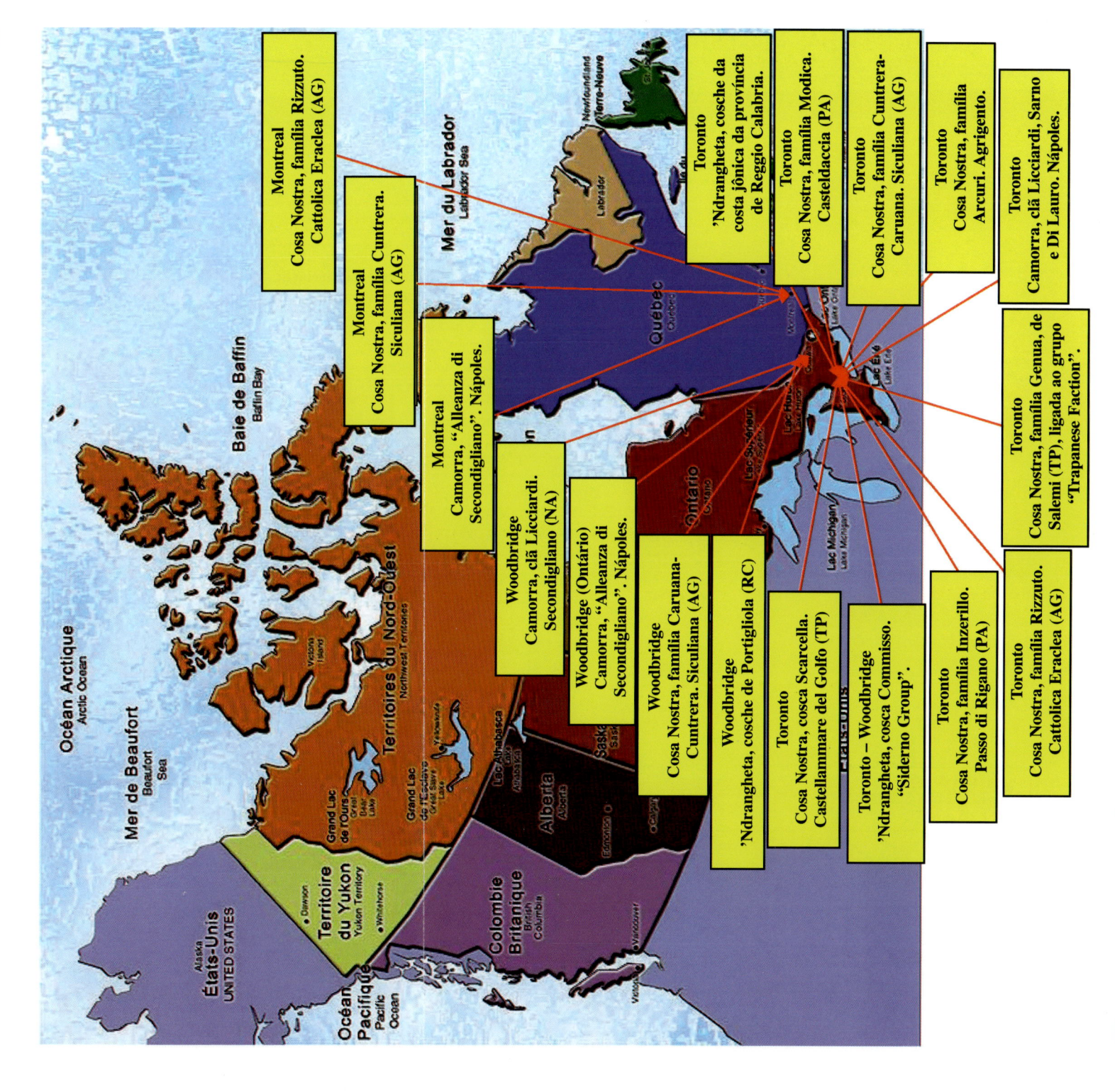

- Montreal — Cosa Nostra, família Rizzuto. Cattolica Eraclea (AG)
- Montreal — Cosa Nostra, família Cuntrera. Siciliana (AG)
- Montreal — Camorra, "Alleanza di Secondigliano". Nápoles.
- Woodbridge — Camorra, clã Licciardi. Secondigliano (NA)
- Woodbridge (Ontário) — Camorra, "Alleanza di Secondigliano". Nápoles.
- Woodbridge — Cosa Nostra, família Caruana-Cuntrera. Siciliana (AG)
- Woodbridge — 'Ndrangheta, cosche de Portigliola (RC)
- Toronto — Cosa Nostra, cosca Scarcella. Castellammare del Golfo (TP)
- Toronto – Woodbridge — 'Ndrangheta, cosca Commisso. "Siderno Group".
- Toronto — Cosa Nostra, família Inzerillo. Passo di Rigano (PA)
- Toronto — Cosa Nostra, família Rizzuto. Cattolica Eraclea (AG)
- Toronto — 'Ndrangheta, cosche da costa jónica da província de Reggio Calabria.
- Toronto — Cosa Nostra, família Modica. Casteldaccia (PA)
- Toronto — Cosa Nostra, família Cuntrera-Caruana. Siciliana (AG)
- Toronto — Cosa Nostra, família Arcuri. Agrigento.
- Toronto — Camorra, clã Licciardi, Sarno e Di Lauro. Nápoles.
- Toronto — Cosa Nostra, família Genua, de Salemi (TP), ligada ao grupo "Trapanese Faction".

2. DIFUSÃO DAS MÁFIAS NOS ESTADOS UNIDOS DA AMÉRICA

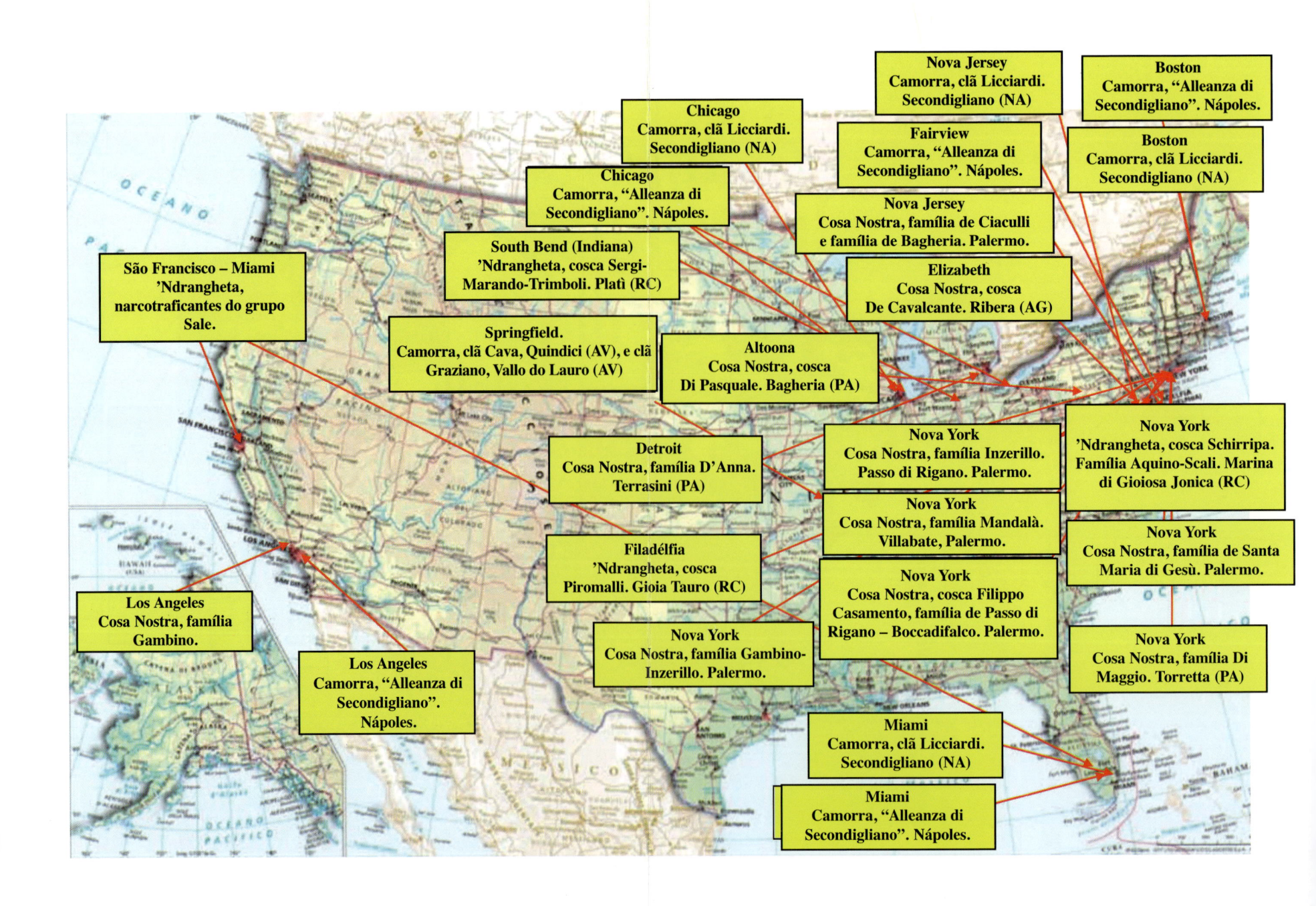

Nova Jersey
Camorra, clã Licciardi. Secondigliano (NA)

Boston
Camorra, "Alleanza di Secondigliano". Nápoles.

Chicago
Camorra, clã Licciardi. Secondigliano (NA)

Fairview
Camorra, "Alleanza di Secondigliano". Nápoles.

Boston
Camorra, clã Licciardi. Secondigliano (NA)

Chicago
Camorra, "Alleanza di Secondigliano". Nápoles.

Nova Jersey
Cosa Nostra, família de Ciaculli e família de Bagheria. Palermo.

South Bend (Indiana)
'Ndrangheta, cosca Sergi-Marando-Trimboli. Platì (RC)

Elizabeth
Cosa Nostra, cosca De Cavalcante. Ribera (AG)

São Francisco – Miami
'Ndrangheta, narcotraficantes do grupo Sale.

Springfield
Camorra, clã Cava, Quindici (AV), e clã Graziano, Vallo do Lauro (AV)

Altoona
Cosa Nostra, cosca Di Pasquale. Bagheria (PA)

Detroit
Cosa Nostra, família D'Anna. Terrasini (PA)

Nova York
Cosa Nostra, família Inzerillo. Passo di Rigano. Palermo.

Nova York
'Ndrangheta, cosca Schirripa. Família Aquino-Scali. Marina di Gioiosa Jonica (RC)

Nova York
Cosa Nostra, família Mandalà. Villabate, Palermo.

Nova York
Cosa Nostra, família de Santa Maria di Gesù. Palermo.

Filadélfia
'Ndrangheta, cosca Piromalli. Gioia Tauro (RC)

Nova York
Cosa Nostra, cosca Filippo Casamento, família de Passo di Rigano – Boccadifalco. Palermo.

Los Angeles
Cosa Nostra, família Gambino.

Nova York
Cosa Nostra, família Di Maggio. Torretta (PA)

Los Angeles
Camorra, "Alleanza di Secondigliano". Nápoles.

Nova York
Cosa Nostra, família Gambino-Inzerillo. Palermo.

Miami
Camorra, clã Licciardi. Secondigliano (NA)

Miami
Camorra, "Alleanza di Secondigliano". Nápoles.

3. DIFUSÃO DAS MÁFIAS NA AMÉRICA CENTRAL

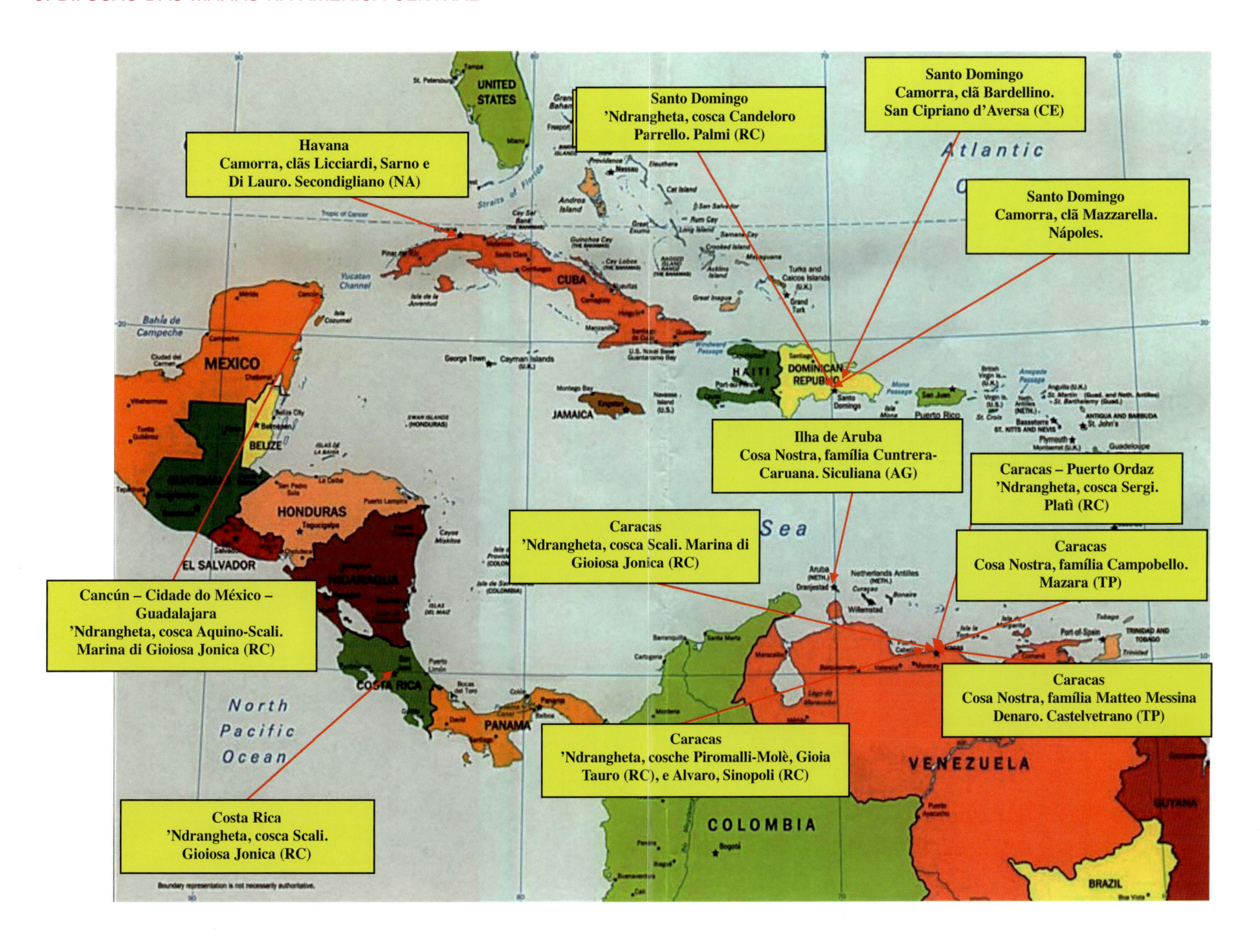

Havana
Camorra, clãs Licciardi, Sarno e Di Lauro. Secondigliano (NA)

Santo Domingo
'Ndrangheta, cosca Candeloro Parrello. Palmi (RC)

Santo Domingo
Camorra, clã Bardellino. San Cipriano d'Aversa (CE)

Santo Domingo
Camorra, clã Mazzarella. Nápoles.

Ilha de Aruba
Cosa Nostra, família Cuntrera-Caruana. Siculiana (AG)

Caracas – Puerto Ordaz
'Ndrangheta, cosca Sergi. Platì (RC)

Caracas
'Ndrangheta, cosca Scali. Marina di Gioiosa Jonica (RC)

Caracas
Cosa Nostra, família Campobello. Mazara (TP)

Cancún – Cidade do México – Guadalajara
'Ndrangheta, cosca Aquino-Scali. Marina di Gioiosa Jonica (RC)

Caracas
Cosa Nostra, família Matteo Messina Denaro. Castelvetrano (TP)

Caracas
'Ndrangheta, cosche Piromalli-Molè, Gioia Tauro (RC), e Alvaro, Sinopoli (RC)

Costa Rica
'Ndrangheta, cosca Scali. Gioiosa Jonica (RC)

4. DIFUSÃO DAS MÁFIAS NA AMÉRICA DO SUL

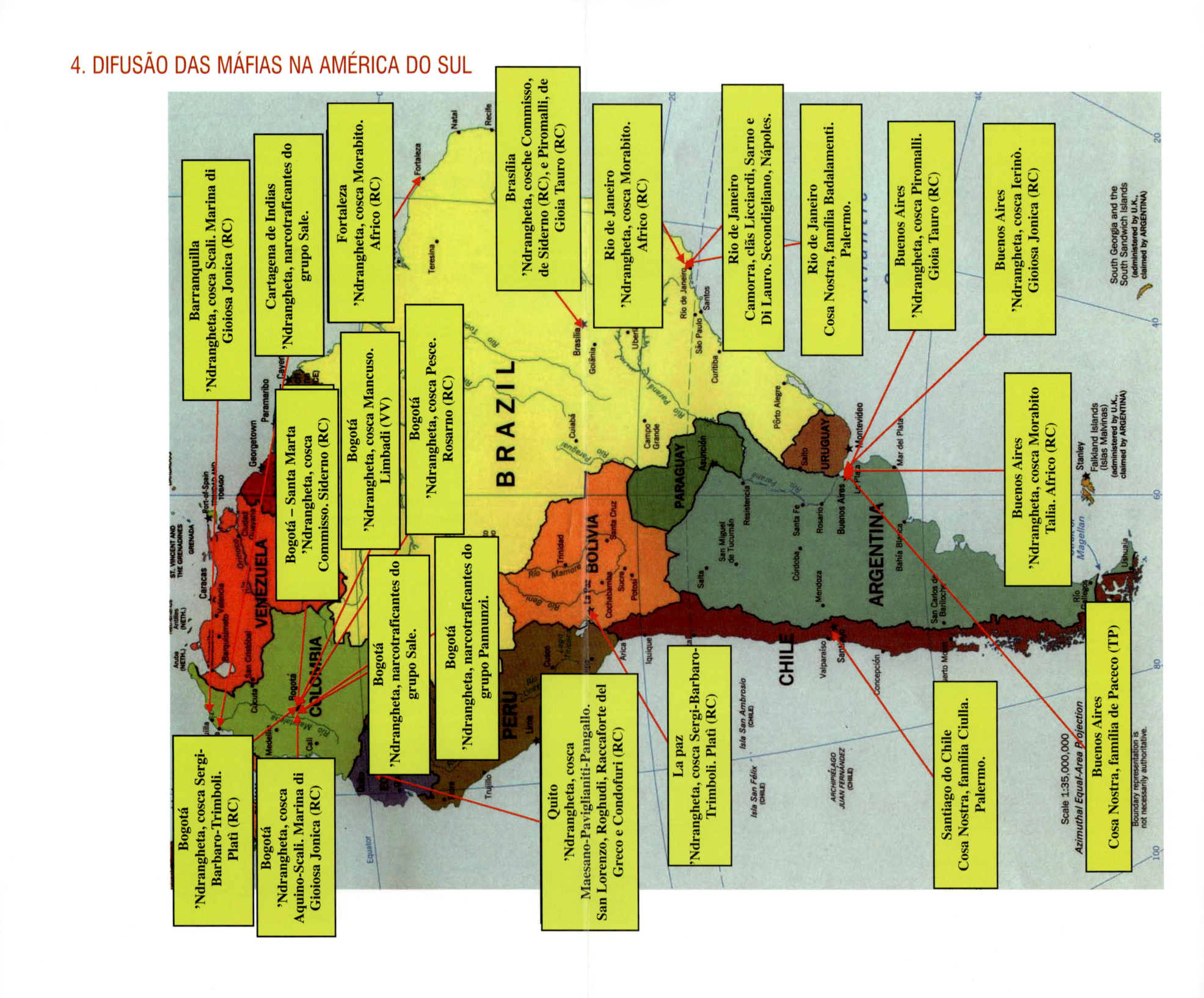

- **Barranquilla** — 'Ndrangheta, cosca Scali. Marina di Gioiosa Jonica (RC)
- **Cartagena de Indias** — 'Ndrangheta, narcotraficantes do grupo Sale.
- **Fortaleza** — 'Ndrangheta, cosca Morabito. Africo (RC)
- **Brasília** — 'Ndrangheta, cosche Commisso, de Siderno (RC), e Piromalli, de Gioia Tauro (RC)
- **Rio de Janeiro** — 'Ndrangheta, cosca Morabito. Africo (RC)
- **Rio de Janeiro** — Camorra, clãs Licciardi, Sarno e Di Lauro, Secondigliano, Nápoles.
- **Rio de Janeiro** — Cosa Nostra, família Badalamenti. Palermo.
- **Buenos Aires** — 'Ndrangheta, cosca Piromalli. Gioia Tauro (RC)
- **Buenos Aires** — 'Ndrangheta, cosca Ierinò. Gioiosa Jonica (RC)
- **Bogotá – Santa Marta** — 'Ndrangheta, cosca Commisso. Siderno (RC)
- **Bogotá** — 'Ndrangheta, cosca Mancuso. Limbadi (VV)
- **Bogotá** — 'Ndrangheta, cosca Pesce. Rosarno (RC)
- **Bogotá** — 'Ndrangheta, narcotraficantes do grupo Sale.
- **Bogotá** — 'Ndrangheta, narcotraficantes do grupo Pannunzi.
- **Buenos Aires** — 'Ndrangheta, cosca Morabito Talia. Africo (RC)
- **Bogotá** — 'Ndrangheta, cosca Sergi-Barbaro-Trimboli. Platì (RC)
- **Bogotá** — 'Ndrangheta, cosca Aquino-Scali. Marina di Gioiosa Jonica (RC)
- **Quito** — 'Ndrangheta, cosca Maesano-Paviglianiti-Pangallo, San Lorenzo, Roghudi, Raccaforte del Greco e Condofuri (RC)
- **La Paz** — 'Ndrangheta, cosca Sergi-Barbaro-Trimboli. Platì (RC)
- **Santiago do Chile** — Cosa Nostra, família Ciulla. Palermo.
- **Buenos Aires** — Cosa Nostra, família de Paceco (TP)

5. DIFUSÃO DAS MÁFIAS NA ÁFRICA

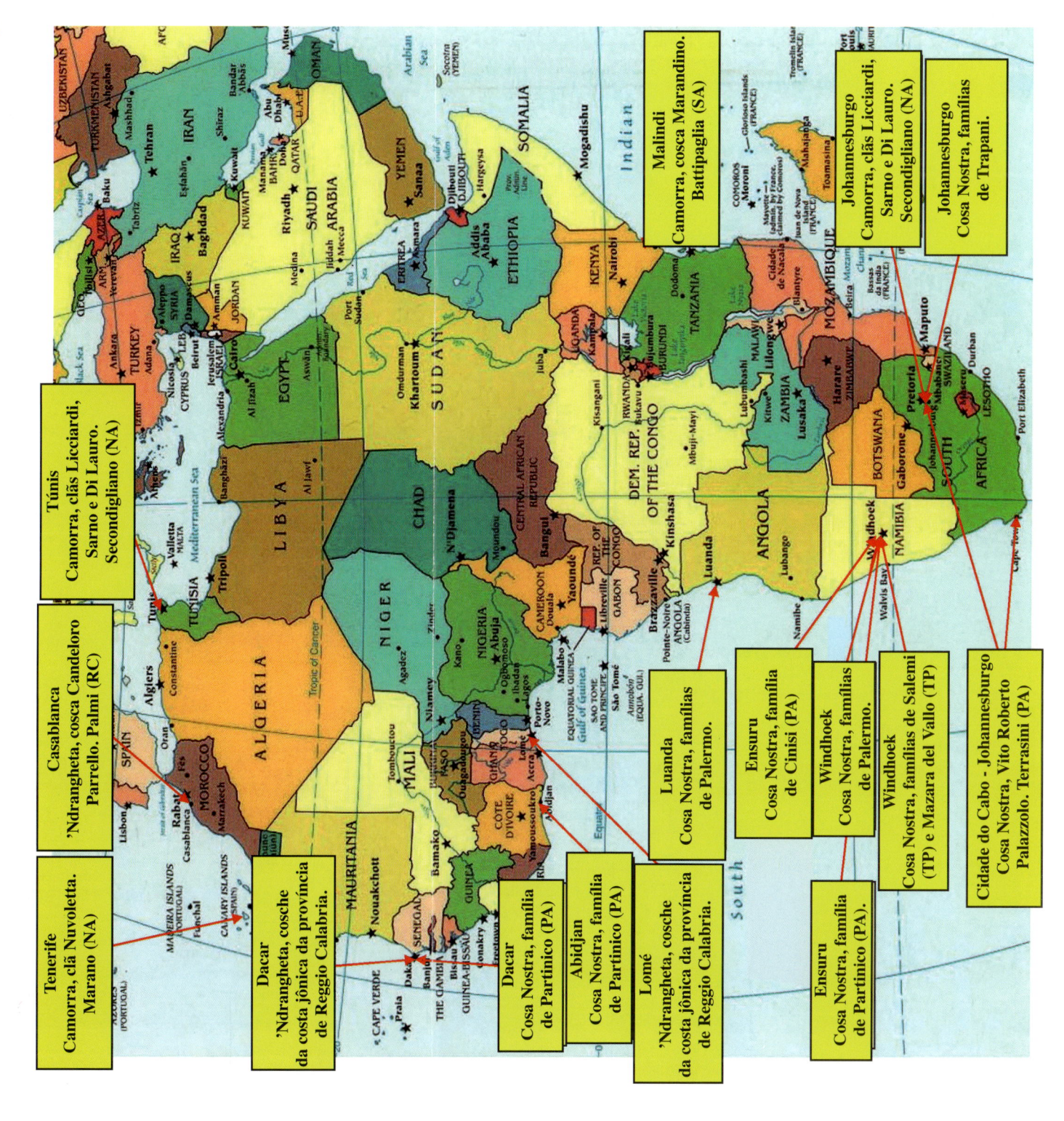

- **Tenerife** — Camorra, clã Nuvoletta. Marano (NA)
- **Casablanca** — 'Ndrangheta, cosca Candeloro Parrello. Palmi (RC)
- **Túnis** — Camorra, clãs Licciardi, Sarno e Di Lauro. Secondigliano (NA)
- **Dacar** — 'Ndrangheta, cosche da costa jónica da província de Reggio Calabria.
- **Dacar** — Cosa Nostra, família de Partinico (PA)
- **Abidjan** — Cosa Nostra, família de Partinico (PA)
- **Lomé** — 'Ndrangheta, cosche da costa jónica da província de Reggio Calabria.
- **Malindi** — Camorra, cosca Marandino. Battipaglia (SA)
- **Luanda** — Cosa Nostra, famílias de Palermo.
- **Ensuru** — Cosa Nostra, família de Cinisi (PA)
- **Windhoek** — Cosa Nostra, famílias de Palermo.
- **Windhoek** — Cosa Nostra, famílias de Salemi (TP) e Mazara del Vallo (TP)
- **Ensuru** — Cosa Nostra, família de Partinico (PA).
- **Cidade do Cabo - Johannesburgo** — Cosa Nostra, Vito Roberto Palazzolo. Terrasini (PA)
- **Johannesburgo** — Camorra, clãs Licciardi, Sarno e Di Lauro. Secondigliano (NA)
- **Johannesburgo** — Cosa Nostra, famílias de Trapani.

6. DIFUSÃO DAS MÁFIAS NA AUSTRÁLIA

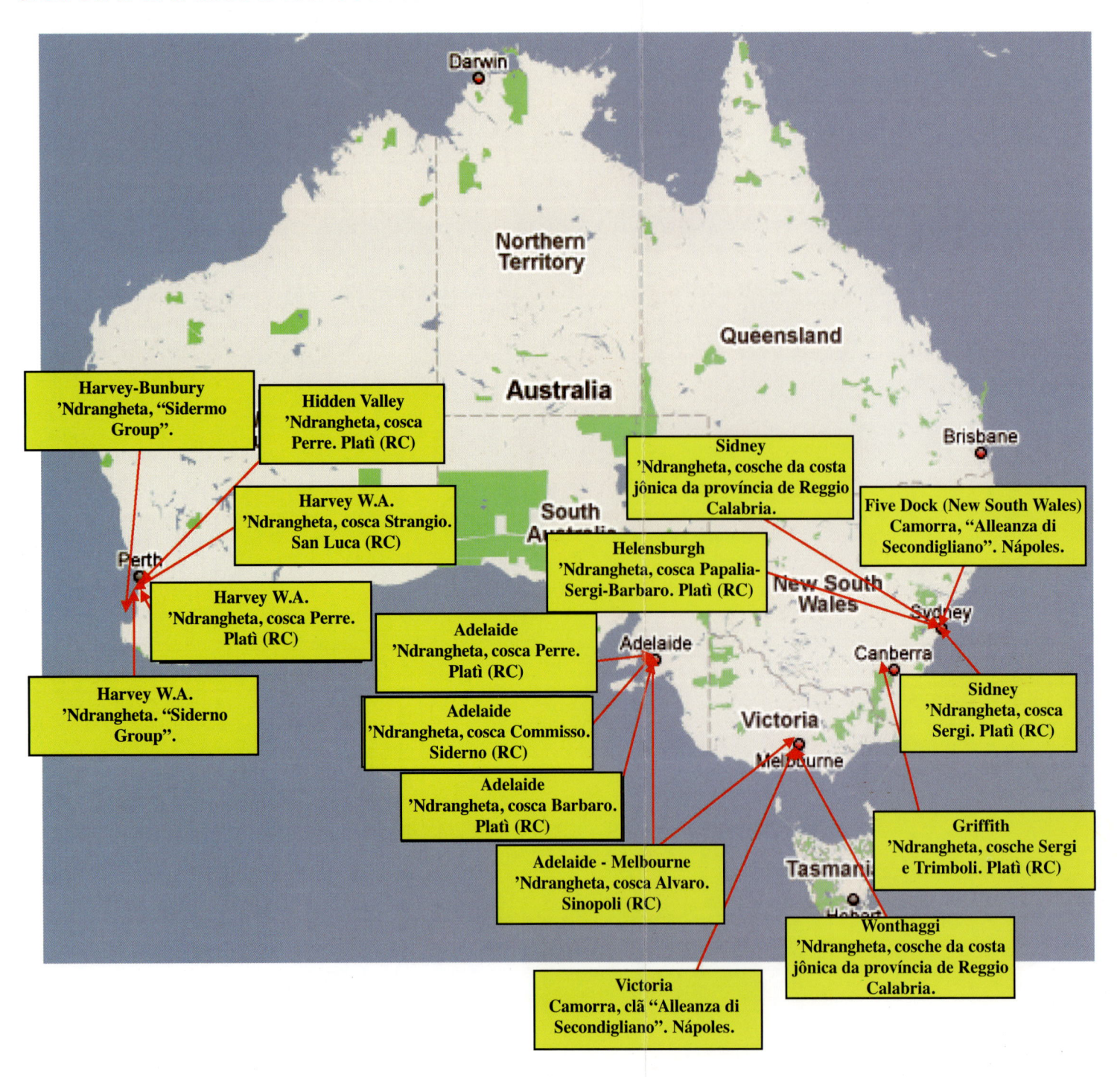

Harvey-Bunbury
'Ndrangheta, "Sidermo Group".

Hidden Valley
'Ndrangheta, cosca Perre. Platì (RC)

Harvey W.A.
'Ndrangheta, cosca Strangio. San Luca (RC)

Harvey W.A.
'Ndrangheta, cosca Perre. Platì (RC)

Harvey W.A.
'Ndrangheta. "Siderno Group".

Sidney
'Ndrangheta, cosche da costa jônica da província de Reggio Calabria.

Five Dock (New South Wales)
Camorra, "Alleanza di Secondigliano". Nápoles.

Helensburgh
'Ndrangheta, cosca Papalia-Sergi-Barbaro. Platì (RC)

Adelaide
'Ndrangheta, cosca Perre. Platì (RC)

Adelaide
'Ndrangheta, cosca Commisso. Siderno (RC)

Adelaide
'Ndrangheta, cosca Barbaro. Platì (RC)

Sidney
'Ndrangheta, cosca Sergi. Platì (RC)

Adelaide - Melbourne
'Ndrangheta, cosca Alvaro. Sinopoli (RC)

Griffith
'Ndrangheta, cosche Sergi e Trimboli. Platì (RC)

Wonthaggi
'Ndrangheta, cosche da costa jônica da província de Reggio Calabria.

Victoria
Camorra, clã "Alleanza di Secondigliano". Nápoles.

ROTA DO TRÁFICO DE DROGAS

1. Zonas de difusão e grandes fluxos de cocaína, heroína, haxixe e maconha
2. Rotas da cocaína
3. Rotas da heroína
4. Rota balcânica e suas variantes
5. Rotas da cannabis: haxixe e maconha
6. Rotas das anfetaminas, do ecstasy e de drogas afins

1. ZONA DE DIFUSÃO E GRANDES FLUXOS DE COCAÍNA, HEROÍNA, HAXIXE E MACONHA

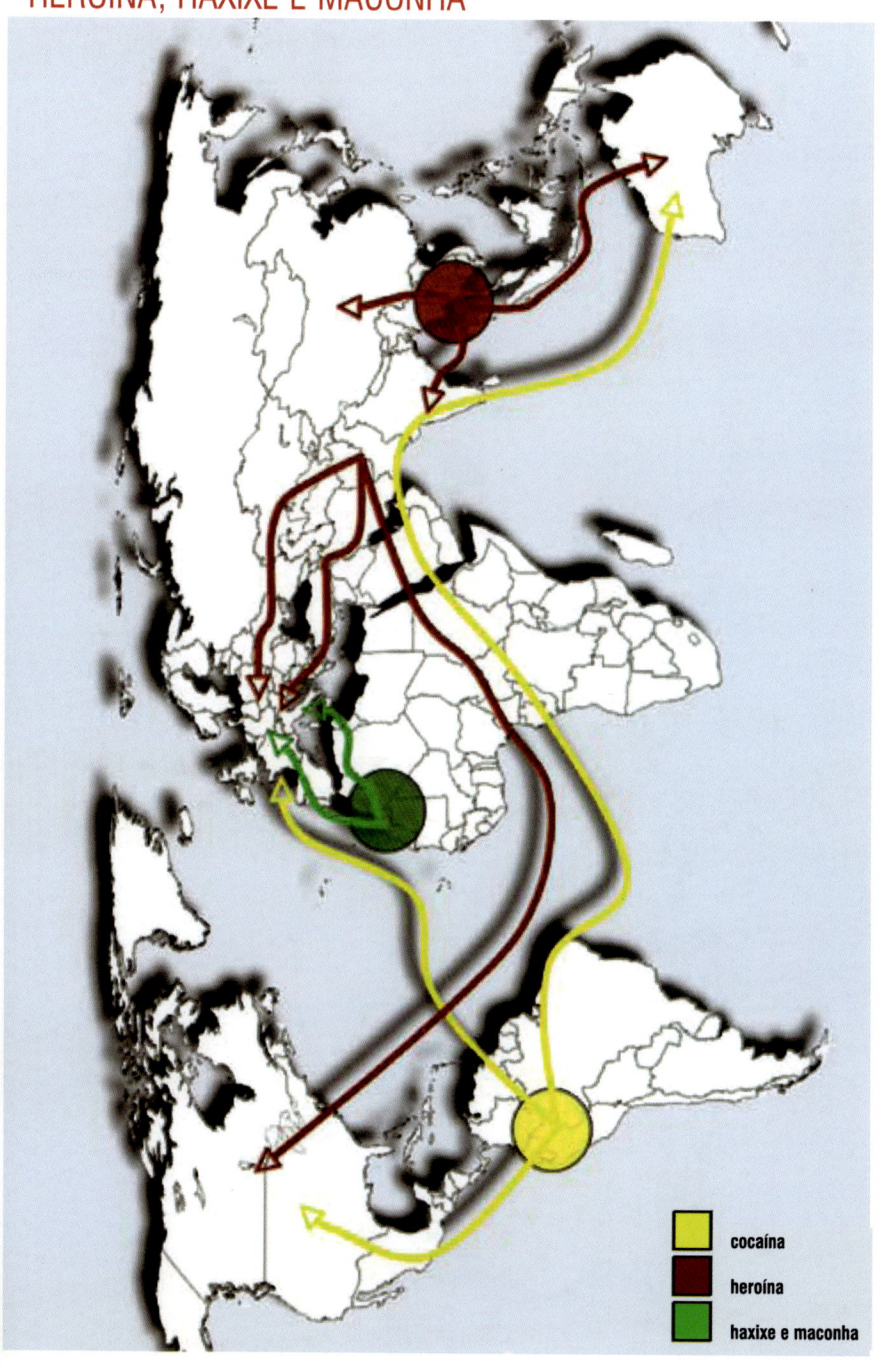

- cocaína
- heroína
- haxixe e maconha

2. ROTAS DA COCAÍNA

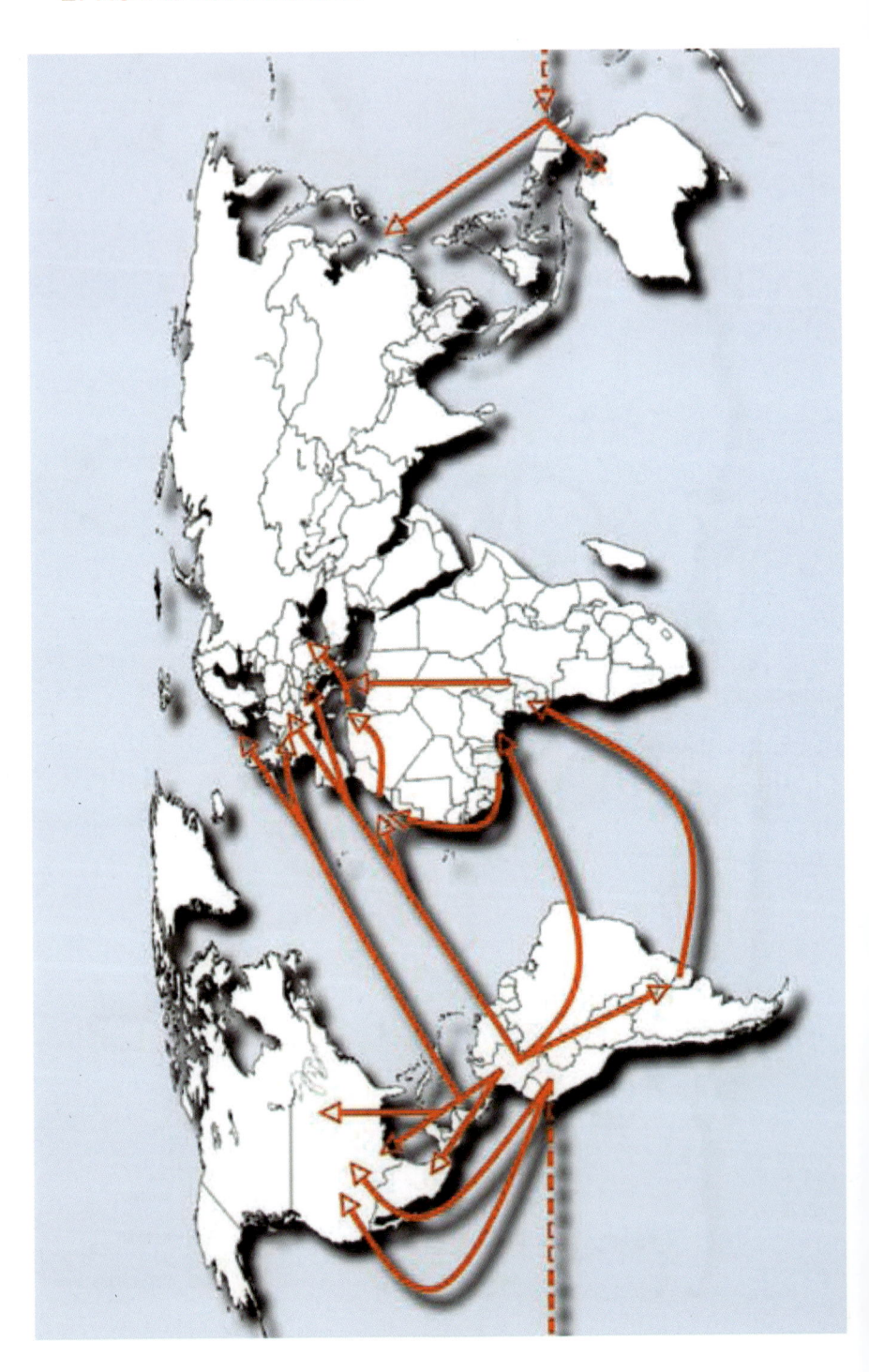

3. ROTAS DA HEROÍNA

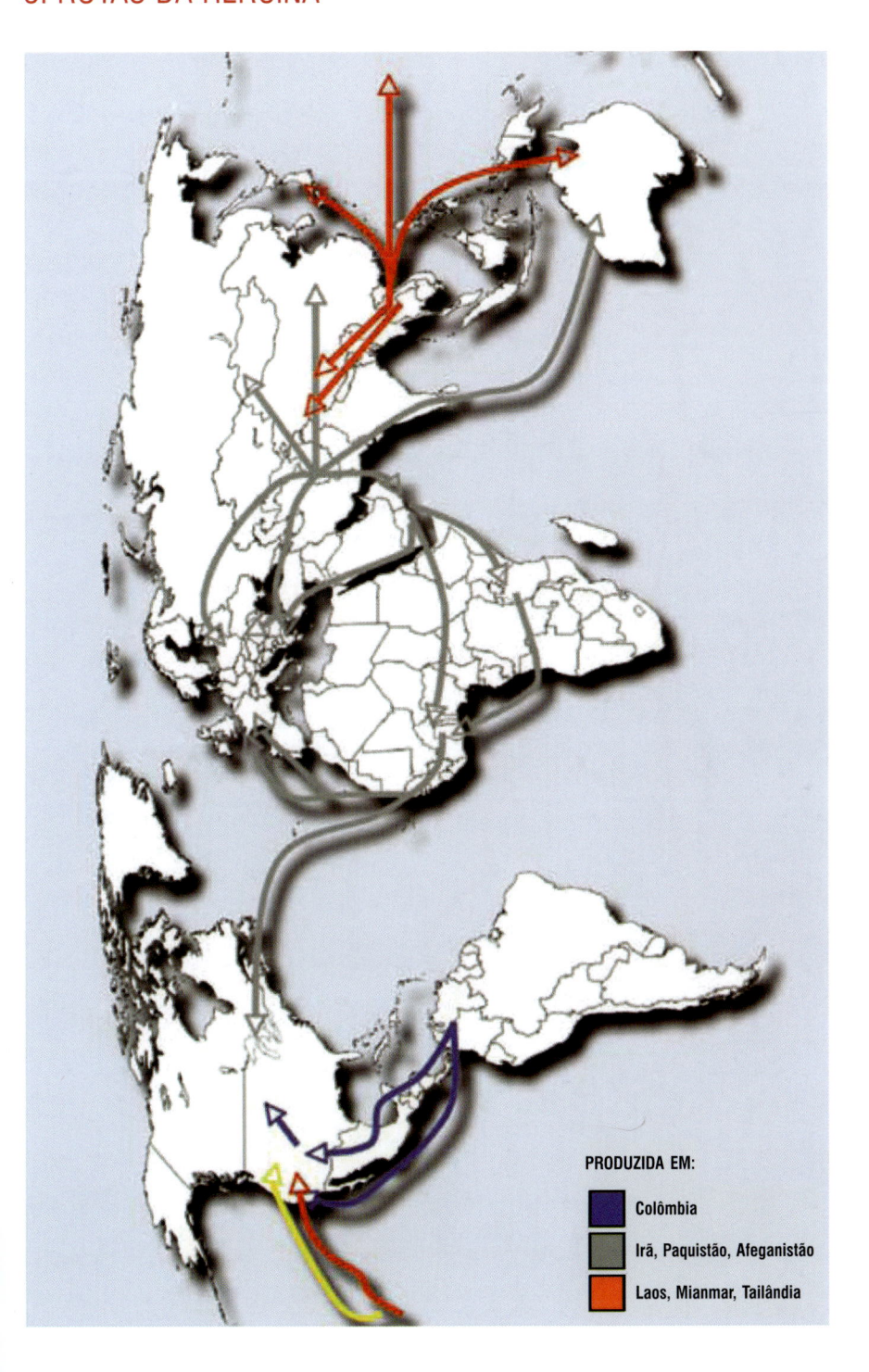

PRODUZIDA EM:
- Colômbia
- Irã, Paquistão, Afeganistão
- Laos, Mianmar, Tailândia

4. ROTA BALCÂNICA E SUAS VARIANTES

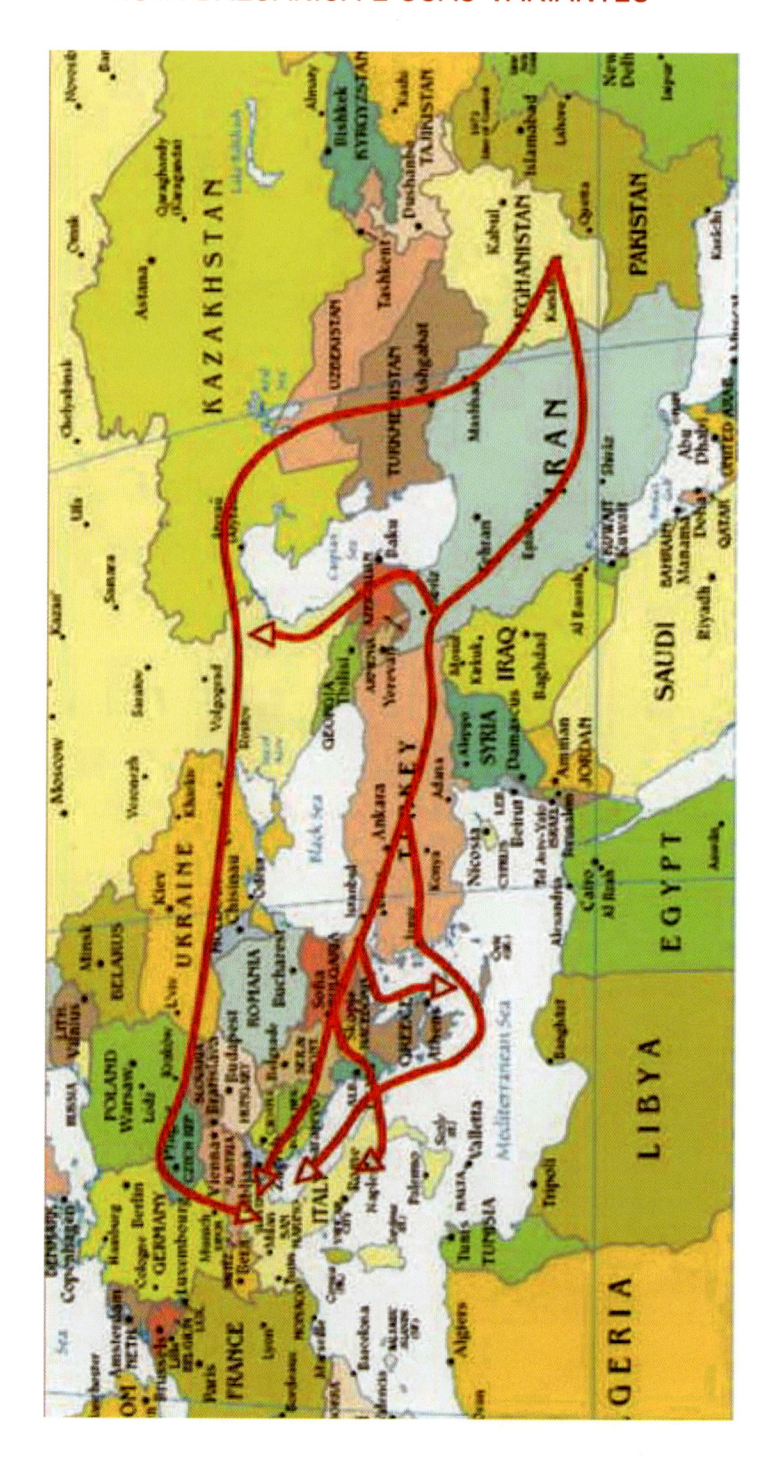

5. ROTAS DA CANNABIS

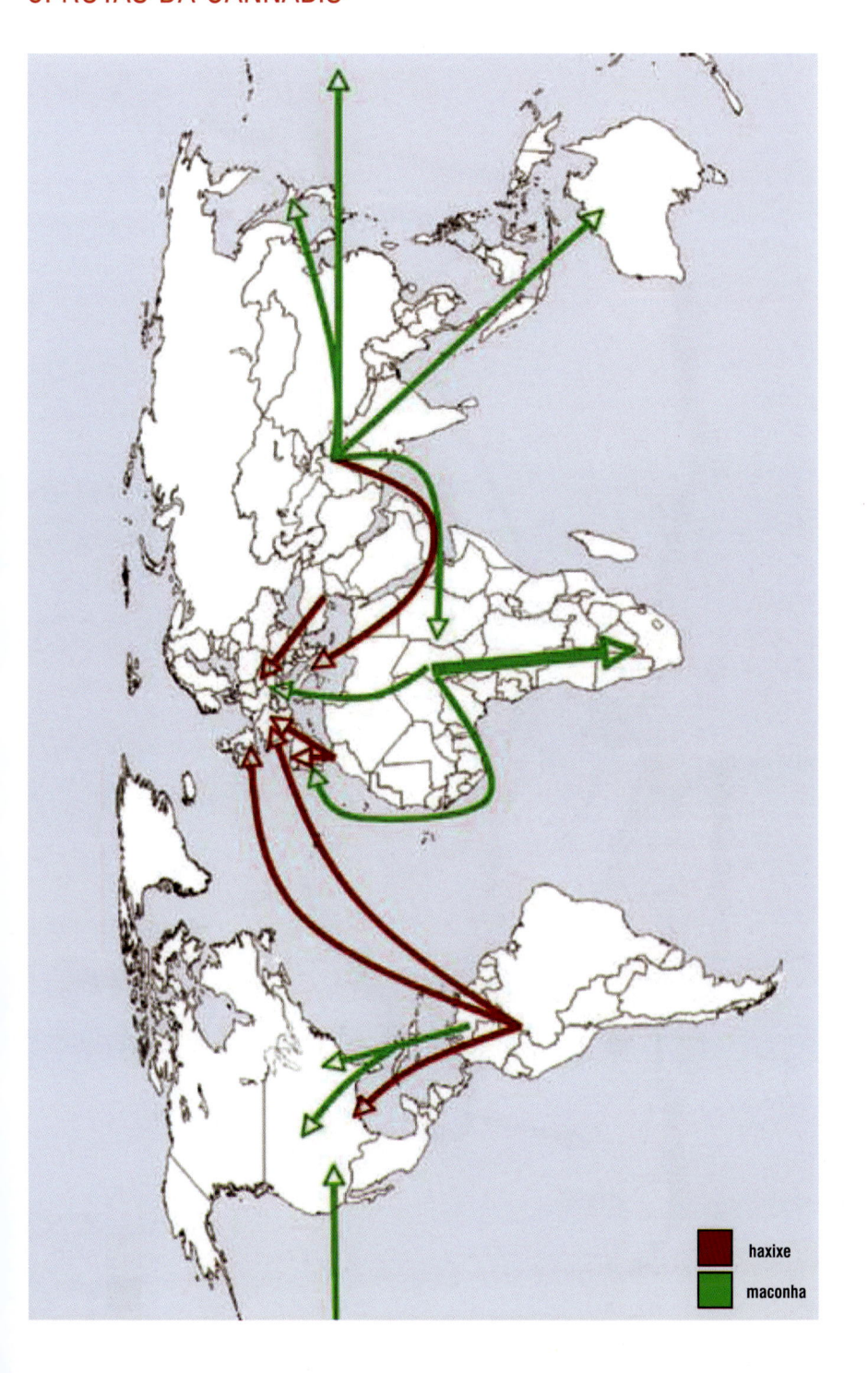

haxixe
maconha

6. ROTAS DAS ANFETAMINAS, DO ECSTASY E DE DROGAS AFINS

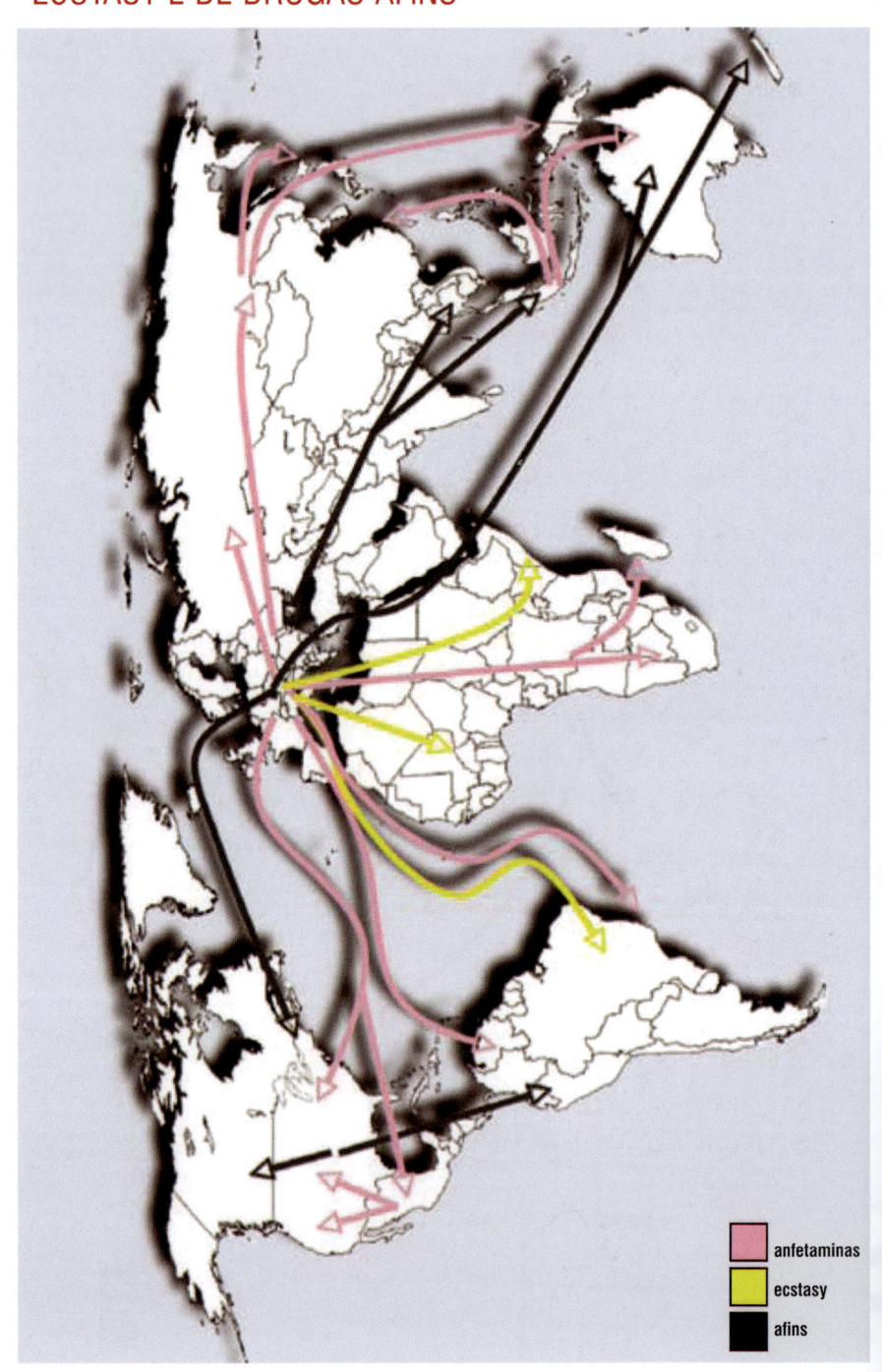

anfetaminas
ecstasy
afins

importação-exportação de gêneros alimentícios, e a demanda por produtos italianos resiste a todas as crises de mercado.

Portanto, não é de espantar se, por volta do final de junho de 2007, entra no porto de Melbourne um grande navio mercantil proveniente da Itália, transportando contêineres carregados de gêneros alimentícios. Nos documentos de acompanhamento da mercadoria, o porto de partida indicado é Nápoles. E de onde deve partir, senão de Nápoles, um navio com um carregamento de cerca de 4.000 latas de 2,5kg de tomates sem pele?

É tudo tão natural, lógico, que ninguém consegue ver ou suspeitar nada de estranho. "Pummarola"* e Nápoles são um binômio que acompanha a imagem do "made in Italy" em todas as partes do mundo. A pequena anomalia está dentro das confecções metálicas.

Em vez dos tomates sem pele de Sammarzano, nas latas com a devida etiqueta ilustrada com tomate e Vesúvio estavam escondidas cerca de 4 toneladas e 400kg de ecstasy. Um total de 15 milhões de pastilhas já prontas para invadir o mercado australiano e ter parte transferida para algum outro país. Em nenhum lugar do mundo houve uma apreensão de ecstasy com essas dimensões, é um recorde histórico.

As drogas sintéticas e, particularmente, o ecstasy são produzidas na Europa. Os principais laboratórios estão na Holanda e, de maneira geral, é justamente dos portos holandeses e belgas que saem os carregamentos para o restante do mundo. Seguem mais ou menos as mesmas rotas da cocaína, mas em sentido contrário. O único ponto final e comum ao tráfico de ambas as drogas é que a 'ndrangheta administra a atividade dos brokers e o transporte em escala internacional.

A mercadoria que chega a Melbourne tem um valor de mercado enorme, 264 milhões de euros. Mas se quisermos compreender o quanto de lucro líquido é capaz de produzir um lote de ecstasy, basta confrontar esses 264 milhões, fruto da venda a varejo, com a

---

* Tomate. (N. T.)

cifra da operação da lavagem de dinheiro, descoberta no mesmo inquérito, que, segundo os investigadores australianos, serviria para pagar a mercadoria: 30 milhões de euros. Toda a operação se estende por quase um ano após a chegada do navio ao porto de Melbourne. Nesse período, os policiais tiveram todo o tempo para substituir as pastilhas de ecstasy por material inerte e observar os deslocamentos que a organização estava mandando fazer com a carga depositada em seu contêiner em um cais do porto. Ao mesmo tempo, a investigação também se movia na frente italiana, onde era reconstituída a outra parte da rede da organização.

Em 24 de julho de 2008, o escritório da Alfândega de Melbourne recebe uma delação sobre uma carga de 150kg de cocaína que estaria chegando em um contêiner carregado de pacotes de café. Para a polícia, é o momento de intervir e encerrar a investigação. Têm início as prisões e o confisco da droga e do dinheiro em posse dos narcotraficantes. Ao final da operação, que, além da Austrália, envolveu a Bélgica, a Holanda e a Itália, entre dinheiro líquido e bens foram confiscados 500 milhões de euros. Uma riqueza inconcebível.

Entre os presos aparecem os nomes de John William Higgs, um dos barões do tráfico de anfetamina e fundador dos "Black Ulah", o mais famoso grupo de motociclistas fora da lei, com total liberdade para correr pelas estradas do sul da Austrália, e Pasquale *Pat* Barbaro.

Pat, como todos o chamam, é filho de Francesco Barbaro, nascido em Platì em 1937. Em Griffith, o pai é classificado como um dos homens mais ricos da cidade. Porém, no passado, seu nome também apareceu no relatório da comissão especial estabelecida pelo governo para investigar o homicídio do deputado liberal MacKay. Segundo os membros da comissão, era um dos calabreses envolvidos no delito.[11]

---

[11] Ver o artigo "Australia, l'ecstasy al pomodoro". *Calabria Ora*, Cosenza, 9 de agosto de 2008.

Outro nome, entre aqueles dos que foram presos pelo tráfico de ecstasy e cocaína, faz reiniciar uma velha história que já no passado suscitara polêmicas e conflitos públicos na imprensa. Trata-se de outro calabrês, Francesco Madafferi.

Madafferi é de Oppido Mamertina, uma pequena cidade da Planície de Gioia Tauro.

Quando jovem, envolve-se no sequestro da filha do prefeito de Oppido, é preso e depois solto, mas tem outras pequenas pendências judiciárias por porte ilegal de armas e crimes menores. É a história de tantos jovens da Planície, do Aspromonte e da costa jônica de Reggio Calabria. Em 1989, vai ao encontro de seus irmãos em Melbourne. Não têm visto de permanência, mas consegue viver tranquila e clandestinamente na cidade australiana. Tem apenas um visto de turismo, porém, quando é detido em 2000, esse visto está vencido há cerca de 12 anos. Durante esse período, teve tempo de se casar e ter filhos, além de frequentar a comunidade calabresa, que já conhecia bem e na qual também estava inserido seu irmão. Na realidade, independentemente da comunidade que frequentasse, estava bem claro que, mesmo antes da chegada dos dois navios ao porto de Melbourne, em 2007 e 2008, ele havia contribuído para que atracassem com sua preciosa carga.

Os ambientes e círculos que frequentava, como o clube social "Reggio Calabria", no subúrbio de Parkville, eram os mesmos frequentados pelos Perre, pelos Barbaro e pelos Sergi. Pessoas bem conhecidas da justiça e das autoridades australianas, bem como da opinião pública, que volta e meia encontrava nos jornais os artigos com suas histórias e seus tráficos.

Quando o descobrem sem visto de permanência e o prendem por imigração clandestina, explode a polêmica. Segundo a lei, é encaminhado o processo de expulsão, mas a comunidade italiana se rebela e transforma seu caso em uma batalha pelos direitos humanos, visto que Madafferi tem mulher e filhos que são cidadãos australianos. O aparato midiático da comunidade italiana é forte, os dois jornais em língua italiana, *Il Globo* e *La Fiamma*, chegam a fazer uma campanha em sua defesa, com os diretores se aliando pessoalmente aos principais expoentes das associações italianas. Para a justiça australiana, não há solução. Madafferi deve ser extraditado para a Itália. Contudo, o Ministro da Imigração poderia intervir, ainda que esta não seja uma prerrogativa contemplada por seus poderes constitucionais.

Com efeito, o ministro da época, Philip Ruddock, decreta sua expulsão e, até a execução da sentença, o mantém na prisão.

Entre recursos, objeções processuais, contestações feitas pelos advogados e câmaras de conselho da magistratura, o processo se arrasta até 2005. Até que muda o ministro e, no lugar de Ruddock, entra a senhora Amanda Eloise Vanstone para guiar as políticas de imigração do governo.

A ministra é uma mulher poderosa e uma política de longa data. É senadora pelo Partido Liberal desde 1984 e, nos últimos 20 anos, cobriu praticamente todas as funções-chave do governo: Ministra do Trabalho, da Educação, das Políticas para Jovens, da Justiça, dos Serviços Sociais e, por fim, da Imigração.

Movida por "motivos humanitários", a ministra anula o decreto de expulsão e, com sua decisão, consente a Madafferi tornar-se cidadão australiano a pleno título.

Vanstone é fortemente atacada pela decisão. Para defender-se, diz ter considerado as condições de saúde do calabrês e as repercussões psicológicas sobre o restante de sua família e ter decidido em coerência com as obrigações previstas pela ONU em matéria de imigração.

De opinião diferente são muitos setores da opinião pública, que já apresentam as histórias mais do que preocupantes relacionadas a Madafferi. Em particular, um jornal de Melbourne, *The Age*, conta uma história de financiamentos, por parte dos defensores de Madafferi, para o Partido Conservador da ministra Vanstone.

A polêmica também chega à Itália, onde um magistrado da Direção Nacional Antimáfia, entrevistado pelo *Sun Herald*, de Sydney, sustenta que, "para a lei italiana, Madafferi é objeto das medidas de vigilância especial, aplicadas a pessoas muito perigosas para a sociedade; não é simplesmente alguém com antecedentes penais. Aqui na Itália, Madafferi era uma pessoa considerada uma ameaça para a sociedade".[12] A mesma extensão têm as declarações proferidas pelo então presidente da Comissão Parlamentar Antimáfia à rádio australiana.

Um ano após sua prisão por tráfico de drogas, em 2009, durante uma audiência para obter a libertação sob caução, o chefe Baulch, da polícia de investigação, opõe-se firmemente ao pedido de libertação de Madafferi. Reconstitui, nos mínimos detalhes, uma tentativa de homicídio, ocorrida pouco antes de sua prisão, na qual Madafferi havia sido indiciado com fortes suspeitas. Fora ele quem atirou na vítima depois de marcar com ela um encontro no lugar onde devia ser assassinada, o clube "Reggio Calabria". Um acidente com um carro destruído deteve no caminho aqueles que, segundo o chefe da polícia, deveriam ter sido os executores materiais do homicídio: Pasquale Barbaro e o próprio Francesco Madafferi.

Em resumo, as "razões humanitárias" que tanto comoveram a Ministra da Imigração Amanda Vanstone, de maneira consciente ou não, de fato permitiram que Francesco Madafferi se inserisse organicamente na família dos Barbaro, traficasse ecstasy e cocaína e organizasse homicídios. Mas também teriam permitido ao partido da ministra, caso as acusações do jornal *The Age* estivessem corretas, receber ótimos financiamentos.

---

[12] Alberto Cisterna, procurador substituto da Direção Nacional Antimáfia. A entrevista ao jornal de Sydney é citada em *Australian 'ndrangheta*, de Enzo Cicone e Vincenzo Macrì, cit.

Em fevereiro de 2009, na Austrália, apareceu a notícia de que as autoridades teriam reaberto a investigação sobre os financiamentos e as doações que o Partido Liberal teria recebido de pessoas abastadas do mundo econômico e empresarial, atribuíveis à máfia calabresa. A notícia foi ocasião de novas polêmicas. Até porque, entre os nomes envolvidos nas investigações, segundo algumas fontes jornalísticas australianas, aparece o de Antonio Madafferi, irmão de Francesco.

Nesse ínterim, a senadora Vanstone, talvez para ser tirada do centro da polêmica, foi nomeada embaixadora. A partir de 2007, passa a representar o governo australiano na Itália.

Como já observamos no início deste livro, quando as relações das máfias chegam a roçar a política e o poder, entram em funcionamento as hipocrisias, os virtuosismos legais e as "razões superiores", sejam elas humanitárias ou de Estado, cujo único resultado, porém, é a inação, o maior favor que se pode fazer às máfias.

Provavelmente, no momento da decisão tomada pelo governo de Camberra não havia outras sedes diplomáticas disponíveis. Ao se decidir enviar a ministra malfalada para o lugar mais distante possível do seu país, a fim de aliviar o conflito sobre o caso Madafferi e as relações com a comunidade calabresa, surge uma pergunta embaraçosa. Como interpretar, senão como sinal de grave miopia, a escolha do destino italiano, ignorando o fortíssimo cordão umbilical que liga a comunidade calabresa na Austrália àquela da terra natal, e todo o produto de interesses, pressões e vínculos mais ou menos lícitos? Só se pode esperar que se trate simplesmente de miopia.

De resto, as últimas avaliações e as escolhas mais recentes dos diversos governos que se sucederam, independentemente dos alinhamentos políticos, levam-nos a crer que o comportamento das autoridades australianas em relação às organizações mafiosas é, no mínimo, reticente.

Em 2002, a Australian Federal Police fechou sua agência em Roma e mandou de volta para casa os oficiais de contato que, desde 1990, asseguravam a troca de informações entre os órgãos de investigação e as magistraturas italianas e australianas. Após 2001, para as autoridades australianas, a prioridade passou a ser o terrorismo islâmico internacional e, evidentemente, uma agência destinada à troca de informações sobre as atividades das máfias italianas em seu território representava um "custo morto", que se tornara insustentável. A razão do fechamento da agência em Roma é escrita em seus últimos documentos oficiais: "Não existem organizações criminosas de cunho mafioso no interior da comunidade australiana... Enquanto grupos de australianos predominantemente originários da Itália meridional, sobretudo da Calábria, estão envolvidos em atividades criminosas de tipo organizado, é inexato considerar esses grupos ramificações de organizações estrangeiras".[13]

Os últimos homicídios em seu território remontam a muito tempo atrás e, com exceção de algumas polêmicas "instrumentais", as máfias italianas não criam problemas tais a ponto de abalar a opinião pública e a percepção da segurança dos cidadãos.

No fundo, até mesmo os "códigos" da 'ndrangheta, com as fórmulas e os ritos do juramento, encontrados justamente na Austrália e referidos na Itália por Calipari, são coisas do passado. Um pouco de folclore, levado por pobres analfabetos que saíram das montanhas do Aspromonte.

---

[13] Ibidem.

6. ANTICORPOS

Dimensão global

Para reconstituir as tantas histórias, pequenas e grandes, contadas neste livro, foi necessário ler autos judiciários, sentenças, boletins policiais, artigos publicados em revistas e jornais de diversos países do mundo. Para quem escreve, isso significou não tanto aprofundar-se nas realidades de novos territórios, mais ou menos conhecidos, quanto buscar em cada um deles, para além das distâncias geográficas, culturais e históricas, os nexos e as razões comuns da penetração e da radicação das máfias italianas na aldeia global. Não foi um trabalho fácil.

Em nenhuma das nossas instituições colocadas à frente do combate às organizações criminosas — DIA, DDA, além de vários órgãos de investigação — existe um "programa" e um trabalho de mapeamento da presença e do estabelecimento das "nossas" máfias no mundo. Tampouco existe um órgão que coordene e arquive de modo estrutural todos os inquéritos que reconduzem às atividades das máfias no exterior. É uma grave lacuna que, no entanto, não parece preocupar as instituições e os governos, enquanto na frente formada pela opinião pública multiplicam-se as intervenções, os congressos, as entrevistas a magistrados, políticos e expoentes do governo sobre a internacionalização das atividades criminosas e as máfias na era da globalização, e são cada vez mais numerosos os estudos e os ensaios sobre a economia bandida que se nutre da veiculação e da lavagem dos capitais ilícitos.

Os materiais judiciários e os documentos de investigação continuam a fornecer informações preciosas e chaves de leitura inéditas das áreas mais diversas e distantes do mundo. No entanto, quando se leem os inquéritos, os boletins policiais e as atas de tantos interrogatórios, não se pode deixar de perceber um limite de elaboração geral que não pode ser imputado à ação dos magistrados ou das forças policiais: a dimensão internacional das máfias, sobretudo em seus aspectos financeiros, ainda não consegue se tornar o plano concreto a ser indagado, analisado e atingido.

Por um lado, isso é compreensível, se considerarmos os centros urbanos, as regiões, as áreas metropolitanas e as cidades que, de norte a sul na Itália, continuam a ser ensanguentados pela violência cega das organizações criminosas, que se subtraem à autoridade do Estado. Também é compreensível se levarmos em conta a exigência prioritária de libertar o mercado e a economia regionais e nacionais, sobretudo no Sul, do jugo mafioso. É igualmente justificável quando se olha no rosto dos inúmeros comerciantes e empresários obrigados a pagar o *pizzo*. Mas já não é suficiente. Aliás, essa situação corre o risco de se tornar um anteparo para não se enfrentar a "grande" dimensão em que as máfias regeneram seu poder, seus negócios, sua capacidade de tecer e manter relações permanentes com o mundo das finanças, da economia e da política.

As questões dos magistrados e dos investigadores de primeira importância na luta contra as máfias e, portanto, que conhecem bem sua extensão, não chegam ou raramente chegam a tocar a dimensão global, mesmo quando os mafiosos ou os colaboradores da justiça falam de suas atividades e daquelas de suas famílias criminosas no exterior. Não estou falando dos grandes inquéritos sobre o narcotráfico, que necessariamente atravessam vários países, envolvem vários lugares e várias cidades e permitiram acertar grandes golpes na principal fonte de riqueza das organizações criminosas. Refiro-me aos lugares onde as máfias se estabeleceram, às suas novas raízes, a seus negócios transnacionais. E, sobretudo, a seus mercados sem fronteiras, em que a demarcação entre economia legal e ilegal perde toda certeza, diluindo-se nos jogos societários espalhados pelo mundo. Por certo, não se quer sustentar que a falta de aprofundamento de quem conduz os inquéritos sobre este último aspecto deriva de carências profissionais ou miopias culturais. Seguramente, dada a enorme dificuldade de coordenação com as legislações dos outros países em perseguir os crimes financeiros resultantes da lavagem de dinheiro, é mais fácil concentrar-se na repressão e no confisco dos bens na Itália. Não obstante essas dificuldades, creio que seja necessário um salto de qualidade na cultura e na ação judiciária, penal e de investigação de combate às máfias.

Tentei reconstituir e narrar situações atuais para fotografar uma realidade que condiciona, mesmo quando não o percebemos, nossa vida cotidiana.

Este não é um livro de história das máfias nem tem a pretensão do rigor da reconstituição histórica da presença das máfias italianas no mundo, embora saiba muito bem que a dimensão global do crime em nosso presente vem igualmente de histórias humanas e sociais antigas. Foi o que vimos com os sicilianos da Cosa Nostra americana, com as colônias calabresas no Canadá, na Austrália e na Alemanha, com os velhos *magliari* napolitanos, transformados em modelo de organização empresarial dos novos mercados da camorra.

Poderíamos encontrar a mesma dimensão global também em algumas situações de que são protagonistas no exterior, sobretudo na área dos Bálcãs, os boss da Sacra Corona Unita, dos quais este livro não se ocupa, mas que representam outra máfia igualmente perigosa, ainda que com uma história e uma dimensão muito diferentes das três organizações históricas.

Em todas as situações narradas, sejam elas histórias pequenas, geograficamente circunscritas, sejam histórias maiores, intercontinentais, sejam ainda pequenas burlas, nem sempre bem-sucedidas, ou ainda rocambolescos tráficos internacionais de drogas, o denominador comum é sempre a facilidade com que os protagonistas criminosos se movem, agem e traficam. Da Venezuela, que por tanto tempo hospedou Miceli e outras dezenas de boss, à África do Sul, que não concede a extradição ao pluricondenado Vito Roberto Palazzolo; das prisões espanholas, das quais os boss calabreses e napolitanos administram seus tráficos como se estivessem em um hotel, à Austrália, que desmancha a agência de ligação de sua polícia na Itália. São todos exemplos concretos que permitem dizer, sem retórica, que, no pano de fundo de todas as histórias, há sempre instituições e governos que não enxergam ou são permissivos, empresários que enriquecem com financiamentos sujos e ilegais, políticos que praticam colusão e alimentam seu poder com o consenso mafioso.

A corrupção e a criminalidade representam as questões mais graves do atual modelo econômico e social. Corrupção e máfias produzem um custo social cada vez menos suportável para o mundo, dissipam recursos, destroem e intoxicam o ambiente, violam os direitos humanos, comprometem a democracia.

No entanto, a hipocrisia do poder, em todos os níveis, continua a alimentar e a se alimentar de silêncios, zonas cinzentas e *omertà*.

O que aconteceu na Itália nos últimos 60 anos, a falsidade e o caráter subversivo de setores dos aparatos do Estado e das classes dirigentes que governaram, além das muitas sombras sobre aquelas que, em parte, continuam a governar o país já viraram história e, infelizmente, também crônica de nossa vida pública. A história nos diz que, enquanto é possível e necessário existir uma política sem máfia, não podem existir máfias sem a participação e as colusões da política. É o ensinamento que vem de um século e meio de história italiana e vale para o mundo inteiro.

Obviamente, quando se chega às "zonas cinzentas", às relações altas e burguesas das organizações criminosas, aos santuários das finanças, ao papel de figuras profissionais, colocadas nos máximos patamares da escala social, nem sempre é fácil traduzir comportamentos inaceitáveis do ponto de vista ético e censuráveis do ponto de vista moral em fatos penalmente condenáveis. E, muitas vezes, isso serve de escudo para a política e o poder, que, mesmo quando são manifestas e explícitas as colusões mafiosas, precisam cobrir-se com um halo de impunidade.

Zonas cinzentas

No âmbito da operação "Igres", contada amplamente no segundo capítulo deste livro, que via calabreses e sicilianos unidos em uma joint venture para o tráfico de drogas, ao se ouvirem as interceptações telefônicas, descobre-se uma espessa agenda de compromissos e encontros entre cidadãos calabreses e colombianos. Estamos em 2001, e Roberto Pannunzi, narcotraficante romano que representava as *'ndrine* calabresas na Colômbia, põe em contato os emissários dos narcotraficantes com o calabrês Paolo Sergi e o siciliano Francesco Palermo. Os contatos telefônicos são frequentes, as chamadas partem das redes italiana, colombiana e holandesa. Diferentemente dos italianos e colombianos, os telefonemas holandeses são efetuados quase sempre de celulares e partem pontualmente de um único usuário. Os militares do GOA que estão reconstituindo a rede dos narcotraficantes e estão no encalço de Paolo Sergi, um dos boss em que as famílias de Platì mais confiam, identificam os nomes de todos os usuários. A essa altura, já têm certeza de que Paolo Sergi, que naquele período estava foragido e sendo procurado pela polícia, encontra-se regularmente com os colombianos em Amsterdã. Em um desses encontros, descobrem que no centro da negociação está a aquisição de 100 quilos de cocaína pura. Não se pode perder o boss calabrês de vista. Seus movimentos são seguidos, e a rede que ele está montando é identificada. Os militares do GOA solicitam e obtêm uma atividade de investigação "transfronteiriça", prevista pelas recentes disposições do Tratado de Schengen. Quando as permissões ficam prontas, alguns policiais da Guardia di Finanza partem de Catanzaro e chegam a Roma. Param no aeroporto de Fiumicino à espera da conexão para Amsterdã, mas recebem um telefonema que os detém. A ligação vem do comando da DCSA (Direzione Centrale Servizi Antidroga del Ministero dell'Interno):* "Vocês não podem ir para a Holanda para desempenhar atividades de investigação". A ordem superior é taxativa, não admite réplicas.

Da Itália, porém, partem novas investigações. Já não ouvem Sergi pelo telefone. Para a comissão de inquérito, é estranho. Após algum tempo, saberão que estava em silêncio apenas porque havia descoberto — ou fizeram com que descobrisse — que estava sendo interceptado. Quem reata os contatos é o siciliano Francesco Palermo, que marca um encontro com o emissário colombiano já em contato com Sergi. O lugar é sempre o mesmo, em Amsterdã, um local já familiar tanto para os homens da 'ndrangheta como para aqueles da Cosa Nostra. Os militares descobrem de onde os usuários fazem suas ligações.

Os telefonemas provêm de um dos bairros mais famosos da capital holandesa, e a linha é do escritório de um advogado. Segundo os investigadores, é a sede dos encontros, uma "praça" para as negociações entre narcotraficantes. Nada que seja de espantar;

---

* Direção Central de Serviços Antidroga do Ministério do Interior. (N. T.)

afinal, como lemos até aqui, Amsterdã e a Holanda se tornaram uma das sedes oficiais da 'ndrangheta S/A. As notícias são suficientes para solicitar o mandado de prisão com consequente mandado de captura internacional para o titular da linha.[1]

Após um longo trabalho de investigação, em 10 de março de 2004 a polícia espanhola detém Leon Van Kleef, "cidadão holandês, com atividades em Amsterdã e advogado de profissão". Passam-se poucas horas e estoura um alarido internacional. Nas polêmicas são envolvidas as embaixadas espanhola e italiana. As autoridades espanholas pedem à Procuradoria de Reggio Calabria a documentação referente a Van Kleef para preparar a eventual transferência. Porém, nesse meio-tempo, liberam o cidadão holandês, que pode retornar a seu país. Após reuniões e encontros em várias sedes, nem todas judiciárias, o caso inteiro cai no silêncio.

Entretanto, o que se ficou sabendo é que não se estava diante de um advogado qualquer. Leon Van Kleef é o presidente das câmaras penais holandesas e, sobretudo, é advogado da rainha e da Família Real holandesa. Seu escritório se ocupa de todos os maiores processos, e por ele passam as mais importantes operações financeiras e empresariais que se efetuam na Holanda. Praticamente, um grande centro de poder, e não apenas de justiça.

Obviamente, o advogado logo se declarou disponível para esclarecer sua posição, afirmou que por seu escritório de advocacia passam centenas de pessoas por dia, de todas as nacionalidades, entre as quais muitos colombianos, e que não podia excluir que tivessem marcado encontros no local com outras pessoas. Passaram-se seis anos desde sua detenção. O mandado de captura internacional foi revogado. Quase todos os protagonistas do inquérito que o viu envolvido estão presos. Até mesmo os atritos entre as

---

[1] Tribunal de Reggio Calabria, Gabinete do juiz para as investigações preliminares, Mandado nº 38 de 2002.

diplomacias se resolveram. E, em maio de 2010, Van Kleef foi absolvido de toda acusação pelo GUP* de Reggio Calabria.

A única verdade, obviamente não processual, mas documentada na gravação de dezenas de telefonemas, é que, ao se encontrarem casualmente em Amsterdã, mafiosos italianos e narcotraficantes colombianos, não sabendo aonde ir nas horas de folga, marcavam de se encontrar em uma salinha, reservada e acolhedora, no escritório do advogado da rainha da Holanda, onde, entre uma conversa e outra, tratavam da aquisição de centenas de quilos de drogas.

Embora a intenção deste livro tenha sido apenas contar fatos, e não recolher elementos judiciários e provas de acusação, algumas reflexões são necessárias. Segundo as leis italianas, comportamentos semelhantes aos manifestados pelo advogado da rainha da Holanda são incrimináveis com diversas tipologias de delito, que podem ser vinculadas àquele de associação mafiosa: da participação externa ao favorecimento agravado. Crimes que dão vida a processos difíceis e que, muitas vezes, para dizer a verdade, se concluem com fortes críticas aos comportamentos e às condutas dos acusados, mas sem sentenças de condenação penal.

Em todo caso, a Itália dispõe dos instrumentos para combater também o nível das colusões externas nas relações entre máfia, economia e política, independentemente da vontade de aplicá-los e da coerência ao fazer essa aplicação.

Diante de fenômenos que já se tornaram globais, os governos e as instituições internacionais também podem continuar fingindo que não veem nem pensam em respostas limitadas às dimensões nacionais. Contudo, se pelo menos se considerasse o impulso dado à busca dos foragidos com a instituição do mandado de captura europeu, se tomaria com coerência e rapidez o caminho da definição de uma instrumentação investigativa e jurídica comum e de um

---

* Giudice dell'Udienza Preliminare [juiz da audiência preliminar]. (N. T.)

direito penal mínimo, partilhado por todos os Estados da União Europeia, a partir do reconhecimento do crime de associação mafiosa. O mesmo deveria valer, com igual urgência, para a dimensão econômica e financeira, em seus aspectos ligados às tantas formas de lavagem dos capitais ilícitos.

A pergunta que permanece em suspenso é: que prioridade tem, na agenda política e dos governos dos países membros da UE, para não falar dos outros Estados ocidentais, a criação de tais instrumentos de combate ao contágio global das máfias?

Em 2001, a polícia de Praga, capital da República Tcheca, após uma solicitação específica de investigação por parte da magistratura italiana, enviou à Direção Nacional Antimáfia o seguinte boletim: "As atividades dos cidadãos italianos por ocasião da instituição de Ltd (sociedades de responsabilidade limitada) e da aquisição de imóveis foram verificadas.

Os primeiros resultados concernentes à aquisição de ruas inteiras foram obtidos cerca de seis anos atrás. A atividade criminosa não pôde ser comprovada pela Polícia da República Tcheca nem mediante as normas jurídicas em vigor.

É possível uma suspeita de lavagem de dinheiro também em relação ao fato de que os meios financeiros utilizados são inexigíveis a longo prazo".[2]

A nota é de 2001. A aquisição de bairros inteiros no centro histórico de Praga, segundo o boletim, remonta a seis anos antes, a meados dos anos 1990.

Nos dias anteriores à queda do Muro de Berlim e nos meses agitados da derrocada do império soviético, diversas interceptações documentaram como os boss de todas as máfias italianas estavam

---

[2] Direção Nacional Antimáfia. Nota de investigação de 30 de outubro de 2001. Seção criminal do Presídio de Polícia P.Box 62/KMU, Stroinicka 27, Praga.

interessados em "comprar tudo que houvesse naqueles lados". Apesar das informações obtidas a partir da viva voz dos mafiosos, do ponto de vista dos inquéritos judiciários, nada ocorreu, nem na Itália nem nos países que, ainda mais do que a Itália, deveriam estar interessados em bloquear a penetração mafiosa em seus territórios e em suas economias.

Todavia, o dinheiro dos mafiosos chegou ao Leste sem nenhuma dificuldade, foi lavado no brilho das vitrines e das placas das lojas para os novos ricos que povoam as cidades pós-comunistas. Ruas inteiras e bairros das velhas capitais da Europa Central foram reestruturados e reconstruídos com capitais criminosos. Os proprietários desses capitais e dos novos patrimônios que cresceram no Leste encontraram nesses países outros criminosos que, justamente nos últimos anos, assumiram como seu modelo prático e de organização aquele histórico das máfias italianas. Não são os marginaizinhos romenos que levam violência e estupros para as periferias das cidades metropolitanas da Itália, iguais a outros tantos marginais italianos que fazem o mesmo.

Os novos mafiosos que vêm do Leste, russos, búlgaros e romenos, são os capitalistas mais arrivistas, nascidos e crescidos no modelo podre e corrupto do comunismo soviético.

Estão comprando lotes inteiros em Versilia e na Toscana, municípios da Ligúria, estruturas turísticas e hoteleiras da riviera da Romagna e da costa adriática. Do aeroporto de Rimini, quase inutilizado para os voos nacionais, todo dia decolam aviões para Moscou ou São Petersburgo. Voos de negócios que nenhum fluxo turístico poderia justificar em todos os meses do ano.

O tema da carteira das máfias é o mais duro, o mais difícil, mas também o mais necessário e a ser enfrentado com urgência. É a outra face das relações com a "sociedade limpa" e a política. É a riqueza criminosa que penetra na economia e nas finanças, condiciona o mercado, influencia a sociedade. Cria consenso onde as políticas públicas não dão respostas às necessidades das pessoas; produz trabalho, sujo, mas capaz de dar sustento a milhares de famílias que não teriam nenhuma alternativa. Incide nas geometrias variáveis do poder.

Don Vito Ciancimino, mafioso e prefeito de Palermo pela Democracia Cristã, acumulara um verdadeiro tesouro. Na verdade, era um testa de ferro. O tesouro era dos corleonenses, sobretudo do último capo da Cosa Nostra, Bernardo Provenzano. Riquezas incalculáveis, em cuja administração empenhava toda a família, a partir de Massimo, filho que atualmente colabora com a justiça, mas que, desde jovem, ofereceu-se e cobriu as mais temerárias operações criminosas e mafiosas do pai. Porém, a administração verdadeira desse patrimônio era confiada a duas figuras de primeira importância da burguesia italiana.

Giorgio Ghiron é advogado internacionalista. Tem escritórios em Nápoles, Londres e Nova York. Sempre cuidou dos interesses de *don* Vito Ciancimino e, em seguida, do filho Massimo. Em sua carreira, também teve clientes ilustres e de fama internacional, como Michele Sindona, banqueiro mafioso no centro de redes criminosas que envolviam mundo bancário, sistema de poderes ligados a Giulio Andreotti, finanças ocultas do Vaticano, maçonaria e máfia. Isso já virou história. Todavia, o advogado ainda representa o presente. O mesmo se pode dizer de Gianni Lapis, outro advogado, tributarista, no centro de graves casos de lavagem internacional de dinheiro, com contas cobertas na Holanda e sociedades offshore nos arquipélagos do Caribe. Eram eles que organizavam a dispersão do tesouro corleonense nos paraísos fiscais de meio mundo. Gestão do gás, despejo do lixo, aquisição de propriedades imobiliárias, redes internacionais de lojas de design, companhias aéreas.[3] Negócios distribuídos nos quatro cantos do planeta: da Espanha à

---

[3] Leo Sisti. *L'isola del tesoro*. Milão, Bur-Rizzoli, 2007.

Holanda, da Rússia ao Canadá, da Romênia ao Cazaquistão. Mentes refinadas do direito e das finanças internacionais a serviço de mafiosos e criminosos. Esse é o problema dos problemas. Ambos os advogados foram condenados em primeiro grau a cinco anos e quatro meses, porém, ficou estabelecido que podem ser reconhecidos como inocentes nos graus posteriores. O próprio fato de se ter chegado à conclusão das investigações com um aparato de provas que permite conduzir a uma condenação é um caso raro no panorama das colusões entre máfias e "zonas cinzentas".

Sem a cobertura da política e das instituições e sem os serviços de setores da burguesia e das belas "salas" destinadas às grandes ocasiões, os mafiosos simplesmente teriam permanecido criminosos, perigosos, mas comuns. Hoje estão entre os indivíduos mais modernos e dinâmicos das finanças e da economia global.

Na Itália, onde mesmo a legislação antilavagem de dinheiro é muito avançada, os processos para os crimes ligados à lavagem de dinheiro sujo não chegam a ser contados nos dedos de duas mãos. As investigações são complexas, os patrimônios estão dispersos pelo mundo e é difícil encontrá-los. Como já ressaltamos, para a magistratura é mais fácil buscar os foragidos do que o dinheiro.

No que se refere às finanças criminosas, então, da política tampouco vêm sinais animadores. Em vez de combater os cofres da máfia, a aprovação do escudo fiscal* na Itália favorece o retorno dos capitais ilicitamente exportados, legalizando, de fato, o que de mais repugnante pode existir em um país democrático e civil: a riqueza produzida pela ilegalidade, pela corrupção e pela máfia.

Enquanto essa riqueza não for atingida e redistribuída à coletividade, as máfias não serão derrotadas.

Estamos no ano zero. Há apenas 15 anos, ninguém teria imaginado que nos terrenos confiscados dos mafiosos pudessem trabalhar

---

* Ver nota 19, cap. 1. (N. T.)

centenas de jovens, preenchendo de significados sociais e civis o conceito de legalidade. Tampouco era imaginável a extensão da revolta dos comerciantes e dos empresários contra o *racket* até o nascimento do "consumo crítico" como instrumento de consciência civil para não enriquecer quem, mesmo que indiretamente, ao pagar o *pizzo* enriquece as máfias. E ninguém poderia pensar que centenas de familiares de vítimas da máfia encontrassem forças para romper o silêncio e a dor individual do luto, para se tornarem testemunhas e protagonistas da luta contra as organizações criminosas. Sem uma dimensão social própria e autônoma, a luta contra a máfia não existe. A expressão e a ação penal podem e devem garantir verdade e justiça para as vítimas e a sociedade. Mas apenas uma alternativa de valores e de sociedade pode eliminar de todo corpo social doente o mau cheiro das colusões, dos acordos ou das convivências tranquilas. Certamente, em nível internacional, diante de países diversos e distantes, em todos os sentidos, é difícil pensar em desenvolver uma consciência antimáfia unitária. Mas se a Itália é a pátria do "vírus" da 'ndrangheta, da Cosa Nostra e da camorra, cabe a ela e à sua sociedade civil saudável produzir e difundir os anticorpos no mundo inteiro.

O caminho foi iniciado. Por iniciativa da associação "Libera", nasceu a FLARE (Freedom Legality and Rights in Europe),* rede que representa os movimentos antimáfia e contra a violência de 30 países europeus. Um fato inédito que, em 2007, levou o Parlamento Europeu a lhe dedicar uma sessão própria na presença do presidente da Comissão, [José Manuel Durão] Barroso.

Este livro pretende dar uma pequena contribuição ao crescimento dessa consciência e à globalização de um movimento social e civil contra as máfias.

---

* Liberdade, Legalidade e Direitos na Europa. (N. T.)

É preciso acreditar. Ninguém poderá nos convencer de que há pouco a fazer a não ser resignar-se com um mundo destinado pela história a continuar assim.

Aprendemos a compreender que, como todos os fenômenos humanos, também as máfias tiveram um início e podem ter um fim.[4] Para chegar a tanto, é necessário empenho e responsabilidade coletivos.

Por essas razões, após ter narrado a respeito da normalidade da presença das máfias no mundo da globalização capitalista das últimas décadas, como leigo convicto e que não crê em Deus, percebo toda a força da admoestação contida no cap. 17 do Evangelho segundo São João: "Estamos neste mundo, mas não somos deste mundo".

---

[4] A frase, que já se tornou um dos conceitos-símbolo do movimento antimáfia, foi várias vezes pronunciada pelo juiz Giovanni Falcone.

DIFUSÃO DAS MÁFIAS ITALIANAS NO MUNDO

EUROPA

ÁUSTRIA

Camorra
Baden-Viena: presença de pessoas ligadas ao clã denominado "Alleanza di Secondigliano", dedicadas à comercialização de produtos industriais e peças de vestuário falsificados.
Kilehe: presença de pessoas ligadas à "Alleanza di Secondigliano", dedicadas à comercialização de produtos industriais e peças de vestuário falsificados.

BÉLGICA

Camorra
Bruxelas: atividades comerciais atribuíveis à "Alleanza di Secondigliano".

Cosa Nostra
Bruxelas: verificada a presença de pessoas ligadas às famílias mafiosas de Favara (AG). Alguns colaboradores da justiça indicaram a presença da família **Rinzivillo**, de Caltanissetta, que também administraria a contratação ilegal de mão de obra.

'Ndrangheta
Bruxelas: presença de expoentes das *cosche* **Ascone** e **Bellocco**, ativas na zona de Rosarno (RC).
Gand: presença de expoentes da *cosca* **Nirta-Strangio**, de San Luca (RC).
Genk: cidade onde nasceu e residiu até sua prisão, em maio de 2006, o foragido **Antonio Calogero Costadura**, filho natural do boss **Salvatore Nirta**, de San Luca (RC), e expoente da *cosca* homônima, em nome da qual cuidava do tráfico de entorpecentes do norte da Europa para a Itália.
— Presença de pessoas ligadas à *cosca* **Ascone**, de Rosarno (RC), entre as quais **Michele Cannizzaro**, de Ortì (RC) (também ligado aos irmãos **Sebastiano** e **Francesco Strangio**, expoentes da conhecida *cosca* **Nirta-Strangio**, de San Luca), que emigrara para a Bélgica em 1980 e trabalhava como "mula" que levava drogas dos Países Baixos para a Puglia e a Calábria.
— Lugar de residência de **Eliseo Lazzarino**, de Bianco (RC), ligado às *cosche* da zona jônica da província de Reggio Calabria, que em julho de 1990 participou de uma reunião realizada em Ardore Marina (RC) para discutir a exportação de heroína da Itália para o Canadá.

CROÁCIA

Cosa Nostra
Segundo as declarações do colaborador da justiça **Francesco Campanella**, a família **Mandalà**, de Villabate (PA), administra um cassino na costa adriática.

FRANÇA

Camorra

Bastia: presença de pessoas ligadas ao clã denominado "Alleanza di Secondigliano", dedicadas à venda de produtos industriais falsificados.

Lyon: presença de expoentes da "Alleanza di Secondigliano", entre os quais **Gaetano Attardo**, de Nápoles, que administra uma loja de roupas, martelos e furadeiras elétricas e atua no setor de falsificação de marcas tanto de produtos industriais quanto de peças de vestuário.

Menton: cidade onde reside, há alguns anos, **Giovanni Tagliamento**, de Nápoles, que não cumpriu as obrigações da liberdade vigiada, impostas pela Segurança Pública, e, segundo consta, manteve contato com expoentes dos clãs camorristas **Caldarelli** e **Contini-Bosti**, bem como com expoentes da *'ndrangheta* de Reggio Calabria.

Millery: cidade onde residiu como foragido o boss **Francesco Schiavone**, conhecido como "Sandokan", expoente de cúpula do clã dos casalenses, posteriormente condenado à prisão perpétua no âmbito do processo "Spartacus". Em maio de 1989, foi preso em uma casa da pequena cidade, que fica nas proximidades de Lyon, junto com **Giuseppe Caterino**, de San Cipriano (CE), considerado um expoente de prestígio da camorra, que fugira antes de ser proibido de deixar a Itália.

Nice: em fevereiro de 2002, a polícia francesa capturou o boss **Biagio Cava**, de Quindici (AV), capo do clã homônimo que atua em Quindici. Cava estava prestes a embarcar em um voo rumo a Nova York.

Nice-Paris: presença de pessoas ligadas aos clãs **Licciardi**, **Sarno** e **Di Lauro**, que se ocupam da comercialização de mercadorias de marcas famosas, mas falsificadas, produzidas na província de Nápoles, sobretudo peças de vestuário, bolsas, máquinas fotográficas e furadeiras elétricas.

Paris: em dezembro de 2004, foi capturado na cidade o foragido da camorra **Vincenzo Mazzarella**, de Nápoles, que ocupava o topo do homônimo clã partenopeu.

— Reside na cidade **Mario Fratta**, de Nápoles, expoente da "Alleanza di Secondigliano", que em Paris administra lojas de roupas e de aparelhos eletrônicos em nome de **Gaetano Attardo**, de Nápoles, expoente do mesmo grupo. Em 2001, foi preso pela polícia francesa, junto com **Giuseppe Schisano**, por venda de casacos e furadeiras falsificados.

Estrasburgo: presença de pessoas supostamente pertencentes à "Alleanza di Secondigliano", que se dedicam à venda de produtos industriais falsificados.

Cosa Nostra

Cannes: cidade onde se refugiara o foragido **Santo Longo**, de Catânia, procurado por associação mafiosa destinada ao tráfico internacional de drogas, expoente do clã catanense dos **Santapaola**, preso na cidade da Côte d'Azur em julho de 2007.

Grenoble: cidade onde reside **Giacomo Pagano**, homem de honra da família Sommatino (CL), capo da ramificação francesa da família mafiosa.

'Ndrangheta

Cape d'Antibes-Nice: até o final dos anos 1990, o grupo mafioso dos **De Stefano**, de Archi (RC), um dos mais aguerridos da *'ndrangheta* de Reggio Calabria, conduziu negócios na Côte d'Azur. Em Cape d'Antibes, o falecido boss **Paolo De Stefano** e seu irmão **Orazio**, na época foragido, dispunham de uma casa denominada "Villa Tacita Georgia". **Vittorio Antonio Canale**, que tinha ligação com eles e passou na casa parte do período

em que ficou foragido, tornou-se a expressão máxima da cultura 'ndranghetista na Ligúria e na Côte d'Azur, conseguindo — com o máximo rendimento em termos de lucros econômicos e na mais ampla harmonia criminosa — otimizar as formas do crime organizado.
— Investigações anteriores demonstraram a constituição nessa região de importantes empresas e sociedades por parte da família **Libri**, de Cannavò (RC), associada ao grupo dos **De Stefano**, de Archi (RC).

Marselha-Menton-Nice-Toulouse: vários colaboradores da justiça falaram a respeito da existência de "Locais" da 'ndrangheta no sul da França, sobretudo nessas localidades, formando um organismo denominado "câmara de controle", uma espécie de estrutura de ligação, capaz de assegurar sinergias logísticas e operacionais, estruturas integradas para dar apoio a uma série de atividades de vários tipos, que vão do tráfico de substâncias entorpecentes às atividades de agiotagem que costumam circular pelas casas de jogo, à lavagem de rendimentos ilícitos em atividades comerciais e na aquisição de bens imóveis, e, por fim, ao dourado refúgio de foragidos de renome. No início dos anos 1980, em Capes d'Antibes, foi preso **Paolo De Stefano**, um dos mais perigosos expoentes da *'ndrangheta* de Reggio Calabria. Em 1993, próximo a Nice, foi preso o foragido **Arcangelo D'Agostino**, de Delianova (RC), perigoso expoente da *cosca* **Piromalli**, de Gioia Tauro (RC). Em 1997, em Antibes, foi a vez do foragido **Natale Rosmini**, expoente de prestígio da homônima *cosca* de Reggio Calabria, que durante a guerra entre as máfias de Reggio Calabria se opôs à *cosca* dos **De Stefano**, condenado à pena de prisão perpétua por ter sido o mandante do homicídio de **Ludovico Ligato**, ex-presidente das Ferrovie dello Stato. Em 1999, foi preso **Carmelo Gullace**, expoente da *cosca* mafiosa dos **Raso-Gullace-Albanese**.

E, ainda, sempre em Nice, foi preso **Antonio Mollica**, de Melito Porto Salvo (RC), expoente da *cosca* **Iamonte**, enquanto, em agosto de 2002, foi capturado **Luigi Facchineri**, de Cittanova (RC), inserido entre os 30 foragidos mais perigosos.

Nice: presença estável de pessoas indagadas junto com **Vincenzo Fazzari**, de Rosarno (RC) (irmão de **Salvatore**, capo da homônima *cosca* da província de Reggio Calabria), e com outros por crimes de golpe em detrimento de institutos bancários italianos e estrangeiros e lavagem de dinheiro proveniente de atividades ilícitas, entre os quais **Paolo Martino**, de Reggio Calabria, **Luigi Caputo**, de Vigevano (PV), e **Rinaldo Paccavia**, de Umbertide (PG). **Caputo** foi considerado o principal consultor financeiro do grupo.

ALEMANHA

Camorra

Hamburgo: cidade onde encontrou refúgio o foragido **Gennaro Rinaldi**, de Nápoles, expoente de cúpula do clã **Rinaldi-Reale**, até sua prisão, em outubro de 2007.

Hamburgo-Frankfurt: presença de pessoas ligadas aos clãs **Licciardi**, **Sarno** e **Di Lauro**, que se ocupam da comercialização de mercadorias de marcas famosas, mas falsificadas, produzidas na província de Nápoles, sobretudo peças de vestuário, bolsas, máquinas fotográficas e furadeiras elétricas.

Baden-Baden: presença de pessoas pertencentes à família dos **Licciardi**, que na cidade exerce atividades de lavagem de dinheiro mediante jogos de azar.

— Até sua prisão, em setembro de 1997, residia na cidade o boss **Sabatino Ciccarelli**, de Giugliano (NA), procurado na Itália por homicídio e sequestro, acusado pelos investigadores de controlar as atividades mafiosas em grande parte do território alemão, de ser capaz de movimentar centenas de quilos de cocaína e de ser ligado ao boss corleonense **Salvatore Riina**. Perfeitamente inserido na sociedade alemã, teve como companheira uma alemã multimilionária do setor da construção civil e, até ser preso, pertencia à nata de Baden-Baden.

Berlim: cidade onde reside **Alberto Laudano**, de Nápoles, expoente do clã "Alleanza di Secondigliano", que administra depósitos em nome da organização.

— Desde a queda do Muro de Berlim, registra-se na cidade a presença de expoentes dos clãs **Licciardi-Contini-Mallardo**, que administram lojas de eletrodomésticos e de roupas, igualmente falsificados. Em particular, os donos de uma empresa comercial em Berlim foram obrigados a cedê-la a **Vittorio Persico**, homem de **Licciardi**, na Alemanha desde 1974.

Chemnitz: cidade onde residem pessoas ligadas ao clã denominado "Alleanza di Secondigliano", entre as quais **Giuseppe Agliarulo**, de Nápoles.

Chemnitz-Dresden-Eisenach-Freiburg-Frankfurt am Main-Munique: presença de pessoas ligadas ao clã que tem **Pietro Licciardi** como chefe. Essas pessoas se ocupam de administrar, em nome do clã, depósitos e lojas de roupas que começaram a funcionar com as novas oportunidades econômicas criadas após a queda do Muro de Berlim. Aqueles que, não pertencendo ao clã, conseguem obter a permissão de venda devem, de todo modo, pagar propina por peça de vestuário vendida.

Frankfurt: na cidade residem pessoas ligadas ao clã dos casalenses (sobretudo aos expoentes do topo, **Francesco Schiavone** e **Giuseppe Russo**), que administram uma dúzia de restaurantes italianos e lojas de roupas. Algumas delas estiveram envolvidas em dois roubos a carros-fortes em Frankfurt e Wiesbaden, que renderam um total de 28 milhões de euros. As respectivas

investigações, que se cruzaram com aquelas conduzidas pela Squadra Mobile de Caserta, levaram à prisão de **Russo** e, posteriormente, de **Schiavone**.
— Registra-se a presença de expoentes do clã **Licciardi**, entre os quais **Nello Pernice**.

Hof: presença de pessoas ligadas ao clã que tem **Pietro Licciardi** como chefe. Essas pessoas se ocupam de administrar, em nome do clã, depósitos e lojas de roupas que começaram a funcionar após a queda do Muro de Berlim. Também nesse caso, os donos de um grande depósito de roupas em Hof foram obrigados a ceder a empresa a **Vittorio Persico**, homem de **Licciardi**, na Alemanha desde 1974.

Mogúncia: em janeiro de 2005, foi capturado nessa cidade o foragido **Raffaele Antonio Ligato**, de Giugliano (NA), expoente de prestígio do clã **Lubrano-Nuvoletta**, condenado à prisão perpétua pelo homicídio de **Francesco Imposimato**, irmão do juiz **Ferdinando Imposimato**.

Cosa Nostra

Hamburgo: registra-se a presença de elementos do clã dos "cursoti",* originários de Catânia e ativos no tráfico de drogas, usando como fachada a gestão de restaurantes.

Colônia: presença de expoentes das famílias de Licata e Favara (AG).

Mannheim: registra-se a presença de expoentes do clã dos **Emmanuello**, de Gela (CL).

Nuremberg: presença de expoentes mafiosos originários da província de Siracusa. Em maio de 2005, foi preso na cidade o foragido **Massimo Cutelli**, de Noto (SR), efetivo no clã **Aparo-**

---

* Recebem esse nome porque agem na região do Antico Corso, em pleno centro histórico da cidade. (N. T.)

Nardo-Trigila, que atua no território meridional da província de Siracusa.

Spiesen-Elversberg: localidade onde encontrara refúgio o foragido **Joseph Focoso**, nascido na Alemanha, preso em julho de 2005 no domicílio de seus pais, que emigraram para a Alemanha há muito tempo. "Homem de honra" da família de Siculiana (AG), era procurado porque fora condenado a oito penas de prisão perpétua, todas confirmadas na Corte de Cassação, uma vez que fora responsável por vários episódios criminosos, entre os quais o homicídio de Giuliano Guazzelli, subtenente dos Carabinieri, e o sequestro do menino Giuseppe Di Matteo, filho do conhecido colaborador da justiça Santino.

Wuppertal: em setembro de 2005, foi preso na cidade **Antonio Amato**, de Vittoria (RG), irmão de **Francesco**, representante da família de Niscemi, por associação para delinquência, com o objetivo de aplicar golpes.

'Ndrangheta

Arnsberg-Berlim-Bochum-Colônia-Dresden-Duisburg-Düsseldorf-Essen-Kaarst-Leipzig-Munique-Neunkirchen-Oberhausen-Saarbrücken-Tübingen: desde os anos 1970, nessas cidades estão estabelecidos expoentes das principais famílias da zona de San Luca (RC), entre as quais **Nirta-Strangio**, **Mammoliti**, **Pelle**, **Vottari**, **Romeo** e **Giorgi**, que implantaram bases logísticas para a venda de cocaína e heroína na Europa, lavando os respectivos e enormes lucros também no campo da gestão de restaurantes, pizzarias e empresas comerciais. Dentre as presenças, destaca-se em Kaarst a de **Giovanni Strangio**, considerado um dos responsáveis pelo massacre de Duisburg. Em 2001, em Colônia, foi preso **Sebastiano Giorgi**. Entre os que residem em Duisburg também se encontra o já condenado **Antonio Mammoliti**, de San Luca (RC), que, graças ao apoio de especialistas financeiros no seio da organização, planejou o reinvestimento dos lucros derivados do tráfico de entorpecentes, com a colaboração de outros expoentes da própria organização, residentes na Alemanha, donos ou administradores de restaurantes que agiam como testas de ferro. Em **Düsseldorf**, **Paolo Nirta** e **Domenico Pizzata**, de San Luca, administraram uma pizzaria denominada "San Michele". Em **Oberhausen**, consta que reside, desde junho de 2007, **Sebastiano Pizzata**, de Reggio Calabria, filiado à *cosca* **Romeo**, cunhado de **Bruno Pizzata**, de Melito Porto Salvo (RC), igualmente residente na Alemanha e condenado, entre outras coisas, por homicídio, sequestro e tráfico de entorpecentes e já preso nesse país, em 2004, por documentação falsa.

Bochum-Frankfurt-Freiburg-Kassel-Mannheim-Marburg-Riesa: ao longo das últimas décadas, nessas cidades se estabeleceram expoentes da *cosca* dos **Farao**, ativa em Cirò (KR). Esses expoentes se dedicam sobretudo aos delitos ligados a substâncias entorpecentes.

Colônia: presença de expoentes da *cosca* **Morabito**, de Africo (RC).

Detmold: presença de pessoas ligadas à *cosca* **Ascone**, que atua em Rosarno (RC), entre as quais **Gesuele Fabrizio**, de Rosarno (RC), expoente da família homônima, com a qual também tem parentesco. Residia na cidade e trabalhava como "mula" no transporte de drogas dos Países Baixos para a Puglia e a Calábria, tanto em nome dos próprios **Ascone** quanto em nome dos irmãos **Sebastiano** e **Francesco Strangio**, de San Luca (RC), expoentes da famosa *cosca* **Nirta-Strangio**.

Düsseldorf: verificada há anos a presença de expoentes da *cosca* **Megna**, que atua em Papanice, fração de Crotone.

Erlangen-Frankfurt-Mülheim-Nuremberg: há anos residem nessas cidades expoentes da *cosca* **Carelli**, ativa em Corigliano

Calabro (CS). Nelas implantaram tanto "Locais" quanto bases utilizadas para o tráfico de drogas, as extorsões e os roubos. Além disso, deram refúgio a foragidos.

Hannover: verificada a presença de expoentes da *cosca* **Ursino**, que atua em Gioiosa Jonica (RC) e em Marina di Gioiosa (RC).

Ludwigsburg: presença de expoentes do clã **Carelli**, que atua na zona de Corigliano Calabro (CS).

Mülheim: cidade em que residem expoentes do clã **Carelli**, que atua na zona de Corigliano Calabro (CS), entre os quais **Francesco Lombisani**, de Corigliano Calabro, dono da empresa de importação-exportação de gêneros alimentícios "Lombi GmbH". Para os órgãos de polícia alemães, ele seria um colaborador do mencionado clã, que na Alemanha conta com diversas bases logísticas, utilizadas, entre outras coisas, para negócios ligados ao tráfico de substâncias entorpecentes. Em 2001 e 2002, as autoridades desse país investigaram **Lombisani** por suspeita de lavagem de dinheiro.

Münster: é a base operacional de expoentes da *cosca* conhecida como **Aracri**, de Crotone, próxima à *cosca* **Grande-Aracri**, de Cutro (KR). Nos países do Leste e na Alemanha, esses expoentes investem em sociedades com **Adolfo Avella**, colaborador do clã **D'Alessandro**, da *camorra*. **Francesco Aracri** é proprietário da sociedade "Italiaintavola", que, administrada por um testa de ferro, **Marco Guadagno**, compreende uma rede de restaurantes, pizzarias e pontos de venda de produtos alimentícios, mas também investe em casas noturnas e empresas de artesanato e construção civil, que são propriedade de pessoas supostamente ligadas à mencionada *cosca* **Grande-Aracri**.

Nuremberg: residem na cidade expoentes da *cosca* **Muto**, que atua em Cetraro (CS). Dedicam-se à lavagem dos lucros de atividades ilícitas.

— Residem na cidade expoentes do clã **Carelli**, ativo na zona de Corigliano Calabro (CS).

Ravensburg-Schweinfurt: presença de expoentes da *cosca* **Maiolo**, ativa em Gerocarne (VV).

Siegburg: presença de expoentes da *cosca* **Giglio**, ativa em Strongoli (KR).

Stuttgart: nos anos 1980, estabeleceram-se na cidade expoentes da *cosca* **Farao**, ativa em Cirò (KR), e de grupos de Cosenza, que constituem terminais financeiros para a lavagem do lucro do tráfico de drogas e das extorsões.

Stuttgart-Mannheim: em 1991, **Giuseppe Mazzaferro**, capo da família homônima, ativa em Gioiosa Jonica e em Marina di Gioiosa (RC), envia **Giuseppe Costa** e **Rosario Saporito** a essas cidades para nelas abrir dois "Locais" da *'ndrangheta*.

Stuttgart: residem na cidade expoentes da *cosca* conhecida como *Iona*, ativa em Belvedere Spinello e em Rocca di Neto (KR).

Tübingen: residem na cidade expoentes da *cosca* **Ruga**, ativa em Monasterace (RC).

Outras organizações criminosas de tipo mafioso

Krefeld: cidade onde reside o condenado **Giuseppe Gianicolo**, de Castellammare di Stabia (NA), bem como outras pessoas a ele ligadas. Em 2002, Gianicolo estava à frente de uma eficiente e bem-traçada organização dedicada ao tráfico sistemático de substâncias entorpecentes, obtidas na Holanda por intermédio de **Francesco** e **Sebastiano Strangio**, foragidos da *'ndrangheta* e ambos de San Luca (RC), e a serem entregues na Campânia, na Sicília e na Calábria.

GRÃ-BRETANHA

Camorra

Aberdeen: presença de expoentes do clã **La Torre**, ativo na zona de Mondragone (CE). Dedicam-se ao reinvestimento de rendimentos ilícitos em atividades empresariais e comerciais (turismo

e restaurantes). Os investimentos tiveram início com **Antonio La Torre** — irmão de **Augusto**, *capoclan* e colaborador da justiça em "fases alternadas" —, que na cidade abriu restaurantes, hotéis e sociedades de importação-exportação.
— **Michele Siciliano**, primo dos irmãos **Augusto** e **Antonio La Torre**, da homônima família camorrista de Mondragone (CE), iniciara na cidade duas sociedades de gêneros alimentícios, a "Euro Food Lts" e a "Anglo", bem como uma sociedade de leasing, a "Aberdeen Leasing".

Londres: em setembro de 2006, foi capturado na cidade o foragido **Raffaele Caldarelli**, de Nápoles, contato do clã **Mazzarella**, procurado desde 2003 por associação de tipo mafioso, tráfico de entorpecentes, extorsão, entre outros crimes.
— Residem na cidade expoentes do clã denominado "Alleanza di Secondigliano", ativo em Nápoles. Esses expoentes administram lojas de roupas.
— Na cidade está estabelecida a filial de uma sociedade ("Gruppo V Ltd"), dirigida pelos camorristas **Gioacchino Russo**, de Casoria (NA), e **Pasquale Barbieri**, de Nápoles, irmão de **Salvatore**, todos expoentes do clã denominado "Alleanza di Secondigliano".
— **Michele Siciliano**, primo dos irmãos **Augusto** e **Antonio La Torre**, da homônima família de Mondragone (CE), abrira na cidade um restaurante, o "Mamma Capone".

Preston: em maio de 2007, foi preso na cidade o foragido **Gennaro Panzuto**, de Nápoles, capo do clã homônimo que atua nos bairros de Torretta, Mergellina e Chiaia; procurado por associação mafiosa, extorsão e tráfico de drogas.

Cosa Nostra

Londres: na época da morte do banqueiro **Roberto Calvi** (junho de 1982), residiu na cidade como foragido o boss **Francesco Di Carlo**, de Altofonte (PA), que depois se tornou colaborador da

justiça. Di Carlo investia na bolsa o dinheiro da Cosa Nostra. Além disso, junto com **Alfonso Caruana**, conhecido boss narcotraficante de Siculiana (AG), controlava o tráfico de heroína que saía da Tailândia e passava pelo Reino Unido.
— Há tempos residia na cidade o foragido **Roberto Parasiliti Mollica**, de Messina, filiado ao clã **Bontempo-Scavo**, de Tortorici. Foi preso em Londres em outubro de 2005.
— Presença de expoentes da família **Graviano**, de Brancaccio (PA).

'Ndrangheta
Londres: reside na cidade **Marco Russo**, de Castelfiorentino (FI), consultor financeiro, condenado por associação para delinquência, receptação, furto e outros crimes; ligado a **Vincenzo Fazzari**, de Rosarno (RC), irmão de **Salvatore**, capo da homônima *cosca*.
— Expoentes da *cosca* **Aracri**, de Crotone, entre os quais **Francesco Aracri** e **Adolfo Avella**, transferem para a cidade — à Regent Street, n? 233 — a sede legal de sociedades anteriormente abertas e fechadas na Itália, compreendendo lojas, centros comerciais, imóveis e meios de transporte.

GRÉCIA

Camorra
Santorini: residem na ilha pessoas ligadas ao clã **Licciardi**, de Secondigliano (NA). Em particular, **Pasquale Gambardella** administra a pizzaria "Bellanapoli" e se ocupa de operações de lavagem de dinheiro em nome do próprio clã.

IRLANDA

Camorra
Dublin: presença de pessoas ligadas aos clãs **Licciardi**, **Sarno** e **Di Lauro**, que se ocupam da comercialização de "falsas" marcas famosas, produzidas na província de Nápoles, sobretudo peças de vestuário, bolsas, máquinas fotográficas e furadeiras elétricas.

'Ndrangheta
Dublin: Robert Trimboli, da homônima família de Platì (RC), já residente na Austrália, procurado durante anos por crimes ligados ao tráfico de drogas e de armas. Envolvido nesse país no homicídio de Donald MacKay, em outubro de 1984 foi preso com nome falso.

MONTENEGRO

Camorra
Bar: presença de expoentes do clã **Mazzarella**, de Nápoles.

HOLANDA

Camorra
Amsterdã: Raffaele Barbato, principal conexão no exterior da família **La Torre**, de Mondragone (CE), implantou na cidade casas de jogo, igualmente com o objetivo de lavar rendimentos de natureza ilícita. Também hospedou na Holanda **Augusto La Torre** no período em que este esteve foragido.
— Presença de pessoas ligadas aos clãs **Licciardi**, **Sarno** e **Di Lauro**, que se ocupam da comercialização de mercadorias de marcas famosas, mas falsificadas, sobretudo peças de vestuário, bolsas, máquinas fotográficas e furadeiras elétricas.

Cosa Nostra
Ilha de Aruba (Caribe): por volta do final dos anos 1980, desembarcaram na ilha os expoentes de cúpula da conhecida *cosca* mafiosa dos **Cuntrera-Caruana**, de Siculiana (AG), amplamente reconhecidos como narcotraficantes internacionais de altíssimo nível, que adquiriram a maior parte das atividades econômicas da ilha. Em outubro de 1987, ainda na ilha, decidiram aliar-se ao cartel colombiano de narcotraficantes de Medellín, prevendo a troca da heroína europeia pela cocaína produzida na Colômbia e monopolizando o mercado atlântico de entorpecentes.

'Ndrangheta
Amsterdã: em 2004 foi preso na cidade, junto com dois cidadãos colombianos, **Nicola Polito**, de Locri (RC), fornecedor de drogas ao mercado milanês e que estava em posse de 600.000 euros, provavelmente a serem empregados na compra de drogas.
— Em novembro de 2008, foi preso na cidade o boss **Giuseppe Nirta**, de San Luca (RC), foragido havia 13 anos, expoente da *cosca* **Nirta-Strangio**, cunhado de **Giovanni Strangio**.
— Em outubro de 2005, foi preso na cidade **Sebastiano Strangio**, de San Luca (RC), expoente de prestígio da homônima *cosca*, foragido havia vários anos por associação mafiosa e tráfico de drogas.
— Em março de 2009, foram presos na cidade os foragidos **Giovanni Strangio** e seu cunhado, **Francesco Romeo**, ambos de San Luca (RC). O primeiro é considerado expoente de cúpula da *cosca* **Nirta-Strangio**, suspeito de ter sido um dos autores do massacre de Duisburg.
— Durante anos, viveram na cidade como foragidos, até sua recente prisão, em 2006, **Antonio Ascone**, **Gioacchino Bonarrigo**, **Francesco Strangio** e **Giancarlo Polifroni**, temíveis

"homens de honra" da '*ndrangheta* de Reggio Calabria, procurados por associação para delinquência voltada ao tráfico de drogas e por homicídio.

Hoofddorp (Amsterdã): em 2009, foi preso nessa cidade o foragido **Gianluca Racco**, elemento de prestígio da *cosca* **Commisso**, de Siderno (RC), inserido na lista nacional dos 100 foragidos mais perigosos, condenado à prisão perpétua por associação mafiosa, tráfico de drogas, entre outros crimes. Tinha residência estável nesse país.

Outras organizações criminosas de tipo mafioso
Amsterdã: foi verificada a frequente presença de **Cristian Sale**, da conhecida e homônima família de narcotraficantes em nível mundial, com o objetivo de cuidar pessoalmente da expedição de enormes quantidades de cocaína para a Itália.

POLÔNIA

Camorra
Cracóvia-Varsóvia: em 2004, foi preso em Krosno (periferia de Varsóvia) o foragido **Francesco Schiavone**, conhecido como "Cicciariello" (primo de **Francesco Schiavone**, vulgo "Sandokan"), expoente de confiança do clã dos casalenses, que tinha bases consolidadas nas duas cidades. Além disso, em nome de sua companheira e de outras pessoas, financiara atividades empresariais e comerciais.

PORTUGAL

Camorra

Cascais: em 6 de março de 1991, vítima da guerra interna ao clã dos casalenses, foi morto na cidade o boss **Mario Iovine**, acusado de ter organizado e praticado o homicídio de **Antonio Bardellino**. Iovine construíra em Cascais uma mansão com jardim.

Porto: presença de pessoas ligadas aos clãs **Licciardi, Sarno** e **Di Lauro**, que constituem a chamada "Alleanza di Secondigliano" e se ocupam da comercialização de "falsificações" de marcas famosas, sobretudo peças de vestuário, bolsas, máquinas fotográficas e furadeiras elétricas.

'Ndrangheta

Faro: presença de expoentes da 'ndrangheta. Em 1992, foi preso na cidade **Emilio Di Giovine**, boss originário de Reggio Calabria que agia em Milão. Alguns meses antes, fugira de modo espetacular pelos subterrâneos do hospital milanês Fatebenefratelli, onde estava internado.

Setúbal: presença de expoentes do perigoso clã dos **De Stefano**, pertencente à 'ndrangheta de Reggio Calabria. Um deles, **Vittorio Canale**, de Reggio Calabria, passou na cidade parte do período em que esteve foragido.

PRINCIPADO DE MÔNACO

'Ndrangheta

Montecarlo: em setembro de 2008, foi preso na cidade **Massimiliano Avesani**, de Roma, enquanto tentava lavar 1,6 milhão de euros com identidade falsa. Habitualmente, morava na Espanha, era procurado em nível internacional por associação

para delinquência voltada ao tráfico internacional de substâncias entorpecentes, bem como (pelas autoridades espanholas) por homicídio e ocultação de cadáver. Considerado expoente de prestígio de uma estrutura criminosa de matriz 'ndranghetista, radicada em Roma, mas controlada por **Candeloro Parrello**, boss da homônima *cosca* de Palmi, era capaz de movimentar enormes quantidades de drogas da América do Sul, passando pelo Marrocos ou pelas ilhas de Cabo Verde, até a Europa, reinvestindo os lucros em ulteriores atividades de narcotráfico ou em complexas operações financeiras e imobiliárias. O conhecido narcotraficante internacional **Roberto Pannunzi** também utilizara essa estrutura logística e os conhecidos do grupo para abastecer de cocaína as principais organizações mafiosas italianas, sobretudo calabresas e sicilianas.
— Presença de expoentes da *cosca* **Muto**, de Cetraro (CS), e da *cosca* **Carelli**, de Corigliano Calabro (CS).

REPÚBLICA TCHECA

Camorra
Praga: verificada a presença de expoentes do clã napolitano dos **Licciardi**, que se dedicam à venda de mercadorias falsificadas.

ROMÊNIA

Camorra
Barlad: em 2002, após ter sido libertado devido ao cumprimento do período máximo de custódia cautelar, refugiou-se na cidade o expoente dos casalenses **Francesco Schiavone**, vulgo "Cicciariello" (primo de **Francesco Schiavone**, vulgo "Sandokan"), que, em Barlad, construiu uma propriedade rural para a qual transferiu suas atividades econômicas: criação de búfalas e

empresas para a produção de mozarela. Dessa propriedade partiram mais tarde os chefes do "clã dos casalenses" — **Francesco Schiavone**, **Antonio Iovine** e **Michele Zagaria** — para se reunirem em um hotel em Budapeste, na Hungria, a fim de manter a única cúpula camorrista em terra estrangeira de que se tem notícia.

Bucareste: em maio de 2000, foi capturado na cidade o foragido **Ciro Castellano**, de Nápoles, que no território romeno constituía um ponto de referência para a lavagem dos lucros do tráfico de substâncias entorpecentes.

Dumbraveni: cidade em que o foragido **Mario Pascale**, de Salerno, expoente dos chamados "ciucciari",* se refugiara e fora preso em julho de 2007.

Cosa Nostra

Constanta: cidade em que vivia como foragido **Maurizio Cesare Toscano**, de Catânia, expoente importante do clã do bairro Borgo, condenado à prisão perpétua por homicídio e preso em Constanta em janeiro de 2005.

Timisoara: até ser preso, em agosto de 2007, residia na cidade o foragido **Salvatore Fraterrigo**, de Vallelunga Pratameno (CL), inserido na lista dos 100 foragidos mais perigosos, homem de honra da "família" homônima, controlada pelo conhecido boss **Giuseppe Madonia**.

Calafat: até o dia de sua prisão, em julho de 2007, residia na cidade o foragido **Angelo Monaco**, de Rosolini (SR), considerado o "regente" do grupo **Aparo-Nardo-Trigila**, ativo no território meridional da província de Siracusa.

---

* Condutor de mulas. (N. T.)

'Ndrangheta
Bucareste: presença de expoentes da *cosca* **Alvaro**, de Sinopoli (RC).

SÉRVIA

Camorra
Belgrado: presença de pessoas ligadas aos clãs **Licciardi**, **Sarno** e **Di Lauro**, que se ocupam da comercialização de "falsificações" de marcas famosas, em particular peças de vestuário, bolsas, máquinas fotográficas e furadeiras elétricas, todas produzidas na província de Nápoles.

ESLOVÁQUIA

Camorra
Poprad: presença de pessoas ligadas ao poderoso clã **Di Lauro**, que atua na cidade de Nápoles e em alguns municípios da província. Entre outras coisas, essas pessoas oferecem refúgio a foragidos. Um deles, **Ugo De Lucia**, de Nápoles, filiado ao mencionado clã, foi preso em Poprad em fevereiro de 2005. É considerado o autor do homicídio de Gelsomina Verde, de 22 anos, morta durante a chamada "guerra entre clãs de Scampia", simplesmente porque, no passado, teve uma ligação afetiva de poucos meses com um dos *scissionisti*,* adversários dos Di Lauro.

---

* Ver nota 24, cap. 3. (N. T.)

ESPANHA

Camorra

Badalona (Barcelona): presença de pessoas ligadas ao clã denominado "Alleanza di Secondigliano", entre as quais o condenado **Raffaele Salvati**, de Nápoles, que administra uma loja de roupas.

Barcelona: presença de expoentes do clã napolitano dos **Contini**, que se dedicam ao tráfico de substâncias entorpecentes.

— Em 2005, foi preso na cidade o foragido napolitano **Raffaele Amato**, pertencente ao grupo dos *scissionisti* do clã **Di Lauro**, conhecidos, não por acaso, como "espanhóis".

— Em maio de 2007, foi preso na cidade **Fausto Frizziero**, elemento de prestígio do homônimo clã partenopeu.

— Presença de pessoas ligadas ao clã **Licciardi**, de Secondigliano (NA), que se ocupam de administrar, em nome do clã, lojas para a venda de peças falsificadas de vestuário. Quem administra os negócios é **Nando Guida**, irmão do boss **Gaetano Guida**, ambos grandes traficantes de drogas.

Ceuta-Fuengirola-Marbella-Saragoça: com uma operação concluída em julho de 2007, foi desbaratado um grupo criminoso composto de 14 elementos — entre os quais, 5 considerados projeções do clã **Mazzarella** na Espanha —, que residiam nessa área em estreita ligação com expoentes da *'ndrangheta* para traficar substâncias entorpecentes, provenientes do Marrocos. No mesmo contexto, foram confiscados 7 imóveis, 4 lojas e 60 veículos, por um valor de cerca de 5 milhões de euros, bem como 2,5 toneladas de haxixe e armas.

Fuengirola: em dezembro de 2008, foi preso na cidade o foragido **Paolo Pesce**, procurado por homicídio, já filiado ao clã dos **Mariano** e considerado elemento de prestígio do grupo dos *scissionisti*.

Girona: em novembro de 2007, foi preso na cidade o foragido **Natale Suarino**, filiado ao clã **Ascone**, inserido na lista nacional dos 100 foragidos mais perigosos.

— Em agosto de 2008, foi preso na cidade o boss **Patrizio Bosti**, que rege o poderoso clã **Licciardi-Contini-Mallardo**, promotor da chamada "Alleanza di Secondigliano", procurado por participação em homicídio e outros crimes e inserido na lista nacional dos 30 foragidos mais perigosos.

Granada-Valência: investimentos e encaminhamento de negócios por parte de expoentes do clã dos casalenses. Nos anos 1990, foram presas nessas cidades 20 pessoas, entre as quais seis cidadãos italianos ligados ao homônimo clã. Um deles era **Nunzio De Falco**, que abrira três pizzarias em Granada.

Madri: em janeiro de 2009, foi preso na cidade **Antonio Caiazzo**, *capoclan*, e seu braço direito **Francesco Simeoli**, ambos procurados por associação mafiosa, homicídio, extorsão e outros crimes.

Madri-Barcelona: presença de pessoas ligadas aos clãs **Licciardi**, **Sarno** e **Di Lauro**, que se dedicam à venda de mercadorias de marcas famosas, porém falsificadas, sobretudo peças de vestuário, bolsas, máquinas fotográficas e furadeiras elétricas.

Madri: presença de pessoas ligadas ao clã denominado "Alleanza di Secondigliano", que se ocupam de administrar, em nome do clã, lojas para a venda de peças falsificadas de vestuário. Essas lojas são administradas tanto por **Antonio Teghemie**, de Nápoles — expoente de cúpula do clã, casado com **Maria Licciardi** (da homônima família e capo do clã) —, quanto por seu genro, **Enrico Tranchino**, de Nápoles. Os artigos mais vendidos são casacos e máquinas fotográficas.

Málaga: cidade em que tinha sede a base operacional de um grupo criminoso chefiado pelo narcotraficante foragido **Michele Riccardi**, de Nápoles, ligado ao clã **Zazo**, ativo no bairro di

Fuorigrotta, em Nápoles, onde foi capturado em outubro de 2008. O grupo, que administrava um tráfico de enormes quantidades de haxixe a serem exportadas posteriormente para território italiano, mantinha, em nome do mencionado clã, relações de negócios com traficantes norte-africanos, dos quais compravam a droga diretamente.
— Presença de expoentes do clã **Mazzarella**, de Nápoles.

Marbella-Fuengirola-Saragoça-Ceuta: presença de expoentes do clã **Mazzarela**, alguns dos quais ligados à *'ndrangheta*. Dedicam-se a importar para a Europa, passando pela Espanha, enormes quantidades de substâncias entorpecentes a serem inseridas no mercado.

Rincón de la Victoria (Málaga): cidade em que reside **Gaetano Di Lorenzo**, expoente do clã **Muzzoni**, ativo na zona de Sessa Aurunca (CE).

Tenerife: em abril de 2007, foi capturado na cidade o foragido **Armando Orlando**, de Marano di Napoli (NA), expoente de prestígio do clã **Nuvoletta**, ativo na periferia ao norte da cidade de Nápoles. Procurado por associação mafiosa, Orlando estava efetuando amplos investimentos no campo da construção civil, com o objetivo de lavar enormes somas de dinheiro em nome do clã ao qual pertencia.

Toledo: em dezembro de 2008, foi preso na cidade o foragido **Marco Assegnati**, que controlava o clã **Alfonso-Nino**. Era procurado por associação mafiosa, extorsão e roubo, e estava inserido na lista nacional dos 100 foragidos mais perigosos.

Valdemoro (Madri): presença de expoentes do clã denominado "Alleanza di Secondigliano", entre os quais **Enrico Tranchino**, de Nápoles, genro de um dos chefes do clã, **Maria Licciardi**, que administrava uma loja de roupas.

'Ndrangheta

Algeciras: em junho de 2008, foi preso na cidade o foragido **Riccardo Greco**, de Belvedere Marittimo (CS), elemento de prestígio da *cosca* **Cicero**, ativa nessa região.

Barcelona: presença de pessoas ligadas à *cosca* **Di Giovine**, que atua entre a Calábria e a Lombardia.

El Mas Trader (Barcelona): em julho de 2008, foi preso na cidade o foragido **Ippolito Magnoli**, de Rosarno (RC), personagem de prestígio da *cosca* **Piromalli-Molè**, considerado um broker europeu do narcotráfico, procurado também na França por tráfico de drogas e contrabando.

Madri: em 4 de março de 2004, foi capturado na cidade o foragido **Antonino Pangallo**, elemento pertencente à cúpula da *cosca* **Maesano-Paviglianiti-Pangallo**, que atua em San Lorenzo, Roghudi, Roccaforte del Greco e Condofuri (RC). Era procurado por ter administrado na Espanha um florescente tráfico de cocaína, armas e explosivos provenientes da Colômbia.

— Residiam e atuavam na cidade, até a data de sua prisão, em abril de 2004, os foragidos **Roberto Pannunzi**, de Roma, já inserido na lista dos 30 foragidos mais perigosos, e seu filho **Alessandro**, ambos respeitados personagens ligados à *cosca* **Maesano-Paviglianiti-Pangallo**. Como "donos" da rota entre a Colômbia e a Espanha, eram considerados, de modo unânime, figuras-chave do narcotráfico em nível mundial e mantinham contato direto com os narcotraficantes colombianos, com a máfia turca e com a *Cosa Nostra* palermitana.

— Em abril de 2004, junto com **Roberto** e **Alessandro Pannunzi**, foi preso na cidade o narcotraficante foragido **Francesco Bumbaca**, de Locri (RC), ligado à *cosca* **Maesano-Paviglianiti-Pangallo**, em nome da qual cuidava de imponentes tráficos de cocaína da Espanha para a Itália.

— Residia na cidade **Pasquale Mollica**, expoente da *cosca* **Morabito-Bruzzaniti**, de Africo (RC).

— Presença de expoentes das famílias **Marando** e **Sergi**, de Platì (RC), para cuidar da expedição de imponentes cargas de substâncias entorpecentes rumo à Itália.

Madri-Torremolinos: em 2002, foi verificada a presença de expoentes de cúpula das *cosche* da 'ndrangheta que atuam na zona jônica da província de Reggio Calabria, entre os quais **Pasquale Mollica**, de Africo (RC), e **Francesco Gattelaro**, de Locri (RC), ambos foragidos por crimes referentes ao tráfico de drogas, ligados ao boss **Paolo Sergi**, de Platì (RC), e por organizar, mediante fornecedores venezuelanos, tráficos de cocaína rumo à Itália.

Málaga: em 2001, presença do foragido **Andrea Pimpinelli**, de Collazone (PG), "homem de confiança" de **Paolo Sergi**, de Bovalino (RC), expoente de prestígio das *'ndrine* controladas pelas famílias **Trimboli-Marando-Barbaro**, de Platì (RC). Em nome destas, foi a Beirute para entrar em contato com um libanês de identidade não especificada, a fim de tratar da aquisição de lotes de drogas.

Palma de Maiorca: em 2002, foi verificada a presença de pessoas ligadas ao foragido **Santo Maesano** — boss da *cosca* **Maesano-Paviglianiti-Pangallo**, ativa em San Lorenzo, Roghudi, Roccaforte del Greco e Condofuri (RC), bem como capo de um poderoso grupo de narcotraficantes que atua entre a Colômbia, a Espanha e a Itália —, cujo objetivo era organizar os tráficos ilícitos rumo à Itália. Em maio de 2002, **Santo Maesano** foi preso justamente em Palma de Maiorca.

Torremolinos: verificada a presença de expoentes da *cosca* **Mancuso**, de Limbadi (VV).

Outras organizações criminosas de tipo mafioso

Fuengirola: nos últimos anos, foi verificada a presença estável de pessoas ligadas a **Candeloro Parrello**, originário de Palmi

(RC), mas residente em Grottaferrata (RM). Entre elas, **Marco Torello Rollero**, de Gênova, no quadro de uma associação para deliquência, que se dedica à importação de substâncias entorpecentes a serem destinadas ao mercado romano. **Rollero**, que também tem residência na República Dominicana, onde foi preso em 2002, é considerado um dos narcotraficantes italianos mais poderosos da Costa do Sol. Além disso, é tido como o responsável pelo homicídio de um traficante de armas sírio, ocorrido em Madri.

SUÍÇA

Camorra
Basileia: presença de expoentes do clã **Mazzarella**, de Nápoles.
Lucerna: presença de pessoas ligadas ao clã **Licciardi**, de Secondigliano (NA), que se ocupam de administrar, em nome do clã, lojas para a venda de peças de vestuário. Em particular, **Pellegrino Magliocca** administra as lojas "Niki Line A. G." e "P. M. Collection GmbH".
Lugano: presença de pessoas ligadas aos clãs **Licciardi**, **Sarno** e **Di Lauro**, que se ocupam da venda de "falsificações" de produtos de marcas famosas, sobretudo peças de vestuário, bolsas, máquinas fotográficas e furadeiras elétricas.
— Verificada a presença de expoentes do clã **Mazzarella**, de Nápoles.
Zurique: presença de pessoas ligadas ao clã **Licciardi**, de Secondigliano (NA), que se ocupam de administrar, em nome do clã, lojas para a venda de peças de vestuário. Em particular, **Pasquale Riso** e **Silvia Caduff** administram a loja "Bella Moda Italia GmbH" e utilizam o *money transfert* para fazer com que o dinheiro chegue à Itália. A *camorra* (e não apenas ela) se serve desse sistema de transferência de capitais porque é bas-

tante seguro, embora muito caro, uma vez que o percentual a ser pago é de 10% sobre as somas enviadas. Em 2001, chegaram desse modo à Itália um bilhão e meio de euros.

'Ndrangheta
Genebra: verificada repetidas vezes a presença de pessoas ligadas a **Vincenzo Fazzari**, de Rosarno (RC), irmão de **Salvatore**, capo da homônima *cosca*, com o objetivo de perpetrar golpes em detrimento de institutos de crédito nacionais e estrangeiros.
La Chaux-de-Fonds: cidade em que foi preso **Domenico Speranza**, ligado à *'ndrina* comandada por **Giuseppe Morabito** e **Santo Pasquale**.
Lugano: cidade em que reside **Michelangelo Di Giacomo**, de Roma, sócio de uma empresa situada no local. Ligado a **Vincenzo Fazzari**, de Rosarno (RC), irmão de **Salvatore**, capo da homônima *cosca* mafiosa. Junto com **Fazzari**, **Di Giacomo** foi denunciado por promover uma associação voltada a aplicar golpes em detrimento de institutos de crédito nacionais e estrangeiros.
Zurique: presença de expoentes da *cosca* **Maesano-Paviglianiti-Pangallo**, ativa em San Lorenzo, Roghudi, Roccaforte del Greco e Condofuri (RC).

AMÉRICA DO SUL

ARGENTINA

Cosa Nostra
Buenos Aires: cidade em que encontrou refúgio o foragido **Pietro Armando Bonanno**, de Trapani, e em que foi preso em outubro de 2005. Elemento de primeira importância da *Cosa Nostra* de

Trapani, comandava a família de Paceco (TP). Fora condenado à prisão perpétua por associação mafiosa, homicídio e outros crimes graves.

'Ndrangheta

Buenos Aires: presença de expoentes das famílias **Morabito** e **Talia**, de Africo (RC), e **Piromalli**, de Gioia Tauro (RC), que manteriam relações privilegiadas para a aquisição de cocaína. Um deles, **Pasquale Mollica**, de Africo (RC), preso nos anos 1990 por tráfico de cocaína, residiu em Buenos Aires durante anos.

— Presença de expoentes da família **Ierinò**, de Gioiosa Jonica (RC).

BOLÍVIA

'Ndrangheta
La Paz: presença de expoentes da *cosca* **Sergi-Barbaro-Trimboli**, de Platì (RC).

BRASIL

Camorra
Rio de Janeiro: presença de pessoas ligadas aos clãs **Licciardi**, **Sarno** e **Di Lauro**, que se dedicam à comercialização de mercadorias de marcas famosas, mas falsificadas, sobretudo peças de vestuário, bolsas, máquinas fotográficas e furadeiras elétricas Bosch. Os respectivos negócios são administrados por **Gaetano Mosca** (também ligado ao clã **Lo Russo**) e supervisionados por **Mario Buonocore**, número dois do clã. Durante certo tempo, o conhecido camorrista **Costantino Sarno**, de Secondigliano (NA), foi sócio de **Mosca** nessa atividade.

Cosa Nostra
Rio de Janeiro: cidade em que reside **Gaetano Badalamenti**, filho do boss de Cinisi (PA), envolvido nos últimos anos em operações de golpes e lavagem de dinheiro, que, por sua vez, envolveram instituições bancárias de diversos países sul-americanos e europeus.

'Ndrangheta
Brasília: residem na cidade pessoas que agem em nome das *cosche* **Commisso**, de Siderno (RC), e **Piromalli**, de Gioia Tauro (RC), entre as quais o foragido **Marcello Sgroi**, com o objetivo de cuidar do fornecimento e do transporte de cocaína para a Itália.
Fortaleza: presença de expoentes da *cosca* **Morabito**, de Africo (RC), federada ao cartel **Morabito-Bruzzaniti-Palamara**, que agem na zona jônica da província de Reggio Calabria.
Rio de Janeiro: presença da *cosca* **Morabito**, de Africo (RC).

Outras organizações criminosas de tipo mafioso
Rio de Janeiro: nos últimos anos, verificou-se a presença de pessoas ligadas a um grupo criminoso italiano, implicado em um amplo tráfico de cocaína, transportada para a Itália mediante "mulas" e depois distribuída na praça bolonhesa. Entre essas pessoas contam-se **Alberto Francisco Menza** e **Alfredo Nicodemio Di Maria**, ambos de origem italiana, mas residentes no Rio.

CHILE

Cosa Nostra
Santiago do Chile: nos anos 1980, transferiram-se para a cidade os irmãos **Giuseppe**, **Salvatore** e **Cesare Ciulla**, de Palermo, expoentes importantes da *Cosa Nostra*. **Giuseppe**, que faleceu

posteriormente, era considerado o lugar-tenente do boss **Luciano Liggio**. Oficialmente, dedicam-se à construção civil, à gestão de restaurantes e às corridas de cavalos; na realidade, têm um forte envolvimento com atividades de narcotráfico destinado à Itália. Em outubro de 2008, **Giovanni Ciulla**, primogênito de **Giuseppe**, foi condenado pelo Tribunal de Santiago a dez anos de prisão por associação para delinquência voltada ao tráfico de drogas rumo à Itália.

COLÔMBIA

'Ndrangheta
Barranquilla: presença assídua de expoentes da *cosca* **Scali**, de Marina di Gioiosa Jonica (RC), para preparar e organizar — em estreito contato com expoentes dos cartéis produtores — a remessa de enormes quantidades de cocaína para a Itália.
Bogotá: cidade em que residiu, antes de tornar-se foragido, o narcotraficante e expoente de cúpula da homônima *cosca* **Natale Scali**, de Gioiosa Jonica (RC). Foi hóspede de **Giorgio Orrito**, irmão do governador de Guajira, grande traficante e proprietário de uma empresa com 500 caminhões e contratos de 50 milhões de dólares, posteriormente morto pelos paramilitares.
— Presença estável de respeitados expoentes das *cosche* **Mancuso**, de Limbaldi (VV), e **Pesce**, de Rosarno (RC), para promover e organizar — em estreito contato com expoentes dos cartéis colombianos — imponentes remessas de cocaína para a Itália.
— Lugar de residência do grupo de narcotraficantes **Pannunzi**, de Roma, ligados à *cosca* **Maesano-Paviglianiti-Pangallo**, ativa em San Lorenzo, Roghudi, Roccaforte del Greco e Condofuri (RC).
Bogotá-Santa Marta: viveu como foragido nessas cidades o narcotraficante **Domenico Cavaliere**, de Careri (RC), considerado um dos principais "representantes" das *cosche* da *'ndrangheta*

junto aos "cartéis" colombianos que administram a produção e o comércio internacional de cocaína, ligado ao boss de Siderno (RC), **Francesco Commisso**, e por ele hospedado na Colômbia.

Monteria: residia na cidade **Santo Scipione**, de San Luca (RC), atualmente detido na Colômbia. Era emissário de **Natale Scali**, boss da *'ndrangheta* e expoente da *cosca* **Aquino-Scali**, que atua na zona de Marina di Gioiosa Jonica (RC). **Scipione** era encarregado de delinear, em nome de **Scali**, as negociações com os cartéis colombianos para o fornecimento de enormes quantidades de cocaína, que eram transportadas da Colômbia para a Itália, a Espanha e a Austrália, passando antes pela Venezuela e pela Espanha.

Outras organizações criminosas de tipo mafioso
Bogotá: presença de colaboradores próximos do grupo de narcotraficantes liderados por **Giorgio Sale** e seus filhos. Entre esses colaboradores estão os narcotraficantes **Marco Facci** e **Andrea Tarantello**, ambos de Roma, residentes em Bogotá e já implicados em tráficos colossais de cocaína para a Itália.

Cartagena de Indias: residem na cidade os filhos de **Giorgio Sale**, todos originários de Roma. Constituem um grupo de narcotraficantes de nível mundial, em contato direto com os mais aguerridos cartéis dos narcotraficantes colombianos. **Giorgio Sale** também mantém contato pessoal com o líder inconteste das AUC, **Salvatore Mancuso**.

COSTA RICA

'Ndrangheta
Natale Scali, de Gioiosa Jonica (RC), narcotraficante e expoente de cúpula da homônima *cosca*, possui no país atividades na área da construção civil, um centro comercial e um hotel.

CUBA

Camorra

Havana: presença de pessoas ligadas aos clãs **Licciardi**, **Sarno** e **Di Lauro**, que se dedicam à venda de mercadorias de marcas famosas, mas falsificadas, produzidas na província de Nápoles, sobretudo peças de vestuário, bolsas, máquinas fotográficas e furadeiras elétricas.

EQUADOR

'Ndrangheta

Quito: até sua prisão, atuaram na cidade **Carlo Serra**, de Alghero (SS), **Carmelo Naso**, de Palermo, e **Enzo Petracchini**, de Roma, que, em nome da organização comandada por **Santo Maesano**, boss da *cosca* **Maesano-Paviglianiti-Pangallo**, que age em San Lorenzo, Roghudi, Roccaforte del Greco e Condofuri (RC), administravam no eixo geográfico América do Sul-Itália, mais precisamente do Equador ao centro/sul da Itália, atividades de aquisição e exportação de cocaína.

MÉXICO

'Ndrangheta

Cancún-Cidade do México-Guadalajara: presença assídua de expoentes da *cosca* **Aquino-Scali**, de Marina di Gioiosa Jonica (RC), em contato com os narcotraficantes do "Cartel do Golfo", do grupo mexicano Los Zetas e com expoentes dos cartéis colombianos, a fim de preparar a remessa de enormes quantidades de cocaína para a Itália.

REPÚBLICA DOMINICANA

Camorra

Santo Domingo: em fevereiro de 2009, foi capturado na cidade o boss da *camorra* **Ciro Mazzarella**, de Nápoles, procurado por associação de tipo mafioso, homicídio, extorsão, tráfico de substâncias entorpecentes, e inserido na lista nacional dos 100 foragidos mais perigosos. Tendo ido primeiro à Colômbia e depois à Costa Rica, estabeleceu-se, por fim, na República Dominicana, de onde continuava a coordenar à distância as atividades criminosas do clã — que atua no centro de Nápoles, na zona do Mercato —, uma vez que seu pai, **Gennaro**, e seu irmão, **Francesco**, haviam sido presos.

— Viveu (e talvez ainda viva) na cidade o boss da *camorra* **Antonio Bardellino** com sua amante, **Rita De Vita**, com quem teve três filhos. Ali, conheceu no passado um dos mais importantes narcotraficantes italianos, **Umberto Ammaturo**, napolitano, companheiro de **Pupetta Maresca**, e investiu boa parte do dinheiro ganho com o tráfico de cocaína em bares, hotéis, restaurantes, joalherias e casas de jogo. Entre outras coisas, na América do Sul também conseguiu um acordo bastante rentável com o cartel colombiano de Medellín, que lhe garantiu fornecimentos consistentes de cocaína a preços de favor.

— Reside na cidade **Gustavo Bardellino**, primo dos três filhos que o boss da *camorra* **Antonio Bardellino** teve com sua amante, **Rita De Vita**. Atualmente tem 33 anos* e, desde 2007, é advogado e também vive nos Estados Unidos.

— Passou muitos meses na cidade o boss **Mario Iovine**, morto em 6 de março de 1991, em Portugal, vítima da guerra interna ao clã dos casalenses.

---

* Idade relativa a 2009, ano em que este livro foi publicado na Itália. (N. T.)

Cosa Nostra
Santo Domingo: reside atualmente na cidade **Erasmo Gambino**, de Torretta (PA), primo e cunhado dos irmãos **Gambino**, de Nova York. Já preso em Nova Jersey por tráfico de drogas, em um carro de sua propriedade foi encontrado, em 1981, o cadáver de **Pietro Inzerillo**.

Outras organizações criminosas de tipo mafioso
Santo Domingo: nos últimos anos, foi verificada a presença estável de pessoas ligadas a **Candeloro Parrello**, originário de Palmi (RC), mas residente em Grottaferrata (RM), entre as quais **Marco Torello Rollero**, de Gênova, preso em Santo Domingo em 2002, mas também residente na Costa do Sol (Espanha), no âmbito de uma associação para delinquência voltada à importação de substâncias entorpecentes a serem destinadas ao mercado romano.

VENEZUELA

Cosa Nostra
Caracas: presença de expoentes de *cosche* de Trapani. Até ser preso, em maio de 2004, morou na cidade como foragido o narcotraficante **Vito Bigione**, de Mazara del Vallo (TP), já inserido na lista nacional dos 30 foragidos mais perigosos, ligado à família comandada por **Mariano Agate**, também originária de Trapani. Graças a seus consolidados contatos com expoentes da *'ndrangheta* e dos cartéis colombianos, desempenhava um papel de mediador, a fim de explorar novas rotas para o transporte de cocaína entre a América Latina e a Europa. Além disso, constituía o eixo de um intenso tráfico da Cosa Nostra em muitos países da África, entre os quais Senegal, Gana, Camarões, Libéria, Namíbia, Moçambique, Angola e Madagascar.

— Presença de expoentes da máfia de Trapani. Em junho de 2009, foi preso na cidade **Salvatore Miceli**, *capomafia* de Salemi (TP), inserido na lista nacional dos 30 foragidos mais perigosos. Procurado por associação mafiosa e tráfico internacional de entorpecentes, era considerado um elemento de prestígio do narcotráfico internacional. Ligado à família mafiosa dos **Agate**, de Mazza del Vallo, com **Francesco Termine**, narcotraficante de Agrigento que, em 2007, foi preso em Valência (Venezuela), compunha um dos contatos no exterior de **Matteo Messina Denaro** no âmbito das operações internacionais do tráfico de entorpecentes. Sabe-se que também mantinha estreito contato com **Alessandro Pannunzi**, conhecido narcotraficante em nível mundial, com o qual organizou copiosos tráficos de substâncias entorpecentes da América do Sul para a Itália.

— Em novembro de 2003, foi preso na cidade o foragido **Vincenzo Spezia**, filho e herdeiro natural de **Nunzio**, histórico *capomafia* de Campobello di Mazara (TP). Procurado havia sete anos para expiar uma condenação a 21 anos de reclusão por associação para delinquência de cunho mafioso, tráfico internacional de entorpecentes e outros crimes menores, dois dias antes, junto com um conterrâneo e um venezuelano, efetuara um roubo seguido de sequestro de um empresário de origem italiana, proprietário de uma grande empresa agrícola, que estava transportando, a bordo de um fora de estrada, uma enorme soma de dinheiro a ser depositado no banco.

Valência: presença de expoentes da *Cosa Nostra* de Trapani. Em outubro de 2007, foi preso na cidade o boss agrigentino **Francesco Termine**, já em estreita ligação com as famílias mafiosas dos **Cuntrera** e **Caruana**. Junto com o narcotraficante de Salemi (TP) **Salvatore Miceli**, preso na Venezuela em 2009, era um dos contatos no exterior de **Matteo Messina Denaro** no âmbito das operações internacionais do tráfico de entorpecentes.

Conforme se verificou, havia criado uma série de atividades comerciais para administrar o abastecimento de drogas nos territórios venezuelano e colombiano, fazendo "viajar" quantidades de cocaína da Venezuela à Sicília escondidas em confecções de sucos de fruta tropicais.

'Ndrangheta
Caracas: reside na cidade **Aldo Miccichè**, de Maropati (RC), um negocista que, nos anos 1980, também foi dirigente da Democrazia Cristiana. Fugiu de um mandado de prisão por associação mafiosa, emitido pela DDA de Reggio Calabria, em julho de 2008, contra expoentes de cúpula das perigosas *cosche* dos **Piromalli** e dos **Molè**, que agem na zona de Gioia Tauro (RC), e dos **Alvaro**, que agem na zona de Sinopoli (RC), bem como contra profissionais e empresários considerados a elas filiados.
— Verificada a presença de **Massimo Martigli**, de Capraia e Limite (FI), dono da empresa "Telcel", situada na cidade. Ligado ao boss da *'ndrangheta* **Natale Scali**, expoente da *cosca* **Aquino-Scali**, que age na zona de Marina di Gioiosa Jonica (RC), Martigli se dedicava à remessa de enormes quantidades de cocaína da Colômbia para a Itália.
Caracas-Puerto Ordaz: em 2002, presença estável de pessoas ligadas à *cosca* **Sergi**, de Platì (RC), entre as quais **Gaetano Ceroni**, de Saronno (VA), com o objetivo de servir de elo entre os fornecedores sul-americanos de cocaína, expoentes de cúpula da organização, que moram na Espanha como foragidos, e o restante da própria organização que atua na Itália.
Guatire: residiu na cidade **Angelo Merlini**, de Nápoles, ligado ao boss da *'ndrangheta* **Natale Scali**, expoente da *cosca* **Aquino-Scali**. Dedicou-se à remessa de enormes quantidades de cocaína da Colômbia à Itália.

AMÉRICA DO NORTE

CANADÁ

Camorra

Etobicoke: reside na cidade **Gaetano Cerullo**, ligado a expoentes do cartel de clãs, denominado "Alleanza di Secondigliano". Diretor canadense da "Ontario Limited", dedica-se à falsificação de marcas de peças de vestuário e de produtos industriais.

Montreal: presença de expoentes de clãs pertencentes à "Alleanza di Secondigliano", entre os quais **Salvatore Barbieri**, de Nápoles, que em Montreal desempenha atividades relativas à venda de artigos de vestuário, martelos e furadeiras elétricas, e atua no setor de falsificação de marcas e produtos industriais e de peças de vestuário.

Toronto: presença de pessoas ligadas aos clãs **Licciardi**, **Sarno** e **Di Lauro**, que se ocupam da comercialização de roupas, bolsas, máquinas fotográficas e furadeiras elétricas falsificadas, bem como de imitações de marcas famosas, produzidas na província de Nápoles.

Woodbridge (Ontário): presença de expoentes do clã denominado "Alleanza di Secondigliano", ativo em Nápoles. Na cidade canadense também está estabelecida a filial de uma estrutura comercial atribuível ao mesmo clã, comandada por um de seus expoentes, **Giovanni Bandolo**, de Nápoles.

— Presença de pessoas ligadas ao clã **Licciardi**, de Secondigliano (NA), que se ocupam de administrar, em nome do clã, lojas para a venda de peças de vestuário falsificadas. Pelo mercado canadense são responsáveis **Mario Buonocore**, número dois do clã, e **Gabriele Silvestri**.

Cosa Nostra

Montreal: reside na cidade **Agostino Cuntrera**,* nascido em 1944, primo de primeiro grau dos irmãos **Pasquale**, **Paolo** e **Gaspare Cuntrera** e de **Liborio Cuntrera**. Expoente da homônima família, em Montreal é um dos chefes da organização. Em 1978, foi condenado a cinco anos de prisão por conspiração no homicídio de **Paul Violi**.

— Até novembro de 2006 (quando foi preso na megaoperação "Project Colisee"), residiu na cidade **Paolo Renda**, originário de Cattolica Eraclea (AG), cunhado de **Vito Rizzuto**, tendo se casado com sua irmã **Maria**.

— Em 1954, transferia-se para a cidade **Nick Rizzuto**, de Cattolica Eraclea (AG), padrinho de uma filha do boss **Pasquale Cuntrera**, da homônima família de narcotraficantes sicilianos. Após ter se refugiado na Venezuela em 1974, volta a viver em Montreal, tornando-se, após o homicídio de **Paul Violi**, o líder da criminalidade organizada local. Em novembro de 2006, foi preso na megaoperação "Project Colisee".

— Lugar de residência de **Vito Rizzuto**, nascido em 1946 em Cattolica Eraclea (AG). Filho de **Nicolò**, era considerado um boss de alto escalão da máfia canadense, embora sempre se tenha distinguido pela discrição, que o levou a evitar condenações. Atualmente, encontra-se detido nos EUA após ter se declarado culpado de um homicídio ocorrido em Nova York, em 1981. Pessoas supostamente ligadas a ele foram presas na Itália por terem se infiltrado nos contratos para a construção da ponte sobre o Estreito de Messina.

Toronto: recentemente foi preso na cidade e extraditado para a Itália (para expiar uma longa condenação por tráfico interna-

---

* Agostino Cuntrera foi morto a tiros em Montreal, em junho de 2010, portanto, após a publicação deste livro na Itália. (N. T.)

cional de entorpecentes) **Alfonso Caruana**, homem de honra da família de Siculiana (AG) e um dos líderes do clã **Caruana-Cuntrera**. Ainda vivem no Canadá seu filho **Carmelo** e seu genro **Anthony Catalonotto**.
— Reside na cidade **Giuseppe Cuntrera**, nascido em 1962, indicado por um relatório do ROS dos Carabinieri de Turim como pertencente ao homônimo clã. Após ter vivido em Aruba, ilha do Caribe, até 1989, hoje possui em Toronto dois restaurantes.
— Residiu na cidade **Michele Modica**, de Casteldaccia (PA), envolvido no tráfico internacional de entorpecentes e expulso do Canadá em 2004. Depois que voltou a viver na Sicília, em julho de 2008 foi preso enquanto projetava o homicídio de um boss da Cosa Nostra. Já envolvido na operação "Pizza Connection", em Toronto chegou a reunir-se com expoentes da família **Inzerillo**.
— **Michele Vinci**, conhecido no âmbito da criminalidade organizada italiana em Toronto, é proprietário do restaurante "Da Peppino", utilizado nas reuniões entre traficantes de drogas.
— Lugar de residência de **Giuseppe Cuntrera**, nascido em 1956, filho de **Pasquale** (preso em 1998, na Espanha) e expoente da família de narcotraficantes sicilianos **Caruana-Cuntrera**, envolvida, em 1994, na operação "Cartagine", que, entre outras coisas, levara ao confisco de cinco toneladas de cocaína. Com residência também na Venezuela, onde é muito forte a influência de sua família, era sócio do foragido da 'ndrangheta **Giuseppe Coluccio**, de Marina di Gioiosa Jonica (RC), narcotraficante, preso em Toronto, em agosto de 2008, em uma empresa de gêneros alimentícios da cidade.
— **Gioacchino Arcuri**, originário da província de Agrigento, comanda um grupo composto prevalentemente de indivíduos da mesma origem. Seu irmão, **Giuseppe**, recentemente falecido, era elemento de prestígio da família **Gambino**, de Nova York.

— Reside na cidade **Nicola Genua**, originário de Salemi (TP), supostamente ligado à família mafiosa de Salemi e capo de um grupo criminoso conhecido como "Trapanese Faction".
— Reside na cidade **Pietro Scarcella**, originário de Castellammare del Golfo (TP). Já trabalhou como motorista do boss **Paul Volpe** e tem ligação com o boss **Vito Rizzuto**. Atualmente, é considerado um dos boss da máfia siciliana em Toronto. Indivíduos próximos a ele se reuniram com expoentes da família **Inzerillo**, da *Cosa Nostra*.

Woodbridge: residem na cidade **Carmelo Caruana**, filho de **Alfonso** — homem de honra da família de Siculiana (AG) e um dos líderes do clã **Caruana-Cuntrera**, detido na Itália para expiar uma longa condenação por tráfico internacional de entorpecentes —, e **Anthony Catalanotto**, genro do boss.

'Ndrangheta

Toronto: em 28 de junho de 2005, foi preso o foragido **Antonio Commisso**, de Siderno (RC), elemento de grande prestígio do homônimo clã que atua na região de Locride, respeitado expoente do "Siderno Group", procurado por associação de tipo mafioso, voltada à execução de roubos e ao tráfico de entorpecentes.
— Em 7 de agosto de 2008, foi preso o foragido **Giuseppe Coluccio**, de Marina di Gioiosa Jonica (RC), considerado um dos chefes da *cosca* **Coluccio-Aquino**, inserido na lista nacional dos 30 foragidos mais perigosos da Itália, procurado por associação para delinquência de cunho mafioso, associação voltada ao tráfico de substâncias entorpecentes e extorsão. Coluccio era sócio de **Giuseppe Cuntrera**, da homônima e conhecida família mafiosa siciliana de narcotraficantes, em uma empresa de gêneros alimentícios da cidade.

— Nos anos 1970, os boss **Rocco Zito** e **Vincenzo De Leo**, originários da costa jônica da província de Reggio Calabria, eram os chefes do "Local" da *'ndrangheta* de Toronto.

Woodbridge: cidade em que reside **Cosimo Triumbari**, originário de Siderno, de onde partiu em 1988 após ter sobrevivido a um atentado. É procurado na Itália por extorsão, lavagem de dinheiro e associação mafiosa. Administra o restaurante "Lanterna Ristorante".

— Lugar de residência de **Vincenzo Trento**, de Portigliola (RC), expoente da criminalidade organizada italiana com base no Canadá. Em 22 de julho de 1990, participou de uma reunião em Ardore Marina (RC) para discutir a respeito da importação de heroína da Itália para o Canadá.

ESTADOS UNIDOS

Camorra

Albany-Chicago-Cleveland-Los Angeles-Springfield: nessas cidades foi registrada a presença de projeções operacionais da *camorra*, geralmente independentes uma da outra e que atuam em estreito contato com grupos supostamente ligados à *Cosa Nostra* e a organizações criminosas locais. Em Springfield, em particular, residiriam filiados ao clã **Cava**, de Quindici (AV), e ao clã rival dos **Graziano**, ativo em Vallo di Lauro (AV).

Boston: presença de expoentes do clã denominado "Alleanza di Secondigliano", entre os quais **Giuseppe Alfano**, de Nápoles, que administra na cidade americana uma loja de roupas e atua no setor de falsificação de marcas e produtos industriais, bem como de peças de vestuário.

— Presença de pessoas ligadas ao clã **Licciardi**, de Secodigliano (NA), que se ocupam de administrar, em nome do clã, lojas em que vendem peças de vestuário, furadeiras Bosch e Hilti e máquinas fotográficas Canon, todas falsificadas.

Chicago: presença de pessoas ligadas ao clã "Alleanza di Secondigliano", entre os quais **Antonio** e **Carmine Massa**, que administram lojas de moda.
— Presença de pessoas ligadas ao clã Licciardi, de Secondigliano (NA), que, sob a direção de **Mario Buonocore**, de Secondigliano, número dois do clã, se ocupam de administrar, em nome do clã, lojas que vendem peças de vestuário, furadeiras Bosch e Hilti e máquinas fotográficas Canon, todas falsificadas. Em particular, **Mario Vittoriosi**, genro de **Gennaro Licciardi**, administra com **Liliana** e **Antonio Massa** as lojas "M8U Diffusion Ltd" e "Solo Moda".
Fairview (Nova Jersey): presença de expoentes do clã denominado "Alleanza di Secondigliano", entre os quais **Luigi Seno**, de Nápoles, que administra na cidade uma loja de roupas e atua no setor de falsificação de marcas e produtos industriais, bem como de peças de vestuário.
Los Angeles: presença de expoentes da "Alleanza di Secondigliano", entre os quais **Gaetano Attardo**, de Nápoles, que residiu na cidade americana e oficialmente se dedica à venda de impermeáveis.
Miami: presença de expoentes da "Alleanza di Secondigliano", entre os quais **Raffaele Maddaloni**, de Nápoles, que administra uma loja de roupas e atua no setor de falsificação de marcas e produtos industriais, bem como de peças de vestuário.
— Presença de pessoas ligadas ao clã **Licciardi**, de Secondigliano (NA), que, sob a direção de **Mario Buonocore**, de Secondigliano, e em nome do clã, administram lojas que vendem peças de vestuário, furadeiras Bosch e Hilti e máquinas fotográficas Canon, todas falsificadas. Em particular, **Raffaele Maddaloni** administra a "Gaf Corporation".
Nova York-Miami Beach: presença de expoentes do clã "Alleanza di Secondigliano", entre os quais **Mario Buonocore**, de

Nápoles, que desempenha atividades ligadas à venda de artigos de vestuário, martelos e furadeiras elétricas, e atua no setor de falsificação de marcas e produtos industriais, bem como de peças de vestuário.

Nova Jersey: presença de pessoas ligadas ao clã **Licciardi**, de Secondigliano (NA), pertencente à *camorra*. Sob a direção de **Mario Buonocore**, de Secondigliano e número dois do clã, essas pessoas se ocupam de administrar, em nome do clã, lojas que vendem peças de vestuário, furadeiras Bosch e Hilti e máquinas fotográficas Canon, todas falsificadas.

Cosa Nostra

Altoona (Pennsilvânia): residem na cidade os irmãos **Pasquale** e **Sergio Di Pasquale**, de Bagheria (PA), ambos condenados na Itália, no âmbito do processo Spatola, por tráfico de drogas.

Brooklyn: lugar de residência de **Giovanni Gambino**, de Palermo, sobrinho distante do histórico *capomafia* nova-iorquino **Charles Gambino**. É considerado pelo FBI o capo da máfia siciliana nos EUA, onde vive desde os anos 1960. Aparentado com as conhecidas famílias dos **Spatola** e dos **Inzerillo**, pertencentes à *Cosa Nostra* palermitana, já desde os anos 1970 era muito próximo de **Angelo Bruno**, boss em Filadélfia, e de **Paul Castellano**, na época capo da família **Gambino**. No início dos anos 1980, teria sido enviado pelo próprio **Paul Castellano** à Sicília para encontrar **Totò Riina** e pedir-lhe explicações em relação à guerra entre máfias que se desencadeara na ilha. Preso ainda no início dos anos 1980 por tráfico de entorpecentes, posteriormente foi sempre absolvido nos processos que lhe diziam respeito; até que, no início dos anos 1990, quando foi preso novamente, declarou-se culpado e entrou em acordo com a justiça para cumprir 15 anos de prisão por homicídio e

tráfico internacional de entorpecentes. Solto em 2005, atualmente seria o novo líder da família mafiosa **Gambino**.
— **Giuseppe Gambino**, de Palermo, emigrou para os EUA com o pai, em 1964. Nos anos 1980, tornou-se membro da família **Gambino**, de Nova York. Em 19 de março de 1980, foi preso com outras nove pessoas por tráfico internacional de entorpecentes e, processado separadamente, foi absolvido em 18 de março de 1981. Administrava o Caffè Giardino, no Brooklyn, e foi preso durante a operação "Iron Tower". Em 1993, entrou em acordo com a justiça para cumprir 15 anos de prisão. Foi solto em 2005.

Detroit: presença de expoentes da família **D'Anna**, de Terrasini (PA).

Elizabeth (Nova Jersey): lugar onde reside **Francesco Gatto**, de Ribera (AG), homem de honra da família mafiosa **De Cavalcante**, que tem base na própria cidade de Elizabeth. Segundo o colaborador americano **Frank Scarabino**, **Gatto** seria um traficante de entorpecentes. Costuma ir muitas vezes à Sicília e à Ribera natal, onde tem ligação com **Gennaro Sortino**, histórico mafioso do lugar, que voltou a viver na cidade após tê-la deixado nos anos 1980 durante a guerra entre máfias.

— Reside na cidade **Francesco Guarraci**, de Ribera (AG), homem de honra da família **De Cavalcante**, que tem base na própria cidade de Elizabeth. Estreitamente ligado à família mafiosa de Ribera, segundo alguns órgãos de imprensa americanos, atualmente seria o novo líder do grupo mafioso. Dirige o "Ribera Social Club", em Elizabeth. Foi muito ligado ao já falecido **Gioacchino Amari**, que, por sua vez, teria tido ligações com os corleonenses. Uma posição relevante na família **De Cavalcante** também é ocupada por seu irmão, **Girolamo Guarraci**, igualmente nativo de Ribera.

Los Angeles: cidade em que reside **Tommaso Gambino**, traficante de entorpecentes, crime pelo qual ficou mais de 20 anos preso nos EUA. É proprietário de uma loja que vende aparelhos telefônicos para restaurantes e estabelecimentos comerciais e é sócio de **Dominic Montemarano**, um dos chefes da família **Colombo**, de Nova York. Segundo as autoridades norte-americanas, embora no momento esteja livre de antecedentes penais, seria o subchefe da família mafiosa de Los Angeles. Também viveu em Nova York e Filadélfia, que teve de abandonar por divergências com os boss locais. Esteve várias vezes com **Claudio Lo Piccolo**, filho de **Salvatore Lo Piccolo**, boss da *Cosa Nostra* palermitana.

Nova York: residem na cidade os expoentes da família **Gambino** de Nova York, que renovaram sua ligação com a *Cosa Nostra* palermitana, sobretudo com os **Inzerillo**.

— Residem na cidade familiares do mafioso **Filippo Casamento**, de Palermo, expoente da circunscrição de Passo di Rigano-Boccadifalco. Anteriormente detido nos Estados Unidos, Casamento foi extraditado para a Itália em 2002, mas depois voltou como clandestino aos EUA em 2004.

— Cidade em que residem expoentes do clã mafioso palermitano dos **Inzerillo**, de Passo di Rigano, entre os quais **Francesco Paolo (Frank) Calì**, cunhado de **Pietro Inzerillo** e igualmente expoente da família **Gambino**.

— Verificaram-se viagens frequentes dos mafiosos **Nicola Mandalà** e **Giovanni Nicchi**, respectivamente expoentes de relevância das famílias mafiosas palermitanas de Villabate e Pagliarelli, homens de confiança, respectivamente, de **Bernardo Provenzano** e **Antonino Rotolo**, para encontrarem em Nova York **Francesco** e **Pietro Inzerillo**, bem como o cunhado deste último, **Francesco Paolo (Frank) Calì**, expoente da família **Gambino**.

— Cidade em que reside e onde nasceu, em 1965, **Francesco Paolo (Frank) Calì**. Homem de honra da família **Gambino**, casado com **Rosaria Inzerillo**, vive em Staten Island. É proprietário das empresas "Circus Fruits Wholesale Corp", "Two Brothers Produce Inc." e "Bontel USA Corp", todas com sede no Brooklyn. Além disso, administra a "Ital Products Express Ltd.", da "Haskell International Trading", ambas com sede em Staten Island, e da "Ox Contracting Inc.", com sede no Brooklyn. Preso em fevereiro de 2008, negociou sua condenação e foi solto em abril de 2009. É padrinho de **Vincent Arena**, condenado a 25 anos por homicídio. Indicado pelas autoridades norte-americanas como traficante de drogas. Recentemente, **Calì** realizou diversas viagens à Sicília, entrando em contato com diversos membros da *Cosa Nostra* siciliana, entre os quais **Nicola Mandalà**, de Villabate (PA), e **Giovanni Nicchi**, braço direito de **Nino Rotolo**, acérrimo inimigo da família **Inzerillo**.

— Em Staten Island reside **Pietro Inzerillo**, nascido em 1967, em Palermo. Homem de honra da família **Gambino**, é cunhado de **Francesco Paolo (Frank) Calì**, que se casou com sua irmã **Rosaria**. Administrava o restaurante Nino's, localizado no número 531 da Henry Street.

— Reside na cidade **Rosario Spatola**, nascido em 1938, em Palermo. Histórico construtor da capital siciliana, obteve seus rendimentos com o tráfico de drogas, financiado por seus primos **Salvatore Inzerillo** e **Giovanni Gambino**. Preso e libertado, em 1992 refugiou-se em Nova York, onde foi novamente preso e extraditado em 1999. Condenado em apelação a 13 anos por tráfico de heroína, em dezembro de 1998, foi solto em 2001 e logo voltou aos EUA.

— Cidade em que reside **Salvatore Di Maio**, nascido em 1961. Sua mulher é prima de **Tommaso Inzerillo**. Administra uma pizzaria em Filadélfia e é muito ativo no tráfico de drogas. Foi libertado em 1998.

— Viveu recentemente na cidade **Ignazio Ingrassia**, de Monreale (PA), filho de **Andrea**, homem de honra da família de Santa Maria di Gesù e, por sua vez, homem de honra da família de Ciaculli. Traficante de entorpecentes, já condenado na Itália a 14 anos de prisão, foi visto várias vezes em Nova York em companhia de **Francesco Paolo (Frank) Calì**, até a prisão deste, em 2008.

Nova Jersey: encontrara refúgio na cidade o foragido da *Cosa Nostra* palermitana **Ignazio Ingrassia**, de Palermo, preso em Nova Jersey em outubro de 2007. Importante "homem de honra" da família de Ciaculli, era procurado desde 1992 por associação mafiosa e tráfico de substâncias entorpecentes.

Parlin (Nova Jersey): lugar onde reside **Francesco Castronovo**, homem de honra da família de Bagheria (PA). Preso em abril de 1984, no âmbito da investigação denominada "Pizza Connection", segundo a acusação, era um traficante de entorpecentes e importador de heroína. Condenado a 25 anos de prisão no processo, foi libertado.

Sicklerville (Nova Jersey): lugar no qual reside **Emanuele Salvatore Gambino**, de Torretta (PA), primo e cunhado de **Giovanni Gambino**, líder da homônima família mafiosa de Nova York. Seus outros cunhados são **Antonino Inzerillo**, assassinado em 1981, e **Salvatore Inzerillo**, respectivamente tio e primo do boss **Salvatore Inzerillo**, morto em Palermo em maio de 1981.

'Ndrangheta

Nova York: residem na cidade expoentes da família **Schirripa**, originários de Locri (RC) e de Gioiosa Jonica (RC), filiados à perigosa *cosca* **Aquino-Scali**, de Gioiosa Jonica (RC), que, em um amplo contexto de associação, cuidaram da importação e do transporte de cocaína da América do Sul, via México, até a Calábria. Dois deles, **Giulio** e **Vincenzo Schirripa**, que administravam uma pizzaria em Nova York e foram presos em setembro de 2008, mantinham contato com o grupo de narcotraficantes equatorianos comandados por **Luis Calderon** e com os conhecidos narcotraficantes mexicanos do grupo **Los Zetas**. **Teresa Roccisano**, de Gioiosa Jonica, mulher de **Pasquale Schirripa**, foi considerada elemento de ligação com a organização italiana.

South Bend (Indiana): reside na cidade **Rosario Mittica**, estreitamente ligado ao boss da *'ndrangheta* **Paolo Sergi**, de Platì (RC), capo da *cosca* **Sergi-Marando-Trimboli**. Ambos parecem estar envolvidos na manutenção de um canal alternativo de fornecimento de cocaína no eixo EUA-Canadá-Itália.

Outras organizações criminosas de tipo mafioso
São Francisco-Miami: presença de pessoas que atuam em nome do grupo de narcotraficantes **Sale** e que cuidam da transferência de dinheiro para o pagamento de enormes quantias de cocaína.

ÁFRICA

ANGOLA

Cosa Nostra
Luanda: presença de pessoas ligadas a expoentes da *Cosa Nostra* palermitana. Nos últimos anos, **Carlo Tozzi**, de Guidonia Montecelio (RM), ligado ao foragido **Vito Roberto Palazzolo**, de Terrasini (PA), junto com **Gualtiero Solombrino**, de Lecce, tinha interesses no país no campo da exploração de jazidas de pedras preciosas.

COSTA DO MARFIM

Cosa Nostra
Abidjan: em março de 2000, foi preso na cidade o boss da *Cosa Nostra* **Giuseppe Gelardi**, de Partinico (PA), genro de **Giovanni Bonomo** (preso dois anos antes no Senegal) e sobrinho de **Francesco Madonia**, boss de San Lorenzo. Procurado havia dez anos por associação mafiosa e homicídio, tornara-se um empresário de sucesso, que na Costa do Marfim mantinha contato com outros empresários e homens de finanças.

QUÊNIA

Camorra
Malindi: Giovanni Marandino, de Battipaglia (SA), elemento de referência, nos anos 1970, da criminalidade organizada napolitana (em nome da qual se ocupou da gestão dos lucros, reinvestidos sobretudo no setor imobiliário). Favorecera a fuga de **Raffaele Cutolo**, boss da *camorra*. É coproprietário da estação turística denominada "Jacaranda Beach Resort".

MARROCOS

Outras organizações criminosas de tipo mafioso
Casablanca: nos últimos anos, foi verificada a presença estável de pessoas que atuam a serviço de **Candeloro Parrello**, originário de Palmi (RC), mas residente em Grottaferrata (RM). Entre elas está **Filiberto Di Camillo**, originário de Basciano (TE), mas residente em Roma, considerado igualmente implicado em uma tentativa de importação de uma enorme quantidade de cocaína proveniente da Venezuela e administrada pelo foragido **Vito Bigione** (considerado membro efetivo da organização

comandada pelo conhecido narcotraficante **Roberto Pannunzi**), no âmbito de uma associação para delinquência, voltada à importação de substâncias entorpecentes a serem destinadas ao mercado romano.

NAMÍBIA

Cosa Nostra
Ensuru: já verificada a presença de expoentes de relevância da *Cosa Nostra* palermitana, no passado foragidos, entre os quais **Giovanni Bonomo**, de Partinico (PA), **Vito Roberto Palazzolo**, de Terrasini (PA), **Giuseppe Gelardi**, de Cinisi (PA), e **Tullio Mariano Troia**, de Palermo.
Windhoek: presença de pessoas ligadas a expoentes da *Cosa Nostra* palermitana. Em 1991, foi preso na cidade o foragido **Roberto Mattei Santarelli**, de Roma, que no país africano praticava atividades de lavagem de dinheiro em nome desses expoentes.
— Assídua presença de respeitados expoentes da *Cosa Nostra* de Trapani, entre os quais **Salvatore Miceli**, *capomafia* de Salemi (TP), seu filho **Mario**, **Antonio Vincenzo Bastone**, **Vito Bigione** e **Epifanio Agate**, filho de **Mariano**, boss de Mazara del Vallo (TP), para organizar — com a colaboração dos conhecidos narcotraficantes em nível mundial **Roberto** e **Alessandro Pannunzi** — a expedição, para as costas italianas e espanholas, de enormes quantidades de cocaína proveniente da Colômbia. Antes de se refugiar na Venezuela, o próprio **Vito Bigione**, que já havia sido inserido na lista nacional dos 30 foragidos mais perigosos, viveu como foragido na cidade. Ligado à *cosca* mafiosa de Trapani comandada por **Mariano Agate**, era conhecido na Namíbia como estimado homem de negócios, graças a seus contatos consolidados com expoentes da 'ndrangheta e dos cartéis colombianos.

TUNÍSIA

Camorra
Túnis: presença de pessoas ligadas aos clãs **Licciardi**, **Sarno** e **Di Lauro**, que se ocupam da comercialização de "falsificações" de marcas famosas, em particular, peças de vestuário, bolsas, máquinas fotográficas e furadeiras elétricas.

SENEGAL

Cosa Nostra
Até novembro de 2003, quando foi preso, residiu na cidade o boss foragido **Giovanni Bonomo**, de Partinico (PA), expoente de primeiro plano da *Cosa Nostra*, considerado capo da circunscrição de Partinico, inserido na lista dos 30 foragidos mais perigosos. Procurado desde 1996 por homicídio, associação mafiosa e outros crimes, continuava a administrar seus "negócios", tecendo uma rede com a Costa do Marfim, a Namíbia e a África do Sul junto com outro foragido palermitano, **Vito Roberto Palazzolo**, residente na África do Sul, e lavando enormes somas de dinheiro em nome da Cosa Nostra.

'Ndrangheta
Presença de expoentes das *cosche* da costa jônica da província de Reggio Calabria, que implantaram no país bases de distribuição da cocaína proveniente da América do Sul e destinada à Europa.

ÁFRICA DO SUL

Camorra
Johannesburgo: presença de pessoas ligadas aos clãs **Licciardi**, **Sarno** e **Di Lauro**, que se ocupam da comercialização de peças

de vestuário, bolsas, máquinas fotográficas e furadeiras elétricas falsificadas, mas de marcas famosas.

Cosa Nostra

Cidade do Cabo: há anos reside na cidade, com o nome de **Robert Von Palace Kolbatshenko**, o foragido mafioso da *Cosa Nostra* **Vito Roberto Palazzolo**, originário de Terrasini (PA), boss da família de Partinico, já condenado por tráfico de drogas e outros crimes no processo "Pizza Connection". **Palazzolo**, que goza de um apoio considerável entre os representantes das instituições sul-africanas e que criou no país um império econômico, oficialmente desempenha o papel de homem de negócios e proprietário de terras.

Cidade do Cabo-Johannesburgo: verificada a existência de enormes patrimônios societários da "Morettino S.p.A", de Palermo, ativa no campo da torrefação e do comércio de café. Um dos proprietários, **Salvatore Totino Morettino**, de Palermo, tem estreita ligação com o foragido **Vito Roberto Palazzolo**, de Terrasini (PA), residente na Cidade do Cabo, provavelmente no âmbito de atividades de lavagem de dinheiro.

Johannesburgo: em 2002, passaram algum tempo na cidade respeitados expoentes da *Cosa Nostra* de Trapani, entre os quais **Mario Miceli**, de Salemi (TP) (filho de **Salvatore**, *capomafia* de Salemi), e **Antonio Vincenzo Bastone**, com o objetivo de organizar copiosos tráficos de cocaína — via África — da América do Sul para as costas da Itália e da Espanha, com a participação dos conhecidos narcotraficantes em nível mundial **Roberto** e **Alessandro Pannunzi**.

TOGO

'Ndrangheta
Presença de bases das *cosche* da costa jônica da província de Reggio Calabria para a distribuição da droga proveniente da América do Sul.

AUSTRÁLIA

Camorra
Five Dock (New South Wales): presença de expoentes do clã denominado "Alleanza di Secondigliano", entre os quais **Gennaro Ferraro**, de Nápoles, que administra em Five Dock uma loja de roupas.
Victoria: presença de expoentes do clã definido como "Alleanza di Secondigliano", que se ocupam de administrar, em nome do clã, lojas para a venda de peças de vestuário falsificadas. O mercado australiano está sob a supervisão de **Pasquale Zinzi**, responsável pelos investimentos em nome do clã. Em relação a um desses expoentes, **Michele De Fabbio**, de Nápoles (casado com **Raffaella Zinzi**, prima de **Pasquale Zinzi**), a polícia australiana conduziu investigações considerando-o envolvido em casos graves de fraude, relativos à venda de furadeiras elétricas com marca falsificada, fabricadas na China.
Warragul: em 2001, a polícia australiana prendeu **Antonio Esposito**, de Nápoles, surpreendido enquanto vendia furadeiras elétricas com marcas falsificadas.

'Ndrangheta
Adelaide: lugar de residência e de atividade do boss **Domenico Barbaro**, de Platì (RC), conhecido como "o australiano" (posteriormente expulso), suspeito de ter levado à Austrália dinheiro

proveniente de sequestros para lavá-lo e investi-lo em plantações de cânhamo indiano.
— Atua na cidade o expoente da *'ndrangheta* **Domenico Perre**, de Platì (RC), fichado pela polícia australiana por ter exercido tráfico de maconha. Foi preso em 1994, após um atentado a dinamite em Adelaide que provocou a morte do detetive Geoffrey Bowen e o ferimento de outras pessoas. Foi reconhecido como organizador e financiador de uma vasta plantação de maconha, descoberta em Hidden Valley.

Adelaide-Melbourne: presença de inúmeros expoentes da poderosa *cosca* **Alvaro**, de Sinopoli (RC), parentes do conhecido boss **Cosimo Alvaro**, que emigrou para a Austrália em 1954 e foi expulso, após alguns anos, devido às suas atividades criminosas. Já em 1989, a National Crime Authority australiana realizou investigações a respeito de alguns deles, pois suspeitava de que cultivassem, preparassem e vendessem entorpecentes na Austrália.

— Residem nessas cidades expoentes das famílias **Violi** e **Labozzetta**, ambas de Sinopoli (RC) e aparentadas com a poderosa *cosca* dos **Alvaro**, igualmente proveniente de Sinopoli.

Griffith: presença maciça de expoentes das *cosche* da *'ndrangheta* de Platì (RC), dentre as quais se destacam aquelas dos **Sergi** e dos **Trimboli**, estreitamente ligadas às *cosche*-mãe calabresas. Um dos expoentes, **Robert Trimboli**, já suspeito pela polícia local de ser uma pessoa-chave na importação de heroína para a Austrália, esteve envolvido no homicídio do deputado Donald MacKay, de New South Wales, ativista antidrogas.

Harvey-Bunbury (área rural a sudoeste da Austrália): nessa região, conhecida pelas frequentes descobertas de plantações de maconha, foi verificada a presença de pessoas pertencentes ao "Siderno Group", tais como **Giuseppe Macrì**, de Siderno (RC)

— já preso pela polícia australiana por crimes referentes a substâncias entorpecentes —, **Attilio Nicola Agostino, Giuseppe Baggetta, Antonio Commisso** e **Giuseppe Triumbari**, igualmente originários de Siderno.

Harvey W. A.: verificada a presença de **Antonio Commisso**, expoente de prestígio da organização da *'ndrangheta* denominada "Siderno Group".

— Verificada a presença de **Antonio Perre**, bem como de **Michele** e **Sebastiano Strangio**, das homônimas famílias de San Luca (RC).

Helensburgh (New South Wales): reside na cidade **Anthony Cipriani**, de Terranova Sappo Minulio (RC), ligado ao clã dos **Papalia-Sergi-Barbaro**, de Platì (RC), preso na Austrália em 1994 por violação de normas de caráter tributário. Em 22 de julho de 1990, participou de uma reunião em Ardore Marina (RC) para discutir a exportação de heroína da Itália para o Canadá.

Hidden Valley (territórios do Norte): em 1993, após a descoberta de uma plantação de cerca de 15 mil mudas de maconha, foram presos **Francesco Perre** e seu tio, **Antonio Perre**, ambos de Platì (RC), junto com outras 11 pessoas.

Melbourne: lugar de residência de **Francesco Madafferi**, de Oppido Mamertina (RC), e de sua família. Condenado por sequestro e tráfico de substâncias entorpecentes, consta que tem ligações com as *cosche* de Platì (RC). Em 2005, graças à intervenção da Ministra da Imigração, Amanda Eloisa Vanstone, atual embaixadora da Austrália na Itália, foi rejeitado um decreto de expulsão do país, emitido contra **Madafferi**.

Sidney: atua na cidade **Domenico Sergi**, de Platì (RC), elemento de prestígio da *'ndrangheta* da costa jônica da província de Reggio Calabria, suspeito de estar envolvido em uma série de homicídios, bem como de cultivar e distribuir maconha em toda a

Austrália. Em 22 de julho de 1990, participou de uma reunião em Ardore Marina (RC) para discutir a exportação de heroína da Itália para o Canadá.
— Consta como residente na cidade **Claudio Della Lucia**, nascido na província de Belluno, mas estreitamente ligado a famílias da *'ndrangheta* da costa jônica da província de Reggio Calabria, condenado por crimes relativos à produção de drogas.

Wonthaggi: reside na cidade o narcotraficante **Nicola Ciconte**, ligado a **Vincenzo Barbieri** e a **Francesco Ventrici**, por sua vez em estreito contato com expoentes de cúpula das famílias da *'ndrangheta* da costa jônica da província de Reggio Calabria. **Ciconte** foi submetido à medida de custódia cautelar em prisão no contexto da operação "Decollo bis".

LISTA DOS FORAGIDOS PRESOS NO EXTERIOR

(De 1º de janeiro de 2000 a 5 de julho de 2009)

COSA NOSTRA

FORAGIDO	DATA DE PRISÃO	LOCAL DE PRISÃO
BONACCORSO VITO, nascido em 01/01/1943	16/01/2000	NOVA YORK (ESTADOS UNIDOS)
CAFA' LUIGI, nascido em 25/02/1960	09/03/2000	WINTHERTUR (SUÍÇA)
PISTONE GIUSEPPE, nascido em 08/01/1972	14/03/2000	LEVERKUSEN (ALEMANHA)
PIAZZA GIUSEPPE, nascido em 13/09/1964	22/03/2000	LUDWIGSHAFEN (ALEMANHA)
MONTANTI GIUSEPPE, nascido em 10/05/1956	12/04/2000	ACAPULCO (MÉXICO)
CONDELLO GIUSEPPE, nascido em 24/06/1971	29/05/2000	MANNHEIM (ALEMANHA)
FERALE CARMELO SEBASTIANO, nascido em 20/01/1957	07/06/2000	ARAD (ROMÊNIA)
TERRANA CARLO, nascido em 26/07/1969	15/06/2000	LIÈGE (BÉLGICA)
MASSIMINO GREGORIO SALVATORE, nascido em 27/03/1956	10/08/2000	ESTEPONA (ESPANHA)
PRESTIA ENZO, nascido em 19/09/1956	02/10/2000	TIMISOARA (ROMÊNIA)
GUGLIELMINO GIUSEPPE, nascido em 09/12/1955	11/10/2000	BOCHUM (ALEMANHA)
GIANNONE PASQUALE, nascido em 30/04/1962	19/10/2000	MOGÚNCIA (ALEMANHA)
GIANNONE GIUSEPPE, nascido em 05/10/1963	19/10/2000	MOGÚNCIA (ALEMANHA)
TANCONA ALFIO, nascido em 30/04/1960	30/01/2001	BELLINZONA (SUÍÇA)
GURGONE ORAZIO, nascido em 29/05/1957	31/01/2001	HAGEN (ALEMANHA)
AMODEO GAETANO, nascido em 13/01/1953	20/02/2001	MONTREAL (CANADÁ)
LO IACONO MAURIZIO, nascido em 01/10/1971	08/03/2001	CAMBORIÚ (BRASIL)
GAMMINO ANGELO, nascido em 24/02/1950	25/07/2001	BARCELONA (ESPANHA)
VINCIGUERRA MAURIZIO, nascido em 12/12/1968	05/11/2001	CASABLANCA (MARROCOS)
FICICCHIA ALESSANDRO, nascido em 09/03/1977	03/01/2002	METZINGEN (ALEMANHA)
CUSIMANO DOMENICO, nascido em 10/10/1971	09/02/2002	MONS (BÉLGICA)

Nome	Data nasc.	Data	Local
MIGLIORE ANGELO, nascido em 16/01/1955		23/03/2002	LUDWIGSHAFEN (ALEMANHA)
CAMPAILLA BIAGIO, nascido em 22/07/1970		28/06/2002	BRUXELAS (BÉLGICA)
BOTTARO ANGELO, nascido em 17/04/1965		04/07/2002	COLÔNIA (ALEMANHA)
GAMBINA ROBERTO, nascido em 19/06/1956		08/07/2002	LIÈGE (BÉLGICA)
VASQUES GAETANO, nascido em 22/08/1965		01/08/2003	DESSAU (ALEMANHA)
BONOMO GIOVANNI, nascido em 10/07/1935		14/11/2003	DACAR (SENEGAL)
BIGIONE VITO, nascido em 08/11/1952		29/05/2004	CARACAS (VENEZUELA)
TOSCANO MAURIZIO CESARE, nascido em 25/07/1966		20/01/2005	CONSTANTA (ROMÊNIA)
GELARDI GIUSEPPE, nascido em 11/02/1958		17/03/2005	ABIDJAN (COSTA DO MARFIM)
CUTELLI MASSIMO, nascido em 31/01/1973		30/06/2005	NUREMBERG (ALEMANHA)
FOCOSO JOSEPH, nascido em 09/01/1969		13/07/2005	SPIESEN-ELVERSBERG (ALEMANHA)
PUTRONE LUIGI, nascido em 08/09/1960		11/08/2005	PRAGA (REPÚBLICA TCHECA)
BONANNO PIETRO, nascido em 30/06/1959		25/10/2005	BUENOS AIRES (ARGENTINA)
PARASILITI MOLLICA ROBERTO, nascido em 11/05/1977		28/10/2005	LONDRES (REINO UNIDO)
DEL VENTO MARCO RODOLFO, nascido em 27/09/1952		21/04/2006	PALMA DE MAIORCA (ESPANHA)
VENTO ANGELO, nascido em 10/04/1945		17/10/2006	BRUXELAS (BÉLGICA)
ROMANO MATTEO, nascido em 10/12/1946		30/01/2007	PENSILVÂNIA (ESTADOS UNIDOS)
FRATERRIGO SALVATORE, nascido em 24/01/1947		28/08/2007	BOCSA (ROMÊNIA)
TERMINE FRANCESCO, nascido em 11/07/1954		21/10/2007	VALÊNCIA (VENEZUELA)
SPOTO VINCENZO, nascido em 04/03/1958		18/02/2008	— (ROMÊNIA)
NICODEMO IGNAZIO, nascido em 10/12/1963		29/06/2008	— (ROMÊNIA)
ADELFIO SALVATORE, nascido em 18/10/1966		11/03/2009	LE PERTHUS (FRANÇA)
MICELI SALVATORE, nascido em 12/04/1946		21/06/2009	CARACAS (VENEZUELA)

TOTAL: 44

CAMORRA

FORAGIDO	DATA DE PRISÃO	LOCAL DE PRISÃO
STRIANO SALVATORE, nascido em 09/09/1972	11/01/2000	MARBELLA (ESPANHA)
SORPRENDENTE PAOLO, nascido em 04/02/1958	12/01/2000	SÃO PAULO (BRASIL)
LAGO FERDINANDO, nascido em 05/03/1949	31/01/2000	BAR (REPÚBLICA DA SÉRVIA)
CONDUSSI CARMINE, nascido em 23/04/1945	02/02/2000	BAR (REPÚBLICA DA SÉRVIA)
SODANO SALVATORE, nascido em 20/06/1949	07/02/2000	BAR (REPÚBLICA DA SÉRVIA)
ORSO MARIO, nascido em 23/11/1952	15/02/2000	BAR (REPÚBLICA DA SÉRVIA)
D'ARIENZO UMBERTO, nascido em 03/01/1948	29/02/2000	BAR (REPÚBLICA DA SÉRVIA)
BORRELLI SALVATORE, nascido em 16/05/1959	01/03/2000	BAR (REPÚBLICA DA SÉRVIA)
PUGLIA SALVATORE, nascido em 02/05/1960	01/03/2000	BAR (REPÚBLICA DA SÉRVIA)
CUOMO SANDRO, nascido em 15/08/1963	10/03/2000	AMSTERDÃ (PAÍSES BAIXOS)
LA SALA SALVATORE, nascido em 27/03/1961	23/03/2000	STEINFURT (ALEMANHA)
PISTILLO GIOVANNI, nascido em 15/08/1946	20/04/2000	FUENGIROLA (ESPANHA)
CUOMO GERARDO, nascido em 04/11/1946	10/05/2000	ZURIQUE (SUÍÇA)
SENATORE VINCENZO, nascido em 23/12/1956	11/05/2000	PRAGA (REPÚBLICA TCHECA)
CASTELLANO CIRO, nascido em 14/05/1964	23/05/2000	BUCARESTE (ROMÊNIA)
MIGLIARDI CIRO, nascido em 15/12/1955	28/06/2000	BAR (REPÚBLICA DA SÉRVIA)
CRISTIANO ANTONIO, nascido em 08/04/1965	10/10/2000	VALÊNCIA (ESPANHA)
MAZZARELLA PASQUALE, nascido em 17/03/1968	15/11/2000	COSTA DO SOL (ESPANHA)
MINAURO ANTONIO, nascido em 03/08/1961	18/01/2001	MÁLAGA (ESPANHA)
AVAGLIANO PASQUALE, nascido em 14/12/1964	05/04/2001	TIMISOARA (ROMÊNIA)

BIANCO ANTONIO, nascido em 17/06/1952	27/04/2001	MADRI (ESPANHA)
LANTERI SALVATORE, nascido em 18/01/1957	17/08/2001	FRANKENWALD (ALEMANHA)
CAVA BIAGIO, nascido em 16/10/1955	07/02/2002	NICE (FRANÇA)
DESIO ALESSANDRO, nascido em 01/02/1958	06/05/2002	PAÇOS DE FERREIRA (PORTUGAL)
IANNUZZI ROBERTO, nascido em 15/07/1957	28/05/2002	BARCELONA (ESPANHA)
PALINURO ADOLFO, nascido em 06/10/1953	28/05/2002	BARCELONA (ESPANHA)
ZUCCHEROSO FRANCESCO, nascido em 01/04/1958	30/05/2002	RINCÓN DE LA VICTORIA (ESPANHA)
DI LORENZO GAETANO, nascido em 30/07/1960	30/05/2002	RINCÓN DE LA VICTORIA (ESPANHA)
MAZZARELLA CIRO, nascido em 02/04/1940	20/06/2002	TORREMOLINOS (ESPANHA)
DI NOLFO SALVATORE, nascido em 11/03/1975	04/07/2002	TENERIFE (ESPANHA)
MAZZOCCHI ANTONIO, nascido em 09/06/1967	30/01/2003	EYGLIERS (FRANÇA)
PRESTIERI MAURIZIO, nascido em 05/12/1962	29/06/2003	MARBELLA (ESPANHA)
RUSSO GIUSEPPE, nascido em 05/01/1964	08/09/2003	FRANKFURT (ALEMANHA)
NATALE ANTONIO, nascido em 22/09/1978	05/03/2004	FRANKFURT (ALEMANHA)
SCHIAVONE FRANCESCO, nascido em 06/01/1953	13/03/2004	KROSNO (POLÔNIA)
MARCHESE UMBERTO, nascido em 02/03/1961	29/04/2004	BENIDORM (ESPANHA)
SCARANO VINCENZO, nascido em 20/03/1942	05/08/2004	BENALMADENA (ESPANHA)
FELACO GIUSEPPE, nascido em 06/01/1954	13/09/2004	TENERIFE (ESPANHA)
BANDOLO GIOVANNI, nascido em 19/06/1941	16/11/2004	TORONTO (CANADÁ)
MAZZARELLA VINCENZO, nascido em 08/05/1956	16/12/2004	PARIS (FRANÇA)
ADINOLFI UMBERTO, nascido em 03/05/1954	14/01/2005	BARCELONA (ESPANHA)
LIGATO RAFFAELE, nascido em 25/03/1948	26/01/2005	MOGÚNCIA (ALEMANHA)
DE LUCIA UGO, nascido em 07/11/1978	23/02/2005	PRESOV (ESLOVÊNIA)
AMATO RAFFAELE, nascido em 16/11/1965	27/02/2005	DJERBA (ESPANHA)

LISTA DOS FORAGIDOS PRESOS NO EXTERIOR

Nome	Data	Local
LA TORRE ANTONIO, nascido em 21/09/1956	18/03/2005	ABERDEEN (REINO UNIDO)
NOCERA PIETRO, nascido em 22/02/1958	20/12/2005	LAS PALMAS (ESPANHA)
IACOMINO TOMMASO, nascido em 31/05/1947	18/05/2006	BOGOTÁ (COLÔMBIA)
RISPOLI CARMINE, nascido em 11/11/1978	14/06/2006	SITGES-BARCELONA (ESPANHA)
CALDARELLI RAFFAELE, nascido em 31/05/1971	05/09/2006	LONDRES (REINO UNIDO)
NATALE ALESSANDRO, nascido em 15/04/1974	22/11/2006	FRANKFURT (ALEMANHA)
ZIINO SANTO, nascido em 11/07/1959	25/11/2006	AMSTERDÃ (PAÍSES BAIXOS)
ANNUNZIATA ALFONSO, nascido em 01/01/1956	25/11/2006	AMSTERDÃ (PAÍSES BAIXOS)
ORLANDO ARMANDO, nascido em 20/01/1946	26/04/2007	TENERIFE (ESPANHA)
PANZUTO GENNARO, nascido em 23/11/1974	16/05/2007	PRESTON (REINO UNIDO)
VETRIOLO BERNARDO, nascido em 18/11/1955	26/07/2007	KREFELD (ALEMANHA)
DE TOMMASO GIUSEPPE, nascido em 01/01/1947	01/11/2007	ZANDVOORT (PAÍSES BAIXOS)
SUARINO NATALE, nascido em 17/07/1961	13/11/2007	GIRONA (ESPANHA)
PETRUOLO FILIPPO, nascido em 01/10/1970	11/12/2007	NOVA YORK (ESTADOS UNIDOS)
ZUPO ENRICO, nascido em 08/05/1954	15/06/2008	FARDEA (ROMÊNIA)
BOSTI PATRIZIO, nascido em 05/09/1958	10/08/2008	GIRONA (ESPANHA)
LAURENTI RAFFAELE, nascido em 18/11/1977	10/09/2008	BARCELONA (ESPANHA)
SANTAFEDE MARIO, nascido em 05/03/1953	19/09/2008	BARCELONA (ESPANHA)
PESCE PAOLO, nascido em 29/05/1964	16/12/2008	FUENGIROLA (ESPANHA)
ASSEGNATI MARCO, nascido em 09/08/1966	18/12/2008	ESCALONA (ESPANHA)
ZAZO SALVATORE, nascido em 20/12/1956	18/01/2009	BARCELONA (ESPANHA)
SIMEOLI FRANCESCO, nascido em 02/03/1958	26/01/2009	MAJADAHONDA (ESPANHA)
CAIAZZO ANTONIO, nascido em 26/04/1958	26/01/2009	MAJADAHONDA (ESPANHA)
AMMENDOLA GENNARO, nascido em 28/11/1969	27/01/2009	OBREZJE (ESLOVÊNIA)

MAZZARELLA CIRO, nascido em 03/05/1971	09/02/2009	SANTO DOMINGO (REP. DOMINICANA)
ROMAGNOLI PAOLO, nascido em 29/09/1956	10/02/2009	BUCARESTE (ROMÊNIA)
MONTELLA PIETRO, nascido em 19/08/1958	11/02/2009	BARCELONA (ESPANHA)
AMATO RAFFAELE, nascido em 16/11/1965	17/05/2009	MARBELLA (ESPANHA)
SCARPA VINCENZO, nascido em 28/04/1965	25/05/2009	ARGANDA DEL REY (ESPANHA)
ESPOSITO RAFFAELE, nascido em 14/01/1968	05/06/2009	VALÊNCIA (ESPANHA)

TOTAL: 74

'NDRANGHETA

FORAGIDO	DATA DE PRISÃO	LOCAL DE PRISÃO
CAVALIERE DOMENICO, nascido em 26/09/1956	20/03/2000	SANTA MARTA (COLÔMBIA)
NUCERA PASQUALE, nascido em 26/09/1955	08/06/2000	NICE (FRANÇA)
MIRABELLI SALVATORE, nascido em 20/05/1953	13/07/2000	NUREMBERG (ALEMANHA)
POTESTIO FRANCESCO, nascido em 16/10/1944	07/12/2000	BRAMSCHE (ALEMANHA)
BARATTA MARIO, nascido em 07/02/1951	03/01/2001	SÃO PAULO (BRASIL)
MAESANO SANTO, nascido em 13/09/1957	20/05/2002	PALMA DE MAIORCA (ESPANHA)
FACCHINERI LUIGI, nascido em 19/10/1966	31/08/2002	CANNES (FRANÇA)
GIOVINAZZO MARCELLO, nascido em 12/11/1969	14/01/2003	NICE (FRANÇA)
PANGALLO ANTONINO, nascido em 27/09/1970	04/03/2004	MADRI (ESPANHA)
PANNUNZI ROBERTO, nascido em 04/03/1948	04/04/2004	MADRI (ESPANHA)
PANNUNZI ALESSANDRO, nascido em 11/04/1972	04/04/2004	MADRI (ESPANHA)
BUMBACA FRANCESCO ANTONIO, nascido em 21/09/1976	04/04/2004	MADRI (ESPANHA)
RENZULLI VINCENZO, nascido em 01/01/1951	30/04/2004	CHIASSO (SUÍÇA)
NASSO DOMENICO VINCENZO, nascido em 03/02/1970	02/02/2005	PÉGOMAS (FRANÇA)
GIORGI BRUNO, nascido em 18/04/1960	04/02/2005	BRUXELAS (BÉLGICA)
GIORGI BRUNO, nascido em 30/04/1967	04/02/2005	BRUXELAS (BÉLGICA)
COMMISSO ANTONIO, nascido em 16/01/1956	27/06/2005	TORONTO (CANADÁ)
STRANGIO SEBASTIANO, nascido em 29/10/1970	27/10/2005	AMSTERDÃ (PAÍSES BAIXOS)
CARDINI ENEA, nascido em 13/05/1954	01/11/2005	SANTA CRUZ DE LA SIERRA (BOLÍVIA)

BONARRIGO GIOACCHINO, nascido em 20/08/1984	27/04/2006	AMSTERDÃ (PAÍSES BAIXOS)
ASCONE ANTONIO, nascido em 21/01/1954	27/04/2006	AMSTERDÃ (PAÍSES BAIXOS)
STRANGIO FRANCESCO, nascido em 23/08/1966	21/06/2006	AMSTERDÃ (PAÍSES BAIXOS)
POLIFRONI GIANCARLO, nascido em 17/08/1974	27/06/2006	AMSTERDÃ (PAÍSES BAIXOS)
ARACRI FRANCESCO, nascido em 30/01/1961	12/12/2006	HAMM (ALEMANHA)
GASPERONI ROCCO, nascido em 27/11/1943	12/12/2007	AMSTERDÃ (PAÍSES BAIXOS)
MAGNOLI IPPOLITO, nascido em 20/01/1947	11/07/2008	EL MAS TRADER (ESPANHA)
COLUCCIO GIUSEPPE, nascido em 12/04/1966	07/08/2008	TORONTO (CANADÁ)
NIRTA GIUSEPPE, nascido em 08/07/1973	23/11/2008	AMSTERDÃ (PAÍSES BAIXOS)
FACCHINETTI ETTORE, nascido em 08/09/1948	05/03/2009	BARCELONA (ESPANHA)
STRANGIO GIOVANNI, nascido em 03/01/1979	13/03/2009	AMSTERDÃ (PAÍSES BAIXOS)
ROMEO FRANCESCO, nascido em 12/08/1967	13/03/2009	AMSTERDÃ (PAÍSES BAIXOS)

TOTAL: 31

CRIMINALIDADE ORGANIZADA DA PUGLIA

FORAGIDO	DATA DE PRISÃO	LOCAL DE PRISÃO
CACCIAPAGLIA IPPAZIO, nascido em 23/02/1960	21/01/2000	HANNOVER (ALEMANHA)
CALÒ COSIMO, nascido em 23/12/1945	14/02/2000	MITICAS (GRÉCIA)
CONTE FAUSTO, nascido em 12/05/1953	11/03/2000	BAR (REPÚBLICA DA SÉRVIA)
CONTE ROCCO, nascido em 01/01/1964	21/03/2000	BAR (REPÚBLICA DA SÉRVIA)
LEONE GIOVANNI, nascido em 20/05/1952	24/04/2000	BAR (REPÚBLICA DA SÉRVIA)
DELLE GROTTAGLIE FRANCESCO, nascido em 10/09/1954	06/05/2000	VALONA (ALBÂNIA)
NEVIERA GIOVANNI, nascido em 05/03/1974	09/06/2000	LISSE (PAÍSES BAIXOS)
DI TANO ORONZO, nascido em 04/01/1961	28/06/2000	BAR (REPÚBLICA DA SÉRVIA)
CAMPANALE LEONARDO, nascido em 07/09/1970	17/09/2000	BAR (REPÚBLICA DA SÉRVIA)
DEL MONTE ANTONIO, nascido em 15/01/1939	24/09/2000	BAR (REPÚBLICA DA SÉRVIA)
CHIARELLA CLAUDIO, nascido em 10/03/1962	26/10/2000	WITTEN (ALEMANHA)
GIARDINO ANTIMO, nascido em 07/04/1973	29/11/2000	WITTEN (ALEMANHA)
MONTALTO ROCCO, nascido em 06/04/1955	20/12/2000	BAR (REPÚBLICA DA SÉRVIA)
PRUDENTINO FRANCESCO, nascido em 01/06/1948	22/12/2000	SALÔNICA (GRÉCIA)
PRUDENTINO ALBINO, nascido em 01/03/1951	10/01/2001	PÁTRAS (GRÉCIA)
BOGGIA FRANCESCO, nascido em 15/01/1958	23/01/2001	MÁLAGA (ESPANHA)
CARDELLICCHIO ALDO, nascido em 31/10/1969	28/02/2001	CHICAGO (ESTADOS UNIDOS)
CONTE ROCCO, nascido em 02/01/1964	24/09/2001	BAR (REPÚBLICA DA SÉRVIA)
CINCINNATO MARCELLO, nascido em 30/11/1967	27/11/2001	BAR (REPÚBLICA DA SÉRVIA)
CACCIAPAGLIA IPPAZIO, nascido em 23/02/1960	19/12/2001	LÜNEBURG (ALEMANHA)

DI TANO DONATO, nascido em 19/04/1973	31/10/2002	DURRËS (ALBÂNIA)
CERFEDA FILIPPO, nascido em 05/02/1968	12/03/2003	RIDDERKERK (PAÍSES BAIXOS)
MONTENEGRO FERNANDO, nascido em 30/01/1956	06/11/2003	CARDIFF (REINO UNIDO)
FRANCO FABIO, nascido em 15/01/1965	03/02/2004	SANTOS (BRASIL)
BATTISTA FRANCESCO, nascido em 14/05/1946	08/06/2004	ESSEN (ALEMANHA)
RIEZZO ANTONIO, nascido em 09/03/1946	25/12/2004	BAIXA-SAXÔNIA (ALEMANHA)
LARIZZI IGNAZIO, nascido em 22/10/1962	18/10/2005	ROTERDÃ (PAÍSES BAIXOS)
LEGGIERI MICHELE, nascido em 18/08/1968	18/11/2005	MONS (BÉLGICA)
TESTA SEVERINO, nascido em 14/01/1960	05/01/2008	ARAD (ROMÊNIA)
MANZELLA GIUSEPPE, nascido em 12/03/1962	13/11/2008	LANGENFELD (ALEMANHA)
VARANO MICHELE ANTONIO, nascido em 13/07/1951	12/05/2009	LUGANO (SUÍÇA)

TOTAL: 31

SEQUESTROS

FORAGIDO	DATA DE PRISÃO	LOCAL DE PRISÃO
GIORGI SEBASTIANO, nascido em 12/02/1968	19/01/2001	COLÔNIA (ALEMANHA)
GIAMPAOLO ANTONIO, nascido em 15/02/1953	28/06/2001	CARACAS (VENEZUELA)
CONSOLI VINCENZO, nascido em 19/09/1944	28/07/2002	SÃO PAULO (BRASIL)
MARCOS JUAN CARLOS, nascido em 04/01/1935	10/02/2004	BARCELONA (ESPANHA)
SCROCCO ROSE ANN, nascida em 07/04/1962	16/01/2006	AMSTERDÃ (PAÍSES BAIXOS)
FORTE CIRO, nascido em 30/05/1933	18/11/2007	RHEINFELDEN (SUÍÇA)

TOTAL: 6

NARCOTRÁFICO E OUTROS CRIMES GRAVES

FORAGIDO	DATA DE PRISÃO	LOCAL DE PRISÃO
MASCELLINO SALVATORE, nascido em 04/06/1958	26/01/2000	ALGARVE (PORTUGAL)
PETRULLO PIETRO, nascido em 01/01/1965	28/03/2000	NOVA YORK (ESTADOS UNIDOS)
CECCAGNOLI ITALO, nascido em 14/09/1940	07/05/2000	MALINDI (QUÊNIA)
BUDA CARMINE, nascido em 19/01/1958	24/05/2000	MARSELHA (FRANÇA)
VELO GIULIANO, nascido em 27/09/1959	08/06/2000	MARBELLA (ESPANHA)
MANGIA PASQUALE, nascido em 26/06/1945	08/06/2000	TUBARÃO (BRASIL)
MOLON GRAZIANO, nascido em 12/10/1961	12/07/2000	CÁDIZ (ESPANHA)
MATTARESE BARTOLO, nascido em 03/07/1971	13/07/2000	BUENOS AIRES (ARGENTINA)
PISONI GIANLUIGI, nascido em 25/06/1958	09/08/2000	JEREZ DE LA FRONTERA (ESPANHA)
RUGGIERO ENRICO, nascido em 03/11/1954	15/11/2000	COSTA DO SOL (ESPANHA)
POMPEI VINCENZO, nascido em 17/02/1963	11/03/2001	SÃO PAULO (BRASIL)
CASTELLI ROSARIO, nascido em 11/02/1965	05/04/2001	TENERIFE (ESPANHA)
NIZZOLA FRANCESCO, nascido em 22/03/1962	02/08/2001	RIO DE JANEIRO (BRASIL)
MAIFREDI LUIGI, nascido em 14/01/1954	10/11/2001	ILHA MARGARITA (VENEZUELA)
PERRI ALFREDO, nascido em 21/04/1954	15/03/2002	MÁLAGA (ESPANHA)
LOMBARDO GIUSEPPE, nascido em 09/08/1948	25/02/2003	ASBACH (ALEMANHA)
PAJA ILIR, nascido em 18/03/1973	07/03/2008	TIRANA (ALBÂNIA)
NDRELALAY ALEKSANDER NHILL, nascido em 10/10/1970	22/05/2008	ANTUÉRPIA (BÉLGICA)
MARTONE MARIANO, nascido em 30/06/1970	29/03/2009	SANTO DOMINGO (REP. DOMINICANA)

LISTA DOS FORAGIDOS PRESOS NO EXTERIOR

CHIONETTI BERNARDO, nascido em 15/05/1944	17/01/2000	TORREMOLINOS (ESPANHA)
IGRISTA HETEM, nascido em 01/11/1969	19/01/2000	BUDAPESTE (HUNGRIA)
PELOSSI GIORGIO, nascido em 20/03/1938	21/01/2000	CHICAGO (ESTADOS UNIDOS)
FASCIANI CARMINE, nascido em 11/05/1949	31/01/2000	SOLTAU (ALEMANHA)
DROZDZIK MIROSLAVA KATHARINA, nascida em 30/04/1962	03/02/2000	VIENA (ÁUSTRIA)
FIORILLO VINCENZO, nascido em 15/07/1946	12/02/2000	LONDRES (REINO UNIDO)
VITAGLIANO ANGELO, nascido em 24/12/1957	12/02/2000	LIMA (PERU)
DYRMISHI FITIM, nascido em 31/12/1976	17/02/2000	PARIS (FRANÇA)
TERMITE GIUSEPPE, nascido em 26/05/1971	25/02/2000	KUPPENHEIM (ALEMANHA)
PEEROVA MICHAELA, nascida em 18/01/1976	01/03/2000	NAGYKANIZA (HUNGRIA)
LACKO ZDENEK, nascido em 06/11/1965	01/03/2000	— (REPÚBLICA ESLOVACA)
HOXHA EDUART, nascido em 24/12/1975	01/03/2000	KAKAVIA (GRÉCIA)
ALIOSKI ISA, nascido em 03/07/1967	02/03/2000	ROESZKE (HUNGRIA)
CORRENTI EMANUELE, nascido em 11/01/1971	09/03/2000	KANDEL (ALEMANHA)
MARMO ANTONIO, nascido em 08/05/1977	10/03/2000	ALTENDORF (SUÍÇA)
GIANNULI GIUSEPPE, nascido em 27/04/1964	14/03/2000	LIMA (PERU)
BRUGNATELLI RAOUL, nascido em 21/01/1958	15/03/2000	— (BOLÍVIA)
LONGHINO MAURIZIO, nascido em 27/05/1963	16/03/2000	MADRI (ESPANHA)
MORONI GIOVANNI, nascido em 07/08/1955	17/03/2000	BARCELONA (ESPANHA)
SCARFO' RAFFAELE, nascido em 03/09/1958	20/03/2000	MENTON (FRANÇA)
SALAMONE ENRICO, nascido em 11/02/1939	23/03/2000	— (BÉLGICA)
CIMINI BRUNO, nascido em 06/06/1950	28/03/2000	MARBELLA (ESPANHA)
COLANERI FERDINANDO, nascido em 20/06/1976	29/03/2000	AMSTERDÃ (PAÍSES BAIXOS)
SANTAMARIA BIAGIO, nascido em 17/07/1965	29/03/2000	ARAD (ROMÊNIA)

NATALE SALVATORE, nascido em 21/06/1957	29/03/2000	WUPPERTAL (ALEMANHA)
DORIGO CARLO, nascido em 09/11/1950	03/04/2000	— (COLÔMBIA)
BARRETTA ANTONINO, nascido em 14/06/1969	05/04/2000	SOLINGEN (ALEMANHA)
SIMINI VITO, nascido em 27/12/1954	07/04/2000	BAR (REPÚBLICA DA SÉRVIA)
STANKOVIC ALEXANDER, nascido em 20/01/1958	08/04/2000	KALOTINA (BULGÁRIA)
MANGANELLA SANTO, nascido em 24/03/1953	13/04/2000	MOLENBECK (BÉLGICA)
CUOCO MAURIZIO, nascido em 07/07/1961	15/04/2000	BERLIM (ALEMANHA)
VELLA ANTONINO, nascido em 20/02/1939	02/05/2000	HORID-SKOPIE (REP. DA MACEDÔNIA)
GALLO MICHELE, nascido em 07/05/1947	08/05/2000	LÉRIDA (ESPANHA)
RUBINO GIUSEPPE, nascido em 02/01/1958	10/05/2000	WULLOWITZ (ÁUSTRIA)
GRECO GIUSEPPE, nascido em 15/10/1963	15/05/2000	BERINGEN (BÉLGICA)
MELAS GIUSEPPE, nascido em 24/02/1945	18/05/2000	TILBURG (PAÍSES BAIXOS)
CANU ALESSANDRO, nascido em 11/01/1962	18/05/2000	TILBURG (PAÍSES BAIXOS)
LOIACONO ALVARO, nascido em 07/05/1955	02/06/2000	BASTIA (FRANÇA)
DE PALMAS EFISIO, nascido em 02/06/1930	07/06/2000	— (CAMARÕES)
STRESHINSKIJ DMITRI JAKOVLEVITCH, nascido em 14/09/1962	08/06/2000	SCHIRNDING (ALEMANHA)
PERROTA ANTONIO, nascido em 25/071942	08/06/2000	BUCARESTE (ROMÊNIA)
AMANDINI MICHELE, nascido em 03/08/1946	09/06/2000	LUGANO (SUÍÇA)
BIONDO GABRIELE, nascido em 25/07/1975	14/06/2000	MARBELLA (ESPANHA)
MUSSURICI LUCA DANIELE, nascido em 28/01/1966	14/06/2000	MARBELLA (ESPANHA)
MUSSURICI VINCENZO, nascido em 16/09/1942	14/06/2000	MARBELLA (ESPANHA)
AMORUSO GIUSEPPE, nascido em 02/06/1960	15/06/2000	SAINT-GHISLAIN (BÉLGICA)
PATTI GAETANO, nascido em 10/11/1930	15/06/2000	LIÈGE (BÉLGICA)

Lista dos Foragidos Presos no Exterior

Nome	Data	Local
D'AMATO CLAUDIO, nascido em 28/03/1941	26/06/2000	TÂNGER (MARROCOS)
FERRARA EMANUELE, nascido em 03/12/1971	06/07/2000	CHOISY-LE-ROI (FRANÇA)
LEZZI GIUSEPPE, nascido em 29/03/1964	11/07/2000	AMSTERDÃ (PAÍSES BAIXOS)
VOLPE ANTONIO, nascido em 05/12/1954	14/07/2000	PLOVDIV (BULGÁRIA)
CACCAMO GIAMPAOLO, nascido em 16/01/1973	18/07/2000	TÂNGER (MARROCOS)
ZIZZI NATALE, nascido em 24/12/1972	26/07/2000	METZ (FRANÇA)
VIRGUTTO DANIELE, nascido em 06/08/1965	07/08/2000	ALICANTE (ESPANHA)
MEDINA CARLOS, nascido em 12/12/1961	08/08/2000	TRES ARROYOS (ARGENTINA)
LUDOVISI MASSIMO, nascido em 08/02/1971	09/09/2000	— (ESPANHA)
NIKOLIC NENAD, nascido em 08/08/1955	16/08/2000	BUDAPESTE (HUNGRIA)
BRUNA ROBERTINO, nascido em 23/07/1970	17/08/2000	COLÔNIA (ALEMANHA)
BACCO SALVATORE, nascido em 25/02/1949	18/08/2000	GLYFADA (GRÉCIA)
DEIOLA FABRIZIO, nascido em 12/09/1967	14/09/2000	— (PAÍSES BAIXOS)
CICCARESE CLAUDIO, nascido em 18/05/1968	17/09/2000	BAR (REPÚBLICA DA SÉRVIA)
CACCHIULLO BRUNO FRANCESCO, nascido em 03/03/1969	27/09/2000	VIENA (ÁUSTRIA)
SABA ANDREA, nascido em 13/04/1975	18/10/2000	— (REPÚBLICA DOMINICANA)
CUTELLE' VINCENZO, nascido em 13/09/1946	25/10/2000	— (FRANÇA)
SABATINO SALVATORE, nascido em 24/07/1958	06/11/2000	CHAMBÉRY (FRANÇA)
ANZOLETTI ALFIERO, nascido em 18/04/1959	23/11/2000	ANTIBES (FRANÇA)
FEDORENKO ANATOLIJ, nascido em 29/01/1935	29/11/2000	VIENA (ÁUSTRIA)
VERDE DOMENICO, nascido em 06/04/1966	04/01/2001	TARRAGONA (ESPANHA)
RAINER PETER PAUL, nascido em 20/07/1967	04/01/2001	VIENA (ÁUSTRIA)
DI MARIA CLETO, nascido em 30/09/1965	08/01/2001	FORTALEZA (BRASIL)
LAZZARO COSIMO, nascido em 05/03/1956	09/01/2001	MADRI (ESPANHA)

RIBAUDO LUIGI, nascido em 28/11/1944	12/01/2001	NOVA YORK (ESTADOS UNIDOS)
MAZZELLI FRANCO, nascido em 26/01/1955	17/01/2001	BARCELONA (ESPANHA)
ANDREINI MASSIMO, nascido em 04/12/1969	03/02/2001	ZAANDAM (PAÍSES BAIXOS)
VOLPATO GIANNI, nascido em 05/03/1945	06/02/2001	JUDENSBURG (ÁUSTRIA)
MUSSO LORENZO, nascido em 09/09/1957	17/02/2001	LUMIO, CÓRSEGA (FRANÇA)
DELLA RATTA DOMENICO, nascido em 03/03/1946	22/02/2001	MÁLAGA (ESPANHA)
LUMIA ANTONINO, nascido em 28/01/1976	28/02/2001	BARCELONA (ESPANHA)
RONSISVALLE SANTINA, nascida em 05/02/1956	07/03/2001	ALICANTE (ESPANHA)
SANTORO DOMENICO, nascido em 14/01/1965	16/03/2001	LUDWIGSHAFEN (ALEMANHA)
ARANGO ORTEGON JUAN, nascido em 27/07/1965	18/03/2001	FRANKFURT (ALEMANHA)
CASCIO NICOLA, nascido em 28/07/1966	26/03/2001	CHARLEROI (BÉLGICA)
ALOI ERMANNO, nascido em 03/04/1974	29/03/2001	ZURIQUE (SUÍÇA)
BARCA ANNUNZIATO, nascido em 05/12/1954	05/04/2001	BARCELONA (ESPANHA)
CAPUTO ANGELO, nascido em 29/02/1956	21/04/2001	LOS MINAS (REP. DOMINICANA)
GRORI ARBEN, nascido em 24/01/1971	29/04/2001	— (ALBÂNIA)
CATRIN STEFAN VALENTIN, nascido em 30/05/1973	09/05/2001	— (ESPANHA)
TRAINITO GAETANO, nascido em 09/03/1963	21/05/2001	LIÈGE (BÉLGICA)
SATANASSI BRUNO, nascido em 05/01/1944	05/06/2001	KARAWANKENTUNNEL (ÁUSTRIA)
TRINIDAD LEE ANA MERCEDES, nascida em 06/10/1964	21/06/2001	GEÓRGIA (ESTADOS UNIDOS)
BELSITO PASQUALE, nascido em 27/07/1962	30/06/2001	MADRI (ESPANHA)
SERRA COSIMO DAMIANO, nascido em 27/06/1969	28/07/2001	LUXEMBURGO
GRANDIS DARKO, nascido em 03/07/1966	02/08/2001	KARASOVIC (CROÁCIA)
TEMPO FELICE, nascido em 25/09/1938	04/08/2001	CHINAUTA (COLÔMBIA)
SARTORI STEFANO, nascido em 01/05/1966	05/08/2001	SANTA MARTA (COLÔMBIA)

Lista dos Foragidos Presos no Exterior 348

Nome	Data	Local
BASTONE GIUSEPPE, nascido em 18/09/1965	23/08/2001	MADRI (ESPANHA)
CACCAMO ANTONINO, nascido em 28/01/1954	30/09/2001	MARSELHA (FRANÇA)
AUFIERO CARMINE, nascido em 14/11/1958	10/10/2001	PLOVDIV (BULGÁRIA)
DI FAZIO VITTORIO, nascido em 23/09/1956	15/10/2001	MARBELLA (ESPANHA)
HAMIDOVIC RAIF, nascido em 13/05/1964	26/11/2001	KOPER (ESLOVÊNIA)
ORILIO FRANCESCO, nascido em 29/07/1950	24/02/2002	RADOSK (POLÔNIA)
D'AURIA MICHELE, nascido em 24/02/1957	25/02/2002	PARIS (FRANÇA)
CUCCU ANGELO, nascido em 15/01/1945	27/02/2002	LYON (FRANÇA)
BORTONE NICOLA, nascido em 18/08/1956	10/03/2002	ZURIQUE (SUÍÇA)
BONETTI FELICE, nascido em 27/08/1932	13/03/2002	MADRI (ESPANHA)
NICOLI LUCIANO, nascido em 25/12/1958	18/03/2002	— (ROMÊNIA)
BASCIU ANTONIO, nascido em 07/03/1957	16/04/2002	MAASMECHELEN (BÉLGICA)
ZAGAMI VINCENZO VITTORIO, nascido em 15/06/1965	13/05/2002	NICE (FRANÇA)
BETTINELLI FLAVIO, nascido em 09/02/1950	22/05/2002	VALÊNCIA (ESPANHA)
CERCIELLO ANGELO, nascido em 28/02/1962	28/05/2002	LONDRES (REINO UNIDO)
PEREGALLI ROBERTO, nascido em 09/04/1954	31/08/2002	CANNES (FRANÇA)
ADDEO ANTONIO, nascido em 21/02/1965	02/10/2002	RZESZOW (POLÔNIA)
TORNETTA MARIO, nascido em 03/10/1947	02/10/2002	WETTER (ALEMANHA)
CASSIOLARI MARIO, nascido em 10/12/1953	21/10/2002	CAZIN (BÓSNIA-HERZEGOVINA)
FINOCCHIARO DANIELE, nascido em 19/09/1977	03/12/2002	MUNIQUE (ALEMANHA)
MAROTTA LUIGI, nascido em 18/04/1945	06/12/2002	PARIS (FRANÇA)
DINJA BLEDAR, nascido em 25/03/1974	19/01/2003	ANDERLECHT (BÉLGICA)
ZAVALA HECTOR, nascido em 12/10/1948	21/01/2003	MÁLAGA (ESPANHA)
ATTURI ANGELO, nascido em 29/09/1956	28/01/2003	CAGNES (FRANÇA)

MANCINI GIUSEPPE, nascido em 13/06/1965	08/03/2003	— (BRASIL)
SERRAINO GAETANO, nascido em 05/11/1978	12/03/2003	SOLINGEN (ALEMANHA)
GULOTTA NITTO GIOVANNI, nascido em 18/01/1974	22/07/2003	WALDSHUT-TIENGEN (ALEMANHA)
SOSSELLA DAVIDE, nascido em 03/11/1963	26/08/2003	RABAT (MARROCOS)
BILOTTA MASSIMO, nascido em 19/11/1960	03/09/2003	LE PERTHUS (FRANÇA)
CACCIAMATTA PIETRO, nascido em 24/01/1939	18/09/2003	NICE (FRANÇA)
PALUMBO ANTONIO FAUSTO, nascido em 30/01/1964	14/10/2003	BARCELONA (ESPANHA)
CAPPELLETTI STEFANO, nascido em 21/07/1953	04/11/2003	NICE (FRANÇA)
BRUGHITTA ANDREA, nascido em 01/06/1962	20/11/2003	ALICANTE (ESPANHA)
CARLI LUCA, nascido em 05/09/1966	20/11/2003	BOCACHICA (REP. DOMINICANA)
NEGRI ELIO, nascido em 15/11/1949	20/11/2003	BOCACHICA (REP. DOMINICANA)
BIONDO SALVATORE, nascido em 27/10/1966	23/11/2003	SANTO DOMINGO (REP. DOMINICANA)
ALGRANATI RITA, nascida em 12/01/1958	14/01/2004	CAIRO (EGITO)
GIAMPIETRI GRAZIANO, nascido em 23/07/1959	14/01/2004	BARCELONA (ESPANHA)
FALESSI MAURIZIO, nascido em 11/08/1954	14/01/2004	CAIRO (EGITO)
ARCELLASCHI AUGUSTO, nascido em 01/08/1944	20/03/2004	NOVA GORICA (ESLOVÊNIA)
MASSELLI GRAZIANO, nascido em 14/01/1944	24/05/2004	MÁLAGA (ESPANHA)
FALCOMER MAURIZIO, nascido em 06/07/1964	11/07/2004	PEITING (ALEMANHA)
BORZONI PIERLUIGI, nascido em 27/05/1942	18/09/2004	PLOVDIV (BULGÁRIA)
MONTESSORO ALDO, nascido em 28/06/1949	13/10/2004	TOULON (FRANÇA)
BAJRAKTARI FATMIR, nascido em 01/09/1977	23/01/2005	BAR (REPÚBLICA DA SÉRVIA)
AGHEMO GUIDO, nascido em 24/08/1962	01/02/2005	LONDRES (REINO UNIDO)
PAGLIARA ANTONIO CARMELO, nascido em 21/06/1964	03/02/2005	BOCHUM (ALEMANHA)

Lista dos Foragidos Presos no Exterior

BORZI THOMAS, nascido em 16/12/1983	07/03/2005	LUGANO (SUÍÇA)
NUCERA DOMENICO, nascido em 08/09/1979	21/03/2005	PRINCIPADO DE MÔNACO
PINNA ANTONIO, nascido em 08/10/1973	26/03/2005	GORICAN (CROÁCIA)
CORONA PIETRO, nascido em 28/09/1941	01/04/2005	BOGOTÁ (COLÔMBIA)
ZARANTONELLO CLAUDIO, nascido em 05/03/1954	10/04/2005	CASTAGNET (FRANÇA)
CIFARIELLO FERDINANDO, nascido em 30/04/1967	11/04/2005	NICE (FRANÇA)
DIEGUEZ FERRER BELKIS, nascida em 18/01/1968	16/04/2005	MADRI (ESPANHA)
PRISCO GEREMIA, nascido em 14/02/1957	20/04/2005	WORMS (ALEMANHA)
MARZILLI ELIO FERNANDO, nascido em 29/09/1952	02/05/2005	BARCELONA (ESPANHA)
MARTUCCI ARTURO, nascido em 05/07/1951	04/05/2005	NICE (FRANÇA)
CICORIA DONATO, nascido em 21/11/1961	11/05/2005	PORTO SEGURO (BRASIL)
FARCI PAOLO, nascido em 24/12/1956	26/06/2005	TILBURG (PAÍSES BAIXOS)
PASQUAL ADRIANO, nascido em 17/01/1955	27/06/2005	PARIS (FRANÇA)
LA PORTA MARCELLO, nascido em 03/09/1952	04/07/2005	PUERTO DE LA CRUZ (ESPANHA)
AHMED NACER YACINE, nascido em 02/12/1967	05/07/2005	PARIS (FRANÇA)
MASINI VITTORIO, nascido em 06/07/1967	12/07/2005	RHODE ISLAND (ESTADOS UNIDOS)
CORRENTI LORENZO, nascido em 07/01/1949	22/07/2005	BRUXELAS (BÉLGICA)
COBA BESNIK, nascido em 06/08/1985	20/02/2006	TIRANA (ALBÂNIA)
COBA SHPETIM, nascido em 07/03/1980	20/02/2006	TIRANA (ALBÂNIA)
PIROZZI ANTONIO, nascido em 06/01/1948	28/03/2006	PUERTO LA CRUZ (VENEZUELA)
QUINCI LUCIANO, nascido em 18/02/1955	17/04/2006	GAND (BÉLGICA)

SGANGA GIUSEPPE, nascido em 20/03/1957	04/05/2006	NICE (FRANÇA)
COSTADURA ANTONIO, nascido em 31/08/1974	24/05/2006	GENK (BÉLGICA)
ANGHESSA ALDO, nascido em 12/05/1944	03/07/2006	DACAR (SENEGAL)
DESIDERIO VINCENZO, nascido em 07/04/1945	04/09/2006	ALICANTE (ESPANHA)
FERRETTI MARIO, nascido em 30/01/1964	08/09/2006	MARSELHA (FRANÇA)
BIZZOZZERO DANIELE, nascido em 29/05/1950	14/11/2006	PARIS (FRANÇA)
COSTANTINI ANTONIO, nascido em 04/09/1951	08/03/2007	— (ROMÊNIA)
WAGNER GIOVANNI GIUSEPPE, nascido em 28/11/1948	24/04/2007	NICE (FRANÇA)
PETRELLA MARINA, nascida em 23/08/1954	21/08/2007	PARIS (FRANÇA)
CAMARGO DE RAMIREZ ROSALBA, nascida em 03/02/1951	04/09/2007	MADRI (ESPANHA)
FORNARI GIANPIETRO, nascido em 09/02/1970	17/10/2007	CANNES (FRANÇA)
RUSSO POTITO, nascido em 01/01/1961	07/11/2007	TENERIFE (ESPANHA)
BEM HASSINE AJME, nascido em 06/08/1979	08/02/2008	BARCELONA (ESPANHA)
CARLINO CALOGERO, nascido em 30/04/1957	10/04/2008	MÁLAGA (ESPANHA)
MNELA LEONARD, nascido em 14/03/1969	24/04/2008	NOVA YORK (ESTADOS UNIDOS)
DENILI MARIO, nascido em 06/10/1967	10/06/2008	LANARCA (CHIPRE)
CARAIVAN CORNEL, nascido em 23/04/1961	11/06/2008	GALATI (ROMÊNIA)
NAPOLI GIUSEPPE, nascido em 26/06/1976	28/06/2008	— (ALEMANHA)
BRAGAGLIA PIERLUIGI, nascido em 08/12/1960	04/07/2008	BRASÍLIA (BRASIL)
BAGARELLO FRANCESCO, nascido em 10/06/1945	10/07/2008	FRANKFURT (ALEMANHA)
ATTURI ANGELO, nascido em 29/09/1956	21/08/2008	BARCELONA (ESPANHA)
CHIAPPA MAURIZIO, nascido em 24/05/1956	22/08/2008	ANTIBES (FRANÇA)
VRBANOVIC NENAD, nascido em 12/03/1967	28/08/2008	KOCANI (REP. DA MACEDÔNIA)
INGROSSO BENITO, nascido em 16/03/1936	28/08/2008	BRASOV (ROMÊNIA)

LISTA DOS FORAGIDOS PRESOS NO EXTERIOR

Nome	Data	Local
AVESANI MASSIMILIANO, nascido em 02/08/1961	10/09/2008	PRINCIPADO DE MÔNACO
PICCIOTTO FRANCESCO, nascido em 02/02/1943	12/09/2008	GIRONA (ESPANHA)
ROMANO ROCCO, nascido em 31/03/1957	09/10/2008	VELINO (PARAGUAI)
MASCELLINO SALVATORE, nascido em 04/06/1948	21/10/2008	CÁDIZ (ESPANHA)
KONDI ANDREA, nascido em 25/06/1972	22/10/2008	CORFU (GRÉCIA)
BARRESI CARMELO, nascido em 18/08/1961	10/11/2008	MADRI (ESPANHA)
ATZORI GIANCARLO, nascido em 07/07/1967	13/11/2008	BUDAPESTE (HUNGRIA)
AMALIA ROBERTO, nascido em 12/01/1971	25/11/2008	TENERIFE (ESPANHA)
MANTELLO GAETANO, nascido em 23/04/1972	30/12/2008	STUTTGART (ALEMANHA)
POLO ANTONIO, nascido em 24/02/1965	10/02/2009	LONDRES (REINO UNIDO)
SECCHI MARCO, nascido em 20/05/1959	27/02/2009	EDIMBURGO (REINO UNIDO)
LAMACCHIA MILVIO, nascido em 10/03/1959	12/03/2009	BARCELONA (ESPANHA)
RANIERI FRANCESCO, nascido em 20/11/1952	02/04/2009	IBIZA (ESPANHA)
DEL VIVO RICCARDO, nascido em 31/08/1949	08/05/2009	GIRONA (ESPANHA)
BRAKA EDMOND, nascido em 03/06/1980	20/06/2009	STOCKE (REINO UNIDO)

TOTAL: 222

AGRADECIMENTOS

Foram muitos os amigos e as pessoas que me encorajaram e me ajudaram a criar este livro.

Sem a paciência beneditina, a meticulosidade e a amizade de Andrea Caridi, diretor da Polizia di Stato, eu não poderia ter reconstituído os mapas das máfias no mundo, que se tornaram verdadeiros mapas geocriminais, com o auxílio, até mesmo noturno, do tenente-coronel Giovanni Cucurachi, da Guardia di Finanza.

Alberto Cisterna, magistrado da DNA, concedeu-me muitas horas de seu tempo para discutir e frequentemente polemizar sobre a evolução da 'ndrangheta e, sobretudo, ajudou-me no levantamento do material judiciário e na reconstituição de inquéritos, nos quais, não raramente, eu chegava a me perder. O mesmo fez Enzo Macrì, procurador-adjunto da DNA, amigo de muitos anos e fonte privilegiada de análises sobre a máfia calabresa. Agradeço a Emilio Ledonne, magistrado da DNA, os materiais sobre os patrimônios ilícitos na Alemanha. Michele Prestipino, procurador-adjunto em Reggio Calabria, mostrou-se sempre disponível, em todas as horas, para tirar minhas dúvidas sobre algumas análises e informar-me sobre a evolução dos processos em curso.

Agradeço a Francesco Cirillo, governador da província, vice-chefe da Polícia e diretor centra da Polícia Criminal, bem como ao doutor Enzo Calabria, diretor do Serviço de Análises do Crime, a disponibilidade e a colaboração. Agradeço igualmente a Franco

Gratteri, diretor da Direção Central Anticrime da Polizia di Stato, que foi um dos primeiros a me encorajar a escrever este livro.

Um auxílio precioso me foi dado pelos profissionais do GOA da Guardia di Finanza de Catanzaro e, em particular, pelo subtenente Ercole D'Alessandro, que me ajudou a compreender as diversas rotas da droga e as inúmeras redes dos narcotraficantes.

Para reunir informações e documentos sobre a Cosa Nostra, desfrutei da amizade de Maurizio De Lucia, magistrado da DNA, e de Attilio Bolzoni, que há 30 anos nos conta sobre a máfia nas páginas do jornal *La Repubblica*. A eles se uniu Felice Gilfoni, jovem estudante universitário e já "memória" da história e da evolução da Cosa Nostra americana. De Trapani me ajudou Rino Giacalone.

Renato Cortese, chefe da Squadra Mobile de Reggio Calabria, ajudou-me com grande disponibilidade e amizade "calabresa" a compreender o período pós-Duisburg e a não me perder entre os nomes e sobrenomes, todos iguais, dos chefes e dos filiados às diversas famílias da 'ndrangheta. Espero ter aprendido direito e não tê-lo feito perder tempo.

Com seus colaboradores, o atual procurador da República de Salerno, Franco Roberti, durante anos no comando da DDA de Nápoles, ajudou-me a reunir as informações sobre a camorra e sempre encontrou tempo para responder às minhas perguntas. Desfrutei da amizade de Raffaele Cantone, magistrado na Corte de Cassação e por muitos anos procurador substituto em Nápoles, para compreender melhor o mundo dos casalenses.

Um "guia" aos clãs napolitanos foi Gigi Di Fiore, jornalista e narrador da camorra. Chiara Marasca, coordenadora do Observatório sobre a Camorra e a Ilegalidade de Nápoles, forneceu-me um material precioso. De Madri, recebi a ajuda de Raffaele Cionti, oficial em contato com a Interpol.

O subtenente Toni Belisario e os membros do Arquivo da Comissão Parlamentar Antimáfia continuam sendo para mim colaboradores gentis e insubstituíveis, bem como Riccardo Guido, com seus resumos das notícias mais importantes.

Um agradecimento particular vai a muitos jornalistas do *Calabria Ora*, todos jovens, moças e rapazes, com gosto pela crônica e pela investigação: por todos eles, cito apenas o jornalista de prestígio que é seu diretor, Paolo Pollichieni.

Na pressa do último período, eu não teria conseguido dar conta do trabalho sem o apoio afetuoso de Cinzia, Gloria, Marianna e Valeria, amigas e colaboradoras extraordinárias da Região do Lácio.

Salvatore Vitellino, da editora Baldini Castoldi Dalai, foi para mim muito mais do que uma referência editorial. Seguiu passo a passo, com paixão cultural e civil, o nascimento e a construção deste livro, corrigindo também os erros que várias vezes a pressa me levou a cometer. A Mara, agradeço a paciência e as minhas, talvez presunçosas, intromissões gráficas.

Enzo Ciconte, cuja amizade sempre acompanhou meu compromisso institucional, político e civil antimáfia, me encorajou, me deu conselhos e me estimulou a escrever e a não desistir, mesmo nos momentos mais difíceis para mim neste último período.

Um agradecimento especial e de coração a Giorgio, "Cico", Angelo e Giampaolo — de Roma —, bem como a Agostino, Vincenzo, Ivan e Alessandro — de Palermo —, homens rigorosos e generosos da Polizia di Stato, com os quais, há muitos anos, compartilho grande parte da minha vida. Fiz este livro também com eles.

A releitura "final" de Irene tornou mais leve e feliz a conclusão deste trabalho.

ÍNDICE ONOMÁSTICO

Abate, Gianluca, 120n
Adamo, Andrea, 72n, 188n
Agate, Alessandro, 82
Agate, Epifanio, 73n, 83, 315
Agate, Mariano, 47, 54, 68, 71, 73n, 76, 78, 80, 82, 286, 299, 315
Agliarulo, Giuseppe, 271
Agostino, Attilio Nicola, 320
Albanese, família, 86, 270
Alfano, Giuseppe, 306
Alfieri, Carmine, 107, 109n
Alighieri, Luigi, 171
Alvaro, Carmine, 230
Alvaro, Cosimo, 319
Alvaro, Domenico, 232
Alvaro, família, 29, 86, 99, 232
Alvaro, Giuseppe, 232
Alvaro, Pasquale, 232
Alvaro, Vincenzo, 231
Amari, Gioacchino, 309
Amato, Antonio, 273
Amato, Francesco, 273
Amato, Raffaele (vulgo 'o Lello), 131, 132, 133
Ammaro, Francesco, 154
Ammaturo, Umberto, 109, 109n, 298
Anastasia, Albert, 220, 223, 224, 227
Andreotti, Giulio, 43, 43n, 183, 192n, 260
Aparo, família, 137, 272
Aquino, família, 204, 296, 297, 301, 305, 312

Aracri, Francesco, 275, 278
Archinà, Rocco Carlo, 224n
Arcidiacono, Gioacchino, 87n, 93, 97, 100, 100n
Arcuri, Gioacchino, 304
Arcuri, Giuseppe, 304
Arena, Vincent, 311
Arnone, Alfonso, 153
Asciutto, família, 86
Ascone, Antonio, 280
Ascone, família, 266, 274, 287
Assegnati, Marco, 288, 328
Attardi, família, 164
Attardi, Vincenzo, 164
Attardo, Gaetano, 267, 268, 307
Avella, Adolfo, 275
Avesani, Massimiliano (vulgo il principe), 77n, 78, 282, 344
Avignone, família, 86
Badalamenti, Gaetano, 55n, 109, 190, 294
Bagarella, Antonietta, 51n
Bagarella, Calogero, 51n
Bagarella, Leoluca, 51, 51n
Baggetta, Giuseppe, 320
Bandolo, Giovanni, 302, 327
Barbaro, Domenico (vulgo l'australiano), 233, 234
Barbaro, família, 245, 290, 293
Barbaro, Francesco, 244
Barbaro, Michele, 59
Barbaro, Pasquale, 232

Barbato, Raffaele, 279
Barbieri, Pasquale, 277
Barbieri, Salvatore, 302
Barbieri, Vincenzo, 321
Bardellino, Antonio, 106, 111
Bardellino, Gustavo, 298
Barroso, José Manuel Durão, 262
Basile, Giorgio, 154, 155
Bastone, Antonio Vincenzo, 315, 317
Bastone, Mario, 315
Bellocco, família, 86, 266
Bendekovic, Richard, 214n
Berlusconi, Silvio, 88, 89, 95, 97
Bernardi, Ciro, 166
Bertolotti, Agostino, 215
Bidognetti, Francesco (vulgo Cicciotto 'e mezzanotte), 34, 107, 112, 113, 116, 117, 175
Bigione, Vito (vulgo il commercialista), 74, 77, 80, 299, 315
Bino, Carlo (vulgo Totonno o' surdato), 165
Bocchetti, Mario, 165
Bolis, Pierangelo, 234
Bolzoni, Attilio, 189, 346n
Bonanno, família, 221, 222
Bonanno, Pietro Armando, 292
Bonarrigo, Gioacchino, 270, 330
Bonomo, Giovanni, 314, 315, 316, 325
Bontade, Stefano, 48n, 186, 190
Bontempo, família, 278
Borgomeo, Francesco, 91
Borsellino, Paolo, 46, 52, 191n
Boscaro, Claudio, 127
Bosti, família, 267
Bosti, Patrizio, 121, 122, 287, 328
Bosti, Salvatore (vulgo 'o pescivendolo), 164
Boter, Luiza, 179
Bowen, Geoffrey, 241, 242, 319
Bruno, Angelo, 308
Brusca, Bernardo, 51n
Brusca, Enzo, 200

Brusca, Giovanni (vulgo 'u verru), 51, 51n, 52, 53, 138
Brutti, Massimo, 46n
Bruzzaniti, Carmelo, 207
Bruzzaniti, família, 289, 294
Bruzzaniti, Giovanni, 59
Bumbaca, Francesco (vulgo Joe Pesci ou il Finocchietto), 60, 289
Buonocore, Mario, 163, 293
Buscetta, Tommaso, 109, 109n, 110, 112, 190
Caduff, Silvia, 291
Caiazzo, Antonio, 297, 328
Calabrò, Domenico, 18n
Caldarelli, família, 267
Caldarelli, Raffaele, 277, 328
Calderon, Luis (vulgo El Tio), 205, 313
Calì, Francesco Paolo (Frank), 193, 195, 196, 198, 199, 200, 310, 311, 312
Calipari, Nicola, 237, 249
Callipari, Peter, 232
Calvi, Roberto, 277
Campanella, Francesco, 181, 182, 183, 184, 185
Canale, Vittorio Antonio, 268, 282
Cannella, Tommaso, 47n
Cannizzaro, Michele, 266
Cantone, Raffaele, 169n, 174n
Capacchione, Rosaria, 34, 110n, 115n
Capizzi, Simone, 137n
Caputo, Luigi, 270, 339
Carbonaro, família, 137
Carbone, Giuseppe, 232
Cardenas, Ezequiel, 210
Cardenas, Osiel, 210
Carelli, família, 152, 154, 274, 275, 283
Caruana, Alfonso, 278, 304
Caruana, Carmelo, 304
Caruana, família, 57, 84, 217, 218, 280, 300, 305
Casamento, Filippo, 55n, 310
Casini, Pier Ferdinando, 93

Castaldi, Stefania, 133n
Castellano, Ciro, 284, 326
Castellano, Cristopher Antony (vulgo Criss), 207
Castellano, Paul, 308
Castronovo, Francesco, 312
Castronovo, Salvatore, 137n
Catalano, Agostino, 52n
Catalano, Salvatore, 55n
Catalonotto, Anthony, 304
Caterino, Giuseppe, 267
Cava, Biagio, 267, 306, 327
Cavaliere, Domenico, 295
Cavaliere, Nicola, 141, 141n
Cavataio, Michele, 51n
Ceroni, Gaetano, 301
Cerullo, Gaetano, 302
Cesa, Lorenzo, 93
Chávez, Hugo, 42, 90
Chiazzo, Antonio, 124
Ciancimino, Massimo, 191n
Ciancimino, Vito, 33, 260
Ciccarelli, Sabatino, 270
Cicero, família, 289
Ciconte, Enzo, 233n, 238n, 242n, 347
Ciconte, Nicola, 321
Ciliento, Salvatore, 179n
Cinà, Antonino, 96
Cipriani, Anthony, 320
Cisterna, Alberto, 70n, 247n, 345
Ciulla, Cesare, 294
Ciulla, Giovanni, 294, 295
Ciulla, Giuseppe, 294, 295
Ciulla, Salvatore, 294
Coluccio, Antonio, 207
Coluccio, família, 205
Coluccio, Giuseppe, 207, 215, 216, 219, 227, 304, 305, 331
Commisso, Antonio, 320
Commisso, Cosimo, 227
Commisso, família, 223, 225, 281, 284
Commisso, Francesco, 225
Commisso, Remo, 224, 225
Conocchia, Anna, 153

Conocchia, Arcangelo, 153, 154
Conocchia, Rosina, 153
Contini, Barbara, 97
Contini, Edoardo, 121, 167n
Contini, família, 121, 164, 267, 271, 286, 287
Cosina, Walter, 52n
Costa, família, 223
Costa, Giovanni, 226
Costa, Giuseppe, 226
Costadura, Antonio Calogero, 266
Costello, Frank, 220, 223, 224, 227
Cotroni, Vic (vulgo the Egg), 220, 221, 222
Cottone, Andrea, 45n
Crea, família, 86
Crimi, Salvatore (vulgo il ragioniere), 80
Cuffaro, Salvatore, 50, 181
Cuntrera, Gaspare, 83
Cuntrera, Paolo, 83
Cuntrera, Agostino, 303
Cuntrera, família, 57, 217, 218, 222, 280, 300
Cuntrera, Giuseppe (vulgo Big Joe), 217, 304
Cuntrera, Liborio, 303
Cuntrera, Maria, 84
Cuntrera, Pasquale, 83
Curciarello, família, 223, 225
Cutelli, Massimo, 137, 272
Cutolo, Raffaele, 107, 109n
D'Agostino, Arcangelo, 269
D'Alessandro, Ercole, 70n, 103n, 275
D'Alessandro, família, 275
D'Anna, família, 309
D'Avanzo, Giuseppe, 189
Dal Torrione, Giorgio, 92
Dalla Chiesa, Carlo Alberto, 135
Damiano, Cosimo, 154, 339
De Cavalcante, família, 309
De Donno, Giuseppe, 191n
De Fabbio, Michele, 318
De Falco, clã, 112, 116

De Falco, Nunzio, 114, 115, 116, 117, 118, 287
De Falco, Vincenzo (vulgo il fuggiasco), 113, 114
De Leo, Vincenzo, 306
De Lucia, Maurizio, 182, 346
De Lucia, Ugo, 286
De Martino, Celeste, 164
De Pascale, Stefano, 62, 63, 80 (vulgo il lungo, ou spaghetto, ou Lupin)
De Stefano, família, 268, 269, 282
De Stefano, Orazio, 268
De Stefano, Paolo, 268, 269
De Vita, Rita, 112, 298
Dell'Utri, Marcello, 93-98
Della Lucia, Claudio, 321
Dewes, Richard, 150
Di Camillo, Filiberto, 314
Di Carlo, Roberto, 278
Di Cillo, Rocco, 52n
Di Fiore, Gigi, 109n, 346
Di Giacomo, Michelangelo, 292
Di Giovine, Emilio, 282, 289
Di Lauro, família, 134n, 165, 285, 286
Di Lauro, Paolo, 131
Di Lorenzo, Gaetano, 327
Di Maggio, Calogero, 187
Di Maggio, família, 200
Di Maio, Salvatore, 311
Di Maria, Alfredo Nicodemio, 294, 338
Di Martino, Ugo, 88, 89
Di Matteo, Giuseppe, 138, 273
Di Matteo, Nino, 201n
Di Matteo, Santino, 138
Di Mauro, Maria, 169n
Di Pasquale, Pasquale, 308
Di Pasquale, Sergio, 308
Di Stefano, Pierluigi, 169n
Di Trapani, Vincenzo (vulgo fegatino), 80
Diana, dom Peppino, 116, 118
Diana, Giuseppe, 177, 178
Diano, Adriana, 58

Diaz, Ignacio (vulgo El Nacho), 205
Dominante, família, 137
Dudzinski, Veronica, 80
Ercolani, Federico, 206, 207
Errante, Antonio, 126
Escobar, Pablo, 210
Esposito, Antonio, 318, 329
Esteban, Gonzales Francisco (vulgo il tintore), 80
Fabbricatore, Vincenzo, 153
Fabbrocino, família, 120
Fabriani, Umberto (vulgo l'orologiaio), 80
Fabrizio, Gesuele, 274
Facchineri, família, 86
Facchineri, Luigi, 270, 330
Facci, Marco, 296
Falcone, Giovanni, 39, 52n, 103n
Fanfara, Giuseppe, 137n
Farao, família, 274, 276
Fascella, Francesco, 48
Fazzari, Salvatore, 292
Fazzari, Vincenzo, 270, 278, 292
Ferrara, Carmine, 119, 338
Ferraro, Gennaro, 318
Filippello, Giacoma, 46
Filippone, Ilario, 231
Focoso, Joseph, 138, 273, 325
Fontana, Ezio, 181, 200
Fontana, Francesco, 171
Forgione, Francesco, 31n
Fornabaio, Giovanni (vulgo il vecchietto), 80
Fragapane, Salvatore, 137n
Fraterrigo, Salvatore, 284, 325
Fratta, Mario, 268
Frederico II de Hohenstaufen, 70
Frizziero, Fausto, 286
Gambardella, Pasquale, 278
Gambino, Charles, 308
Gambino, Emanuele Salvatore, 312
Gambino, Erasmo, 299
Gambino, família, 308, 309
Gambino, Giovanni, 308

ÍNDICE ONOMÁSTICO

Gambino, Giuseppe, 309
Gambino, Tommaso, 310
Gangi, Giuseppe, 55n
Gattelaro, Francesco, 290
Gatto, Francesco, 309
Gelardi, Giuseppe, 314, 315
Genua, Nicola, 305
Ghiron, Giorgio, 260
Gianicolo, Giuseppe, 276
Giglio, família, 276
Gionta, família, 107
Giorgi, Domenico, 148, 149, 150
Giorgi, família, 147, 148
Giorgi, Francesco, 142
Giorgi, Giuseppe, 150
Giorgi, Sebastiano, 275, 334
Giuffrè, Antonino (vulgo Manuzza), 53, 134, 135, 136, 137n, 188
Giuliani, Rudolph, 55n
Giuliano, Luigino, 164
Giuliano, Raffaele, 162
Giusti, Silvana, 117
Gofas, Antonios (vulgo il gentiluomo), 65, 67, 80
Grande, família, 275
Grassby, J. Al, 233, 234
Grasso, Piero, 134n
Gratteri, Nicola, 223, 246
Graviano, família, 278
Graviano, Filippo, 49
Graviano, Giuseppe, 49
Gray, Colin Gavin, 173
Greco, Pino, 187
Greco, Riccardo, 289
Gribaudi, Gabriella, 120n
Grimaldi, família, 86
Guadagno, Marco, 275
Guarraci, Francesco, 309
Guazzelli, Giuliano, 137, 273
Guerriero, Javier, 205
Guida, Gaetano, 164, 165n, 286
Guida, Nando, 286
Gullace, Carmelo, 269
Gullace, família, 270

Gunes, Alì, 59
Guttadauro, Giuseppe, 48-51
Herrera Campíns, Luís, 84
Higgs, John William, 244
Hoffa, Jimmy, 125
Iamonte, família, 270
Ierinò, família, 293
Imposimato, Ferdinando, 272
Imposimato, Francesco, 272
Ingrassia, Ignazio, 312
Inzerillo, Antonino, 187, 194, 304, 308, 310
Inzerillo, família, 186, 188
Inzerillo, Francesco (vulgo 'u tratturi), 202
Inzerillo, Giovanni, 202
Inzerillo, Giuseppe, 202
Inzerillo, Pietro, 196, 299, 310
Inzerillo, Rosaria, 311
Inzerillo, Salvatore, 196, 311, 312
Inzerillo, Santo, 194
Inzerillo, Tommaso, 311
Inzerillo, Totuccio, 186
Iona, família, 276
Iovine, Antonio, 175, 178, 179
Iovine, Domenico, 111
Iovine, Mario, 107, 111-114, 118, 282, 298
Karapinas, Vedat, 59
Kennedy, John Fitzgerald, 37
Kostu, Ismet, 59
L'Ala, Natale, 46
La Barbera, Matteo, 202
La Barbera, Salvatore, 223
La Monica, Aniello, 164
La Torre, Antonio, 168-170, 174
La Torre, Augusto, 174
La Torre, família, 120, 168, 276, 279
La Torre, Tiberio, 168
Labozzetta, família, 319
Lapis, Gianni, 260
Laudano, Alberto, 271
Laudati, Antonio, 35n
Lazcano, Heriberto, 210

Lazzarino, Eliseo, 266
Ledonne, Emilio, 155n, 345
Letizia, Giuseppe, 179
Li Muli, Vincenzo, 52n
Libri, família, 144, 269
Licciardi, família, 267, 270, 272, 278, 279, 282, 283, 285, 291, 293, 297, 302, 306, 307, 308, 316
Licciardi, Gennaro, 307
Licciardi, Maria, 288
Licciardi, Pietro, 164, 272
Licciardi, Vincenzo, 167n
Ligato, Ludovico, 269
Ligato, Raffaello Antonio, 272
Liggio, Luciano, 47n, 51n, 135, 223, 295
Lima, Salvo, 43, 51n, 183n, 192n
Lipari, Pino, 7, 52, 53, 54, 66, 67
Listro, Giovanni, 70n
Lo Iacono, Pietro, 48
Lo Piccolo, Claudio, 310
Lo Piccolo, Salvatore, 53, 187, 310
Lo Piccolo, Sandro, 203
Lo Verde, Silvestre, 199
Lo Verso, Riccardo, 85n
Loccisano, Teresa, 204, 214
Loi, Emanuela, 52n
Lombisani, família, 275
Lombisani, Francesco, 275
Longo, família, 86
Longo, Santo, 268
Lopez, Carmen Garrido, 115
Lubrano, família, 272
Luppino, Giacomo, 222
MacKay, Donald Bruce, 234, 236, 239, 240, 244, 279, 319
Macrì, Antonio (vulgo zi' Ntoni), 58, 95n, 223, 225
Macrì, Enzo, 214n, 233n, 238n, 242n, 346
Macrì, família, 223, 225
Macrì, Giuseppe, 319
Macrì, Vincenzo, 225, 247n
Madafferi, Antonio, 248

Madafferi, Francesco, 245, 246, 247
Maddaloni, Raffaele, 307
Madeo, Francesco, 15
Madonia, Francesco, 314
Madonia, Giuseppe, 284
Maesano, família, 124, 289
Maesano, Santo, 124, 125, 128, 130, 290
Magliocca, Pellegrino, 291
Magnoli, Ippolito, 289
Mallardo, família, 121, 162, 271, 287
Mammoliti, Antonio, 151n, 152, 273
Mammoliti, família, 8, 147, 148, 151n, 273
Manciaracina, Andrea, 73
Mancuso Gómez, Salvatore (vulgo El Mono Mancuso), 210-212, 290, 296
Mancuso, família, 290, 295
Mandalà, família, 183, 266
Mandalà, Nicola, 180, 181, 193, 196, 198, 199, 200, 203
Mandalà, Nino, 182
Maniglia, Francesco, 183, 184
Marandino, Giovanni, 314
Marando, família, 48, 63, 65, 73, 290, 313
Marando, Pasquale, 63
Marano, Giuseppe, 157
Maresca, Pupetta, 109, 298
Mariano, família, 286
Marmo, Marco, 142
Marotta, Maria Grazia, 171
Martigli, Massimo, 301
Martino, Paolo, 270
Masciandaro, Donato, 21n
Massa, Antonio, 307
Massa, Carmine, 307
Massa, Liliana, 307
Mastella, Clemente, 92, 181
Mattei Santarelli, Roberto, 315
Mazzaferro, Giuseppe, 276
Mazzara, Gaetano, 55n
Mazzarella, Ciro, 298

Mazzarella, família, 277, 279, 286, 288, 291
Mazzarella, Vincenzo, 268
Megna, família, 274
Menza, Alberto Francisco, 294
Merlini, Angelo, 301
Messina Denaro, Francesco, 50n
Messina Denaro, Matteo, 50, 51, 53, 85, 187, 300
Messina, Gerlandino, 137n
Methaxas, Nicolas, 72
Miccichè, Aldo, 87, 94, 101, 301
Miceli, Domenico, 49
Miceli, Mario, 82, 317
Miceli, Salvatore, 44-47, 51, 52, 57, 58, 63, 65, 70-73, 75, 78, 80, 85, 201, 300
Misso, Giuseppe (vulgo Carica a lieggio), 176, 179
Mitterrand, François, 106
Mittica, Rosario, 313
Modica, Michele, 304
Molè, Antonio, 100n
Molè, família, 86, 87, 99, 289, 301
Molè, Rocco, 98, 99
Molina, Francisco Javier, 114, 115
Molina, Gabriel, 114
Mollica, Antonio, 270
Mollica, Pasquale, 289, 290, 293
Monaco, Angela, 284
Mongiovì, Antonio, 84
Moltalto, Tonino (vulgo il tontolone ou Alberto Sordi), 80
Montemarano, Dominic, 310
Montinaro, Antonio, 52n
Moor, Keith, 236n
Mora, Miguel, 104n
Morabito, família, 274, 289, 293, 294
Morabito, Giuseppe, 292
Morabito, Saverio, 59
Mori, Mario, 31, 191n
Morone, Salvatore (vulgo O'Russo), 165
Morosini, Piergiorgio, 72n, 188n
Morrone, Cesare, 158n
Morvillo, Francesca, 52n
Mosca, Gaetano, 293
Musolino, Lucio, 217
Muto, família, 158, 275, 283
Napoleoni, Loretta, 20n
Nardo, família, 137, 273, 284
Naso, Carmelo, 297
Natale, Alessandro, 179
Navarra, Michele, 135, 223
Nicaso, Antonio, 223n, 232n
Nicchi, Giovanni, 194, 197, 198n, 203, 310, 311
Nicoletti, Giuseppe, 153
Nirta, família, 266, 274, 280
Nirta, Giovanni Luca, 142n, 145
Nirta, Giuseppe (vulgo Charlie), 143
Nirta, Paolo, 274
Nirta, Salvatore, 266
Norena, Osorio (vulgo Vinchel), 81
Notaro, Nicolò, 198, 199, 200, 203
Nuvoletta, família, 107, 120, 272, 288
Obama, Barack, 37, 209
Olimpo, Guido, 209
Orlando, Armando, 288
Orrito, Giorgio, 295
Ortiz, Margherita (vulgo la zia), 81
Paccavia, Rinaldo, 270
Pagano, Giacomo, 268
Pagliarelli, família, 188, 193, 194, 310
Pagnani, Giovanni, 171
Pagnozzi, família, 120
Palamara, família, 294
Palazzolo, Salvo, 139n
Palazzolo, Saveria Benedetta, 138
Palazzolo, Vito Roberto, 35, 313, 315, 317
Palermo, Caterina, 83
Palermo, Francesco, 254
Palermo, Giuseppe, 83
Pangallo, Antonino, 289
Pangallo, família, 130, 289, 290, 292, 295, 297
Pannunzi, Alessandro, 82, 289, 300, 317

Pannunzi, família, 60, 295
Pannunzi, Roberto (vulgo il signore), 57-60, 64, 75, 76, 81, 82, 83, 201, 211, 254, 283, 289, 317
Pansa, Alessandro, 21n
Panzuto, Gennaro, 277
Papadopoulos, Georgios, 81
Papalia, família, 240, 320
Papalia, John, 221
Parasiliti Mollica, Roberto, 278
Parrello, Canderolo, 283, 290, 299, 314
Pascale, Mario, 284
Pasquale, Rosario, 80
Pasquale, Santo, 292
Pastiglia, Francesco, 224
Pastrana, Andrea, 211
Paviglianiti, família, 124, 130, 289, 290, 292, 295, 297
Pelle, Antonio, 28
Pelle, família, 16, 28, 142, 144-148, 151, 223, 273, 291
Pennino, Gioacchino, 185
Pergola, Francesco, 142
Pergola, Marco, 142
Peri, Giuseppe, 45
Perna, Gaetano, 164
Pernice, Nello, 272
Perre, Antonio, 320
Perre, Domenico, 319
Perre, família, 240, 241
Perre, Francesco, 320
Persico, Vittorio, 271, 272
Pesce, família, 86
Pesce, Paolo, 286
Petersen, Enrico, 164
Petracchini, Enzo, 297
Petullà, família, 86
Piacenti, Francesco, 118n
Piccoli, Guido, 212n
Pignata, Giuliano, 111
Pignatone, Giuseppe, 134n, 182n
Pimpinelli, Andrea, 290
Pirolo, Pasquale, 106
Piromalli, Antonio, 88, 89, 92, 93, 94, 96, 100, 101
Piromalli, família, 86-88, 90, 99, 100, 269, 289, 293, 294, 301
Piromalli, Gioacchino, 100n
Piromalli, Girolamo (vulgo Mommo), 95n
Piromalli, Giuseppe (vulgo Facciazza), 87, 91, 96, 96n
Piromalli, Giuseppe sênior, 96n
Pitanti, Spartaco, 28, 148, 149, 150
Pizzata, Bruno, 274
Pizzata, Domenico, 274
Pizzata, Sebastiano, 274
Polifroni, Giancarlo, 280, 331
Polillo, Carmine, 155-159
Polito, Nicola, 280
Prestieri, Maurizio, 131, 133, 217
Prodi, Romano, 88
Provenzano, Bernardo, 31, 33, 44, 47, 53, 66, 107, 134, 135, 138, 139, 177, 180, 187, 188, 189, 193, 195, 200, 260, 310
Provenzano, família, 138
Provenzano, Francesco Paolo, 139
Provenzano, Simone, 135
Puglisi, Pino, 49
Quadrano, Armando, 118n
Quadrano, Giuseppe, 112n, 116, 117, 118
Racco, Gianluca, 281
Racco, Michele, 223
Rampini, Federico, 37n
Raso, família, 269
Reale, família, 270
Reale, Francesco, 154
Renda, família, 221
Renda, Paolo, 303
Rengifo, Caicedo (vulgo El Mono), 206
Reski, Petra, 27, 28
Riccardi, Michele, 287
Riccobono, Saro, 186, 189
Riina, Salvatore, 47n, 49, 51-54, 96n, 107, 135, 186, 188, 189, 191, 192, 196, 217, 308

Índice Onomástico

Rinaldi, família, 270
Rinaldi, Gennaro, 270
Rinzivillo, família, 267
Riso, Pasquale, 291
Riso, Vincenzo, 164
Rizzuto, família, 221
Rizzuto, Nick, 222, 303
Rizzuto, Vito, 303, 305
Roccisano, Teresa, 313
Romeo, família, 16, 28, 12, 144, 145, 146, 147, 148, 151, 273, 274
Romeo, Francesco, 16, 17, 280, 331
Romeo, Giuseppe, 59
Romeo, Vincenzo, 126, 127
Rosmini, Natale, 269
Rotolo, Antonino, 188, 189, 192, 193, 196-198, 310, 311
Rubino, Michele, 181
Ruddock, Philip, 246
Ruga, família, 276
Rumbo, Riccardo, 226
Russo, Gioacchino, 277
Russo, Giuseppe (vulgo il padrino), 176-179, 271
Russo, Marco, 278
Sabariego, Francisco, 114, 115
Sacco, Francesco, 137
Sak, Cetin, 59
Sale, Cristian, 281
Sale, Giorgio, 211, 212, 296
Salerno, Luigi, 153
Salvati, Raffaele, 286
Salvo, Ignazio, 43
Salvo, Nino, 43
Sannino, Conchita, 131n, 133n
Santapaola, família, 268
Santoro, Mario, 118, 339
Saporito, Rosario, 276
Saraceno, Rosanna, 167n
Sarno, Costantino, 293
Sarno, família, 267, 270, 279, 282, 285, 287, 291, 297, 302, 316
Sava, Lia, 201n
Scaduto, Gioacchino, 47n
Scali, família, 295, 296, 297, 312
Scali, Natale, 296, 301
Scarabino, Frank, 309
Scarcella, Pietro, 305
Scarfò, Giuseppe, 239
Scarpa, Vincenzo, 122, 123
Scavo, família, 278
Schiavone, Carmine, 112n
Schiavone, Francesco (vulgo Sandokan), 34, 107, 116, 175, 271, 281, 283
Schiavone, Francesco di Luigi (vulgo Cicciariello), 176-180, 283
Schifani, Vito, 52n
Schirripa, família, 204, 205, 214, 222, 312
Schirripa, Giulio, 206
Schirripa, Pasquale, 204
Schirripa, Vincenzo, 313
Schisano, Giuseppe, 268
Scipione, Santo, 296
Selvaggio, Umberto, 70n
Seno, Luigi, 307
Sepe, Luigi, 176, 177, 179
Sergi, Antonio, 235
Sergi, Domenico, 320
Sergi, família, 234, 293, 301, 320
Sergi, Francesco, 81
Sergi, Giuseppe, 236
Sergi, Paolo, 59, 63, 70, 126, 254, 255, 290, 313
Sergi, Rocco, 81
Serra, Carlo, 297
Sgrena, Giuliana, 238
Sgrò, Gaetano, 126
Sgroi, Marcello, 294
Siciliano, Antonio, 171
Siciliano, Emilia, 171
Siciliano, Michele, 171-174, 277
Siciliano, Saverio, 171
Silvestri, Gabriele, 163, 302
Simeoli, Francesco, 287
Simonetti, Pasquale, 109
Sinacori, Vincenzo, 52, 53

Sindona, Michele, 260
Sisti, Leo, 33n, 260n
Smuraglia, Carlo, 29n
Soggiu, Paolo, 148
Solombrino, Gualtiero, 313
Sortino, Gennaro, 309
Spagnolo Vigorita, Lucia, 179n
Spagnolo, Vincenzo, 24n, 160n
Spatola, Rosario, 190, 308, 311
Spatuzza, Gaspare, 191n
Spera, Benedetto, 53
Speranza, Domenico, 292
Spezia, Vincenzo, 85, 300
Strangio, Angela, 16
Strangio, Aurelia, 16
Strangio, Teresa, 16
Strangio, família, 16, 144, 146, 147, 266, 274, 280
Strangio, Francesco, 266, 274
Strangio, Giovanni, 16, 17
Strangio, Maria, 145
Strangio, Sebastiano, 12, 149, 274, 276
Suarino, Natale, 287
Tagliamento, Giovanni, 267
Talia, família, 293
Tarantello, Andrea, 296
Tassone, Mario, 93
Teghemie, Antonio, 287
Termine, Francesco, 85, 300
Torello Rollero, Marco, 291, 299
Torretta, Pietro, 193, 200, 223, 299, 312
Toscano, Maurizio Cesare, 284
Totino Morettino, Salvatore, 317
Tozzi, Carlo, 313
Traina, Claudio, 52n
Tramontana, Pierluigi, 154
Tranchino, Enrico, 287, 288
Trento, Vincenzo, 306
Trigila, família, 137, 273, 284

Trimboli, Domenico, 64, 211
Trimboli, família, 48, 62, 63, 73, 81, 290, 293, 313
Trimboli, Robert, 235, 239, 279, 319
Tripodo, Mico, 95n
Triumbari, Cosimo, 306
Triumbari, Giuseppe, 320
Troia, Gaspare, 181
Troia, Salvatore, 181
Troia, Tullio Mariano, 317
Tutolo, Gennaro, 165
Ursino, família, 275
Van Kleef, Leon, 256, 257
Vanstone, Amanda Eloisa, 246-248, 320
Veltri, Elio, 35n
Veneto, Armando, 95
Ventrici, Francesco, 321
Venturi, Tommaso, 142, 161
Verde, Gelsomina, 285
Versace, família, 86, 166
Vinci, Michele, 304
Violi, família, 319
Violi, Paul, 221-223, 303
Vitale, Giuseppe, 183, 185
Vittoriosi, Mario, 307
Vogel, Bernhard, 150
Volpe, Paul, 305
Von Palace Kolbatschenko, Robert, 317
Vottari, família, 16, 28, 142, 144-148, 151, 273
Waridel, Paul Edward (vulgo il geometra), 68, 71, 72, 74, 81
Zagaria, Michele, 175, 178, 284
Zazo, família, 287
Zerbetto, Adriana, 91
Ziercke, Jorg, 159, 160n
Zinzi, Pasquale, 318
Zinzi, Raffaele, 318
Zito, Rocco, 306

ÍNDICE TOPONÍMICO

Aberdeen, 172, 174, 276, 277
Abidjan, 314
Adelaide, 230-233, 241, 318, 319
Afeganistão, 33, 143, 209, 213
África, 32, 75, 76, 80, 89, 103, 217, 317
África do Sul, 19, 35, 77, 158, 253, 316
Africo, 274, 289, 290, 293, 294
Agrigento, 57, 83, 137, 180, 217, 221, 300, 304
Agro Aversano, 107
Albany, 306
Alemanha, 15, 19, 25, 26, 27, 36, 105, 134-149, 151-156, 158-160, 162, 164, 165, 176-178, 220, 222, 252, 271-275
Alessandria, 14, 155n
Algeciras, 289
Alghero, 297
Altofonte, 138n, 277
Altoona, 308
América Central, 66, 202
América do Norte, 137, 214, 220
América do Sul, 24, 32, 47, 49, 65, 85, 88, 103, 105, 108, 109, 110, 113, 142, 202, 217, 231, 283, 298, 300, 313, 316, 318
América Latina, 16, 86, 97, 169, 218, 299
Amsterdã, 13, 14, 17, 19, 25, 60, 61, 63, 85, 143, 146, 165, 256, 257, 279, 280, 281
Andaluzia, 105, 114

Angola, 299, 315
Antibes, 268, 269
Antuérpia, 142, 148
Aquila, 36, 37
Ardore Marina, 266, 306, 320, 321
Arganda del Rey, 123
Argentina, 80, 292
Arnsberg, 273
Artland-Bors, 179
Aruba, 84, 85, 218, 280
Asborne Park, 81
Atenas, 66-71, 74, 80, 205
Austrália, 19, 36, 61, 81, 165, 223-226, 229-238, 241, 242, 244, 248, 249, 252, 253, 279, 296, 318-321
Áustria, 267
Azerbaijão, 33
Badalona, 286
Baden-Baden, 146, 270
Bagheria, 49, 180, 194, 308, 312
Baia Azzurra, 157
Bar, 279
Barcelona, 32, 61, 103, 105, 106, 117, 132, 133, 165, 286, 289
Bari, 116, 153
Barlad, 176, 177, 283
Barranquilla, 69, 211, 296
Basciano, 314
Basileia, 291
Bastia, 267, 337
Battipaglia, 314
Bélgica, 15, 136, 142, 148, 152, 164, 244, 265, 266
Belgrado, 285

Belluno, 321
Belmonte Mezzagno, 53n, 194
Belvedere Marittimo, 289
Belvedere Spinello, 276
Berlim, 38, 271, 272, 273
Bianco, 149, 266, 327
Bisignano, 157
Boccadifalco, 310
Bochum, 146, 273, 274
Bogotá, 25, 61, 64, 72, 85, 211, 295, 296
Bolívia, 23, 56, 76, 91, 106, 214, 293
Bonn, 146, 156, 158
Bósnia, 182-185, 198
Boston, 306
Bous, 146
Bovalino, 81, 290
Brasil, 38, 89, 91, 94, 105, 108-111, 113, 127, 150, 164, 165, 214, 293
Brasília, 294
Brescia, 156
Brindisi, 153
Brooklyn, 186, 195, 199, 203, 308, 309, 311
Bruxelas, 164, 265, 266
Bucareste, 33, 178, 284, 285
Buccinasco, 233
Budapeste, 178, 179, 284
Buenos Aires, 292, 293
Buffalo, 222, 226
Bulgária, 90
Cabo Frio, 110
Cabo Verde, 283
Caccamo, 53, 134
Caivano, 176
Calábria, 14, 16, 18, 21, 26, 32, 48, 57, 60, 63, 65, 66, 70, 75, 86, 89, 90, 92, 94, 96, 99, 103, 124, 126, 128, 130, 140, 146, 147, 152, 153, 157, 161, 203-206, 214-220, 225-227, 229-235, 240, 249, 266, 274, 276, 289, 313
Calafat, 284
Caltanissetta, 192, 267n
Camarões, 299
Campânia, 21, 32, 119, 169, 276
Campobello di Mazara, 46, 300

Canadá, 19, 46, 57-59, 61, 80, 84, 85, 140, 165, 166, 195, 201, 204, 216-223, 225-227, 231, 233, 252, 261, 266, 302
Canárias, ilhas, 32, 78
Camberra, 248
Cancún, 297
Cannavò, 269
Cannes, 268
Capaci, 52, 87n, 138
Cape d'Antibes, 268
Capraia, 301
Caracas, 25, 42-56
Careri, 295
Caribe, 34, 84, 108, 211, 212, 218, 260, 280, 304
Carini, 193
Cartagena, 211
Cartagena de Indias, 296
Casablanca, 314
Casal di Principe, 34, 107, 111, 113, 116, 177
Cascais, 113-115, 282
Cascina di Valsecca, 60
Caserta, 107, 113, 116, 117, 168, 172, 272
Casteldaccia, 304
Castelfiorentino, 278
Castellammare del Golfo, 305
Castellammare di Stabia, 276
Castellane, 86
Castelvetrano, 50n
Catalunha, 105
Catânia, 218, 268, 272, 284
Catanzaro, 43, 55, 60, 69, 72, 92
Cattolica Eraclea, 221, 303
Cazaquistão, 33, 261
Cesano Boscone, 80
Cetraro, 275, 283
Ceuta, 286, 288
Chemnitz, 164, 271
Chicago, 306, 307
Chile, 89, 150, 294
China, 165, 318
Ciaculli, 223, 312
Cidade do Cabo, 317
Cidade do México, 297

ÍNDICE TOPONÍMICO

Cinisello Balsamo, 234
Cinisi, 294, 315
Cinquefrondi, 86
Cirò, 274, 276
Cittanova, 86, 270
Ciudad Juarez, 208
Cleveland, 306
Collazone, 290
Colômbia, 19, 23, 43, 56-64
Colônia, 272, 273
Condofuri, 130, 289, 290, 292, 295, 297
Constanta, 284
Corigliano Calabro, 158, 275, 283
Corleone, 33, 47n, 135, 138, 177, 180, 187, 201
Cosenza, 153, 157, 220, 237
Costa Brava, 105, 122
Costa do Marfim, 314, 316
Costa do Sol, 32, 38, 70, 104, 105, 131, 291, 299
Costa Rica, 296, 298
Cracóvia, 281
Croácia, 22, 120, 185
Crotone, 274, 275, 278
Cuba, 91, 165, 297
Dayton, 182
Delianova, 269
Detmold, 274
Detroit, 309
Diemen, 17
Dinamarca, 165
Dinslaken, 146
Dortmund, 153, 164
Dresden, 146, 271, 273
Dublin, 165, 279
Duisburg, 15, 16, 19, 25-27, 142-152, 159-161, 273, 280, 346
Dumbraveni, 284
Düsseldorf, 15, 273, 274
Eisenach, 146, 271
El Mas Trader, 289
Elizabeth, 309
Ensuru, 315
Equador, 56, 81, 120, 297
Erfurt, 28, 146, 148-150
Erlangen, 274

Escócia, 25, 167, 170, 172, 174
Eslováquia, 285
Eslovênia, 22, 105
Espanha, 32, 33, 47, 63, 66, 67, 70, 102, 106-119
Essen, 146, 148, 149, 273
Estados Unidos, 19, 36, 37, 46, 56, 57,65, 85, 88-90, 105, 109, 119, 137, 165, 196, 197, 201, 202, 205, 206, 209-215, 222-224, 236, 298, 306, 310
Estônia, 22
Estrasburgo, 268
Etobicoke, 302
Europa, 19, 26, 28, 30, 32-34, 36, 38, 56, 65, 76, 85, 103, 104, 106, 110, 113, 114, 119, 120, 130, 136, 142, 143, 154, 160, 164, 177, 179, 181, 202, 205, 214, 217, 232, 243, 259, 262, 266, 273, 283, 288, 289, 316
Fabriano, 184
Fairfield, 236
Fairview, 307
Faro, 282
Favara, 265, 272
Ficarazi, 194
Filadélfia, 90, 308, 310, 312
Finlândia, 165
Fiumicino, 43, 66, 178, 255
Five Dock, 318
Florença, 14, 49
Forcella, 163
Forlì, 90
Fortaleza, 294
França, 105, 106, 113, 153, 154, 164, 181, 190, 236
Frankfurt, 26, 156, 164, 176-179, 270, 271, 274
Freiburg, 271, 274
Fuengirola, 286, 288, 290
Gana, 299
Gand, 266
Gela, 272
Genebra, 292
Genk, 266
Gênova, 14, 291, 299
Gerocarne, 276

Gioia Tauro, 29, 38, 86, 89, 92, 94-100, 205, 222, 245, 269, 293, 294, 301
Gioiosa Jonica, 203, 204, 206, 208, 216, 220, 226, 275, 276, 293, 295-297, 301, 304, 305, 312, 313
Girona, 122, 287
Giugliano, 270, 272
Grã-Bretanha, 170, 276
Granada, 114, 116, 287
Grécia, 60, 65, 66, 67, 68, 71, 82, 130, 278
Grenoble, 268
Griffith, 232-236, 239, 244, 319
Grottaferrata, 291, 299, 314
Guadalajara, 297
Guatire, 301
Guidonia Montecelio, 313
Hamburgo, 176, 270, 272
Hamilton, 221, 226
Hannover, 275
Harvey W. A., 320
Harvey-Bunbury, 319
Havana, 297
Helensburgh, 320
Hidden Valley, 319, 320
Hilden, 146
Hof, 272
Holanda, 14, 15, 70, 105, 120, 142, 152-155, 159, 165, 243, 244, 255-257, 260, 261, 276, 279
Hong Kong, 163
Hoofddorp, 281
Hungria, 179, 284
Indiana, 313
Inglaterra, 156, 171, 172
Iraque, 238
Irlanda, 165, 236
Irpinia, 108
Istambul, 60
Itália, 11, 14, 16, 18, 20, 21, 23, 24, 25, 27, 28, 30, 35, 44, 47, 57, 58, 62, 66, 69, 72, 80, 82, 86, 88, 96, 98, 101, 103, 104, 109, 110, 112, 115, 116, 118, 120, 123, 124, 125, 130, 132, 136, 139, 143, 145, 148, 160, 163, 170, 201-208, 212, 289-303, 312, 313, 317, 320, 321

Iugoslávia, 156, 164, 181
Johannesburgo, 77, 316, 317
Kaarst, 144, 146, 161, 273
Kassel, 274
Kevelaer, 146
Kilehe, 265
Krefeld, 149, 276
Krosno, 180, 281
La Chaux-de-Fonds, 292
La Paz, 103, 293
Lauropoldi, 221
Leipzig, 146, 150, 273
Libéria, 299
Líbia, 183
Licata, 272
Ligúria, 259, 269
Lima, 109n
Limbadi, 290
Limite, 301
Locri, 58, 81, 280, 289, 290, 312
Lombardia, 30, 31, 93, 234, 240, 289
Londres, 36, 37, 134, 165, 172, 260, 277, 278
Los Angeles, 306, 307, 310
Luanda, 313
Lucca, 14
Lucerna, 291
Ludwigsburg, 275
Lugano, 61, 72, 74, 291, 292
Luxemburgo, 156, 158
Lyon, 267
Madagascar, 299
Madri, 32, 60, 61, 77, 103, 105, 119, 120, 122-125, 128, 130-135, 165, 287-290
Majadahonda, 124
Málaga, 25, 32, 61, 76, 77, 103, 132, 187, 288, 290
Malindi, 314
Mammola, 221
Manhattan, 194
Mannheim, 272, 274, 276
Marano di Napoli, 288
Marbella, 32, 132, 133, 134, 286, 288
Marburg, 274
Marettimo, 75
Marina di Gioiosa Jonica, 203, 216, 220, 295-297, 301, 304, 305

Maropati, 301
Marrocos, 77, 283, 286, 314
Marsala, 44, 46
Marselha, 60, 181, 205, 269
Mazara del Vallo, 52, 54, 65, 74, 75, 76, 80, 299, 315
Medellín, 61, 67, 108, 109, 210, 280, 298
Melbourne, 230-233, 243-246, 319, 320
Melito, 162, 166
Melito Porto Salvo, 126, 270, 274
Menton, 267, 269
Mesoraca, 31n
Messina, 218
México, 19, 203-215
Miami, 84, 123, 307, 313
Michelago, 235
Milão, 29-31, 33-35, 38, 49-51, 59, 60, 70, 80, 88, 93, 108, 124, 126-128, 134, 140, 155, 156, 174, 213, 233, 234, 282
Millery, 267
Misilmeri, 194
Moçambique, 299
Moers, 146
Mogúncia, 272
Monasterace, 276
Mondragone, 168, 170, 172, 173, 175, 276, 277, 279
Montecarlo, 282
Montenegro, 279
Monteria, 296
Montreal, 221-223, 226, 227, 302, 303
Moscou, 33, 259
Mülheim, 274, 275
Munique, 27, 137, 146, 179, 271, 273
Münster, 275
Namíbia, 74, 75, 77, 80, 299, 315, 316
Nápoles, 34, 38, 107, 110, 112, 119, 121, 122, 124, 131, 132, 133, 146, 157, 163-171, 176, 179, 243, 260, 267, 268, 270, 271, 277, 279, 284-288, 291, 298, 301, 302, 306-308, 310, 318
Neunkirchen, 273

New South Wales, 232, 235, 236, 310, 319, 320
Nice, 25, 164, 267, 268, 269, 270
Norte da Itália, 124, 140
Noto, 272
Nova Jersey, 190, 299, 307-309, 312,
Nova York, 100, 101, 119, 187, 190, 193-196, 198-207, 214-215, 221-223, 260, 267, 303, 304, 307, 309, 310, 311, 312
Nuremberg, 137, 153-156, 272, 274, 275
Oberhausen, 152, 273, 274
Ontário, 215-219
Oppido Mamertina, 86, 245, 320
Oriente Médio, 33
Ortì, 266
Ottobrunn, 146
Paceco, 293
Pachino, 88
Países Baixos, 266, 274
Paita, 66
Palermo, 31, 33, 35, 36, 46, 48, 49, 50-55, 66, 68, 79, 80, 82, 83, 126, 134, 135, 137, 138, 180-185, 186-188, 191-196, 201-204, 254, 255, 260, 294, 297, 308-312, 315, 317
Palma de Maiorca, 32, 120, 129, 290
Palma di Montechiaro, 137
Palmi, 86, 203, 290, 299, 314
Papanice, 274
Paquistão, 33, 143
Paris, 28, 85, 164, 231, 267, 268
Parlin, 312
Partinico, 80, 314-317
Passo di Rigano, 186, 188, 193, 196, 310
Pensilvânia, 190
Perth, 231
Peru, 23, 66, 109, 214
Platì, 48, 59, 61, 62, 64, 80, 81, 221, 231, 233, 234, 236, 239, 279, 290, 301, 313
Platja d'Aro, 122
Polistena, 86
Polônia, 180, 281
Polsi, 19, 161, 228, 233

Poprad, 285
Portigliola, 306
Porto, 126, 165, 270, 274
Portugal, 105-119
Praga, 258
Preston, 277
Principado de Mônaco, 282, 283
Puerto Ordaz, 301
Puglia, 14, 15, 266, 274
Punta Raisi, 52n
Queensland, 235
Quênia, 314
Quindici, 267, 306
Quito, 297
Ragusa, 137
Ravensburg, 276
Reggio Calabria, 13, 15, 18, 58, 61, 63, 69, 70, 86, 87, 89, 93, 97, 100, 124-130, 141, 144, 145, 149, 160, 206, 207, 215, 216, 225, 227, 231, 234, 237, 245, 247, 257, 266-270, 274, 281, 282, 290, 294, 306, 316, 318, 321
Reino Unido, 278
Renânia do Norte-Vestfália, 140, 144, 152
República Tcheca, 258, 283
República Dominicana, 110, 291, 298
Ribera, 309
Riesa, 274
Rimini, 156, 233, 259
Rincón de la Victoria, 288
Rio de Janeiro, 107, 109, 293, 294
Rizziconi, 86, 99
Rocca di Neto, 276
Roccaforte del Greco, 130, 289, 290, 296, 297
Roccella Ionica, 220
Roghudi, 130, 289, 292, 295, 297
Roma, 13-15, 22, 28, 29, 38, 43, 49, 57-63, 66, 73, 76, 78, 80, 81, 150, 156, 178, 231, 249, 255, 282, 289, 292, 296, 297, 314-317
Romênia, 19, 22, 25, 28, 33, 34, 94, 176-180, 261
Rosarno, 13, 86, 266, 270, 274, 278, 289, 292, 295

Rosolini, 284
Roterdã, 19, 142, 205,
Rozzano, 155
Ruhr, 140
Rússia, 94, 261
Saarbrücken, 273
Salemi, 43, 46, 53, 54, 72, 80, 82, 83, 300, 305, 315
Salerno, 63, 86, 153, 156, 210, 284
San Cipriano d'Aversa, 107
San Guiseppe Iato, 51
San Lorenzo, 53n, 96n, 130, 187, 289, 292, 295, 297
San Luca, 13-41, 152, 153, 160, 220, 222, 228, 233, 266, 273, 274, 276, 280, 296, 320
San Marino, 28
San Vito Lo Capo, 46, 47, 54
Santa Maria Capua Vetere, 111n
Santa Marta, 295
Santiago do Chile, 294
Santo Domingo, 108, 110, 111, 190, 298, 299
Santorini, 278
São Francisco, 313
São Petersburgo, 259
Saragoça, 130, 286, 288
Sarajevo, 182, 183, 184
Sardenha, 31n
Saronno, 301
Scampia, 131, 132, 162, 285
Schweinfurt, 276
Schwerte, 135, 138, 139
Secondigliano, 121, 162-165, 265, 267, 271, 277, 278, 282, 286-288, 291, 293, 302, 306-308, 318
Senegal, 299, 314, 316
Sérvia, 285
Setúbal, 282
Sicília, 14, 21, 32, 41, 45-50, 55-58, 63, 66, 68, 72-76, 82, 84, 96, 135, 137, 138, 190, 225, 276, 301, 304, 308, 309, 311
Sicklerville, 312
Siculiana, 57, 83, 217, 221, 273, 278, 280, 304, 305

ÍNDICE TOPONÍMICO

Siderno, 58, 61, 81, 195, 220, 223-228, 231, 281, 294, 296, 305, 306, 319, 320
Siegburg, 276
Sinopoli, 86, 99, 221, 229, 231, 285, 301, 319
Siracusa, 88, 138, 272, 273, 284
South Australia, 232
South Bend, 313
Spiesen-Elversberg, 137, 273
Springfield, 306
Staten Island, 311
Strongoli, 276
Stuttgart, 161, 276
Suíça, 14, 28, 33, 36, 66, 68, 69, 99,105, 124, 127, 159, 164, 190, 199, 200, 291
Sydney, 231, 236, 247
Tailândia, 278
Taurianova, 86
Tenerife, 288
Terranova Sappo Minulio, 320
Terrasini, 35, 309, 313, 315, 317
Timisoara, 284
Togo, 318
Toledo, 288
Tolmezzo, 96
Tóquio, 134
Toronto, 25, 58, 80, 204, 221-223, 227, 228, 302-306
Torre Annunziata, 123
Torremolinos, 290
Torretta, 200, 299, 312
Toscana, 212, 259
Tossa de Mar, 122
Toulouse, 269
Trapani, 43-52, 55, 65, 66, 74-76, 79, 80, 182, 187, 201, 292, 293, 299, 300, 315, 317
Tropea, 220
Tübingen, 273, 276
Túnis, 316
Tunísia, 316
Turim, 14, 140, 304
Turíngia, 28, 150
Turquia, 33, 59, 65, 68, 81, 143
Ucrânia, 150
Umbertide, 270
Valdemoro, 124, 125, 288
Valência (Espanha), 300
Valência (Venezuela), 287, 300
Valle d'Aosta, 14, 156
Vallelunga Pratameno, 284
Varsóvia, 281
Veneza, 77
Venezuela, 43-45, 56, 63, 66, 69, 76, 80, 82, 84, 88-90, 94, 97, 98, 100, 125, 127, 194, 205, 214, 218, 222, 253, 296, 299-301, 303, 304, 314, 315
Verona, 156
Versilia, 259
Victoria, 288, 318
Viena, 265
Vietnã, 94
Vigevano, 270
Villa San Giovanni, 58
Villabate, 180-185, 192-195, 199, 266, 310, 311
Virgínia, 190
Vittoria, 137, 273
Vomero, 124
Walton on Thames, 174
Warragul, 318
Washington, 90
Weimar, 146
Welland, 221
Wesel, 146
Wiesbaden, 141, 145, 275
Wildau, 146
Winnipeg, 227
Wonthaggi, 321
Woodbridge, 226, 227, 302, 305, 306
Wuppertal, 273
Xanten, 146
Yelardin, 235
Zurique, 71, 81, 291, 292